Documentary Credits

화환신용장 통일규칙

UCP 600

한올

UCP 600

화환신용장통일규칙

머리말

2007년 7월 1일에 시행된 화환신용장통일규칙(UCP 600)을 출간한지 6년이 지났으나, 협회화물(적화)약관의 2009년 개정 및 정형거래조건의 해석에 관한 국제규칙(Incoterms® 2010)의 개정에 따라, 또한 독자들의 성원에 힘입어 그 개정이 불가피하게 되었다. 이 UCP 600은 국제무역실무가들이나 은행의 실무담당자들에 의하여 신용장에 준거규칙으로서 삽입되어 사용됨으로써 분쟁의 해결에 일조하게 될 것이다. 또한, ICC는 신용장통일규칙(UCP)만으로는 신용장 관련분쟁이 원만히 해결될 수 없다는 점과 신용장이 전자적으로 사용될 때의 문제점을 보완하기 위하여 신용장통일규칙에 대한 보충규정인 eUCP 및 ISBP(국제표준은행관행)를 각각 제정함으로써 신용장분쟁을 미연에 방지하고 이미 발생한 분쟁을 원만하게 해결하는데 일조하고 있다.

이 책은 무역실무가들 사이에 장차 발생할 수 있는 무역분쟁, 특히 신용장과 관련된 무역분쟁을 미연에 방지하는데 도움이 될 수 있도록 신용장통일규칙(UCP 600)의 원문을 각 조항별로 분석하였다. 특히 무역업 종사자, 금융기관 종사자, 대학의 무역 및 국제통상학과 학생들에게 화환신용장통일규칙(UCP 600)의 조항을 명확하게 이해할 수 있도록 하기 위하여 그림 및 도표를 사용하여 구체적으로 설명한 것이 그 특징이라고 할 수 있다.

필자는 누구든지 신용장을 쉽게 이해하고 접근할 수 있도록 화환신용장통일규칙의 해설서를 제공하겠다는 마음으로 집필을 시작하였지만 당초의 의도와 달리 부족한 점이 많을 것으로 생각한다. 이 책의 출간 이후에도 부족한 부분을 계속해서 보완해 나갈 것을 약속하는 바이다. 아무쪼록 이 책이 대학의 무역 및 국제통상학과 학생들뿐만 아니라 일선의 무역실무가에게 조금이라도 도움이 되어, 신용장분야의 학문적 발전과 무역거래의 원활한 진행에 일조할 수 있기를 희망하는 바이다.

그 동안 학문발전에 아낌없는 조언과 많은 질책을 해 주신 필자의 지도교수이며 건국대학교의 국제무역학과에 재직 중인 최의목 교수님과 학부과정의 무역실무 및 신용장과목을 시작으로 대학원 석·박사과정에 이르기까지 신용장 등 무역실무분야의 학문발전에 영향을 주시고 건국대학교를 정년퇴임하신 김용복 교수님께도 깊이 감사드리며 아울러 이 책을 기꺼이 출판해 주신 한올출판사의 임순재 사장님 그리고 편집부 관계자 여러분께도 깊이 감사드리는 바이다.

2012년 10월
저자 전순환

머리말

신용장의 분쟁해결의 해석에 기초가 되는 화환신용장통일규칙(UCP)이 ICC에 의하여 제정되어 수차례의 개정을 거쳐 2007년 7월 1일에 시행되는 UCP 600이 제6차 개정으로서 공표되었다. 이 UCP 600은 국제무역실무가들이나 은행의 실무담당자들에 의하여 신용장에 준거규칙으로서 삽입되어 사용됨으로써 분쟁의 해결에 일조하게 될 것이다. 또한, ICC는 신용장통일규칙(UCP)만으로는 신용장 관련분쟁이 원만히 해결될 수 없다는 점과 신용장이 전자적으로 사용될 때의 문제점을 보완하기 위하여 신용장통일규칙에 대한 보충규정인 eUCP 및 ISBP(국제표준은행관행)를 각각 제정함으로써 신용장분쟁을 미연에 방지하고 이미 발생한 분쟁을 원만하게 해결하는데 일조하고 있다.

이 책은 무역실무가들 사이에 장차 발생할 수 있는 무역분쟁, 특히 신용장과 관련된 무역분쟁을 미연에 방지하는데 도움이 될 수 있도록 신용장통일규칙(UCP 600)의 원문을 각 조항별로 분석하였다. 특히 무역업 종사자, 금융기관 종사자, 대학의 무역 및 국제통상학과 학생들에게 화환신용장통일규칙(UCP 600)의 조항을 명확하게 이해할 수 있도록 하기 위하여 그림 및 도표를 사용하여 구체적으로 설명한 것이 그 특징이라고 할 수 있다.

필자는 누구든지 신용장을 쉽게 이해하고 접근할 수 있도록 화환신용장통일규칙의 해설서를 제공하겠다는 마음으로 집필을 시작하였지만 당초의 의도와 달리 부족한 점이 많을 것으로 생각한다. 이 책의 출간 이후에도 부족한 부분을 계속해서 보완해 나갈 것을 약속하는 바이다. 아무쪼록 이 책이 대학의 무역 및 국제통상학과 학생들뿐만 아니라 일선의 무역실무가에게 조금이라도 도움이 되어, 신용장분야의 학문적 발전과 무역거래의 원활한 진행에 일조할 수 있기를 희망하는 바이다.

그 동안 학문발전에 아낌없는 조언과 많은 질책을 해 주신 필자의 지도교수이며 건국대학교의 국제무역학과에 재직 중인 최의목교수님과 학부과정의 무역실무 및 신용장과목을 시작으로 대학원 석·박사과정에 이르기까지 신용장 등 무역실무분야의 학문발전에 영향을 주시고 건국대학교를 정년퇴임하신 김용복교수님께도 깊이 감사드리며 아울러 이 책을 기꺼이 출판해 주신 한올출판사의 임순재 사장님 그리고 편집부 관계자 여러분께도 깊이 감사드리는 바이다.

2006년 12월

저자 전순환

FOREWORD

This revision of the Uniform Customs and Practice for Documentary Credits (commonly called "UCP") is the sixth revision of the rules since they were first promulgated in 1933. It is the fruit of more than three years of work by the International Chamber of Commerce's (ICC) Commission on Banking Technique and Practice.

ICC, which was established in 1919, had as its primary objective facilitating the flow of international trade at a time when nationalism and protectionism posed serious threats to the world trading system. It was in that spirit that the UCP were first introduced-to alleviate the confusion caused by individual countries' promoting their own national rules on letter of credit practice. The objective, since attained, was to create a set of contractual rules that would establish uniformity in that practice, so that practitioners would not have to cope with a plethora of often conflicting national regulations. The universal acceptance of the UCP by practitioners in countries with widely divergent economic and judicial systems is a testament to the rules' success.

It is important to recall that the UCP represent the work of a private international organization, not a governmental body. Since its inception, ICC has insisted on the central role of self-regulation in business practice. These rules, formulated entirely by experts in the private sector, have validated that approach. The UCP remain the most successful set of private rules for trade ever developed.

A range of individuals and groups contributed to the current revision, which is entitled UCP 600. These include the UCP Drafting Group, which sifted through more than 5000 individual comments before arriving at this consensus text; the UCP Consulting Group, consisting of members from more than 25 countries, which served as the advisory body reacting to and proposing changes to the various drafts; the more than 400 members of the ICC Commission on Banking Technique and Practice who made pertinent suggestions for changes in the text; and ICC national committees worldwide which took an active role in consolidating comments from their members. ICC also expresses its gratitude to practitioners in the transport and insurance industries, whose perceptive suggestions honed the final draft.

Guy Sebban
Secretary General
International Chamber of Commerce

머리말

화환신용장에 관한 통일규칙 및 관례(통상 "UCP"라 칭함)의 이번 개정은 이 규칙이 1933년에 최초로 공표된 이래 제6차 개정이다. 이 규칙은 국제상업회의소(ICC)의 은행기술관행위원회에 의한 3년 이상의 작업의 결실이다.

1919년에 설립된 ICC는 국가주의 및 보호무역주의가 세계무역체제에 심각한 위협을 가했을 당시 국제무역의 흐름을 원활하게 하기 위한 주요 목적을 가지고 있었다. ICC는 UCP가 최초로 도입된-신용장관행에 관한 개별 국가의 국내규칙의 촉진에 의하여 야기된 혼동을 완화시키기 위한- 그러한 정신에 있었다. 그 목적은, 달성되었으므로, 실무가들이 자주 상충된 국내규정의 과잉에 대처해야 하지 않도록, 그러한 관행에 통일성을 제공하는 일련의 계약규칙을 제정하는 것이었다. 매우 다른 경제 및 사법체계를 가진 국가의 실무가들이 UCP를 보편적으로 인정하고 있는 것은 이 규칙의 성공을 위한 증거이다.

UCP가 정부기구가 아닌 민간국제기구의 작업을 나타내고 있다는 것을 상기하는 것은 중요하다. UCP가 제정된 이래, ICC는 비즈니스관행상 자율의 중심적 역할을 주장해 왔다. 전적으로 민간부문의 전문가가 공표한 이 규칙은 그러한 접근을 유효하게 하였다. UCP는 지금까지 개발된 무역에 관한 민간규칙 중에서 가장 성공적인 민간규칙으로 남아있다.

광범위한 개인 및 단체는 UCP 600이라고 칭하는 현행의 개정에 공헌하였다. 이들 개인 및 단체에는 이 만장일치의 본문에 도달하기 전에 5,000명 이상의 개개인의 의견을 면밀히 검토한 다음과 같은 UCP 초안그룹이 포함되어 있다; 다양한 초안에 반응하고 변경을 제안하는 자문기구로서 봉사한 25개국 이상의 회원으로 구성된 UCP 자문그룹; 본문의 변경에 대하여 적절한 제안을 행한 400명 이상의 ICC 은행기술관행위원회의 회원; 그리고 그 회원들로부터 제시된 의견을 하나로 통합하는데 적극적인 역할을 담당한 전세계의 ICC 국내위원. 또한 ICC는 운송 및 보험산업의 실무가들에게 감사의 마음을 표시하는데, 그 실무가들의 통찰력 있는 제안은 최종초안을 정비하였다.

거이 세반
사무총장
국제상업회의소

In May 2003, the International Chamber of Commerce authorized the ICC Commission on Banking Technique and Practice (Banking Commission) to begin a revision of the Uniform Customs and Practice for Documentary Credits, ICC Publication 500.

As with other revisions, the general objective was to address developments in the banking, transport and insurance industries. Additionally, there was a need to look at the language and style used in the UCP to remove wording that could lead to inconsistent application and interpretation.

When work on the revision started, a number of global surveys indicated that, because of discrepancies, approximately 70% of documents presented under letters of credit were being rejected on first presentation. This obviously had, and continues to have, a negative effect on the letter of credit being seen as a means of payment and, if unchecked, could have serious implications for maintaining or increasing its market share as a recognized means of settlement in international trade. The introduction by banks of a discrepancy fee has highlighted the importance of this issue, especially when the underlying discrepancies have been found to be dubious or unsound. Whilst the number of cases involving litigation has not grown during the lifetime of UCP 500, the introduction of the ICC's Documentary Credit Dispute Resolution Expertise Rules (DOCDEX) in October 1997 (subsequently revised in March 2002) has resulted in more than 60 cases being decided.

To address these and other concerns, the Banking Commission established a Drafting Group to revise UCP 500. It was also decided to create a second group, known as the Consulting Group, to review and advise on early drafts submitted by the Drafting Group. The Consulting Group, made up of over 40 individuals from 26 countries, consisted of banking and transport industry experts. Ably co-chaired by John Turnbull, Deputy General Manager, Sumitomo Mitsui Banking Corporation Europe Ltd, London and Carlo Di Ninni, Adviser, Italian Bankers Association, Rome, the Consulting Group provided valuable input to the Drafting Group prior to release of draft texts to ICC national committees.

서 문

2003년 5월에, 국제상업회의소는 ICC 은행기술관행위원회(은행위원회)에게 화환신용장에 관한 통일규칙 및 관례, ICC 출판물 제500호의 개정에 착수하도록 권한을 부여하였다.

기타 개정에서와 마찬가지로, 일반적인 목적은 은행, 운송 및 보험산업에서의 발전을 다루는 것이었다. 추가적으로 모순된 적용과 해석의 원인이 될 수 있는 문언을 제거하기 위하여 UCP에 사용된 언어 및 문체를 살펴볼 필요가 있었다.

개정작업이 시작되었을 때, 수많은 세계적인 조사는 신용장에 의하여 제시된 서류의 약 70%가 최초의 제시시에 불일치로 인하여 거절되고 있었음을 지적하였다. 이러한 현상은 명백히 지급수단으로 간주되고 있는 신용장에 부정적인 영향을 미쳤을 뿐만 아니라 현재도 지속되고 있으며, 점검하지 않는다면 국제무역에 있어서 인정된 결제수단으로서의 시장점유율을 유지 또는 증가시키는데 심각한 영향을 미칠 것이다. 은행에 의한 불일치수수료의 도입은 특히, 근원적인 불일치가 모호하거나 불확실한 것으로 판명되었을 때, 이 문제의 중요성을 강조하였다. 소송과 관련하는 사건의 수는 UCP 500의 존속기간 동안에 증가하지 않았지만, 1997년 10월(그 후 2002년 3월에 개정된) ICC의 화환신용장분쟁해결전문가규칙(DOCDEX)의 도입은 60개 이상의 결정중인 상태의 사례로 끝났다.

이것들과 기타 관심사를 다루기 위하여, 은행위원회는 UCP 500을 개정하기 위하여 초안그룹을 설립하였다. 초안그룹에 의하여 제출된 최초의 초안에 관하여 검토하고 자문하기 위한 자문그룹으로 알려진 제2그룹이 설치되기로 결정되었다. 26개국의 40명 이상의 개인으로 구성된 자문그룹은 은행 및 운송산업의 전문가로 구성되었다. 런던의 Sumitomo Mitsui Banking Corporation Europe Ltd의 부행장인 John Turnbull과 로마의 Italian Bankers Association의 고문인 Carlo Di Ninni에 의하여 훌륭히 공동의장으로 된 자문그룹은 ICC 국내위원에게 초안의 본문을 발표하기 전에 초안그룹에게 가치있는 정보를 제공하였다.

The Drafting Group began the review process by analyzing the content of the official Opinions issued by the Banking Commission under UCP 500. Some 500 Opinions were reviewed to assess whether the issues involved warranted a change in, an addition to or a deletion of any UCP article. In addition, consideration was given to the content of the four Position Papers issued by the Commission in September 1994, the two Decisions issued by the Commission (concerning the introduction of the euro and the determination of what constituted an original document under UCP 500 sub-article 20(b)) and the decisions issued in DOCDEX cases.

During the revision process, notice was taken of the considerable work that had been completed in creating the International Standard Banking Practice for the Examination of Documents under Documentary Credits (ISBP), ICC Publication 645. This publication has evolved into a necessary companion to the UCP for determining compliance of documents with the terms of letters of credit. It is the expectation of the Drafting Group and the Banking Commission that the application of the principles contained in the ISBP, including subsequent revisions thereof, will continue during the time UCP 600 is in force. At the time UCP 600 is implemented, there will be an updated version of the ISBP to bring its contents in line with the substance and style of the new rules.

The four Position Papers issued in September 1994 were issued subject to their application under UCP 500; therefore, they will not be applicable under UCP 600. The essence of the Decision covering the determination of an original document has been incorporated into the text of UCP 600. The outcome of the DOCDEX cases were invariably based on existing ICC Banking Commission Opinions and therefore contained no specific issues that required addressing in these rules.

One of the structural changes to the UCP is the introduction of articles covering definitions (article 2) and interpretations (article 3). In providing definitions of roles played by banks and the meaning of specific terms and events, UCP 600 avoids the necessity of repetitive text to explain their interpretation and application. Similarly, the article covering interpretations aims to take the ambiguity out of vague or unclear language that appears in letters of credit and to provide a definitive elucidation of other characteristics of the UCP or the credit.

초안그룹은 UCP 500하에서 은행위원회가 발행한 공식적인 견해의 내용을 분석함으로써 검토과정을 시작하였다. 관련된 문제가 UCP 조문의 변경, 추가 또는 삭제를 정당화하였는지를 평가하기 위하여 500개 정도의 견해가 검토되었다. 게다가, 1994년 9월에 은행위원회에 의하여 발행된 4가지 견해서, 은행위원회에 의하여 발행된 두 가지 결정(유로의 도입 및 UCP 500 제29조 b항에 의하여 무엇이 원본서류를 구성하는지의 결정에 관한) 및 DOCDEX 사례에서 발행된 결정의 내용이 고려되었다.

개정과정 동안에, 화환신용장에 의한 서류심사를 위한 국제표준은행관행(ISBP), ICC 출판물 제645호를 제정함에 있어서 완성되었던 상당한 작업에 주목하였다. 이 출판물은 서류와 신용장조건과의 일치성을 결정하기 위한 UCP의 필요한 지침서로 발전하였다. 초안그룹 및 은행위원회는 일련의 개정을 포함하여 ISBP에 포함된 원칙의 적용이 UCP 600이 시행되는 동안에도 계속될 것이라고 예상하고 있다. UCP 600이 이행되는 시기에, ISBP의 내용을 새로운 규칙의 내용 및 문체와 일치시키기 위하여 ISBP의 증보판이 있을 것이다.

1994년 9월에 발행된 4가지 견해서는 UCP 500하에서 적용되는 것을 조건으로 발행되었다; 따라서, 이들 견해서는 UCP 600하에서는 적용될 수 없을 것이다. 원본서류의 결정을 커버하는 결정의 본질은 UCP 600의 본문에 포함되었다. DOCDEX 사례의 결과는 항상 기존의 ICC 은행위원회의 견해에 기초되었으며, 따라서 이 규칙에서 다룰 것을 요구한 특정문제는 포함되지 않았다.

UCP의 구조적인 변경 중의 하나는 정의(제2조) 및 해석(제3조)을 포함하는 조문의 도입이다. 은행이 담당하는 역할 및 특정조건과 사건의 의미를 제공함에 있어서, UCP 600은 그 해석과 적용을 설명하기 위한 반복적인 본문의 필요성을 회피한다. 마찬가지로, 해석을 포함하는 조문은 신용장에 보이는 애매하고 불명확한 언어로부터 모호함을 제거하고, UCP 또는 신용장의 기타 특성에 관한 명확한 해설을 제공하고자 노력한다.

During the course of the last three years, ICC national committees were canvassed on a range of issues to determine their preferences on alternative texts submitted by the Drafting Group. The results of this exercise and the considerable input from national committees on individual items in the text is reflected in the content of UCP 600. The Drafting Group considered, not only the current practice relative to the documentary credit, but also tried to envisage the future evolution of that practice.

This revision of the UCP represents the culmination of over three years of extensive analysis, review, debate and compromise amongst the various members of the Drafting Group, the members of the Banking Commission and the respective ICC national committees. Valuable comment has also been received from the ICC Commission on Transport and Logistics, the Commission on Commercial Law and Practice and the Committee on Insurance.

It is not appropriate for this publication to provide an explanation as to why an article has been worded in such a way or what is intended by its incorporation into the rules. For those interested in understanding the rationale and interpretation of the articles of UCP 600, this information will be found in the Commentary to the rules, ICC Publication 601, which represents the Drafting Group's views.

On behalf of the Drafting Group I would like to extend our deep appreciation to the members of the Consulting Group, ICC national committees and members of the Banking Commission for their professional comments and their constructive participation in this process.

Special thanks are due to the members of the Drafting Group and their institutions, who are listed below in alphabetical order.

- Nicole Keller - Vice President, Service International Products, Dresdner Bank AG, Frankfurt, Germany; Representative to the ICC Commission on Banking Technique and Practice;

- Laurence Kooy - Legal Adviser, BNP Paribas, Paris, France; Representative to the ICC Commission on Banking Technique and Practice.

- Katja Lehr - Business Manager, Trade Services Standards, SWIFT, La Hulpe, Belgium, then Vice President, Membership Representation, International Financial Services Association, New Jersey, USA; Representative to the ICC Commission on Banking Technique and Practice;

지난 3년의 과정동안, ICC 국내위원은 초안그룹이 제출한 대안적인 본문에 관한 자신들의 선호를 결정하도록 광범위한 문제에 관하여 요청받았다. 이러한 활동의 결과 및 본문상의 개개의 항목에 관한 국내위원으로부터의 상당한 정보는 UCP 600의 내용에 반영되었다. 초안그룹은 화환신용장에 관한 현행의 관행을 고려하였을 뿐만 아니라, 그 관행의 장래의 전개를 예상하고자 노력하였다.

UCP의 이번 개정은 초안그룹의 다양한 회원, 은행위원회의 회원 및 각각의 ICC 국내위원간의 3년 이상동안의 광범위한 분석, 검토, 토론 및 타협의 산물을 나타낸다. 또한, 가치있는 의견은 ICC 운송물류위원회, 상거래법률관행위원회 및 보험위원회로부터 수령되었다.

어떤 조문이 왜 그러한 방법으로 작성되었는지 또는 이 규칙에 그러한 조문의 삽입에 의하여 의도된 것이 무엇인지에 대하여 이 출판물이 설명을 제공하는 것은 바람직하지 않다. UCP 600의 조문의 이론적 근거 및 해석을 이해하는데 관심이 있는 것에 대하여는, 이러한 정보는 초안그룹의 관점을 나타내는 이 규칙의 해설서, 즉 ICC 출판물 제601호에서 발견될 것이다.

초안그룹을 대신하여 나는 이 과정에서 전문가의 의견 및 적극적인 참여에 대하여 자문그룹, ICC 국내위원 및 은행위원회의 회원에게 깊은 감사를 드리고 싶다.

알파벳순서로 아래에 기재되어 있는 초안그룹의 회원 및 그 기관에게 특별한 감사를 드린다.

- Nicole Keller - 독일 프랑크푸르트, Dresdner Bank AG의 Service International Products의 부회장; ICC은행기술관행위원회 위원;

- Laurence Kooy - 프랑스 파리, BNP Paribas의 법률 고문; ICC 은행기술관행위원회 위원;

- Katja Lehr - 벨기에 La Hulpe, SWIFT, Trade Services Standards의 사업부장(Business Manager), 미국 뉴저지 국제금융서비스협회(IFSA)의 부회장, 회원대표; ICC 은행기술관행위원회 위원;

- Ole Malmqvist - Vice President, Danske Bank, Copenhagen, Denmark; Representative to the ICC Commission on Banking Technique and Practice;

- Paul Miserez - Head of Trade Finance Standards, SWIFT, La Hulpe, Belgium; Representative to the ICC Commission on Banking Technique and Practice;

- René Mueller - Director, Credit Suisse, Zurich, Switzerland; Representative to the ICC Commission on Banking Technique and Practice;

- Chee Seng Soh - Consultant, Association of Banks in Singapore, Singapore; Representative to the ICC Commission on Banking Technique and Practice;

- Dan Taylor - President and CEO, International Financial Services Association., New Jersey USA; Vice Chairman, ICC Commission on Banking Technique and Practice;

- Alexander Zelenov - Director, Vnesheconombank, Moscow, Russia; Vice Chairman, ICC Commission on Banking Technique and Practice;

- Ron Katz - Policy Manager, ICC Commission on Banking Technique and Practice, International Chamber of Commerce, Paris, France.

The undersigned had the pleasure of chairing the Drafting Group.

It was through the generous giving of their knowledge, time and energy that this revision was accomplished so successfully. As Chair of the Drafting Group, I would like to extend to them and to their institutions my gratitude for their contribution, for a job well done and for their friendship. I would also like to extend my sincere thanks to the management of ABN AMRO Bank N.V., for their understanding, patience and support during the course of this revision process.

Gary Collyer

Corporate Director, ABN AMRO Bank N.V., London, England
and Technical Adviser to the ICC Commission on Banking
Technique and Practice November 2006

- Ole Malmqvist - 덴마크 코펜하겐, Danske Bank의 부회장; ICC 은행기술관행위원회 위원;

- Paul Miserez - 벨기에 La Hulpe, SWIFT, Trade Finance Standards의 장; ICC 은행기술관행위원회 위원;

- René Mueller - 스위스 쮜리히, Credit Suisse의 이사; ICC 은행기술관행위원회 위원;

- Chee Seng Soh - 싱가폴, 싱가폴 은행연합회의 자문; ICC 은행기술관행위원회 위원;

- Dan Taylor - 미국 뉴저지, 국제금융서비스협회(IFSA)의 회장겸 최고경영자; ICC 은행기술관행위원회의 부의장;

- Alexander Zelenov - 러시아 모스크바, Vnesheconombank의 Director; ICC 은행기술관행위원회의 부의장;

- Ron Katz - 프랑스 파리, 국제상업회의소(ICC), ICC 은행기술관행위원회의 정책부장(Policy Manager).

서명자는 초안그룹의 의장직을 맡은 것을 만족하게 생각하였다.

이번 개정이 매우 성공적으로 완성된 것은 그들의 지식, 시간 및 에너지의 관대한 제공의 덕분이었다. 초안그룹의 의장으로서, 나는 그들의 공헌에 대하여, 잘 끝난 일에 대하여, 그리고 그들의 호의에 대하여 그들 및 그들의 기관에게 감사를 드리고 싶다. 또한, 나는 이 개정과정동안의 그들의 이해, 인내 및 후원에 대하여 ABN AMRO Bank N.V.의 경영진에게 진심으로 감사를 드리고 싶다.

게리 콜려
공동이사, ABN AMRO Bank N.V., 런던, 영국
그리고 ICC 은행기술 및 관행위원회의 기술고문
2006년 11월

C/O/N/T/E/N/T/S

Chapter 1 신용장통일규칙의 개요 / 1

Chapter 2 신용장통일규칙의 조문별 해설 / 39

Chapter

1

신용장통일규칙의 개요

제 1 절 신용장통일규칙의 변천과정

1. 신용장통일규칙의 의의

신용장통일규칙(UCP)은 국제상업회의소(ICC)[1)]가 화환신용장의 형식, 용어, 해석의 기준과 신용장업무의 취급절차 등을 규정한 국제규범으로서, 그 정식명칭은 "화환신용장에 관한 통일규칙 및 관례(Uniform Customs and Practice for Documentary Credits; UCP)"이며, 이를 "화환신용장통일규칙" 또는 "신용장통일규칙"이라고 약칭하기도 한다.

즉, 신용장통일규칙의 목적은 신용장거래에 있어서 당사자의 권리·의무 및 용어의 해석을 명확히 하여, 국제간의 신용장거래가 원활하게 행해지도록 하는 것이다. 또한, 이것은 ICC라고 하는 민간단체가 작성한 규칙이지만, 대부분 국가의 은행에서 채택하고 있어 국제통일관습으로서 적용되고 있다.

2. 신용장통일규칙의 제정과 개정

무역거래의 대금결제에서 중요한 역할을 담당하고 있는 신용장이 은행에 의하여 그 취급이나 어구의 해석이 상이한 경우에는 불필요한 오해와 분쟁이 발생하게 되고, 이러한 분쟁에 따른 법정제소는 많은 시간과 비용을 수반하게 될 것이다. 이러한 마찰을 해소하기 위하여, 신용장통일규칙은 국제상업회의소(ICC)에 의하여 1933년에 제정된 후, 전시 중의 중단을 제외하고는 1951년, 1962년, 1974년, 1983년(UCP 400), 1993년(UCP 500)에 각각 개정됨으로써 거의 10년마다 개정되어 온 것이다. 현행의 신용장통일규칙은 2007년 개정으로서 2007년 7월 1일부터 시행될 제6차 개정 신용장통일규칙으로서, 그 정식명칭은 "화환신용장에 관한 통일규칙 및 관례(Uniform Customs and Practice for Documentary Credits, ICC Publication No. 600; UCP 600)"이다.

이러한 신용장통일규칙은 국제무역에 있어서 운송수단과 통신수단의 변화(복합운송의 발달 등), 정보처리기술의 발달(컴퓨터에 의한 선적서류의 작성 등) 등에 대응하기 위하여, 거의 10년마다 개정이 행해지고 있다.

---

1) 국제상업회의소(International Chamber of Commerce; ICC)의 주된 활동목적은 세계무역의 원활화와 확대에 있다.

영국, 영연방제국, 미국의 은행은 이 통일규칙을 채용하고 있지 않았지만, 51년의 개정후에 미국의 은행이, 62년의 개정후에 영국 및 영연방제국의 은행이 채용하고, 그 이후 국제상거래에 있어서 세계적인 법규범으로서 기능하고 있다.[2)]

●●● 신용장통일규칙의 제정과 개정의 연혁

제·개정	년 도	효력발생시기	간행물 번호
제 정	1933년		Brochure No. 82
제1차 개정	1951년	1952. 1. 1.	Brochure No. 151
제2차 개정	1962년	1963. 7. 1.	Brochure No. 222
제3차 개정	1974년	1975.10. 1.	Publication No. 290
제4차 개정	1983년	1984.10. 1	Publication No. 400
제5차 개정	1993년	1994. 1. 1.	Publication No. 500

(1) 신용장통일규칙의 제정

무역거래의 대금결제에서 신용장은 중요한 역할을 담당하고 있지만, 화환신용장의 형식, 용어, 해석 및 거래관습에 대한 각국의 상관습이나 법규의 차이로 분쟁이 발생하게 됨에 따라 무역거래의 발전이 저해될 우려가 있으며, 이러한 분쟁을 해소하기 위해서는 신용장을 취급하는 관계당사자간에 공통의 이해나 해석의 기준이 되는 국제적인 통일규칙의 제정이 필요하게 되었다.

즉, 신용장은 실무의 관행, 상관습에 따르고 있지만, 제1차 세계대전당시 미국으로부터 유럽제국으로의 수출증가로 인하여 양자에 있어서 실무의 관행, 상관습 등의 차이 때문에 신용장거래를 둘러싼 법률상의 분쟁이 현저히 증가하였다. 그리고 미국 및 서구에서 신용장의 효력에 대하여 국제적인 통일운동이 발생하였다. 이에 따라 국제상업회의소(International Chamber of Commerce; ICC)는 1926년부터 신용장거래에서의 용어의 해석기준의 국제적 통일을 위하여 노력한 결과 1933년 5월 오스트리아 빈(Vienna)의 ICC 제7차 회의에서 상정되고 1933년 6월 3일 동 안건이 정식으로 채택되어 "상업화환신용장에 관한 통일규칙 및 관례(Uniform Customs and Practice for Commercial Documentary Credit ; UCP)"를 제정하게 되었다.

이 통일규칙은 유럽의 통일규칙이라고 할 수 있을 정도로 미국, 영국 등의 관행은 제대로 반영되지 않고 독일, 프랑스 등의 신용장 관행을 대폭 수용하였다. 이에 따라 영국은 자국의 관행이 수용되지 않은 것을 이유로 이의 채택을 거부하였으며, 통일규칙의 제정에 앞장섰던 미국도 자국의 신용장관습을 참조하도록 참조규정을

2) 高桑昭, 國際商取引法, 有斐閣, 2003, p.169.

첨부하는 조건으로 이를 채택함으로써 통일규칙이 제정되었다고 하더라도 이것은 실질적이고 범세계적으로 사용될 수 없게 되었다.

이 규칙은 5개장 49개조로 구성되어 있다. 구체적으로는 총칙, 신용장의 형식(제1조~제9조), 책임(제10조~제14조), 서류(제15조~제34조), 용어의 해석(제35조~제48조), 양도(제49조)에 관한 규정을 두고 있다.

이와 같이 신용장통일규칙이 제정된 것은 신용장거래의 관계당사자간에 사용되어야 하는 법규범을 통일하는 것이 신용장에 관한 법률관계를 규율하기 위하여 적절하고 유효하다는 생각에 따른 것이다. 신용장통일규칙은 실무의 관행, 상관습을 그대로 명문화한 것이 아니라, 이러한 관행 및 상관습을 바탕으로 국제상업회의소가 제정한 통일규칙이다.

(2) 신용장통일규칙의 개정

㈎ 제1차 개정(1951년)

제2차 세계대전 후 무역거래의 증대와 신용장기능의 발전에 따른 새로운 관행을 반영하기 위하여 1949년 2월 파리에서 개최된 ICC회의에서 통일규칙의 개정이 제안되었고, 이러한 제안에 따라 ICC의 은행기술실무위원회(Commission on Banking Technique and Practice)는 3년에 걸친 개정과정을 거쳐 1951년 리스본에서 개최된 제13차 ICC총회에서 개정안을 채택하고, 1952년 1월 1일부터 ICC Brochure No.151로 적용하도록 권고하게 되었다.

제1차 개정신용장통일규칙은 달라진 관행을 규범화하고 구주대륙과 미국의 관행을 조화시킨 것에 그 의의가 있다. 즉, 런던관행을 고집하던 영국이 리스본회의에서 기권하였지만, ICC는 신용장의 제창국인 미국의 참조규정을 충분히 반영시킴으로써 미국으로 하여금 이 개정규칙을 채택할 수 있게 하였던 것이다. 이에 따라 1962년 3월 1일 현재 체코슬로바키아를 포함한 28개국이 제1차 개정신용장통일규칙을 정식으로 채택하였고, 유고슬라비아를 포함한 영연방국가 7개국 등 44개국의 일부은행이 이를 채택하였고, 폴란드와 소련 등 공산국가 5개국의 개개의 은행이 정식통고없이 묵시적으로 이를 채택함으로써, 제1차 개정신용장통일규칙은 국제적인 통일기준으로서 인정받게 된 것이다.

또한, 제1차 개정신용장통일규칙은 신용장의 표준양식(standard forms for the opening of documentary credits)을 제정하고, 해상·도로·철도의 3가지 운송방식에 항공운송의 경우 제시하여야 할 서류를 신설하였으며, 통신수단에 있어서도 전신(cables), 전보(telegrams), 우편(letters)에 “기타 기계적으로 송달된 메시지(other mechanically transmitted messages)"를 추가하였다.

제1차 개정 신용장통일규칙은 제9조와 제10조간에 삭제 및 조정을 제외하고는 5개장 49개조로 종전과 동일하게 구성되어 있다. 구체적으로는 총칙, 신용장의 형식(제1조~제8조), 의무와 책임(제9조~제14조), 서류(제15조~제34조), 용어의 해석(제35조~제48조), 양도(제49조)에 관한 규정을 두고 있다.

(나) 제2차 개정(1962년)

1952년의 제1차 개정규칙의 적용에 있어 많은 의문점과 문제점이 발생하게 됨으로써, ICC는 개정규칙의 적용상 제기된 문제점에 대한 주석문(commentary)을 ICC은행위원회의 자문위원인 봉뚜(Bontoui)에게 의뢰하여 작성·발표하려고 하였다. 그러나 동 주석문에 대한 토의과정에서 주석보다는 신용장통일규칙 자체의 개정을 주장한 미국측 위원의 의견을 받아들임으로써, ICC는 1959년에 제2차 개정작업에 착수하게 된 것이다. 당초에는 미국이 제시한 개정안을 중심으로 검토되었으나 영국이 EEC 가입문제와 관련하여 본 규칙의 개정작업에 전면적으로 협력하게 되어 그 결과 1962년 11월 2일 ICC의 제99차 이사회에서 제2차 개정 신용장통일규칙을 상정하여 승인을 받았으며, 1963년 4월 ICC의 제19차 멕시코총회에서 제2차 개정안이 통과됨으로써 "ICC Brochure No.222"(1962 Revision)으로 공표되고, 1963년 7월 1일부터 영국을 포함한 각국이 이를 채택·시행하게 되었다.

신용장통일규칙은 제1차 개정에서는 유럽대륙과 미국간의 해석상의 차이가 제거된 것에 의의가 있다. 반면, 제2차 개정에서는 영국관행(London Practice)의 추가로 영국을 포함한 영국관행의 국가들과 대부분의 사회주의국가도 이 규칙을 채택하게 되었으며, 또한 영국관행에 따라 해석기준이 엄격하게 되고, 미국의 구체적·열거적 표시방법보다 영국의 포괄적·추상적 표시방법이 도입되었으며, 신용장통일규칙의 원문이 불어에서 영어로 채택되었다. 또한, 제2차 개정에서는 통신수단에 가입전신(telex)이 추가되고, 영국안에 따라 신용장채택은행은 신용장통일규칙의 준거조항을 신용장에 삽입하도록 확정되고, "Commercial Documentary Credits(상업화환신용장)"에서 "Commercial"을 삭제하여 "Documentary Credits(화환신용장)"으로 변경하기로 함에 따라, 그 준거문언은 "Subject to Uniform Customs and Practice for Documentary Credits(1962 Revision), International Chamber of Commerce Brochure No.222"로 기재되게 되었다.

제2차 개정 신용장통일규칙은 5개장 46개조로 구성되어 있다. 구체적으로는 총칙과 정의, 신용장의 형식과 통지(제1조~제6조), 의무와 책임(제7조~제12조), 서류(제13조~제31조), 기타조항(제32조~제45조), 양도(제46조)에 관한 규정을 두고 있다.

㈐ 제3차 개정(1974년)

제2차 개정 이후 새로운 국제무역형태의 출현, 특히 복합운송과 컨테이너운송의 비약적인 발전, 컴퓨터의 발달 등 신용장 거래관습의 변화, 모호하고 불명료한 문언의 명확화의 필요성이 제기됨에 따라, ICC 은행위원회는 실무작업반(working party)을 통하여 제3차 개정에 착수하게 되었다. 즉, ICC는 제3차 개정안을 작성하여 1974년 유엔국제무역법위원회(The United Nations Commission on International Trade Law; UNCTRAL)의 인준을 받은 후 이 개정안이 1974년 12월 이사회에서 가결됨으로써, 1975년 6월 마드리드 총회에서 정식으로 채택되고 1975년 10월 1일부터 시행되었다.

제3차 개정에서는 UNCITRAL이 개정작업에 참여하고 동유럽제국도 의견을 제출함으로써 동서제국의 적극적인 참여와 개정보완작업의 범세계화가 이룩되었으며, 컨테이너운송 등의 발전에 따라 1970년대의 국제무역관행에 적합하도록 신용장통일규칙을 순응시켰던 것이다. 즉, 제3차 개정에서는 컨테이너를 이용한 복합운송의 본질에 적합하도록 하기 위하여 운송인이 증권상에 부지약관을 기재하여 면책하는 조항, 컨테이너선화증권(container B/L)의 수리성 및 선화증권상의 갑판적유보문언의 수리성, 복합운송서류의 수리성 등을 각각 규정하였다. 이와 같이 복합운송서류에 대한 조항이 신설되거나 추가된 것이 제3차 개정의 가장 획기적인 것이라고 할 수 있다.

제3차 개정 신용장통일규칙은 5개장 47개조로 구성되어 있다. 구체적으로는 총칙과 정의(a~f), 신용장의 형식과 통지(제1조~제6조), 의무와 책임(제7조~제13조), 서류(제14조~제33조), 기타조항(제34조~제45조), 양도(제46조~제47조)에 관한 규정을 두고 있다.

㈑ 제4차 개정(1983년)

제3차 개정 이후 다음과 같은 국제무역환경의 변화에 따라 신용장통일규칙의 개정의 필요성이 제기된 것이다.

첫째, 운송기술과 통신수단의 발전에 따른 새로운 무역관행의 반영의 필요성이다. 즉, 컨테이너선의 이용증대와 운송기술(transport technology)의 지속적인 발전에 따른 복합운송에 의한 대량화물의 고속운송의 진전과 통신혁명(telecommunication revolution)에 의한 정보처리기술의 발전에 따른 사무처리의 전산화와 무역절차의 간소화의 실현은 무역거래상의 물품인도와 대금지급의 이행방법에 커다란 영향을 주게 되었다.

둘째, 신용장통일규칙과 관련된 매매계약·운송 및 보험 등에 관한 국제규칙의 개정 또는 제정과의 조화의 필요성이다. 즉, "공동해손에 관한 요크-앤트워프규칙"(York-Antwerp Rules for General Average, 1974), "해상물품운송에 관한 UN조약"(United Nations Convention on the Carriage of Goods by Sea; Hamburg Rules, 1978), "추심에 관한 통일규칙(Uniform Rules for Collections, 1978)", "인코텀즈 1980"(Incoterms 1980), "국제물품복합운송에 관한 UN협약"(United Nations Convention on International Multimodal Transport of Goods, 1981), "신협회화물(적화)약관"(New Institute Cargo Clauses 1982, 2009년 개정) 등과 같은 국제규칙들이 거정 또는 제정되었다.

셋째, 1975년 10월 1일부터 시행된 개정규칙에 대한 문제점의 보완의 필요성이다. 즉, ICC 은행위원회는 1975에서 1981년간에 각국으로부터 접수된 질의와 이에 대한 유권해석을 "Decisions(1975~1979) of the ICC Banking Commission, ICC Publication No.371", "Opinions(1980~1981) of the ICC Banking Commission, ICC Publication No.399"이라는 제목으로 1980년 12월과 1982년 2월에 각각 발행하였다.

이와 같이, 1980년대 들어오면서 운송기술·통신수단의 발전과 무역절차간소화운동은 서류작성관행에 커다란 영향을 미치게 되고, 신용장통일규칙이 162개 국가와 각 속령지에 있는 외국환은행까지 모두 채택하게 됨으로써 세계적인 통일관습으로 정착하게 되고, 1975년 10월 1일부터 시행된 제3차 개정규칙에 대하여 제기된 문제점을 수정·보완할 필요성이 제기되어, ICC 은행기술관행위원회(Commission on Banking Technique and Practice)는 1979년 11월 회의에서 개정작업에 착수하기로 하였다.

따라서, ICC 은행기술관행위원회는 1980년 6월 실무작업반(Working Party)의 1차 회의를 개최하고, 동년 8월에 개정규칙에 관한 질의서를 각국의 국내위원회로 발송하여 의견을 접수, 1981년 12월에 개정시안개정시안(Document No.470/391)을 작성하여 수차례의 수정을 행한 후 최종확정안을 1983년 6월 7일 "ICC Publication No.400(Document No.470/408)"로 간행하였다. 이 최종안은 1983년 6월 21일 파리에서 개최된 ICC 제144차 이사회에서 최종적으로 확정되고 국제무역법위원회(UNCITRAL)의 인준(endorsement)을 거쳐 1984년 10월 1일부터 정식으로 시행하게 되었다.

제4차 개정 신용장통일규칙은 6개장 55개조로 구성되어 있다. 구체적으로는 총칙과 정의(제1조~제6조), 신용장의 형식과 통지(제7조~제14조), 의무와 책임(제15조~제21조), 서류(제22조~제42조), 기타조항(제43조~제53조), 양도(제54조~제55조)에 관한 규정을 두고 있다.

(마) 제5차 개정(1993년)

1983년 제4차 개정 신용장통일규칙이 약 10년간에 걸쳐 사용되어 오는 동안, 복합운송방식이 일반화됨은 물론 컴퓨터와 통신기술의 발달로 무역업체, 금융기관, 운송 및 보험업체 및 무역관련업계에도 대부분 전산망이 구축되는 등 무역환경이 급속하게 변화되고, 특히 전세계 190 여개의 국가 6,400 여개의 외국환은행이 신용장에 관한 모든 통신업무를 SWIFT (Society of Worldwide Interbank Financial Telecommunications : 세계은행간 금융전산망)방식에 의하여 처리하고 있다. 또한, 이러한 시대적 환경변화에 대비하여 ICC 상관습위원회(Commercial Practices Commission)에서는 FCA(운송인인도), CPT(운송비지급), CIP(운송비보험료지급)규칙 및 EDI방식에 의한 서류의 효력을 인정한 "Incoterms 1990"을 1990년 7월 1일부터 발효시켰고, 국제해사위원회(Comité Maritime International; CMI)에서는 "해상화물운송장에 관한 통일규칙(Uniform Rules for Sea Waybills)" 및 "전자선화증권에 관한 규칙(Rules for Electornic Bills of Lading)"을 마련하였다.

이러한 시대적 변화와 수차례 간행된 ICC의 은행기술관행위원회의 의견(opinion) 및 결정(decision) 자료에서와 같은 실무상의 문제점을 해결하기 위하여, ICC의 은행기술관행위원회(Commission on Banking Technique and Practice)는 1990년 6월 함부르크(Hamburg)회의에서 UCP 개정을 위한 기초자료를 수집·검토하기 위한 개정작업에 착수하였다.

그 후 ICC 은행기술관행위원회에서는 UCP 400에 근거하여 각국 ICC국내위원회로부터 제시된 의견을 수렴·검토하여 1993년 1월 11일 49개 조항으로 구성된 최종확정안을 "ICC Document No.470~37/129"로 간행하였다. ICC는 이 최종확정안은 회원국들에 배포하고 집행위원회의 의결을 거쳐 1993년 5월 13일에 "UCP 500"을 공표함으로써 1994년 1월 1일부터 시행되도록 한 것이다. 이것이 바로 현재 사용되고 있는 신용장통일규칙으로서, 그 정식명칭은 "화환신용장에 관한 통일규칙 및 관례(Uniform Customs and Practice for Documentary Credits, ICC Publication No.500; UCP 500)"이다.

제2절 현행의 신용장통일규칙(UCP 600)

1. UCP 600의 개정과정 및 구성

(1) UCP 600의 정의

화환신용장에 관한 통일규칙 및 관례(Uniform Customs and Practices for Documentary Credits; UCP), 2007년 개정, ICC 출판물번호 제600호(UCP 600)은 UCP의 제6차 개정을 의미하는 것으로서, UCP가 1933년에 제정된 이래 6번째 개정이 이루어진 것을 의미한다. 이 UCP 600은 2007년 7월 1일에 시행될 것이다. 이 UCP 600은 1993년의 이전의 개정판(UCP 500) 이래 화환신용장에 관한 규칙의 최초의 개정으로서, 50개국 이상의 코멘트를 포함한 3년이상 동안의 은행위원회의 광범위한 작업의 결과였다.

(2) UCP 600의 개정과정

ICC는 1999년에는 UCP 500의 개정의 필요성을 인식하고 그 명칭을 UCP 600이라 결정하고 개정을 위한 논의를 진행하였으나, UCP 500을 개정하여야 할 중대한 이유를 발견하지 못하였다는 이유로 개정논의가 지연되어 왔다. 이와 같이, UCP 500의 개정이 지연되는 동안, 신용장거래와 관련된 문제점을 해결하기 위하여, UCP 500에 대한 보충규칙의 성격인 각종 규칙을 제정하기에 이르렀다. 즉, 2002년에는 "전자적 제시를 위한 화환신용장통일규칙"(supplement to uniform customs and practice for electronic presentation; eUCP)과 "화환신용장하에서의 서류심사를 위한 국제표준은행관행"(international standard banking practice for the examination of documents under documentary credits; ISBP)을 제정·시행함으로써 신용장거래와 관련된 각종 문제점을 해결하고자 노력하였다.

그럼에도 불구하고 ICC 은행기술관행위원회(Commission on Banking Technique and Practice)는 종전의 10년 주기라는 개정시기에 비하여 다소 늦긴 하였으나, 2003년 5월에 UCP 500의 개정 검토를 위한 초안그룹(Drafting Group)과 그 초안에 대하여 의견을 제시할 자문그룹(Consultation Group)을 구성하여 2년 6개월간의 작업을 진행한 결과, 초안그룹은 2005년 11월 5일에 신용장거래의 문제점에 관한 각국 국내위원회의 의견 및 ICC 은행위원회의 의견 등을 참고하여 UCP 500의 개정을 위한 제1차 완성초안(first complete draft), 즉 UCP 600의 제1차 완성초안을 제시하였다. 또한, 초안그룹은 제1차 완성초안에 대한 각국 국내위원회의 의견을 반영하여 2006년 3월 6일에는 UCP 600의 제2차 완성초안(Second Complete Draft)을 39개 조항으로 제시하였고, 2006년 5월 13일부터 19일까지 비엔나에서 개최된 은행위원회의 회의에 따라, 은행위원회는 6월 6일에 UCP 600의 새로운 초안(6월 6일 초안)인 최종초안(Latest Draft)을 발행하였다. 이러한 최종초안은 약간의 수정을 거친 후 2006년 10월 25일에 파리에서 개최된 ICC 은행위원회에서 91 대 0의 만장일치의 투표로 화환신용장에 관한 통일규칙 및 관례(Uniform Customs and Practices for Documentary Credits; UCP), 2007년 개정, ICC 출판물번호 제600호(UCP 600)가 승인되었다. 이것은 UCP의 제6차 개정으로서, UCP 600은 2007년 7월 1일에 시행된다.

(3) UCP 600의 구성

신용장통일규칙의 정식명칭인 "Uniform Customs and Practices for Documentary Credits"은 "화환신용장에 관한 통일규칙 및 관례"라고 번역되어 사용되고 있으나, 정확하게 번역하면 "화환신용장에 관한 통일관습 및 관행"이다. 즉, 신용장통일규칙이라고 번역되어 사용되고 있으나 그 정식명칭에도 규칙이라는 단어를 찾아볼 수 없다. 그러나 이번 개정(UCP 600)에서는 그 제1조에서 신용장통일규칙은 "규칙(rules)"이라고 명시하였고, 제2조의 정의 및 제3조의 해석조항을 추가하고, 기존 49개 조항이었던 UCP 500의 조문을 새롭게 정리하면서, 39개 조항으로 구성하였다.

●●● UCP 600의 구성

조문	내용	조문	내용
제1조	신용장통일규칙의 적용	제2조	정의
제3조	해석	제4조	신용장과 계약
제5조	서류와 물품/용역/이행	제6조	사용가능성, 유효기일 및 장소
제7조	발행은행의 확약	제8조	확인은행의 확약
제9조	신용장 및 조건변경의 통지	제10조	조건변경
제11조	전송 및 사전통지신용장과 조건변경	제12조	지정
제13조	은행간 상환약정	제14조	서류심사의 기준
제15조	일치하는 제시	제16조	불일치서류, 권리포기 및 통지
제17조	원본서류 및 사본	제18조	상업송장
제19조	적어도 두 가지 다른 운송방식을 표시하는 운송서류	제20조	선화증권
제21조	비유통성 해상화물운송장	제22조	용선계약선화증권
제23조	항공운송서류	제24조	도로, 철도 또는 내륙수로운송서류
제25조	특송화물수령증, 우편수령증 또는 우송증명서	제26조	"갑판적", "송화인의 적재 및 수량확인" 및 운임의 추가비용
제27조	무고장운송서류	제28조	보험서류 및 담보
제29조	유효기일의 연장 또는 제시를 위한 최종일	제30조	신용장금액/수량/단가의 과부족
제31조	분할어음발행 또는 선적	제32조	할부어음발행 또는 선적
제33조	제시시간	제34조	서류효력에 관한 면책
제35조	송달 및 번역에 관한 면책	제36조	불가항력
제37조	피지시인의 행위에 대한 면책	제38조	양도가능신용장
제39조	대금의 양도		

2. UCP 600의 적용범위와 보충규정과의 관계

(1) UCP 600과 eUCP의 관계

eUCP에 적용되는 신용장("eUCP 신용장")은 또한 UCP의 명시적인 삽입 없이도

UCP에 적용되고[3], eUCP가 적용되는 경우, 그 규정이 UCP의 적용과 다른 결과를 발생시키는 범위까지 우선한다.[4] 즉, eUCP를 사용하고자 하는 당사자는 신용장에 명시적으로 eUCP의 적용을 삽입해야 하지만, eUCP를 적용하는 신용장은 UCP의 명시적인 삽입 없이도 UCP에 적용된다.[5] 왜냐하면, eUCP를 준거하도록 명시된 eUCP 신용장은 UCP를 대체하는 것이 아니라 UCP에 대한 보충규정이므로, UCP가 적용된다는 준거문언을 명시적으로 삽입하지 않더라도 당연히 적용되는 것으로 보기 때문이다. 이와 같이 eUCP 신용장은 eUCP와 UCP를 함께 사용할 수 있지만, eUCP와 UCP가 적용상 상충되는 경우에는 eUCP가 우선해서 적용된다는 것이다.

또한, eUCP 신용장이 수익자가 종이서류 또는 전자기록의 제시 중 어느 하나를 선택할 수 있도록 허용하고 수익자가 종이서류만의 제시를 선택하는 경우, UCP만이 그러한 제시에 적용되어야 한다. 종이서류만이 eUCP 신용장하에서 허용되는 경우, UCP만이 적용되어야 한다.[6] 즉, eUCP는 전자기록의 제시를 규율하기 위해서 제정된 규칙이기 때문에 신용장거래에서 전자기록이 종이서류와 혼합되어 제시되는 경우까지만 eUCP가 적용되는 것이다. 이것은 전자기록이 제시되기 때문에 eUCP가 적용되는 것이지 함께 제시된 종이서류를 규율하고자 하는 것은 아니다. 따라서, eUCP 신용장하에서 전자기록만이 제시되거나 전자기록이 종이서류와 혼합되어 제시되는 경우에는 eUCP와 UCP가 함께 적용될 수 있고, 종이서류만이 제시되거나 종이서류만을 허용하고 있는 경우에는 UCP만이 적용된다. 다시 말하면, eUCP 신용장이 수익자가 종이서류 또는 전자기록의 제시 중 어느 하나를 선택할 수 있도록 허용하고 있을 때 수익자가 종이서류만의 제시를 선택하는 경우, 그리고 eUCP 신용장이 종이서류만을 허용하고 있는 경우에는 UCP만이 적용된다.[7]

(2) UCP 600과 ISBP의 관계

ISBP는 보편적으로 사용되고 있는 화환신용장에 관한 ICC의 규칙인 UCP 500에 대한 실무상의 보완서(practical complement)이다. 따라서, ISBP는 UCP를 변경하는 것이 아니라 UCP규칙이 일상에 어떻게 적용되어야 하는지를 명시적으로 상세하게 설명하는 것이며, 그 자체로서 UCP규칙에 표명된 일반원칙과 화환신용장 실무가의 일상업무간에 필연적으로 발생하는 공백을 충족시키고 있다. 즉, ISBP는 UCP 500을

3) eUCP 제e2조 a항.
4) eUCP 제e2조 b항.
5) http://www.iccwbo.org/home/news_archives/2001/eucp.asp
6) eUCP 제e2조 c항.
7) 전순환, eUCP에 있어서 서류심사기준에 관한 연구, 통상정보연구, 제7권 제1호, 한국통상정보학회, 2005.3, pp.151-152.

변경하는 것이 아니라 UCP 500의 일상적인 운용을 원활하게 하는 것으로서, 소위 보충규정(gap-filling)의 성질을 지니고 있다. 또한, 이미 UCP 자체에 국제적표준은행관행이 언급되어 있기 때문에 이 ISBP를 원용한다는 취지를 신용장의 관련서류에 명시할 필요는 없는 것이다.[8] 따라서, UCP 600의 개정과 더불어, ISBP가 해당국가의 강행규정에 저촉되지 아니하는 한, 신용장에 이를 삽입하지 않더라도 UCP 600과 함께 신용장거래의 일상업무에 널리 사용된다.

ISBP는 UCP 500 제 13 조 a 항[9]에 규정된 "국제표준은행관행"의 기본취지를 조문화하기 위한 것으로서, ICC 국내위원회 및 개개의 ICC 위원에 의하여 제공된 대로 현행의 화환신용장관행을 반영하고 있다.

제3절 UCP 600의 주요특징

1. UCP정의의 명확화

현재 "Uniform Customs and Practice for Documentary Credits(UCP)"는 "화환신용장에 관한 통일규칙 및 관례"라고 번역됨으로써 약칭 신용장통일규칙으로 사용되고 있으나, 실제의 의미는 "화환신용장에 관한 통일관습 및 관행"으로서, 규칙이라는 표현이 없다. 그러나 UCP 600 제1조 제1문에서는 UCP가 화환신용장 및 보증신용장에 적용되는 규칙(Rules)이라고 명시함으로써 정식명칭 자체에서 찾아볼 수 없는 "규칙(Rules)"이라는 용어를 명시적으로 규정하게 되었다. 이러한 규칙에 적합하도록 제2조 및 제3조에 정의 및 해석에 관한 조항을 규정한 것은 이러한 취지를 반영한 것으로 생각된다.

또한, 법률이나 조약과 같이 당사자간에 합의가 없더라도 강제적으로 적용되는 것이 아니라, UCP는 당사자간의 합의에 의하여 그 적용, 변경 또는 배제가 가능하

---

8) 전순환, 국제표준은행관행에 있어서 일반원칙상의 제문제점, 상품학연구, 제23권 제2호, 한국상품학회, 2005.8, pp.208-209.

9) UCP 500 제 13 조 a 항의 두 번째 문장에서는 "신용장의 제조건과 명시된 서류의 문면상 일치성은 이 규칙에 반영되어 있는 국제표준은행관행에 의하여 결정된다."(Compliance of the stipulated documents on their face with the terms and conditions of the Credit, shall be determined by international standard banking practice as reflected in these Articles.)라는 일반원칙을 규정하고 있다.

게 되는 규칙이다. 즉, 신용장상의 본문에 UCP에 따른다는 취지의 준거문언을 명기함으로써 UCP가 적용되며, 이러한 준거문언이 있더라도, "신용장에 명시적으로 수정되거나 또는 배제되지 아니하는 한, 이 규칙은 모든 관계당사자를 구속한다"는 UCP 600 제1조 제2문의 규정에 따라, 신용장상에 UCP의 특정규정과 다른 내용을 특별히 명기함으로써 UCP의 특정규정이 변경되며, 신용장상에 UCP의 특정규정의 적용배제를 명기함으로써 UCP의 특정규정이 배제된다.

이와 같이, UCP 600 제1조 제2문에서 "신용장에 명시적으로 수정되거나 또는 배제되지 아니하는 한"이라는 어구를 사용함으로써, UCP 600의 각각의 조문에서는 UCP 500에 규정되어 있었던 "unless otherwise stipulated in the credit(신용장에 별도의 명시가 없는 한)"[10], "unless otherwise agreed(별도의 합의가 없는 한)"[11], "unless otherwise expressly stipulated in the credit(신용장에 별도의 명백한 명시가 없는 한)"[12], "unless specifically authorised in the credit(신용장에 특별히 수권되지 아니하는 한)"[13], "unless the Credit stipulates otherwise(신용장에 별도로 명시하지 아니하는 한)"[14], "unless specifically authorised(특별히 수권되지 아니하는 한)"[15] 등의 표현을 삭제하였다. 즉, 이러한 표현이 UCP 500에 있었던 UCP 600의 조항은 이러한 표현이 규정되어 있지 않더라도, 신용장에 이러한 조항의 수정 또는 배제를 명기함으로써 수정 또는 배제할 수 있다.

2. 간결하고 정확한 표현의 사용

UCP 600은 UCP 500의 규정을 변경하면서, 간결하고 정확한 표현방법을 채택함과 동시에 UCP 600의 본문을 반복적으로 사용하는 것을 회피하기로 하였다. 즉, UCP에서 사용되는 용어들이 일관성 있게 사용될 수 있도록 할뿐만 아니라 각 조항에서의 불필요한 반복을 회피하기 위하여 제2조(용어)를 신설하였다. 또한, 기존의

10) 이러한 용어는 다음의 조항과 관련되어 있다: UCP 600 제3조 제4문(UCP 500 제20조 d항), 제14항 i항(제22조), 제18조 a항 및 b항(제37조 a항 및 b항), 제19조 a항(제26조 a항), 제20조 a항(제23조 a항), 제21조 a항(제24조 a항), 제22조 a항(제25조 a항), 제23조 a항(제27조 a항), 제24조 a항(제28조 a항), 제25조 a항(제29조 b항), 제25조 c항(제29조 a항), 제26조 a항, b항 및 c항(제31조), 제28조 d항(제34조 d항), 제28조 e항(제34조 e항), 제28조 f항 i호 및 ii호(제34조 f항 i호 및 ii호), 제28조 j항(제35조 c항), 제32조(제41조), 제38조 d항(제48조 g항)

11) UCP 600 제38조 c항(UCP 500 제48조 f항).

12) UCP 600 제1조(UCP 500 제1조).

13) UCP 600 제34조 c항(UCP 500 제28조 c항).

14) UCP 600 제31조 c항(UCP 500 제40조 a항).

15) UCP 600 제36조(UCP 500 제17조).

UCP 500의 각 조항에 산재되어 있었던 해석(interpretations)에 관한 조항(제6조 c항, 제20조 b항 제2문, 제20조 d항, 제2조 제2문, 제20조 a항, 제46조 b항 및 c항, 제47조)을 UCP 600에서는 제3조(해석)로 통합하여 정리하였다.

3. 용어정의의 명확화

첫째, UCP 600 제2조에서는 기존의 일람지급(sight payment), 연지급(deferred payment), 인수(acceptance)라는 용어를 포괄하는 의미를 가진 "지급이행(honour)"이라는 용어를 새롭게 정의하였다. 즉, "지급이행(Honour)"이라는 용어는 기존의 UCP에서는 없었던 것을 UCP 600에서 처음으로 도입하여 사용하고 있으나, 기존의 미국통일상법전[16]상의 "Honour"의 용어와 거의 동일하다. UCP 600 제2조 제9문의 지급이행(Homour)은 일람후 지급(일람지급신용장의 경우), 연지급확약의 부담후 만기일지급(연지급신용장의 경우), 환어음의 인수후 만기일지급(인수신용장의 경우)을 모두 포괄하는 개념이다.

둘째, UCP 600 제2조에서는 매입의 정의와 관련하여 포괄적이고 추상적인 개념의 "대가의 지급(giving of value)"이라는 표현을 사용하는 대신에 구체적인 정의를 내리고 있다. 즉, UCP 600 제2조 제11문에서 정의하고 있는 매입(Negotiation)은 UCP 500 제10조 b항 ⅱ호에 규정된 매입의 정의 및 ICC 정책성명서에 규정된 매입의 정의를 보다 명확히 정의하고 있다. 매입의 정의와 관련하여 ICC는 정책성명서를 발표한 바 있다. '매입'이라는 용어는 '매입하도록 수권된 은행이 환어음 및/또는 서류에 대하여 대가를 지급하는 것'으로서 제10조 b항 ⅱ호에서 규정하고 있다. 은행위원회는 UCP 500의 목적상 제10조 b항 ⅱ호에서 '대가의 지급'이라는 어구는 '즉시 대금지급'(예를 들면, 현금, 수표, 결제시스템을 통한 송금 또는 계정에의 대기) 또는 '지급의무의 확약'(연지급확약 또는 어음의 인수가 아닌)으로서 해석될 수 있다는 것을 명확히 하고자 한다.[17]

---

16) To "honour" is to pay or to accept and pay, or where a credit so engages to purchase or discount a draft complying with the terms of the credit; Uniform Commercial Code(UCC), Article § 5-102.

17) The term 'negotiation' is defined in sub-Article 10(b)(ii) as 'the giving of value for Draft(s) and/or document(s) by the bank authorised to negotiate' The Banking Commission wishes to clarify that for the purposes of UCP 500, the phrase 'giving of value' in sub-Article 10(b)(ii) may be interpreted as either 'making immediate payment' (e.g. by cash, by cheque, by remittance through a Clearing System or by credit to an account) or 'undertaking an obligation to make payment' (other than giving a deferred payment undertaking or accepting a draft); POSITION PAPER N° 2, UCP 500 sub-Article 10(b)(ⅱ), September 1, 1994.

이러한 매입의 정의를 보다 명확화하기 위하여 UCP 600 제2조 제11문에서 "매입(Negotiation)이란 수익자에게 대금을 선지급하거나 또는 선지급하기로 약정함으로써, 일치하는 제시에 따른 환어음(지정은행이 아닌 은행을 지급인으로 하여 발행된) 및/또는 서류의 지정은행에 의한 구매를 말한다"고 규정하고 있다.

4. 신용장의 취소불능성

UCP 600 제2조 제8문 및 제3조 제2문에서는 "신용장은 그 명칭이나 기술에 관계없이 취소불능이며 일치하는 제시를 지급이행할 발행은행의 확약을 구성하는 모든 약정을 말하며", "신용장은 취소불능의 표시가 없는 경우에도 취소불능이다"라고 각각 규정하면서, 취소가능신용장의 규정인 UCP 500 제8조(신용장의 취소)를 삭제하였다.

발행된 신용장에 그 신용장이 "취소불능(irrevocable)"이라고 표시하고 있지 않더라도 당연히 취소불능이다. 이것은 신용장의 대부분이 취소불능의 형태로 발행되는 것이 현실일 뿐만 아니라 수익자를 보호할 수 없는 취소가능신용장의 사용은 실무상 극히 불만족스럽다는 취지를 반영한 것으로 생각된다. 따라서, 발행은행이 신용장을 일방적으로 취소 또는 조건변경할 수 있는 취소가능신용장은 신용장으로서 인정되지 않게 되었다.

따라서, 수익자 또는 지정은행이 신용장을 통지받았을 때, 그 신용장이 취소가능의 요건을 명기하고 있는 취소가능신용장이 아닌지를 면밀히 검토할 필요가 있다. 왜냐하면, 그 명칭이나 기술에 관계없이 취소불능이라고 정의하는 것에 비추어볼 때, "취소가능"으로 명칭이 되어 있더라도 취소불능으로 해석될 수 있지만, "취소불능의 표시가 없더라도 취소불능이다"라는 어구에 비추어 본다면, 신용장통일규칙이 당사자의 합의에 의하여 변경될 수 있는 임의규정이므로 "취소가능"이라는 어구가 있을 때에는 신용장의 취소불능성을 명백히 배제한 것으로 해석될 수 있다. 이러한 맥락에서 분쟁의 소지가 상존한다고 생각한다. 따라서, 신용장상에 "이 신용장은 UCP 500 제8조(신용장의 취소)에 따름" 또는 기타 신용장의 취소가능성을 명기하고 있는 조건이 있는 경우에는, 수익자 또는 지정은행은 조건변경의 요청이나 또는 기타 신용장의 취소가능성을 배제할 수 있는 조치를 취함으로써 분쟁의 발생을 사전에 예방하여야 할 것이다.

5. 일자에 관한 해석의 변경

선적일, 선적기간 또는 만기일의 결정을 위하여 사용될 수 있는 일자의 해석에 관하여, ① "선적일 또는 선적기간에 관해서만 적용되던 일자"를 "모든 일자에 적용되는 것"으로 변경하고, ② "부터(from)" 및 "이후(after)"의 해석을 명확히 하고, ③ "사이(between)" 및 "이전(before)"의 해석을 추가하였다.

첫째, UCP 500에서 선적일과 관련하여 사용되었던 "신속한(prompt)", "즉시(immediately)", "가능한 한 빨리(as soon as)"와 같은 용어, "~경에(on or before)" 등의 표현, 선적기간과 관련하여 사용되었던 "전반(first half)", "후반(second half)", "상순(beginning)", "중순(middle)", "하순(end)"이라는 용어는 UCP 600에서는 모든 일자에 사용되는 것으로 변경되었다.

둘째, "부터(from)"라는 단어가 선적기간의 결정을 위하여 사용된 경우에는 해당 일자를 포함하지만 환어음의 만기일의 결정을 위하여 사용된 경우에는 해당 일자를 제외하는 것으로 해석된다. 그러나, "이후(after)"라는 단어는 선적기간뿐만 아니라 환어음의 만기일의 결정을 위하여 사용된 경우에도 해당 일자를 제외하는 것으로 해석된다.

셋째, "사이(between)"라는 단어는 해당 일자를 포함하는 것으로 해석되고, "이전(before)"이라는 단어는 해당 일자를 포함하지 않는 것으로 해석된다.

	선적기간의 결정에 사용되는 경우	만기일의 결정에 사용되는 경우
까지(to, until, till)	해당 일자 포함	
사이(between)	해당 일자 포함	
부터(from)	해당 일자 포함	해당 일자 제외
이후(after)	해당 일자 제외	해당 일자 제외
이전(before)	해당 일자 제외	

6. 불명확하고 추상적인 표현의 삭제

UCP 600은 UCP 500에서 사용되고 있었던 "상당한 주의를 기울여(take reasonable care)", "문면상(on its(their) face)", "상당한 기간(reasonable time)", "지체없이(without delay)" 등과 같이 이해하기 어려운 불명확하고 추상적인 표현을 삭제하였다.

첫째, UCP 600 제9조 b항에서는 신용장 또는 조건변경의 외관상의 진정성을 확인해야 할 통지은행의 의무에서 외관상의 진정성을 확인할 때 사용되고 있었던 UCP 500 제7조 a항에 규정된 "상당한 주의를 기울여(take reasonable care)"라는 어구를 삭제하였으며, UCP 600 제14조 a항에서는 서류가 신용장의 제조건과 문면상 일치하는 것으로 보이는지 여부를 확인할 때 사용되고 있었던 UCP 500 제13조 a항에 규정된 "상당한 주의를 기울여(take reasonable care)"라는 어구를 삭제하였다. 왜냐하면 이러한 용어는 구체적으로 어느 정도의 수준을 의미하는지를 정확하게 해석할 수 없다는 것이다. 따라서, 기존에는 외관상의 진정성에 관하여 상당한 주의를 기울였을 때 아무런 하자를 발견하지 못하였다며 아무런 입증책임 없이 면책되지만, UCP 600에서는 통지하였다는 사실은 외관상의 진정성을 충족한 것으로 의미하기 때문에 외관상의 진정성에 관하여 상당한 주의를 기울였다하더라도 은행은 책임을 부담한다.

둘째, UCP 600에서는 제14조 a항에서만 서류심사와 관련하여 "문면상(on their face)"이라는 용어를 사용할 뿐 UCP 500의 여러 조항[18]에서 사용되고 있었던 이러한 용어를 삭제하였다. 문면상[19]이라는 표현이 UCP 600 제14조 a항을 제외하고 모두 삭제된 것은 서류의 배면(뒷면)은 포함되지 않은채 단순히 "서류의 표면(전면)상"이라는 의미로 해석되어 혼란이 야기되어 왔다는 것에 기인하며, 반면 제14조 a항에 그대로 존속된 이유는 서류심사자가 검토할 것으로 예상되는 정보, 면수 등에 관하여 법원이 인식하고 있는 입장을 유지하기 위한 것이다.[20] 즉, 이러한 용어를 전부 삭제하게 된다면 서류심사관행에 변화가 행해진 것으로 오해될 수 있다. 따라서, 실질적으로 서류심사관행에는 아무런 변화가 없었다는 것을 설명하기 위하여 유사한 문구를 포함할 필요성이 제기되고, 이에 따라 제14조 a항에서만 그대로 남겨두게 된 것이다.

셋째, UCP 600 제14조 b항에서는 "서류심사기간과 관련하여 제7은행영업일을 초과하지 않는 범위에서 상당한 기간을 가진다"는 UCP 500 제13조 b항의 규정에서 제7은행영업일을 제5은행영업일로 변경하면서, "상당한 기간(reasonable time)"이라는 용어를 삭제하였다. 상당한 기간이라는 용어의 사용으로 인하여 심사과정이 불필요하게 지체됨에 따라 신용장의 처리과정에 많은 시간이 소요될 수 있을 뿐만 아니라 이러한 지체로 인하여 수익자가 불이익을 받게 되었을 때 발생할 수 있는 분쟁의 소지를 제거하기 위한 것으로 생각된다. 즉, "제5은행영업일 이내"라는 명확한 기간만이 존재한다면 분쟁을 소지를 제거할 수 있지만, "제5은행영업을 초과하지 않는 범위내에서 상당한 기간을 가진다"는 표현을 사용하게 되는 경우에는 오히려 분쟁의 소지를 남겨두게 되는 결과가 될 수 있기 때문이다.

18) UCP 500에서는 "문면상(on their face; on its face)"이라는 표현이 제8조 b항, 제10조 d항, 제13조 a항, 제14조 a항, 제14조 b항, 제14조 c항, 제20조 a항, 제20조 d항, 제23조 a항, 제24조 a항, 제25조 a항, 제26조 a항, 제27조 a항, 제28조 a항, 제29조 a항, 제29조 b항, 제30조, 제34조 a항, 제34조 f항, 제37조 a항, 제40조 b항에서 26건이 사용되고 있고, "문면상(on the face)"이라는 표현이 제31조 ii 호에서 1건 사용되고 있다.

19) 문면상(on their face)이라는 용어는 "매매계약이나 선화증권 등의 전문가가 아닌 은행원이 서류를 본다는 것" 을 의미한다고 해석할 수 있기 때문에, 이 "문면상(on their face)"의 의미는 서류의 "표면(face)" 또는 "배면(reverse)"이 아니라는 것에 유의하여야 한다; Charles del Busto, Documentary Credits, UCP 500 & 400 Compared, ICC Publication No.511, ICC Publishing S.A., 1993, p.39.

20) ICC, Comments to Draft Articles.

넷째, UCP 600 제16조 d항에서는 "은행이 지급이행 또는 매입을 거절하기로 결정하고 그러한 취지를 제시인에게 통지하는 경우에 그러한 통지는 전기통신(telecommunication)으로 또는 그 이용이 불가능한 때에는 기타 신속한 수단으로 제시일의 다음 제5은행영업일의 마감시간까지 행해져야 한다"고 규정함으로써, UCP 500 제14조 d항 ⅰ호에 규정되어 있었던 "지체없이(without delay)"라는 용어가 삭제되었다. 이를 삭제한 것은 "제5은행영업일의 마감시간까지"라는 명확한 기간이 명시되어 있으므로 이러한 불명확한 표현을 사용한다면 오히려 분쟁의 소지만 남게 된다는 것에 기인하는 것으로 생각된다. 그러나, UCP 600 제16조 d항을 제외한 나머지 조항에서는 UCP 500의 여러 조항[21]에서 사용되고 있었던 "지체없이(without delay)"라는 단어를 삭제하지 않고 그대로 사용하고 있다.

7. 서류심사기간 및 불일치서류의 통지기간의 단축

UCP 600에서는 제14조 b항의 서류심사기간과 관련하여서는 "제7은행영업일을 초과하지 아니하는 범위에서 상당한 기간"에서 "최대 제5은행영업일"로, 제16조 d항의 불일치서류의 통지기간과 관련하여서는 "제7은행영업일의 마감시간까지 지체없이"에서 "제5은행영업일의 마감시간까지"로 각각 변경하였다. 즉, 서류의 심사기간이 "제5은행영업일"로 단축됨으로써 불일치서류의 통지기간도 당연히 "제5은행영업일"로 단축될 수밖에 없게 된 것이다. 서류심사기간과 관련하여 "상당한 기간"을 제거한 것과 "최대 제5은행영업일"로 단축한 것은 서류심사과정을 종전보다 2일정도 더 빠르게 할 수 있을 것이다.

8. 일치성 기준의 확대

제시가 일치하는지의 기준에 대하여, UCP 500에서는 신용장의 제조건에만 일치하면 일치하는 제시로 간주하였지만, UCP 600에서는 신용장의 제조건뿐만 아니라, 신용장통일규칙 및 국제표준은행관행의 적용가능한 규정에도 일치하여야 한다는 것으로 규정함으로써 일치하는 제시의 기준이 확대되었다.

21) "지체없이(without delay)"라는 용어를 포함하고 있는 UCP 600 제8조 d항은 UCP 500 제9조 c항 ⅰ호가 변경된 것이고, 제9조 e항은 제7조 a항이, 제9조 f항은 제7조 b항이, 제10조 b항은 제9조 d항 ⅱ호가, 제11조 a항은 제11조 a항 ⅱ호가, 제11조 c항은 제11조 b항이, 제35조는 제16조가 각각 변경된 것이다.

9. 연지급신용장의 할인허용

UCP 600 ① 제7조 c항의 "인수 또는 연지급에 의하여 사용될 수 있는 신용장에 따른 일치하는 제시금액에 대한 상환은 지정은행이 만기일 전에 선지급 또는 구매하였는지의 여부와 관계없이 만기일에 이행되어야 한다"는 규정, ② 제8조 c항의 "인수 또는 연지급에 의하여 사용될 수 있는 신용장에 따른 일치하는 제시금액에 대한 상환은 다른 지정은행이 만기일 전에 선지급 또는 구매하였는지의 여부와 관계없이 만기일에 이행되어야 한다"는 규정, ③ 제12조 b항의 "환어음을 인수하거나 또는 연지급확약을 부담할 은행을 지정함으로써, 발행은행은 지정은행이 인수한 환어음 또는 부담한 연지급확약을 선지급 또는 구매하도록 그 지정은행에게 권한을 부여한다"는 규정에 따라 연지급확약의 할인(선지급 또는 구매)가능성이 수용되었다. 즉, 연지급신용장의 경우에도 만기일전에 선지급 또는 구매할 수 있도록 허용하고 있다.

10. 2002년 ISBP규정 등의 반영

UCP 600의 일부 조항들은 2002년 ISBP의 조항을 반영하여 추가, 변경 또는 새로운 규정을 신설하였다.

첫째, UCP 600 제3조 제10문은 2002년 ISBP 제45항을 반영하여 "부터(from)" 및 "이후(after)"라는 단어가 환어음의 만기일과 관련하여 사용된 경우에는 언급된 일자가 포함되지 않는다는 규정을 신설하였다.

둘째, UCP 600 제14조 j항은 2002년 ISBP 제60항 및 제61항을 반영하여 서류상의 수익자 및 발행의뢰인의 주소와 관련하여 주소의 일부를 구성하고 있는 모사전송, 전화, 전자우편 등의 연락처명세는 명기될 필요도 없으며 명기되어 있더라도 신용장상의 그것과 동일한 필요는 없다고 규정하고 있다.

셋째, UCP 600 제17조 a항은 2002년 ISBP 제32항을 반영하여 신용장에서 요구하는 서류는 적어도 1통의 원본은 제시되어야 한다고 규정하고 있다.

넷째, UCP 600 제17조 d항은 2002년 ISBP 제33항 c)를 반영하여 신용장에서 서류의 사본의 제시를 요구하는 경우에는, 원본이나 사본 중에서 하나를 제시하면 된다고 규정하고 있다.

다섯째, UCP 600 제18조 a항은 2002년 ISBP 제64항을 반영하여 상업송장은 신용장과 동일한 통화로 작성되어야 한다고 규정하고 있다.

여섯째, UCP 600 제19조 b항은 2002년 ISBP 제131항을 반영하여 복합운송의 경우 환적이란 신용장에 명기된 발송, 수탁 또는 선적지로부터 최종목적지까지의 운송과정 중에 한 운송수단으로부터의 양화 및 다른 운송수단으로의 재적재를 말한다고 규정하고 있다.

일곱째, UCP 600 제22조 a항 iii호는 2002년 ISBP 제106항을 반영하여 용선계약선화증권에 양륙항의 경우에는 신용장에 명기된 대로 항구의 구역 또는 지리적 지역으로 표시될 수 있다는 규정을 추가하였다.

여덟째, UCP 600 제24조 a항 i 호 제5문은 ISBP 제172항을 반영하여 "철도운송서류상에 운송인의 확인이 없이, 철도회사에 의하여 서명 또는 스탬프가 행해진 경우에는, 그 철도회사의 모든 서명 또는 스탬프는 운송인이 서명하였다는 것을 입증한 서류로서 수리된다"고 규정하고 있다.

아홉째, UCP 600 제24조 b항은 2002년 ISBP 제171항을 반영하여, ① 도로운송서류의 원본성(b항 i 호), ② 철도운송서류의 원본성(b항 ii 호), 그리고 ③ 철도 또는 내륙수로운송서류의 원본성(b항 iii호)에 관한 규정을 신설하였다.

열 번째, UCP 600 제27조 제3문은 2002년 ISBP 제91항, 제112항, 제135항, 제161항을 반영하여, 신용장에서 "무고장본선적재(clean on board)"의 운송서류를 요구하더라도, 그 운송서류상에는 "무고장(clean)"이라는 단어가 표시될 필요가 없다고 규정하고 있다.

열한번째, UCP 600 제28조 f항 iii호는 2002년 ISBP 제188항을 반영하여 보험서류에 표시되어야 하는 위험담보구간은 신용장에 명기된 수탁 또는 선적지에서 양륙 또는 최종목적지간이어야 한다고 규정하고 있다.

열두번째, UCP 600 제31조 b항 제2단락은 2002년 ISBP 제89항 제3문, 제110항 제3문, 제133항, 제159항 및 제177항을 반영하여, 동일한 운송방식에서 2 이상의 운송수단이 동일한 일자에 동일한 목적지를 향하여 출항하는 경우에는 이를 분할선적으로 본다는 규정을 신설하였다.

제4절 UCP 600의 조항별 주요변경내용

1. 용어 및 해석에 관한 조항

(1) 용어 및 해석조항의 신설

UCP 600 제2조 및 제3조에서는 UCP에서 사용되는 용어들이 일관성 있게 사용될 수 있도록 할뿐만 아니라 각 조항에서의 불필요한 반복을 회피하기 위하여 용어의 정의를 신설하고, 기존의 UCP 500의 각 조항에 산재되어 있었던 해석(interpretations)에 관한 조항을 제3조(해석)로 통합하여 정리하였다.

(2) 취소가능신용장의 정의 삭제

UCP 600에서는 UCP 500 제8조에 규정되어 있는 취소가능신용장과 관련된 규정을 삭제하였다.

(3) 원본서류의 인정범위 규정 삭제

UCP 600에서는 UCP 500 제20조 b항 제1문의 "신용장에 별도의 명시가 없는 한, 은행은 복사, 자동화 또는 전산화된 시스템에 의하거나 또는 탄소복사지에 의하여 작성되었거나 또는 작성된 것으로 보이는 서류를 원본서류로서 수리하여야 한다. 다만, 그 서류에는 원본이라는 표시가 있고, 또한 필요한 경우에는 서명된 것으로 보여야 한다"는 규정을 삭제하였다.

(4) 선적이라는 표현의 삭제

UCP 600에서는 UCP 500 제46조 a항에서 정의하고 있는 "선적"이라는 용어가 각각의 운송서류에 관련된 조항에 포함되어 있다는 이유로 선적이라는 표현의 해석기준을 삭제하였다. 즉, UCP 500 제46조 a항에서는 신용장에 별도의 명시가 없는 한, 최초 및/또는 최종선적일을 명시하는데 사용되는 "선적(shipment)"이라는 표현은 "본선적재(loading on board)", "발송(dispatch)", "운송을 위한 인수(accepted for carriage)", "우편수령일(date of post receipt)", "접수일(date of pick-up)" 등과 같은 표현, 그리고 복합운송서류를 요구하는 신용장의 경우에는 "수탁(taking in charge)"이라는 표현을 포함하는 것으로 해석된다고 규정하고 있다.

(5) 신용장발행시 발행은행의 적극적 제지행위 규정의 추가

UCP 600 제4조(신용장과 계약)에서는 UCP 500 제3조 a항 및 b항을 a항으로 변경하고, b항에 "발행은행은 신용장의 필수적인 부분으로서, 근거계약의 사본, 견적송장 등을 포함시키고자 하는 어떠한 시도도 저지하여야 한다"고 규정하고 있다.

(6) 당사자를 은행으로 변경

UCP 600 제5조(서류와 물품/용역/이행)에서는 UCP 500 제4조의 "모든 관계당사자(all parties concerned)"를 "은행(banks)"으로 변경하였다.

2. 신용장의 형식 및 통지에 관한 조항

(1) 신용장발행/변경에 대한 지시 규정 삭제

UCP 600에서는 UCP 500 제5조 a항 본문의 "완전정확성의 의무", a항 ⅰ호의 "과도한 명세의 삽입제한", a항 ⅱ호의 "유사신용장의 사용금지" 및 b항의 "요구서류의 정확한 명기의무"에 관한 규정을 삭제하였다. 여기에서 과도한 명세의 삽입제한의 규정은 UCP 600 제4조 b항과 동일한 취지라고 볼 수 있다.

(2) 발행은행과 확인은행의 상환의무 및 연지급확약의 할인가능성 신설

UCP 600 ① 제7조 c항 및 제8조 c항의 "인수 또는 연지급신용장의 경우 상환은 다른 지정은행이 만기일 전에 선지급 또는 구매하였는지의 여부와 관계없이 만기일에 이행되어야 한다"는 규정, ② 제12조 b항의 "발행은행은 지정은행이 인수한 환어음 또는 부담한 연지급확약을 선지급 또는 구매하도록 그 지정은행에게 권한을 부여한다"는 규정에 따라 연지급확약의 할인(선지급 또는 구매)가능성이 수용되었다. 즉, 연지급신용장의 경우에도 만기일전에 선지급 또는 구매할 수 있도록 허용하고 있다.

(3) 발행은행과 확인은행의 의무부담시점 신설

UCP 600 제7조 b항 및 제8조 b항에서는 발행은행 및 확인은행의 의무부담시점을 각각 신설하였다. 즉, 발행은행의 지급이행할 취소불능의 의무부담시점은 발행은행의 신용장발행시점이고, 확인은행의 지급이행 또는 매입할 취소불능의 의무부담시점은 그 확인은행이 확인을 추가하는 시점이다.

(4) 통지은행의 책임 확대

UCP 600 제9조 b항에서는 통지은행이 신용장 또는 조건변경을 통지하였다는 것은 ① 그 통지은행은 신용장 또는 조건변경의 외관상의 진정성에 관하여 스스로 충족하였다는 것, 그리고 ② 그 통지은행은 자신이 수령한 신용장 또는 조건변경의 제조건을 정확히 반영하여 통지하였다는 것을 의미한다고 규정하고 있다. 즉, UCP 500에서는 외관상의 진정성에 관하여 상당한 주의를 기울였음에도 아무런 하자를 발견하지 못하였다면 아무런 입증책임 없이 면책되지만, UCP 600에서는 통지하였다는 사실은 외관상의 진정성을 충족하였다는 것을 의미하기 때문에 외관상의 진정성에 관하여 상당한 주의를 기울였다 하더라도 하자가 발견되었다면 은행은 책임을 부담한다. 이것은 통지은행의 책임이 확대된 것으로 해석된다.

(5) 제2통지은행의 개념 신설

UCP 600 제9조 c항 및 d항에서는 "통지은행은 수익자에게 신용장 및 모든 조건변경을 통지하기 위하여 타은행("제2통지은행")의 서비스를 이용할 수 있다. 신용장 또는 조건변경을 통지함으로써 제2통지은행은 자신이 수령한 그 통지의 외관상의 진정성에 관하여 스스로 충족하였다는 것과 그 통지가 수령된 신용장 또는 조건변경의 제조건을 정확히 반영하고 있다는 것을 의미한다"는 규정 및 "신용장을 통지하기 위하여 통지은행 또는 제2통지은행의 서비스를 이용하는 은행은 이에 대한 모든 조건변경을 통지하기 위하여 동일한 은행을 이용하여야 한다"는 규정을 각각 신설함으로써, 제2통지은행(second advising bank)에 관한 개념이 새롭게 도입되었다.

이와 같은 제2통지은행은 현재 신용장통일규칙 관행에서 필요에 따라 사용되고 있는 현실을 감안하여 이번 개정에서 새로 반영된 것이다. 제2통지은행도 통지은행과 같이 외관상의 진정성(apparent authenticity) 점검의무, 불확신 사항의 통지의무 등을 부담한다.[22)]

(6) 자동승낙조건부 조건변경의 무시규정 신설

UCP 600 제10조(조건변경) f항에서는 "조건변경이 특정기한 내에 수익자에 의하여 거절되지 아니하는 한 유효하게 된다는 취지의 조건변경서상의 규정은 무시된다"는 규정을 신설하였다. 발행은행이나 통지은행이 조건변경에 대하여, "승낙기한 내에 거절이 없는 경우에는 조건변경이 성립한 것으로 본다"고 하는 조건을 설정하는 것과 같이, 조건변경이 특정기한 내에 수익자에 의하여 거절되지 않는 한 유효하게 된다는 취지의 조건변경서상의 규정은 무시된다. 즉, 조건변경을 수취한 수익자가 아무런 회답을 하지 않고 침묵하고 있음에도 불구하고 조건변경이 유효하게 되고 수익자가 그 조건변경에 구속된다고 하는 것은 불합리하기 때문에, 조건변경의 거절의 효력에 관한 기간제한의 문언에 대하여 수익자가 침묵하는 것은 조건변경이 유효하게 될 수 없음을 명시적으로 규정하고 있는 것이다.

(7) 불완전 또는 불명확한 지시 규정 삭제

UCP 600에서는 UCP 500 제12조의 규정을 삭제하였다. 즉, UCP 500 제15조에서는 "신용장을 통지, 확인 또는 변경함에 있어서 불완전 또는 불명확한 지시가 수령된 경우에는, 그러한 지시에 따라 행동하도록 요청받은 은행은 수익자에게 단순한 정보로서 아무런 책임없이 예비통고(preliminary notification)를 행할 수 있다. 이러한

22) 강원진, 국제상업회의소의 UCP 600 완성초안에서 제시된 주요 내용의 검토, 국제상학, 제21권 제2호, 한국국제상학회, 2006,6, pp.9-10.

예비통고는 그 통고가 단순한 정보로서 통지은행의 아무런 책임없이 행해진다는 것을 명확하게 명기하여야 한다. 어떠한 경우에도, 통지은행은 발행은행에게 자신이 취한 행동을 통고하고 필요한 정보를 제공해 줄 것을 요청하여야 한다. 발행은행은 지체없이 필요한 정보를 제공하여야 한다. 신용장은 완전하고 명확한 지시가 수령되고 이에 통지은행이 그 지시에 따라 행동할 용의가 있는 경우에만 통지, 확인 또는 변경된다"고 규정하고 있다.

3. 은행의 의무에 관한 조항

(1) 은행간 대금상환에 관한 준거규정 신설

UCP 600 제13조 a항에서는 "신용장에서 지정은행("청구은행")이 상환을 다른 당사자("상환은행")에게 청구하여 받는 것으로 명기하고 있는 경우에는, 그 신용장은 상환이 신용장의 발행일에 유효한 은행간 대금상환에 관한 ICC 규칙에 따르는지를 명기하여야 한다"고 규정함으로써, 상환신용장이 발행되는 경우 그 신용장에는 "은행간 대금상환에 관한 ICC 규칙(ICC rules for bank-to-bank reimbursements)"이 명기되어야 하며, 상환업무를 이 규칙에 따라 처리할 수 있도록 명문화하였다.

(2) 은행간 대금상환에 관한 준거규정이 없는 경우의 적용기준

UCP 600 제13조 b항은 신용장에서 상환이 은행간 대금상환에 관한 ICC 규칙에 따른다고 명기하고 있지 않은 경우에 적용되는 기준을 제시한 것이다. 즉, UCP 600 제13조 b항 ⅰ호에서는 "신용장에서 상환이 은행간 대금상환에 관한 ICC 규칙에 따른다고 명기하고 있지 아니한 경우로서, 발행은행은 신용장에 명기된 유효성을 따르는 상환수권을 상환은행에게 부여하여야 한다. 상환수권은 유효기일에 지배받지 아니하여야 한다"는 규정을 신설하고 있지만, 나머지 ⅱ호, ⅲ호 및 ⅳ호의 규정은 UCP 500 제19조 b항, d항 및 e항과 거의 유사하다.

4. 서류에 관한 조항

(1) 서류심사기준의 명확화

UCP 600 제14조 a항에서는 "발행은행의 지정에 따라 행동하는 지정은행, 확인은행(있는 경우) 및 발행은행은 서류가 문면상 일치하는 제시를 구성하는지 여부를 결정하기 위하여 서류만을 기초로 하여 그 제시를 심사하여야 한다"고 규정함으로써, 서류심사와 관련하여 UCP 500 제13조 a항에 규정되어 있는 "상당한 주의를 기울여(with reasonable care)" 및 "이 규칙에 반영되어 있는 국제표준은행관행에 의하여(by international standard banking practice as reflected in these Articles)"라는 문언을 삭제하였다. 이러한 문언이 삭제된 것은 ICC에 의하여 2002년에 제정된 UCP에 대한 보충규정인 국제표준은행관행(2002년 ISBP)이 200개항에 걸친 서류심사기준을 구체적으로 제시하였기 때문이라고 생각된다.

또한, UCP 600 제14조 d항에서는 "서류상의 자료는 신용장, 그 서류자체 및 국제표준은행관행의 관점에서 검토하는 경우, 그 서류, 기타 모든 명시된 서류 또는 신용장상의 자료와 동일할 필요는 없지만 이와 상충되어서는 아니된다"는 규정을 신설하였다.

(2) 서류심사기간의 단축

UCP 600 제14조 b항에서는 "발행은행의 지정에 따라 행동하는 지정은행, 확인은행(있는 경우) 및 발행은행은 제시가 일치하는지 여부를 결정하기 위하여 제시일의 다음날부터 최대 제5은행영업일을 각각 가진다. 이 기간은 제시를 위한 모든 유효기일 또는 최종일의 제시일에 또는 그 이후의 사건에 의하여 단축되거나 또는 별도로 영향을 받지 아니한다"고 규정함으로써, 서류심사기간과 관련하여 UCP 500 제13조 b항에 규정되어 있는 "제7은행영업일"을 UCP 600에서는 "제5은행영업일"로 단축하고 있으며, 또한, 이들 은행에 의한 제5은행영업일이라는 서류심사기간은 유효기일 또는 제시를 위한 최종일에 아무런 영향을 받지 않는다는 규정을 신설하였다.

(3) 서류발행일의 명확화

UCP 600 제14조 i항에서는 "서류는 신용장의 일자보다 이전의 일자가 기재될 수 있으나 그 서류의 제시일보다 늦은 일자가 기재되어서는 아니된다"고 규정함으로써, UCP 500 제22조의 규정과 비교해 볼 때, "서류제시일보다 늦게 일자가 기재되어서는 아니된다"는 어구가 추가되고, "다만, 그러한 서류는 신용장 및 이 규칙에 규정된 기한 내에 제시되어야 한다"는 규정이 삭제되었다.

(4) 서류상의 수익자 및 발행의뢰인의 주소

UCP 600 제14조 j항 제1문에서는 "수익자 및 발행의뢰인의 주소가 모든 명시된 서류상에 보이는 경우에는, 이들 주소는 신용장 또는 기타 모든 명시된 서류에 명기된 것과 동일할 필요는 없으나, 신용장에 언급된 각각의 주소와 동일한 국가내에 있어야 한다. 수익자 및 발행의뢰인의 주소의 일부로서 명기된 연락처명세(모사전송, 전화, 전자우편 등)는 무시된다. 그러나, 발행의뢰인의 모든 주소 및 연락처명세가 제19조, 제20조, 제21조, 제22조, 제23조 또는 제25조에 따라 운송서류상의 수화인 또는 착화통지처 명세의 일부로서 보이는 경우에는, 이러한 주소 및 연락처명세는 신용장에 명기된 대로 이어야 한다"는 규정을 신설하였다. 이 조항은 2002년 ISBP 제61항 및 제62항의 규정을 반영하여 신설한 규정이다.

(5) 운송서류의 발행인 규정 신설

UCP 600 제14조 l항에서는 "제19조(복합운송서류), 제20조(선화증권), 제21조(비유통성 해상화물운송장), 제22조(용선계약선화증권), 제23조(항공운송서류 또는 제24조(도로, 철도 또는 내륙수로운송서류)의 요건을 충족하는 운송서류는 운송인, 선주 또는 용선자 이외의 모든 당사자에 의하여 발행될 수 있다"는 규정을 신설하였다.

(6) 지정은행의 서류발송의무 신설

UCP 600 제15조 c항에서는 일치하는 제시가 행해지고 지정은행이 그 제시가 일치하는 것으로 결정하고 지급이행 또는 매입한 경우에는 그 지정은행은 확인은행 또는 발행은행에게 서류를 발송할 의무가 있다는 규정을 신설하였다.

(7) 불일치서류의 거절통지횟수 및 내용의 명확화

UCP 600 제16조 c항 제1문에서는 "발행은행의 지정에 따라 행동하는 지정은행, 확인은행(있는 경우) 또는 발행은행은 지급이행 또는 매입을 거절하기로 결정한 경우에는, 제시인에게 그러한 취지를 1회만 통지하여야 한다"는 규정을 추가함으로써, 불일치서류에 대한 거절통지가 1회로 그 횟수가 제한되어 있다. 이 조항은 UCP 500 제14조 d항 ⅰ호 제2문이 변경된 것으로서, 거절의 통지를 행하는 대상을 "은행 또는 수익자"로부터 "제시인"으로 변경하였으며, 그 통지횟수를 1회로 제한한다는 규정을 추가하였다.

(8) 불일치서류의 거절통지내용의 구체화

UCP 600 제16조 c항 제2문에서는 불일치서류에 대한 거절의 통지와 관련하여, "ⅰ. 은행이 지급이행 또는 매입을 거절하고 있다는 것; 그리고 ⅱ. 은행이 지급이행 또는 매입을 거절하게 되는 각각의 불일치사항; 그리고 ⅲ. a) 은행이 제시인으로부터 추가지시를 받을 때까지 서류를 보관하고 있다는 것; 또는 b) 발행은행이 발행의뢰인으로부터 권리포기를 수령하고 서류를 수리하기로 합의할 때까지, 또는 권리포기를 승낙하기로 합의하기 전에 제시인으로부터 추가지시를 수령할 때까지 발행은행이 서류를 보관하고 있다는 것; 또는 c) 은행이 서류를 반송하고 있다는 것; 또는 d) 은행이 제시인으로부터 이전에 수령한 지시에 따라 행동하고 있다는 것"이라고 규정함으로써, 불일치서류에 대한 거절의 통지내용을 구체적으로 규정하고 있다. 이 조항은 UCP 500 제14조 d항 ⅱ호가 변경된 것으로서, "은행이 지급이행 또는 매입을 거절하고 있다는 것", "발행은행이 발행의뢰인으로부터 권리포기를 수령하고 서류를 수리하기로 합의할 때까지 발행은행이 서류를 보관하고 있다는 것" 등의 문언이 추가되었다.

(9) 불일치서류의 거절통지기간 단축

UCP 600 제16조 d항에서는 "제16조 c항에서 요구된 통지는 전기통신(telecommunication)으로 또는 그 이용이 불가능한 때에는 기타 신속한 수단으로 제시일의 다음 제5은행영업일의 마감시간까지 행해져야 한다"고 규정함으로써, 불일치서류의 거절의 통지기간이 UCP 500 제14조 d항 ⅱ호 제1문에 규정되어 있는 "서류수령일의 다음 제7은행영업일의 마감시간까지"에서 "제시일의 다음 제5은행영업일의 마감시간까지"로 2일이 단축되었다.

(10) 보관중인 불일치서류의 반송 신설

UCP 600 제16조 e항에서는 "발행은행의 지정에 따라 행동하는 지정은행, 확인은행(있는 경우) 또는 발행은행은, 제16조 c항 ⅲ호 (a) 또는 (b)에 의하여 요구된 통지를 행한 후에, 언제든지 제시인에게 서류를 반송할 수 있다"는 규정을 신설함으로써, 지정은행, 확인은행 또는 발행은행은 불일치서류를 보관하고 있다는 사실을 통지한 후에 언제든지 제시인에게 서류를 반송할 수 있게 되었다.

(11) 서류송부은행의 면책불능 규정 삭제

UCP 600에서는 UCP 500 제14조 f항의 "송부은행이 서류상의 모든 불일치사항에 대하여 발행은행 및/또는 확인은행(있는 경우)의 주의를 환기시키거나 또는 그러한 불일치사항에 관하여 유보 또는 보상조건부로 지급, 연지급확약의 부담, 환어음의 인수 또는 매입을 행하였다는 것을 이들 은행에게 통지하는 경우에도, 발행은행 및/또는 확인은행(있는 경우)은 이로 인하여 이 조의 규정에 따른 어떠한 의무로부터도 면제되지 아니한다. 그러한 유보조건 또는 보상조건은 송부은행과 유보를 받은 자, 또는 보상약속을 한 자 또는 그 대리인간의 관계에만 관계하고 있다"는 규정을 삭제하였다.

(12) 원본서류 및 사본서류의 제시 허용범위 구체화

UCP 600 제17조 a항에서는 "적어도 신용장에 명시된 각 서류의 1통의 원본은 제시되어야 한다"고 규정하고, c항에서는 "서류가 별도로 표시하지 아니하는 한, 서류가 ⅰ. 서류발행인에 의하여 수기, 타자, 천공 또는 스탬프된 것으로 보이는 경우; 또는 ⅱ. 서류발행인의 원본용지상에 기재된 것으로 보이는 경우; 또는 ⅲ. 제시된 서류에 적용되지 아니하는 것으로 보이지 아니하는 한, 원본이라는 명기가 있는 경우에는, 은행은 서류를 원본으로서 수리한다"고 규정하고, d항에서는 "신용장이 서류의 사본의 제시를 요구하는 경우에는, 원본 또는 사본의 제시는 허용된다"고 규정하고 있다. 이 조항은 그 동안의 ICC 은행위원회의 정책성명서[23] 및 2002년 ISBP[24]의 내용을 구체적으로 반영하여 신설한 조항이다.

(13) 사본서류에 관한 규정 삭제

UCP 600에서는 UCP 500 제20조 c항 ⅰ호의 "신용장에 별도의 명시가 없는 한, 은행은 사본이라고 부기되어 있거나 또는 원본이라고 표시되어 있지 아니한 서류를 사본으로서 수리하여야 하며, 사본은 서명할 필요가 없다"는 규정을 삭제하였다.

(14) 상업송장상의 통화

UCP 600 제18조 a항에서는 ISBP 제64항을 반영하여 상업송장상의 통화는 신용장상의 통화와 동일하여야 한다는 규정을 신설하였다.

5. 운송서류에 관한 사항

(1) 운송서류관련조항의 정비

UCP 500에서는 운송서류와 관련하여, 선화증권(제23조), 비유통성 해상화물운송장(제24조), 용선계약선화증권(제25조), 복합운송서류(제26조), 항공운송서류(제27조), 도로, 철도 또는 내륙수로운송서류(제28조), 특송화물수령증 및 우편수령증(제29조)의 순서로 배열되어 있었으나, UCP 600에서는 복합운송서류(제19조) 다음에 나머지 운송서류를 UCP 500과 동일하게 배열하였으며, 또한 운송주선인 발행운송서류(UCP 500 제30조)에 관한 규정은 삭제하였다.

---

23) ICC, The determination of an "original" document in the context of UCP sub-Article 20(b), Document n° 470/871 Rev., 29 July 1999.

24) ICC, *International Standard Banking Practice (ISBP)*, Pub. No.645, ICC Publshing SA, 2003.

또한, UCP 600 제25조에서는 UCP 500과 반대로 특송화물수령증을 먼저 배열하고 그 뒤에 우편수령증 또는 우송증명서의 조항을 규정하고 있다. 이것은 특송화물수령증의 사용량이 많아진 것에 기인한 것으로 생각된다.

(2) 운송서류관련조항상의 범선적재금지 등의 삭제

UCP 600의 운송서류에 관한 조항은 다음의 내용을 공통적으로 삭제하였다.

첫째, UCP 600의 복합운송서류(제19조), 선화증권(제20조), 비유통성 해상화물운송장(제21조) 및 용선계약선화증권(제22조)의 조항에서는 UCP 500의 이들 관련 조항에 있었던 "운송선박이 돛에 의해서만 추진된다는 어떠한 표시도 포함하고 있지 아니한 것"이라는 어구를 삭제하였다. 이것은 외국무역에는 더 이상 범선이 운항되지 않는 현재의 선박의 운항현실을 고려한 것이라고 생각한다.

둘째, UCP 600의 복합운송서류(제19조), 선화증권(제20조), 비유통성 해상화물운송장(제21조), 용선계약선화증권(제22조), 항공운송서류(제23조), 도로, 철도 또는 내륙수로운송서류(제24조) 및 특송화물수령증, 우편수령증 또는 우송증명서(제25조)의 조항에서는 UCP 500의 이들 관련 조항에 있었던 "기타 모든 점에 있어서 신용장의 규정을 충족하고 있는 것"이라는 어구를 삭제하였다.

(3) 운송서류의 명칭

운송서류의 명칭과 관련하여 변경된 것은 다음과 같다.

첫째, UCP 600 제19조 a항(복합운송서류)에서는 복합운송서류는 적어도 두 가지의 다른 운송방식을 표시하는 운송서류라고 정의함과 동시에, 그 명칭에 관하여 UCP 500에서 사용되고 있었던 "multimodal transport document"의 명칭에 추가하여 "combined transport document"의 명칭을 사용함으로써 이 두 명칭을 모두 수용하고 있다.

둘째, UCP 600 제20조 a항(선화증권)에서는 단순히 "선화증권"이라고만 표현하면서, 기존의 "해상" 또는 "해양"이라는 용어와 "항구간 선적을 표시하는"이라는 어구를 삭제하였다.

셋째, UCP 600 제22조 a항(용선계약선화증권)에서는 용선계약선화증권은 용선계약에 따른다는 표시를 포함하고 있는 선화증권이라고 정의하고 있다.

넷째, UCP 600 제25조 a항(특송화물수령증)에서는 UCP 500에서 사용되었던 "속달업자(expedited delivery service)"라는 용어를 삭제하고, 제25조 c항(우편수령증 또는 우송증명서)에는 "그 명칭에 관계없이(however named)"라는 어구가 추가되었다.

(4) 운송서류상의 서명 관련조항의 변경

UCP 600에서는 서명과 관련하여 서명요건으로서의 "인증"의 삭제, 대리인이 대리하는 경우의 본인의 명칭과 자격을 변경하고, 서명권자에서 "복합운송인"이라는 용어의 삭제, 철도운송서류의 서명요건의 신설, 우편수령증 또는 우송증명서의 경우에 "그 명칭에 관계없이"라는 어구의 추가 등의 변경이 행해졌다.

첫째, UCP 600 제19조(복합운송서류), 제20조(선화증권), 제21조(비유통성 해상화물운송장), 제22조(용선계약선화증권), 제23조(항공운송서류) 및 제24조(도로, 철도 또는 내륙수로운송서류)에서는 공통적으로 서명과 관련하여 UCP 500에 규정되어 있었던 "기타의 방법으로 인증된 것으로 보이는 것"이라는 어구를 삭제하고, 서명방법에서 운송서류의 서명에 표시되어야 하는 것으로서 "대리인이 대리하는 자의 명칭과 자격"을 "누구를 위하여 서명하였는지"로 그 표현을 변경하였다.

둘째, UCP 600 제19조(복합운송서류)에서는 UCP 500에 규정되어 있었던 서명권자 중에서 "복합운송인"이라는 어구를 삭제하였다.

셋째, UCP 600 제22조(용선계약선화증권)에서는 서명자의 자격으로서 UCP 500에 규정되어 있었던 "선장, 선주"에 "용선자"를 추가하였다. 또한, 용선계약선화증권의 경우에는 다른 운송서류와 달리 운송인의 명칭을 표시할 필요는 없지만, "대리인이 선주 또는 용선자를 대리하여 서명하는 경우에는 선주 또는 용선자의 명칭을 표시하여야 한다"는 규정이 신설되었다.

넷째, UCP 600 제24조 a항 ⅰ호(철도운송서류)에서는 "철도운송서류상에 운송인의 확인이 없이, 철도회사에 의하여 서명 또는 스탬프가 행해진 경우에는, 그 철도회사의 모든 서명 또는 스탬프는 운송인이 서명하였다는 것을 입증한 서류로서 수리된다"는 취지의 규정을 신설하였다.

(5) 운송서류상의 선적일 관련조항의 변경

운송서류의 선적일과 관련하여 변경된 것은 다음과 같다.

첫째, UCP 600 제24조 a항 ⅱ호(도로, 철도 또는 내륙수로운송서류)에서는 운송서류의 일자표시와 관련하여 기존의 수령스탬프외에 "수령일자의 표시", "선적일"이라는 용어가 추가되었다.

둘째, UCP 600 제25조 a항 ⅱ호(특송화물수령증)에서는 UCP 500의 "접수일 또는 수령일 등의 일자는 선적일 또는 발송일로 본다"에서 "발송일"을 삭제하였다.

(6) 운송서류상의 선적지 또는 목적지 관련조항의 변경

운송서류의 선적지 또는 목적지와 관련하여 변경된 것은 다음과 같다.

첫째, 제19조 a항 iii호(복합운송서류)에서는 UCP 500의 "적재항, 적재공항, 적재지"를 "발송, 수탁, 선적지"로, "양륙항, 양륙공항, 양륙지"를 "최종목적지"로 변경하였다.

둘째, 제22조 a항 iii호(용선계약선화증권)에서는 양륙항의 경우 항구의 구역 또는 지리적 지역으로 표시할 수 있다는 취지를 추가하였다.

(7) 운송서류상의 환적 관련조항의 변경

운송서류의 환적과 관련하여 변경된 것은 다음과 같다.

첫째, UCP 600 제19조 b항(복합운송서류)에서는 "환적이란 신용장에 명기된 발송, 수탁 또는 선적지로부터 최종목적지까지의 운송과정 중에 한 운송수단으로부터의 양화 및 다른 운송수단으로의 재적재를 말한다"고 규정함으로써 환적의 정의에 관한 조항을 신설하였다.

둘째, UCP 600 제24조 d항(도로, 철도 또는 내륙수로운송서류)에서는 기존의 "선적지"를 "선적, 발송 또는 운송지"로 변경하고, "각각의 운송방식에 있어서"를 "동일한 운송방식내에서"로 각각 변경하였다.

(7) 기타 운송서류관련 조항

(가) 용선계약서의 송달의무 삭제

제22조 b항(용선계약선화증권)에서는 비서류조건이 아니라 신용장의 조건(terms)에 따라 용선계약서의 제시를 요구하더라도 무시될 수 있다고 변경함과 동시에 은행의 용선계약서 송달의무를 삭제하였다.

(나) 도로, 철도 또는 내륙운송서류의 원본성

UCP 600 제24조 b항은 UCP 500 제28조 b항 제2문 및 ISBP 제171항[25]을 반영하여, ① 도로운송서류의 원본성(b항 i호), ② 철도운송서류의 원본성(b항 ii호), 그리고 ③ 철도 또는 내륙수로운송서류의 원본성(b항 iii호)에 관한 규정을 신설하였다.

첫째, 도로운송서류상에는 ① 송화인용 원본인 것으로 보여야 하거나, 또는 ② 그 서류가 누구를 위하여 준비되었는지를 표시하는 어떠한 표시도 기재되지 않은

25) ISBP 제171항에서는 "신용장이 도로, 철도 또는 내륙수로운송서류를 요구하는 경우에는, 제시된 운송서류는 원본이라고 표시되어 있는지의 여부를 불문하고 원본으로서 수리된다. 도로운송서류는 그 서류가 송화인용 또는 탁송인용을 의미하는 사본이라는 것을 나타내고 있어야 하거나, 또는 그 서류가 누구를 위하여 작성되었는지를 나타내는 표시가 없어야 한다. 철도화물운송장에 관하여는, 다수의 철도회사의 관행은 송화인 또는 탁송인에게 철도회사의 스탬프에 의하여 정히 인증된 철도화물운송장의 부본(자주 탄소복사본(carbon copy))만을 제공하는 것이다. 이러한 부본(duplicate)은 원본으로서 수리된다"고 규정하고 있다.

것으로 보여야 한다. 즉, 도로운송서류는 송화인용 원본의 표시가 있어야 하거나, 또는 서류작성대상자의 표시(예: 운송인용, 수화인용 또는 송화인용)가 없어야 한다.

둘째, 철도운송서류상에 "부본(duplicate)"이라는 용어가 표시된 경우에는, 그 철도운송서류는 원본으로서 수리된다. 즉, 철도회사가 스탬프로 인증한 철도화물운송장의 "부본(duplicate)"만이 송화인에게 제공되는 다수의 철도회사의 관행에 따라 이러한 부본은 원본으로서 수리된다.

셋째, 철도 또는 내륙수로운송서류는 원본표시의 유무에 관계없이 원본으로서 수리된다. 즉, 철도 또는 내륙수로운송서류는 원본의 표시가 없더라도 원본으로서 수리되지만, 도로운송서류는 원본의 표시가 있어야만 수리된다.

여기에서 ISBP의 규정과 차이점은 첫째, ISBP상의 도로운송서류의 경우에 있어서 "송화인용 사본이라고 표시되어야 한다"는 규정이 UCP 600에서는 "송화인용 원본인 것으로 보여야 한다"는 규정으로 변경되었으며, 둘째, 원본이라는 표시의 유무에 관계없이 원본으로서 수리되는 운송서류는 UCP 500과 2002년 ISBP에서는 "도로, 철도 또는 내륙수로운송서류"라고 규정하였으나, UCP 600에서는 "철도 또는 내륙수로운송서류"라고만 규정하고 있다.

(8) 운송주선인발행 운송서류의 삭제

UCP 600에서는 UCP 500 제30조에 규정되어 있는 "운송주선인발행 운송서류(Transport Documents issued by Freight Forwarders)" 조항을 삭제하였다. 이는 대부분의 운송주선인이 운송주선인으로서가 아니라 운송인의 대리인의 자격으로서 UCP의 요건을 충족하는 해상, 항공 및 복합운송서류를 발행하고 있다는 현실을 적극 반영한 것이다.

(9) 운송서류상의 "무고장" 표시

UCP 600 제27조 제3문은 UCP 500 제32조 c항을 변경함과 동시에 2002년 ISBP 제91항, 제112항, 제135항, 제161항[26]을 반영하여, 신용장에서 "무고장본선적재(clean on board)"의 요건을 가지고 있는 운송서류를 요구하는 경우에도, 그 운송서류상에는 "무고장(clean)"이라는 단어가 표시될 필요가 없다는 취지를 신설하였다.

26) 2002년 ISBP 제91항(선화증권), 제112항(용선계약선화증권), 제131항(복합운송서류), 제161항(항공운송서류)에서는 신용장이 "무고장 본선적재의 선화증권, 용선계약선화증권, 복합운송서류 또는 항공운송서류"를 요구할 수 있더라도, 'clean(무고장)'이라는 단어는 이들 운송서류상에 표시될 필요가 없다"고 규정하고 있다.

(10) 운임선지급 운송서류 규정의 삭제

UCP 600에서는 운임선지급가능 또는 운임선지급 운송서류에 관하여 규정하고 있는 UCP 500 제33조 a항 및 c항의 규정을 삭제하였다. 이 규정이 삭제된 것은 이러한 내용이 운송서류에 각각 포함되어 있으므로 존치의 실익이 없다는 판단에 기인한 것이다. 즉, UCP 500 제33조 a항은 "신용장에 별도의 명시가 없거나, 또는 신용장에 의하여 제시된 어떠한 서류와도 모순되지 아니하는 한, 은행은 운임 또는 운송비(이하 "운임"이라 한다)가 앞으로 지급되어야 한다고 명기하고 있는 운송서류를 수리하여야 한다"는 규정이고, c항은 "'운임 선지급될 수 있음(freight prepayable)' 또는 '운임 선지급되어야 함(freight to be prepaid)'이라는 문언 또는 이와 유사한 취지의 문언이 운송서류상에 보이더라도 운임지급의 증명을 구성하는 것으로 인정되지 아니한다"는 규정이다.

6. 보험서류에 관한 사항

UCP 600은 UCP 500 제34조, 제35조 및 제36조를 통합하여 제28조에 보험서류에 관하여 규정하고 있는데, 그 변경점은 다음과 같다.

첫째, UCP 600 제28조 a항에서는 UCP 500의 보험서류의 발행인 및 서명권자로서 보험회사, 보험업자 또는 이들 대리인(agents)에 "대리업자(proxies)"를 추가하였다.

둘째, UCP 600 제28조 f항 i호는 UCP 500의 "보험서류상에 신용장과 동일한 통화가 표시되어야 한다"는 규정에 "보험담보의 금액이 표시되어야 한다"는 규정을 추가하였다.

셋째, UCP 600 제28조 f항 iii호는 보험담보구간의 표시의무를 신설하였다. 즉, 이 조항은 2002년 ISBP 제188항[27]을 반영하여 보험서류에 표시되어야 하는 위험담보구간은 신용장에 명기된 수탁 또는 선적지에서 양륙 또는 최종목적지간이어야 한다는 규정을 신설하였다.

27) 2002년 ISBP 제188항에서는 "보험서류는 위험이 적어도 신용장에 의하여 요구된 선적, 발송 또는 수탁지점과 양륙 또는 최종목적지점간에 담보되어 있다는 것을 표시하고 있어야 한다"고 규정하고 있다.

7. 기타 서류에 관한 사항

(1) 서류송부장에 의한 설명의 제공의무 추가

UCP 600 제29조 b항에서는 UCP 500의 "신용장의 유효기일 또는 서류제시기일이 은행휴업일에 해당되어 연장된 최초의 다음 은행영업일에 제시받은 은행이 연장된 기간내에 제시되었다는 취지의 설명(statement)을 제공하여야 한다"는 규정에 추가하여, 이러한 설명을 서류송부장(Covering schedule)에 기재하여 제공하여야 한다고 규정하고 있다.

(2) 과부족용인과 관련된 조항

UCP 600 제30조 a항에서는 과부족용인조항과 관련하여 UCP 500에서 사용되고 있었던 "대개(circa)" 또는 이와 유사한 표현이라는 용어를 삭제하였다. "대개(circa)"라는 용어가 신용장금액, 수량, 단가 앞에 거의 사용되지 않는 관행을 반영한 것이다.

또한, UCP 600 제30조 c항에서는 신용장이 특정과부족을 명시하지 않은 경우에도 환어음금액이 신용장금액보다 5% 부족하게 발행될 수 있다는 규정을 추가하였다.

(3) 분할선적관련규정

UCP 600 제31조 b항은 2002년 ISBP 제89항 제3문[28],제110항 제3문, 제133항, 제159항 및 제177항을 반영하여, 동일한 운송방식에서 2 이상의 운송수단이 동일한 일자에 동일한 목적지를 향하여 출항하는 경우에는 이를 분할선적으로 본다는 규정을 신설하였다. 예를 들면, 물품이 2척 이상의 선박에 선적된 경우에는 그 선박이 동일한 일자에 동일한 목적지를 향하여 동일한 선적항에서 출항하였더라도 분할선적으로 본다. 이것은 물품이 2척 이상의 선박에 나누어 선적된 후 이들 선박이 동일한 일자에 출항하더라도 운송상황에 따라 서로 다른 일자에 목적지에 도착할 수도 있기 때문에 분할선적으로 본다고 규정한 것 같다.

또한, UCP 600 제31조 c항은 분할선적과 관련하여 특송화물수령증, 우편수령증 또는 우송증명서를 규정하면서, UCP에 있었던 "특송업자의 발송장"을 삭제하였다.

(4) 기타서류에 관한 규정 삭제

UCP 600에서는 "신용장이 해상 이외의 운송의 경우에 중량의 증명 또는 인증을

---

28) 2002년 ISBP 제89항 제3문에서는 "2 이상의 선박에의 선적은 이들 선박이 동일한 일자에 동일한 목적지를 향하여 출항하는 경우에도 분할선적이다" 라고 규정하고 있다.

요구하는 경우에는, 은행은 중량의 증명 또는 인증이 별도의 서류에 의하여야 한다고 신용장이 특별히 명시하지 아니하는 한, 운송인 또는 그 대리인에 의하여 운송서류상에 부가된 것으로 보이는 중량스탬프 또는 중량표시를 수리하여야 한다"는 UCP 500 第38조를 삭제하였다.

8. 은행의 면책 및 기타에 관한 조항

(1) 서류효력에 관한 면책

UCP 600 第34조는 서류효력에 관한 면책의 조항으로서, "물품의 명세"를 "물품, 용역 또는 이행의 명세"로 변경한 것을 제외하고는 UCP 500 第15조와 동일하다.

(2) 송달 중의 서류의 지연 또는 분실에 대한 면책

UCP 600 第35조 第2문에서는 "은행이 신용장에 그러한 지시가 없으므로 인도서비스의 선정에 있어서 자발적으로 행하였을 경우"라는 어구가 추가됨으로써, 종전에는 지연, 불실, 훼손 또는 기타 오류로 인하여 발생하는 결과에 대한 은행의 면책범위를 신용장에 명기된 요건에 따라 송달 또는 송부하는 경우에만 적용하였지만, 이에 추가하여 신용장에 지시가 없음에도 은행이 자발적으로 행하는 경우까지도 적용되는 것으로 은행의 면책범위가 확대되었다. 또한, 이 조항에서는 UCP 500에 규정되어 있었던 "전기통신(telecommunication)의 송신"이라는 어구를 삭제하였다.

(3) 송달중의 분실에 대한 발행은행 또는 확인은행의 지급이행의무 신설

UCP 600 第35조 第2문은 일치하는 서류가 지정은행과 발행은행간, 지정은행과 확인은행간, 또는 확인은행과 발행은행간에 송달 중에 분실되는 경우에는 발행은행과 확인은행은 지정은행이 지급이행 또는 매입하였는지의 여부에 관계없이 지급이행 또는 매입할 의무, 또는 그 지정은행에게 상환할 의무를 부담한다는 규정을 신설하였다. 이 조항은 지정은행이 제시가 일치한다고 결정하고 서류를 발송하는 중에 분실되더라도 발행은행으로부터 대금을 상환받을 수 있다고 규정함으로써 지정은행이 보호받을 수 있게 되었으며, 은행의 면책조항이라는 표제하에 단서로서 은행의 귀책조항을 규정하고 있다는 점에 주목할 필요가 있다.

(4) 불가항력에 따른 면책범위에 폭력주의의 행위 추가

UCP 600 第36조에서는 은행은 불가항력(Force Majeure)에 의한 은행의 업무중단으로 발생한 결과에 대하여 면책된다고 규정하고 있다. 즉, “은행은 천재, 폭동, 소요, 반란, 전쟁, 폭력주의의 행위에 의하거나 또는 동맹파업 또는 직장폐쇄에 의하거나 또는 기타 은행이 통제할 수 없는 원인에 의한 은행업무의 중단으로 인하여 발생하는 결과에 대하여 어떠한 의무 또는 책임도 부담하지 아니한다”고 규정함으로써, 이 조항은 UCP 500 제17조의 규정에 “폭력주의의 행위(acts of terrorism)”를 추가하였다. 이는 은행의 불가항력에 따른 면책조항에 위험요인의 새로운 유형으로 등장한 “폭력주의의 행위”에 관한 문제를 반영한 것이다.

(5) 타은행의 행위에 관한 면책

UCP 600 제37조 b항에서는 “발행은행 또는 통지은행이 타은행의 선정에 있어서 자발적으로 행한 경우라 하더라도, 그 은행이 타은행에게 전달한 지시가 수행되지 아니하는 경우에는, 발행은행 또는 통지은행은 어떠한 의무 또는 책임도 부담하지 아니한다”고 규정함으로써, UCP 500 제18조 b항의 “은행”을 “발행은행 또는 통지은행”으로 그 범위를 제한하였다. 즉, 종전에는 타은행을 선정하는 자를 은행이라고만 표현하였지만, UCP 600 제37조 b항에서는 발행은행 또는 통지은행이라고 한정하여 표현하고 있다. 이것은 발행은행이 타은행(통지은행 또는 확인은행)을 선정하는 경우뿐만 아니라, 통지은행이 제2통지은행을 자발적으로 선정한 경우 그 제2통지은행이 통지은행의 지시를 이행하지 않았더라도 통지은행은 면책될 수 있음을 규정한 것이라고 생각된다.

(6) 지시은행의 비용부담원칙

UCP 600 제37조 c항 제1문에서는 “타은행에게 서비스를 이행하도록 지시하는 은행은 그 지시와 관련하여 그러한 타은행에 의하여 부담되는 모든 수수료, 요금, 비용 또는 경비(“비용”)에 대하여 책임을 부담한다”고 규정함으로써, UCP 500 제18조 c항 ⅰ호의 “당사자”를 “은행”으로 변경하였다.

(7) 신용장통지전 통지비용의 수령금지규정 신설

UCP 제37조 c항 제3문은 신설된 조항으로서, 발행은행이 신용장 또는 조건변경을 발행할 때, 그 발행되는 신용장 또는 조건변경에는 “수익자에 대한 통지는 통지은행 또는 제2통지은행이 통지비용을 수령하는 것을 조건으로 한다”라는 요건이 명시되어서는 안된다는 것이다. 이는 통지은행 또는 제2통지은행이 수익자에게 신용장 또는 조건변경을 통지하기 전에 수익자로부터 통지수수료를 먼저 수령하는 것을 방지하기 위한 조항으로서, 통지은행 또는 제2통지은행이 수익자에게 신용장 또는 조건변경의 통지를 행한 후에, 수익자로부터의 통지수수료의 수령이 행해질 수 있도록 규정한 것이다.

(8) 양도은행의 정의

UCP 600 제38조 b항 제2문은 양도은행의 정의에 대한 규정으로서, UCP 500과 달리 양도은행에 발행은행을 추가하였다. 즉, 양도은행은 신용장의 양도업무를 수행하는 은행으로서, 신용장을 양도하는 은행을 말하며, 이러한 양도은행은 원수익자(first beneficiary)의 요청에 따라 제2수익자(second beneficiary)에게 신용장의 양도통지를 행하는 은행을 말한다. 이는 양도가능신용장하에서 원수익자의 요청에 따라 제2수익자 앞으로 신용장을 양도하고 이에 따라 지급, 인수 또는 매입을 행하는 은행을 말한다.

(9) "양도가능" 문언표시 규정 삭제

UCP 600에서는 UCP 500 제48조 b항의 "신용장은 발행은행에 의하여 "양도가능(transferable)"이라고 명시적으로 지정되어 있는 경우에만 양도될 수 있다. "분할가능(divisible)", "분절가능(fractionable)", "할당가능(assignable)" 및 "이전가능(transmissible)"이라는 용어는 신용장을 양도가능한 것으로 하지 못한다. 그러한 용어가 사용되는 경우에는 이는 무시된다"는 규정을 삭제하였다.

(10) 양도은행의 비용지급과 관련된 양도의무 규정 삭제

UCP 600은 UCP 500 제48조 f항 제2문의 "양도은행이 신용장을 양도하기로 합의하는 경우에는 그 은행은 그러한 비용이 지급될 때까지는 양도를 이행할 의무를 부담하지 아니한다"는 규정을 삭제하였다.

Chapter

2

신용장통일규칙의 조문별 해설

The Uniform Customs and Practice for Documentary Credits, 2007 Revision, ICC Publication No. 600 ("UCP")

화환신용장에 관한 통일규칙 및 관례("UCP"), 2007년 개정, ICC 출판물번호 제600호

제 1 조 신용장통일규칙의 적용(Application of UCP)

Article 1 Application of UCP
제 1 조 신용장통일규칙의 적용

The Uniform Customs and Practice for Documentary Credits, 2007 Revision, ICC Publication no. 600 ("UCP") are rules that apply to any documentary credit ("credit") (including, to the extent to which they may be applicable, any standby letter of credit) when the text of the credit expressly indicates that it is subject to these rules. They are binding on all parties thereto unless expressly modified or excluded by the credit.

화환신용장에 관한 통일규칙 및 관례, 2007년 개정, ICC 출판물번호 제600호 ("UCP")는 신용장의 본문이 이 규칙에 따른다고 명시적으로 표시하고 있는 경우 모든 화환신용장("신용장")(적용가능한 범위에서 모든 보증신용장을 포함한다)에 적용되는 규칙이다. 신용장에 명시적으로 수정되거나 또는 배제되지 아니하는 한, 이 규칙은 모든 관계당사자를 구속한다.

해설 explanation

신용장통일규칙(UCP 600이라 약칭)이 적용되는 대상은 화환신용장이며, 별도의 규정이 없는 한 적용가능한 범위에서 모든 보증신용장(standby credits)도 이에 적용된다. 즉, 신용장에 이 규칙이 삽입되어 있는 경우에는 모든 화환신용장 및 적용가능한 범위에서 보증신용장에도 적용되며, 이 규칙은 신용장에 명시적으로 변경되거나 또는 배제되는 경우를 제외하고는, 모든 관계당사자를 구속한다. 이 조문은 적용범위와 구속력을 각각 별개의 문장으로 구분하여 양자의 관계를 명확히 하였다. 또한, UCP 600은 UCP 500과 마찬가지로 그 대상으로 되는 신용장의 범주에 화환신용장(Documentary Credit)과 함께 보증신용장(Stand-by Letter of Credit)을 포함시키고 있다. 즉, 화환신용장 이외에 보증신용장을 신용장의 범주에 포함시킨 것은 활용도가 급증하고 있는 보증신용장에 관한 관습을 명시적으로 수용한 것이라 생각된다.

현재 "Uniform Customs and Practice for Documentary Credits(UCP)"는 "화환신용장에 관한 통일규칙 및 관례"라고 번역됨으로써 약칭 신용장통일규칙으로 사용되고 있으나, 실제의 의미는 "화환신용장에 관한 통일관습 및 관행"으로서, 규칙이라는 표현이 없다. 그러나 UCP 600 제1조 제1문에서는 UCP가 화환신용장 및 보증신용장에 적용되는 규칙(Rules)이라고 명시함으로써 정식명칭 자체에서 찾아볼 수 없는 "규칙(Rules)"이라는 용어를 명시적으로 규정하게 되었다. 제2조 및 제3조에 정의 및 해석에 관한 조항을 규정한 것은 이러한 취지를 반영한 것으로 생각된다.

또한, 법률이나 조약과 같이 당사자간에 합의가 없더라도 강제적으로 적용되는 법률이나 조약과 달리, UCP는 당사자간의 합의에 의하여 그 적용, 수정 또는 배제가 가능하게 되는 규칙이다. 즉, 신용장상의 본문에 UCP에 따른다는 취지의 준거문언을 명기함으로써 UCP가 적용되며, 이러한 준거문언이 있더라도, "신용장에 명시적으로 수정되거나 또는 배제되지 아니하는 한, 이 규칙은 모든 관계당사자를 구속한다"는 UCP 600 제1조 제2문의 규정에 따라, 신용장상에 UCP의 특정규정과 다른 내용을 특별히 명기함으로써 UCP의 특정규정이 수정되며, 신용장상에 UCP의 특정규정의 적용배제를 명기함으로써 UCP의 특정규정이 배제된다.

이와 같이, UCP 600 제1조 제2문에서 "신용장에 명시적으로 수정되거나 또는 배제되지 아니하는 한"이라는 어구를 사용함으로써, UCP 600의 각각의 조문에서는 UCP 500에 규정되어 있었던 "unless otherwise stipulated in the credit(신용장에 별도의 명시가 없는 한)"[1], "unless otherwise agreed(별도의 합의가 없는 한)"[2], "unless otherwise expressly stipulated in the credit(신용장에 별도의 명백한 명시가 없는 한)"[3], "(신용장에 특별히 수권되지 아니하는 한)"[4], "unless the Credit stipulates otherwise (신용장에 별도로 명시하지 아니하는 한)"[5], "unless specifically authorised(특별히 수권되지 아니하는 한)"[6] 등의 표현을 삭제하였다. 즉, 이러한 표현이 UCP 500에 있었던 UCP 600의 조항은 이러한 표현이 규정되어 있지 않더라도, 신용장에 이러한 조항의 수정 또는 배제를 명기함으로써 수정 또는 배제할 수 있다.

---

1) 이러한 용어는 다음의 조항과 관련되어 있다: UCP 600 제3조 제4문(UCP 500 제20조 d항), 제14항 i항(제22조), 제18조 a항 및 b항(제37조 a항 및 b항), 제19조 a항(제26조 a항), 제20조 a항(제23조 a항), 제21조 a항(제24조 a항), 제22조 a항(제25조 a항), 제23조 a항(제27조 a항), 제24조 a항(제28조 a항), 제25조 a항(제29조 b항), 제25조 c항(제29조 a항), 제26조 a항, b항 및 c항(제31조), 제28조 d항(제34조 d항), 제28조 e항(제34조 e항), 제28조 f항 i호 및 ii호(제34조 f항 i호 및 ii호), 제28조 j항(제35조 c항), 제32조(제41조), 제38조 d항(제48조 g항)
2) UCP 600 제38조 c항(UCP 500 제48조 f항).
3) UCP 600 제1조(UCP 500 제1조).
4) UCP 600 제34조 c항(UCP 500 제28조 c항).
5) UCP 600 제31조 c항(UCP 500 제40조 a항).
6) UCP 600 제36조(UCP 500 제17조).

●●● UCP의 적용

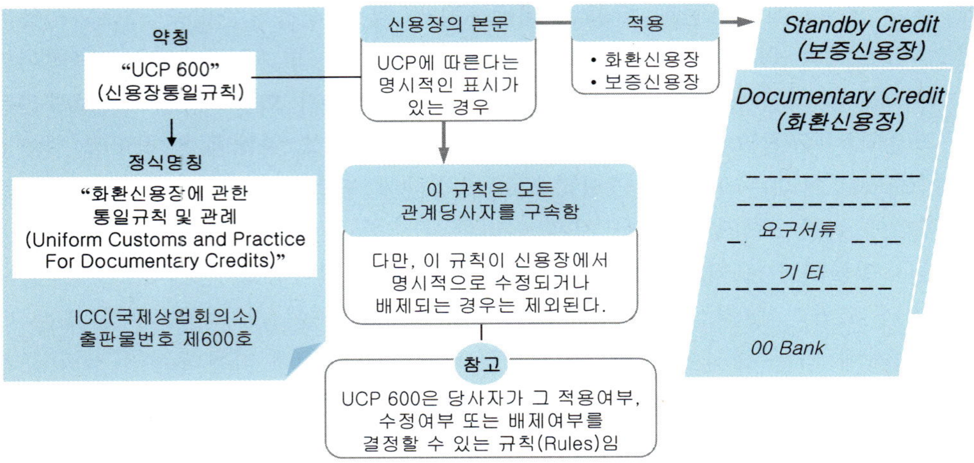

참고로, 당사자는 ① UCP 600을 모두 적용하기로 합의하거나, ② UCP 600의 일부를 수정한 후에 적용하기로 합의하거나, 또는 ③ UCP 600을 모두 적용하지 않기로 합의할 수 있다. 그러나, ②와 ③의 신용장은 UCP 600이 세계 각국의 은행에 의하여 널리 채용되는 경우에는, 예외적인 신용장으로 되기 때문에 은행실무를 원활히 진행시키는 과정에서는 바람직하지 않을 것이다. 신용장통일규칙의 준거문언의 삽입여부에 따라 그 적용범위를 설명하면 다음과 같다.

(1) 신용장에 UCP의 준거문언이 있는 경우

(가) 일반원칙

신용장통일규칙은 조약도 법률도 아닌 임의규정의 성격을 가지고 있는 것으로서, Incoterms(정형거래조건의 해석에 관한 국제규칙)와 동일하다. 즉, 계약당사자가 이 규칙을 임의로 선택하였을 경우에만 적용되는 임의규정이기 때문에 신용장통일규칙(UCP)이 신용장거래의 해석기준으로서 적용되기 위해서는 신용장당사자는 신용장상에 반드시 이 규칙(UCP)을 적용한다는 문언(준거문언)을 명기하여야 하는데, 그 준거문언은 통상적으로 다음과 같다.

- "Unless otherwise expressly stated herein, this credit is subject to the Uniform Customs and Practice for Documentary Credits(2007 Revision), International Chamber of Commerce Publication No. 600(별도의 명시가 없는 한, 이 신용장은 화환신용장통일규칙 및 관례(2007년 개정), 국제상업회의소 출판물번호 제600호

에 따른다)."

- The Uniform Customs and Practice for Documentary Credits, 2007 Revision, ICC Publication No. 600, shall apply to the Credit concerned(화환신용장통일규칙 및 관례, 2007년 개정, 국제상업회의소 출판물번호 제600호는 관련 신용장에 적용된다)."

이와 같이 신용장통일규칙에 따라 발행되었다는 것을 표시하는 준거문언이 개개의 신용장상에 삽입되어 있는 경우에는, 신용장통일규칙은 그 신용장(보증신용장을 포함하는 화환신용장)에 적용되며, 신용장거래의 모든 당사자는 이 신용장통일규칙에 구속받게 되는 것이다.[7)]

(나) 신용장조건과 UCP의 규정이 상충되는 경우

신용장통일규칙의 준거문언이 삽입되어 있는 경우에도, 거래당사자가 신용장통일규칙 중 일부를 배제하거나 이와 다른 내용을 신용장상에 특약으로 규정한다면 그러한 내용이 신용장통일규칙보다 우선 적용된다. 즉, "신용장에 명시적으로 수정되거나 또는 배제되지 아니하는 한, 이 규칙은 모든 관계당사자를 구속한다"는 UCP 600 제1조 제2문의 규정에 따라, 신용장거래당사자간의 임의적 합의를 우선하여 적용할 수 있도록 규정하고 있다.[8)]

(다) UCP의 규정과 국내법이 상충되는 경우

신용장에 관한 제정법이 있는 국가는 극히 적다. 따라서, 많은 국가에서는 신용장에 대하여는 상관습, 판례 등에 따르는 것으로 한다. 미국의 통일상법전 제5편은 신용장에 관한 규정이지만, 뉴욕주법에서는 당사자의 합의 또는 거래관행에 의하여 신용장통일규칙이 적용되는 경우에는 통일상법전의 규정은 적용되지 않는다고 하고 있다.[9)] 즉, 뉴욕주는 신용장통일규칙에 준거하는 신용장에 대하여는 제5편의 규정이 적용되지 않는다는 취지의 조문을 규정하고(뉴욕주통일상법전 제

---

7) UCP 600 제1조.

8) 이것은 발행된 신용장에 UCP 600에 따른다는 명시가 있음에도, 신용장의 어떤 조항이 UCP 600과 모순하고 있는 경우이다. 이 경우에는, 일반적으로 계약서의 특수조항은 일반조항에 우선한다는 원칙이 적용되어 신용장상에 특히 명시된 조항이 UCP 600에 우선한다고 생각된다. 그 이유는 신용장에 특히 명시된 조항은 당사자가 개별적으로 관심을 가지고 교섭한 조항이고, 당사자가 고려하였다고는 생각되지 않는 UCP에 우선한다는 것은 당연하다고 생각되기 때문이다; 1 A.G. Guest, General Editor, Chitty on Contract, General Principles, paragraphs 826 and 833(26th ed. 1989), Sweet & Maxwell, London; 新掘聰, 現代貿易賣買, 同文館, 2001, p.261.

9) 高桑昭, 國際商取引法, 有斐閣, 2003, p.170.

5-102조 제4항), 알라바마주, 아리조나주, 미주리주도 이를 추종하고, 기타의 주에서도 신용장상에 명기된 그 신용장이 신용장통일규칙에 따른다는 취지의 문언은 당사자의 합의로 해석되기 때문에(미국통일상법전 제1-102조 제3항), 결국, 미국에서도 신용장통일규칙이 통일상법전 제5편에 우선하여 적용된다.[10] 그러나, 해당국가의 국내법(강행법)이 신용장통일규칙과 다른 경우에는 해당국의 국내법이 우선해서 적용된다.

결과적으로 신용장통일규칙(임의규정)의 규정이 매매당사국의 국내법(강행규정)이나 신용장상의 내용과 상충되는 경우 신용장해석과 관련된 규정적용의 우선순위는 매매계약의 일반준칙인 "계약자유의 원칙(사적자치의 원칙)"을 존중한다는 의미에서 ① 매매당사국의 국내강행법규(어음법, 섭외사법 등), ② 당사자간의 특약, ③ 신용장통일규칙의 순서에 따라 해석된다.

(2) 신용장에 UCP의 준거문언이 없는 경우

신용장통일규칙에 따른다는 취지의 준거문언이 신용장상에 삽입되어 있지 않는 경우에는, 이 통일규칙을 적용할 수 있는지에 대한 문제가 발생한다. 이러한 경우, 이 통일규칙의 적용여부는 국제상거래에 관한 법규범(상관습, 상인법 등)을 어떻게 받아들일 것인지의 문제에 달려 있다. 즉, 이 통일규칙이 실무에 정착되어 있고 또한 이것을 특히 배제하고 있지 않는 경우에는, 이 통일규칙에 따른다는 상관습을 인정하고, 신용장통일규칙을 적용하는 입장도 있을 것이다.[11] 그러나, 신용장통일규칙에 따르지 않는다는 취지가 당사자의 언동, 일정한 거래 또는 일정한 지역의 실무 등으로부터 인정되는 경우에는, 이 통일규칙을 적용할 이유가 없다고 생각된다.[12]

이와 같이, 신용장통일규칙 중에도 준거법의 규정이 없을 뿐만 아니라 신용장상에도 준거법이 명시되어 있지 않고, 거래의 정황에 비추어 보더라도 통일규칙이 적용되지 않는 경우에는, 신용장에 관한 준거법은 원칙적으로 다음과 같이 추정하여야 한다.[13]

"발행은행과 수익자간의 관계는 발행은행의 영업소소재지법(발행지법)이 아니라, 신용장에 기초하는 채무의 지급지법(이행지법)에 따른다. 지급지는 확인신용장의

---

10) 飯田勝人, アメリカにおける信用狀の差止命令(injunction), 金融法務事情 第1088號, 1985, p.48.

11) 신용장통일규칙은 국제적인 상관습으로 정착되었기 때문에 법정(courts)이나 중재판정부(arbitration tribunals)에서는 이에 대한 준거문언의 유무에 관계없이 신용장통일규칙을 적용하기도 한다.

12) 東京地判 昭和 62年 5月 29日 金融法務 1186號 84項은 통일규칙에 따른다는 상관습이 있다고 한다; 高桑昭, 國際商取引法, 有斐閣, 2003, p.170.

13) 江頭憲治郎, 商取引法(上), 弘文堂, 1990, p.133.

경우에는 확인은행의 영업소소재지가 이에 해당하지만, 확인신용장 이외의 경우에는 신용장상에 지정된 지급지, 지정이 없을 때에는 발행은행의 영업소소재지가 이에 해당한다. 발행은행과 확인은행간의 관계는 보증위탁자와 보증인의 관계에 유사하기 때문에, 확인은행의 영업소소재지법에 따른다. 발행은행과 통지은행간의 관계는 발행은행의 영업소소재지법에 따른다."

참고로, SWIFT[14]에 의한 신용장의 통지의 경우에는 별도의 명시가 없는 한, 신용장의 발행일 현재 유효한 신용장통일규칙에 준거하는 것으로 본다.

14) SWIFT(The Society for Worldwide Interbank Financial Telecommunications)는 1973년에 설립된 금융기관의 국제금융거래에 따른 은행간 이체, 고객송금 등의 메시지송신을 국제네트워크로 행하는 것을 목적으로 한 비영리협동조합으로서, 본부는 벨기에에 두고 있다.

제2조 정의(Definitions)

Article 2 Definitions
제 2 조 정의

For the purpose of these rules:
이 규칙에서:

Advising bank means the bank that advises the credit at the request of the issuing bank.
통지은행이란 발행은행의 요청에 따라 신용장을 통지하는 은행을 말한다.

Applicant means the party on whose request the credit is issued.
발행의뢰인이란 신용장이 발행되도록 요청하는 당사자를 말한다.

Banking day means a day on which a bank is regularly open at the place at which an act subject to these rules is to be performed.
은행영업일이란 이 규칙에 따라 업무가 이행되는 장소에서 은행이 정상적으로 영업을 하는 일자를 말한다.

Beneficiary means the party in whose favour a credit is issued.
수익자란 그 자신을 수익자로 하여 신용장을 발행받는 당사자를 말한다.

Complying presentation means a presentation that is in accordance with the terms and conditions of the credit, the applicable provisions of these rules and international standard banking practice.
일치하는 제시란 신용장의 제조건, 이 규칙 및 국제표준은행관행의 적용가능한 규정에 따른 제시를 말한다.

Confirmation means a definite undertaking of the confirming bank, in addition to that of the issuing bank, to honour or negotiate a complying presentation.
확인이란 발행은행의 확약에 추가하여 일치하는 제시를 지급이행 또는 매입할 확인은행의 확약을 말한다.

Confirming bank means the bank that adds its confirmation to a credit upon the issuing bank's authorization or request.
확인은행이란 발행은행의 수권 또는 요청에 따라 신용장에 확인을 추가하는 은행을 말한다.

Credit means any arrangement, however named or described, that is irrevocable and thereby constitutes a definite undertaking of the issuing bank to honour a complying presentation.
신용장이란 그 명칭이나 기술에 관계없이 취소불능이며 일치하는 제시를 지급이행할 발행은행의 확약을 구성하는 모든 약정을 말한다.

Honour means: **지급이행**이란 다음을 말한다:

a. to pay at sight if the credit is available by sight payment.
신용장이 일람지급에 의하여 사용될 수 있는 경우 일람지급하는 것.

b. to incur a deferred payment undertaking and pay at maturity if the credit is available by deferred payment.
신용장이 연지급에 의하여 사용될 수 있는 경우 연지급확약의무를 부담하고 만기일에 지급하는 것.

c. to accept a bill of exchange ("draft") drawn by the beneficiary and pay at maturity if the credit is available by acceptance.
신용장이 인수에 의하여 사용될 수 있는 경우 수익자에 의하여 발행된 환어음("어음")을 인수하고 만기일에 지급하는 것.

Issuing bank means the bank that issues a credit at the request of an applicant or on its own behalf.
발행은행이란 발행의뢰인의 요청에 따르거나 또는 그 자신을 위하여 신용장을 발행하는 은행을 말한다.

Negotiation means the purchase by the nominated bank of drafts (drawn on a bank other than the nominated bank) and/or documents under a complying presentation, by advancing or agreeing to advance funds to the beneficiary on or before the banking day on which reimbursement is due to the nominated bank.
매입이란 상환이 지정은행에 행해져야 하는 은행영업일에 또는 그 이전에 수익자에게 대금을 선지급하거나 또는 선지급하기로 약정함으로써, 일치하는 제시에 따른 환어음(지정은행이 아닌 은행을 지급인으로 하여 발행된) 및/또는 서류의 지정은행에 의한 구매를 말한다.

Nominated bank means the bank with which the credit is available or any bank in the case of a credit available with any bank.
지정은행이란 신용장이 사용될 수 있는 은행 또는 모든 은행에서 사용될 수 있는 신용장의 경우에는 모든 은행을 말한다.

Presentation means either the delivery of documents under a credit to the issuing bank or nominated bank or the documents so delivered.
제시란 발행은행 또는 지정은행에게 신용장에 의한 서류를 인도하는 행위 또는 그렇게 인도된 서류를 말한다.

Presenter means a beneficiary, bank or other party that makes a presentation.
제시인이란 제시를 행하는 수익자, 은행 또는 기타 당사자를 말한다.

해설 explanation

이 조문은 정의조항으로서 신설된 규정이다. 즉, UCP의 여러 조항에서 반복적으로 사용되는 것을 제2조(용어)에 통합하여 정리함으로써 이러한 용어들이 일관성 있게 사용될 수 있도록 할뿐만 아니라 각 조항에서의 불필요한 반복을 제거할 수 있게 되었다. 그 내용을 구체적으로 살펴보면 다음과 같다.

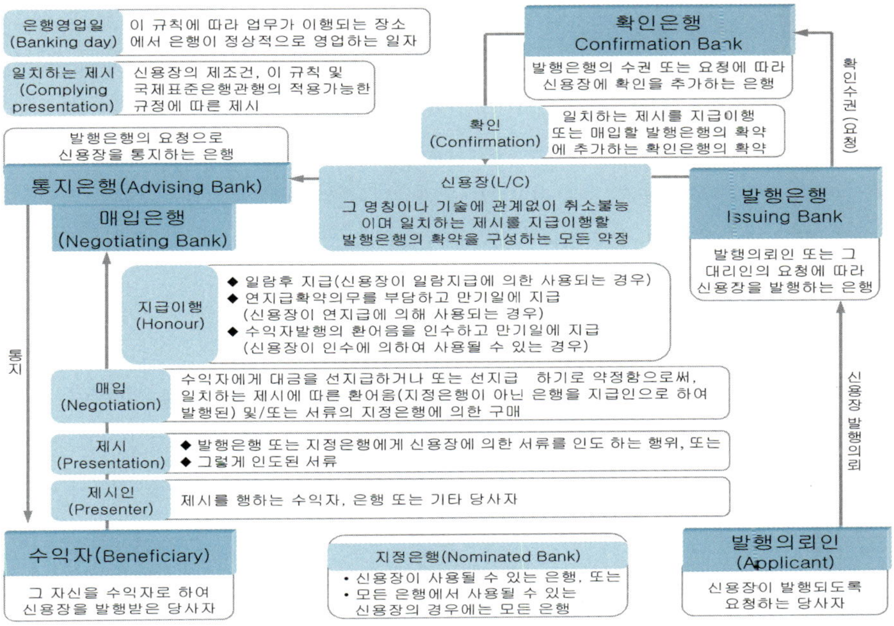

1. 통지은행(제2조 제1문: 신설)

통지은행(Advising Bank; Notifying bank; Transmitting bank)은 발행은행의 요청으로 신용장을 통지하는 은행을 말한다. 즉, 통지은행은 통상적으로 수익자의 소재지에 있는 발행은행의 본·지점이나 환거래은행(correspondence bank)으로서, 발행은행의 위탁을 받아 수익자에게 신용장의 발행사실과 그 내용을 단순히 통지해 주는 은행을 말한다. 그러나, 통지은행이 신용장 또는 조건변경을 통지하였다는 것은 통지은행이 신용장 또는 조건변경의 외관상의 진정성에 관하여 스스로 충족하였다는 것과 그 통지가 수령된 신용장 또는 조건변경의 제조건을 정확히 반영하고 있다는 것을 의미한다.

●●● 통지은행의 정의

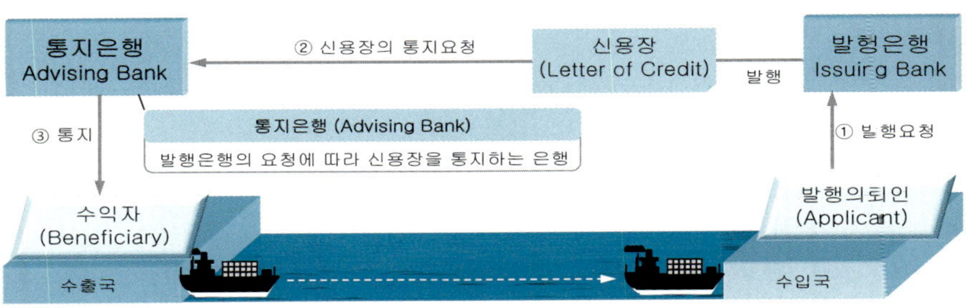

참고로, 신용장의 통지방법은 발행은행이 수출지의 은행을 통하지 않고 직접 수익자에게 통지하는 것과, 수출지의 은행(통지은행)을 통하여 통지하는 것이 있는데, 수출지의 은행을 통하여 통지하는 것이 대부분이며, 특히, 전신으로 발행되는 경우에는 모두 통지은행을 통하여 통지된다. 전신으로 발행되는 경우 통지은행의 통지서에는 "This Bank is not responsible for any amendment that may be necessary upon receipt of the mail advice from the bank issuing this credit."이라는 상태로 명기되어 있다.

2. 발행의뢰인(제2조 제2문: 신설)

발행의뢰인(Applicant)은 신용장이 발행되도록 요청하는 당사자를 말한다. 여기에서 당사자라는 표현을 사용함으로써 이러한 당사자에는 개인, 기업 또는 은행 등이 포함될 가능성은 있지만, 신용장거래의 기본당사자가 아님에도 불구하고 신용장거래의 기본당사자로 오해될 수 있다는 것에 주의하여야 한다. 즉, 발행의뢰인은 매매계약의 조건에 따라 수입지에 있는 자신의 거래은행에게 신용장의 발행을 신청하는 자로서, 매수인인 수입업자를 말한다. 발행의뢰인은 원칙적으로 수입업자에 해당하는 것이지만, 매수인의 거래처인 제3자가 발행의뢰인이 되는 경우가 있다. 예를 들면, 런던의 Confirming House와 같이 수입업자가 아닌 자가 수입업자의 의뢰에 의하여 발행의뢰인이 되는 경우도 있고, 수입위탁을 행한 제조업자가 발행의뢰인이 되는 경우도 있다.

●●● 발행의뢰인의 정의

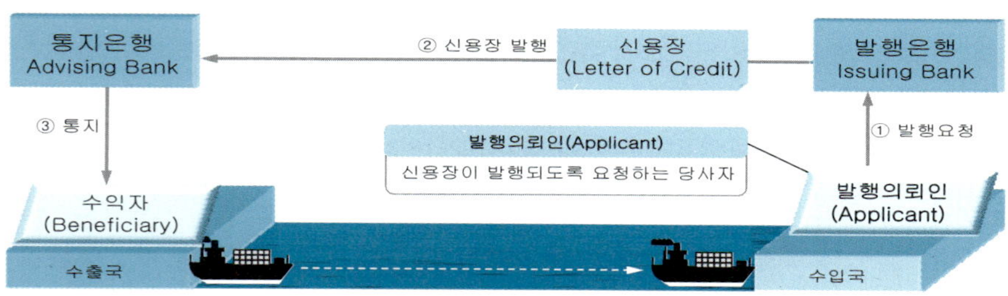

발행의뢰인은 매매계약의 각 이행단계에 따라 수입업자(Importer), 매수인(Buyer), 계정지급인(Accountee), 계정귀속인(Account party),[15] 수화인(Consignee), 여신수령인(Grantee), 신용제공인(Accreditor), 신용수령 매수인(Accredited Buyer) 등의 여러가지 명칭으로 불리워지고 있다.

---

15) 계정귀속인(account party)이라는 표현은 발행은행과의 관계에 있어서 최종적으로 계정을 부담하는 자라는 의미에서 사용된 것으로서, 전통적으로 신용장은 은행의 고객의 계정으로(for the account of) 발행되는 것으로 되어 있기 때문에 사용되게 된 것이다; Burton V. McCullough, Letter of Credit, Matthew Bender, 1991, 1-26, n. 1.

3. 은행영업일(제2조 제3문: 신설)

은행영업일(Banking day)은 이 규칙에 따라 업무가 이행되는 장소에서 은행이 정상적으로 영업을 하는 일자, 즉 은행이 신용장통일규칙(UCP 600)에 따른 업무이행의 장소에서 정상적으로 영업하는 일자를 말한다. 여기에서, 은행영업일은 은행이 정상적으로 영업을 하되, UCP 600에 따른 신용장 또는 조건변경의 발행, 지급이행, 매입 등의 업무이행을 위하여 영업하여야 한다는 것을 전제로 한다. 이러한 전제는 일부국가에서는 토요일 오전에 정상적으로 영업은 하지만 UCP 600에 따른 업무이행을 위한 영업이 아닌 예금, 인출 등과 같은 소매금융업무만을 위한 목적으로 영업하는 상황을 반영한 것이라 볼 수 있다.

●●● 은행영업일의 정의

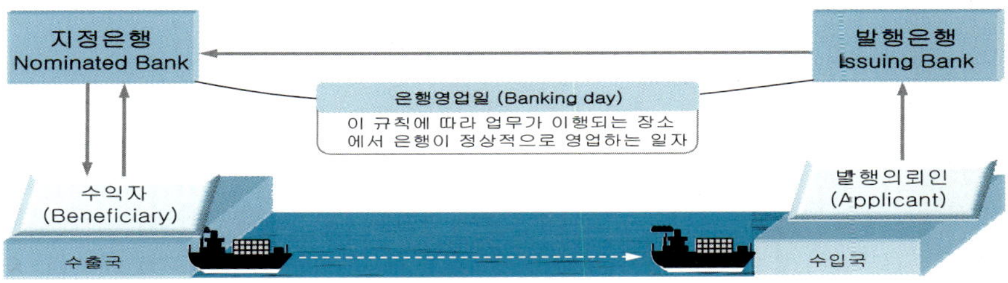

4. 수익자(제2조 제4문: 신설)

수익자(Beneficiary)는 그 자신을 수익자로 하여 신용장을 발행받는 당사자를 말한다. 수익자(Beneficiary)는 발행은행으로부터 신용장을 수취하여 신용장조건에 따른 권한과 이익을 얻는 자로서, 매매계약상의 매도인인 수출업자를 말한다. 이는 신용장조건에 일치하는 서류를 제공할 의무를 부담하고 발행은행 또는 확인은행에 신용장에 의한 확약의 이행을 청구하는 자를 말한다.

●●● 수익자의 정의

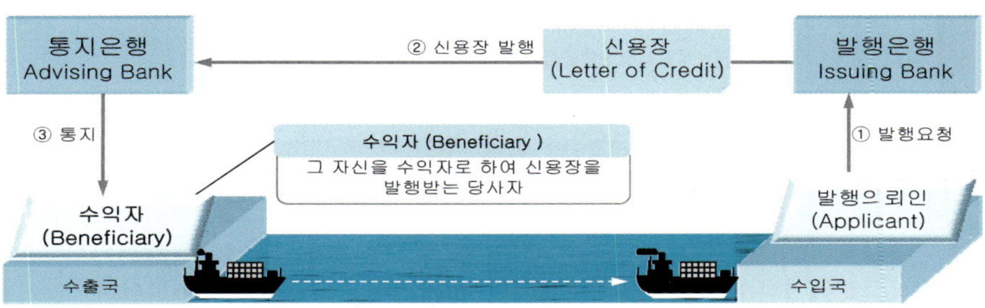

즉, 수익자는 신용장 거래의 실질적 수혜자로서 신용장에 제시된 조건에 따라 수입업자, 발행은행 또는 제3은행 앞으로는 환어음을 발행하고 신용장에서 요구하는 선적서류를 첨부하여 거래은행에 제시함으로써 환어음에 대한 지급, 인수, 매입을 의뢰하는 자를 말한다.

수익자는 매매계약의 각 이행단계에 따라 수출업자(Exporter), 매도인(Seller), 환어음발행인(Drawer), 송화인(Consignor; Shipper), 사용인(User), 신용수령인(Accreditee), 수신인(Addressee) 등의 여러 가지 명칭으로 불리워지고 있으며, 양도가능신용장에서는 원신용장의 수익자를 제1수익자(first beneficiary), 양도받은 양수인을 제2수익자(second beneficiary)라고 한다.

5. 일치하는 제시(제2조 제5문: 신설)

일치하는 제시(Complying presentation)는 신용장의 제조건, 이 규칙 및 국제표준은행관행의 적용가능한 규정에 따른 제시를 말한다. 즉, 제시인(수익자 또는 지정은행)이 제시하는 서류가 신용장의 제조건, 이 규칙 및 국제표준은행관행의 적용가능한 규정에 일치할 때, 일치하는 제시가 행해진 것으로 본다. 따라서 제시가 일치하는지의 여부를 판단하는 기준은 종전에는 신용장의 제조건만을 기준으로 하였으나, 이번 개정에서는 여기에다가 신용장통일규칙 및 국제표준은행관행의 적용가능한 규정을 추가하였다. 여기에서 일치하는 제시에 대한 판단기준으로 사용되는 국제표준은행관행은 2002년에 제정된 ISBP(International Stansard Banking Practice for the Examination of Documents under UCP)[16]라는 간행물뿐만 아니라, 이 간행물에 포함되지 않은 기타 포괄적인 의미의 국제표준은행관행도 포함된다.

●●● 일치하는 제시의 정의

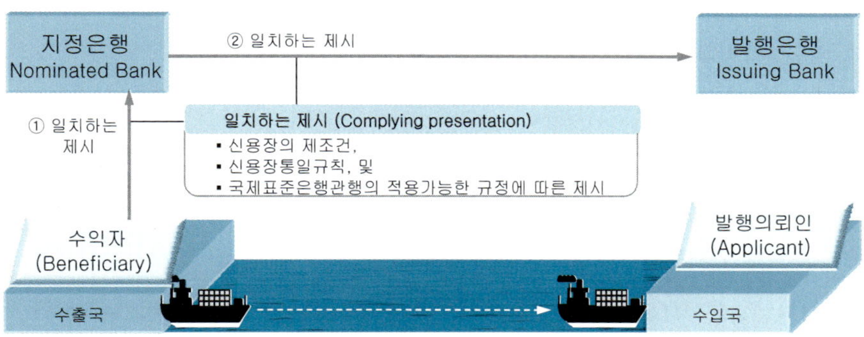

16) ISBP는 2007년 개정판(ISBP-2007 Revision, ICC Publication No. 681)이 출판었다.

6. 확인(제2조 제6문: 신설)

확인(Confirmation)은 발행은행의 확약에 추가하여 일치하는 제시를 지급이행 또는 매입할 확인은행의 확약을 말한다. 즉, 확인은 발행은행이 지급이행(지급·연지급·인수)을 확약하고 있는 취소불능신용장에 대하여 발행은행의 환거래은행인 제3의 은행이 발행은행의 요청이나 수권에 따라 발행은행의 대금지급확약과 독립된 별개의 지급이행(지급·연지급·인수) 또는 매입을 추가적으로 확약(definite undertaking)하는 것을 말한다. 이와 같이 신용장에 확인을 추가한 은행을 확인은행이라고 하며, 이러한 확인은행은 수익자에 대하여는 발행은행과 별도의 독립적인 채무를 부담하게 된다. 즉, 확인은행은 발행은행과는 독립된 별개의 대금지급확약을 한 것이므로 발행은행이 지급불능의 사태에 직면하지 않더라도 대금지급의무를 이행하여야 한다.

●●● 확인의 정의

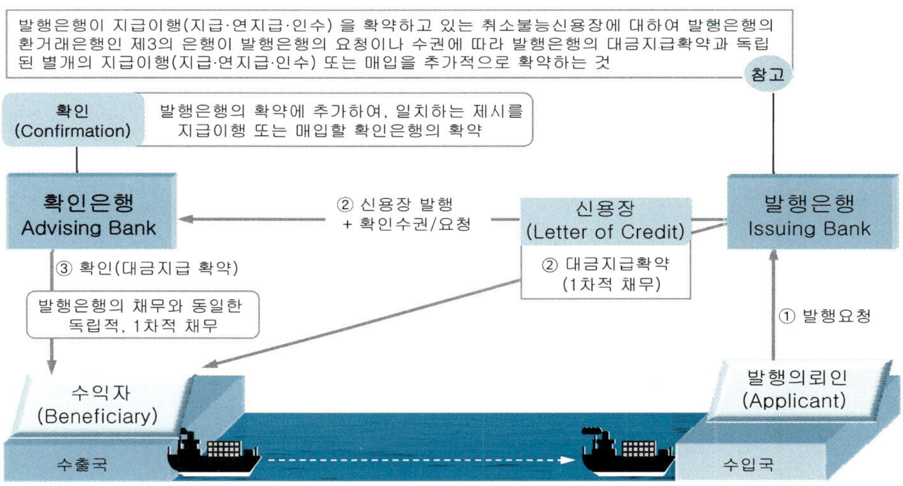

7. 확인은행(제2조 제7문: 신설)

확인은행(Confirming Bank)은 발행은행의 수권 또는 요청에 따라 신용장에 확인을 추가하는 은행을 말한다. 즉, 확인은행은 발행은행의 수권이나 요청에 따라 제3의 은행이 신용장에 의한 서류 및/또는 환어음의 지급이행 또는 매입을 추가로 확약하는 은행으로서, 발행은행과 동일한 지위를 갖게 되는 은행을 말한다. 확인은행은 통상적으로 수출업자와 동일한 국가에 위치하고 있다.

●●● 확인은행의 정의

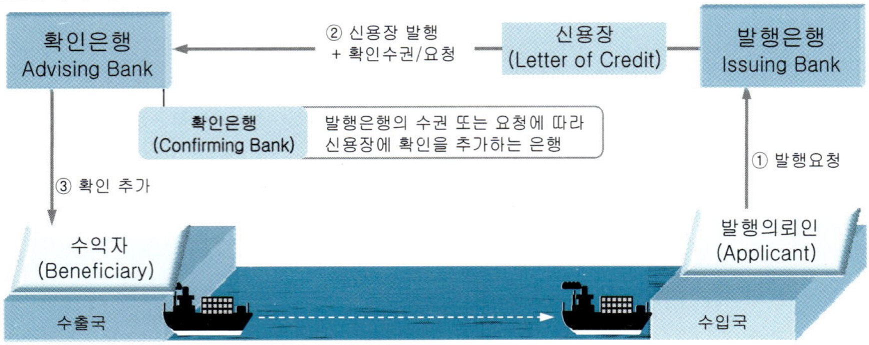

수익자가 발행은행의 신용을 믿지 못하는 경우에 신용 있는 제3의 은행으로 하여금 해당 신용장의 대금지급을 추가로 확약하게 함으로써 발행은행 이외의 은행으로부터 이중으로 확약을 받게 된다. 따라서 확인은행은 수익자에 대하여 발행은행과 마찬가지로 상환청구권을 행사할 수 없으며 그 지급이행의 약속에 대하여 일차적인 책임을 지게 되는 것이다.

이 확인은행이 발행은행의 대금지급의 확약에 추가하여 확약하는 경우를 확인이라고 하는데, 이와 같이 확인은행이 확인하고 있는 신용장을 확인신용장(Confirmed L/C), 확인이 없는 신용장을 미확인신용장(Unconfirmed L/C)이라 한다.

8. 신용장(제2조 제8문)

신용장(Credit)은 그 명칭이나 기술에 관계없이 취소불능이며 일치하는 제시를 지급이행할 발행은행의 확약을 구성하는 모든 약정을 말한다. 즉, 신용장은 신용장에 표제가 있는 명칭이나 그 내용의 기술이 어떻게 되어 있는지에 관계없이 발행은행의 취소불능적 대금지급확약을 말한다.

신용장(Letter of Credit: L/C)은 매수인(발행의뢰인)의 거래은행(신용장발행은행)이 매도인(수익자)에 의하여 제시된 서류가 신용장의 제조건, 신용장통일규칙 및 국제표준은행관행의 적용가능한 규정에 일치하는 것을 조건으로 매도인(수익자)에게 대금지급을 할 것을 취소불능적으로 확약하는 증서를 말한다. 즉, 신용장은 매수인(발행의뢰인)의 의뢰에 의하여 발행의뢰인의 거래은행(발행은행)이 매도인을 수익자로 하여 발행하고, 그것에 기재된 일정조건에 따라 그 발행은행 또는 발행은행이 지정하는 은행 앞으로 제시된 어음 및/또는 서류의 지급이행(지급, 연지급, 인수)을 취소불능적으로 확약하는 증서(Instrument)이다.

●●● 신용장의 정의

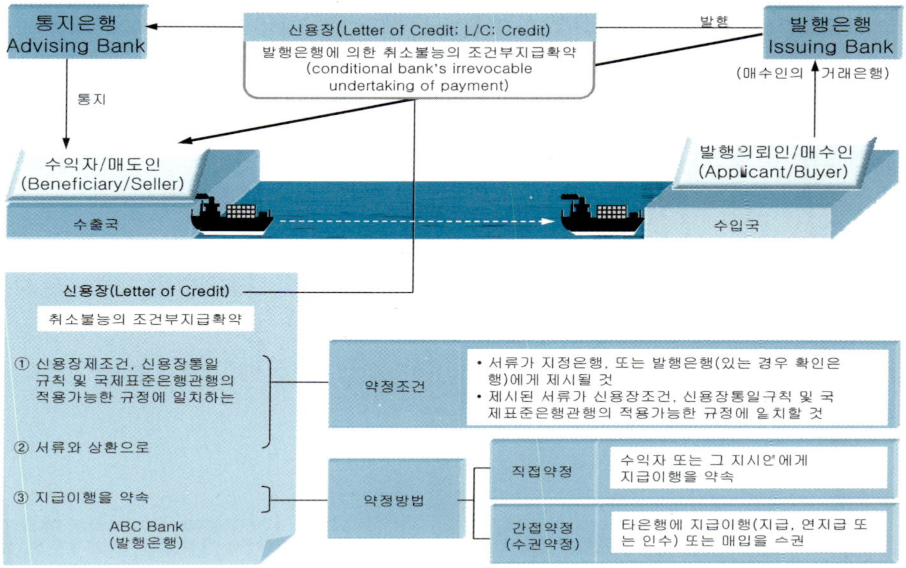

간단히 말하면, 신용장은 매수인을 대신하여 은행이 대금지급을 약속하는 증서로서, 매수인의 거래은행이 수익자(매도인)에 대하여 자신이 제시한 어떤 조건이 성취된다면 지급하기로 약속하고, 그 조건이 성취되지 않는다면 지급하지 않겠다고 하는 취소불능적 "조건부지급확약서"이다. 즉, 은행은 물품과 관계없이 서류만 신용장에서 요구하는 조건, 신용장통일규칙 및 국제표준은행관행의 적용가능한 규정에 일치하여 제시되면 지급하겠다고 취소불능적으로 약속하는 것이다.

9. 지급이행(제2조 제9문: 신설)

지급이행(Honour)[17]은 다음의 방식에 의하여 지급을 이행하는 것을 말한다.

① 일람지급(Payment at sight): 일람출급으로 지급하는 것(신용장이 일람지급에 의하여 사용될 수 있는 경우),

17) "Honour"라는 용어는 기존의 UCP에 없었던 것을 UCP 600에서 처음 도입하여 사용하고 있으나, "To Honour is to pay or to acceptance and pay, or where a credit so engages to purchase or discount a draft complying with the terms or the credit"와 같이 사용되고 있는 미국통일상법전(UCC) 제5-102조의 규정과 거의 동일한 개념이다. 따라서 이를 번역할 때, UCP 600 관련 논문 및 토론회에서 나타난 것처럼 인수·지급, 인수/지급, 인수지급, 약정지급, 최종지급, 결제, 수락, 지급의무 등으로 번역할 수도 있지만, 필자는 "Honour"를 지급이행이라고 번역하였다. 그 이유는 일람지급하거나 또는 만기일에 지급하거나를 불문하고 최종적으로는 지급을 이행한다는 것을 의미하기 때문이다.

② 연지급(Deferred Payment): 연지급확약의무를 부담하고 만기일에 지급하는 것 (신용장이 연지급에 의하여 사용될 수 있는 경우)

③ 인수후 지급(Payment after Acceptance): 수익자에 의하여 발행된 환어음("어음")을 인수하고 만기일에 지급하는 것(신용장이 인수에 의하여 사용될 수 있는 경우)

지급이행은 일람지급(Sight Payment), 연지급(Deferred Payment) 및 인수(Acceptance)라는 세가지 용어를 합성한 용어로서, 제2조(정의; 확인 및 신용장의 정의), 제4조(신용장과 계약), 제6조(사용가능성, 유효기일 및 제시를 위한 장소), 제7조(발행은행의 확약), 제8조(확인은행의 확약), 제9조(신용장의 통지 및 조건변경), 제12조(지정), 제15조(일치하는 제시), 제16조(불일치서류, 권리포기 및 통지), 제18조(상업송장), 제28조(보험서류와 담보), 제35조(송달 및 번역에 관한 면책), 제36조(불가항력), 제38조(양도가능신용장)에서 각각 사용되고 있다.

●●● 지급이행의 정의

지급이행 (Honour)	일람후 지급 (Payment at sight)	서류가 제시되었을 때 신용장 금액을 액면가액 그대로 주는 행위
	연지급 (Deferred payment)	연지급확약의무를 부담하고, 만기일에 대금을 주는 행위
	인수후 지급 (Payment after Acceptance)	수익자발행의 환어음의 만기일에 대금을 주겠다고 약속(인수)하고, 만기일에 대금을 주는 행위

참고

매입 (Negotiation)	소정기간의 이자 및 수수료를 받고 환어음 및/또는 서류를 구매하는 행위
상환 (Reimbursement)	발행은행을 대신하여 환어음 및/또는 서류를 매입한 매입은행에게 대금을 결제하는 행위

10. 발행은행(제2조 제10문: 신설)

발행은행(Issuing Bank)은 발행의뢰인의 요청에 따르거나 또는 그 자신을 위하여[18] 신용장을 발행하는 은행을 말한다. 즉, 발행은행 또는 개설은행(Opening Bank)

18) 발행은행은 발행의뢰인의 요청에 따라 신용장을 발행하는 것이 일반적이지만, 보증신용장의 경우와 같이 발행은행이 자신을 위하여 발행하는 예가 있기 때문에 UCP 500 및 UCP 600에서는 이를 삽입하였다. 즉, 발행은행이 고객의 요청이 없더라도 그 자신을 위하여(on its own behalf) 발행하는 것을 2당사자신용장(two party credit)이라고 하는데, 이것은 최근에 많이 발행되는 보증신용장의 특수한 관행을 반영한 것이다. 국가에 따라서는 이러한 신용장을 정당한 것으로 인정하고 있지 않는 국가도 있지만, UCP 500 및 UCP 600 제2조에서는 실무상의 필요성에서 이것을 인지하여 2당사자신용장의 발행가능성을 규정하고 있다; charles del Busto, Documentary Credits, UCP 500 & 400 Compared, ICC Publishing S.A., 1993, P.5. 참고로, 이러한

은 신용장발행의뢰인(수입업자)의 요청과 지시에 따라 수익자(수출업자) 앞으로 신용장을 발행하고 그 수익자가 발행하는 환어음에 대하여 대금지급을 확약하는 은행을 말한다.[19]

●●● 발행은행의 정의

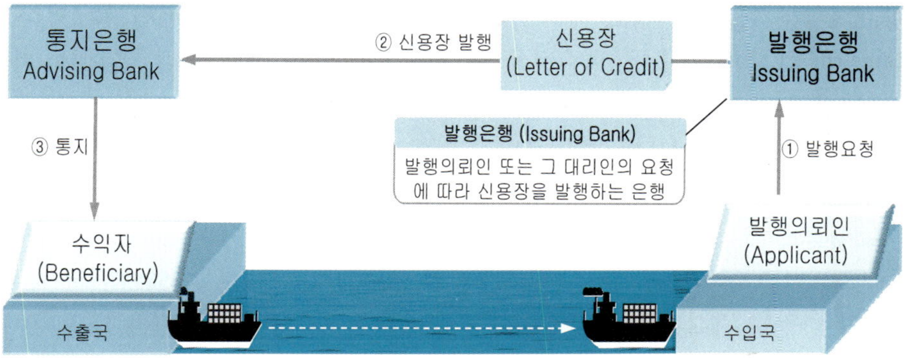

발행은행은 통상적으로 발행의뢰인의 주거래은행이며, 수익자가 제시한 서류와 상환으로 지급 또는 발행한 환어음을 지급, 인수할 것을 확약하고 있는 은행으로서 환어음의 지급에 있어 최종적인 책임, 즉 상환의무를 부담하는 은행이다. 이는 개설은행(Opening bank), 신용공여인(Grantor) 또는 발행인(issuer), 어음지급인(Drawee)이라고도 하지만 신용장통일규칙(UCP 600)에서는 "발행은행"(Issuing bank), UCC상에서는 "발행인"(Issuer)이라는 용어로 사용되고 있다.

참고로, 발행의뢰인의 거래은행과 수익자의 거래은행간에 환거래계약(은행간의 환업무제휴계약)이 체결되어 있는 경우(환거래은행의 경우)에는, 수익자의 거래은행은 통상적으로 발행은행(발행의뢰인의 거래은행)의 통지은행이나 매입은행 등의 지정은행으로 되며, 확인은행으로 되는 경우도 있다.

11. 매입(제2조 제11문)

매입(Negotiation)이란 지정은행이 선지급하거나 또는 선지급하기로 약정하고 환어

2당사자신용장은 예를 들면 ① 은행이 어음을 차입한 경우에 그 소유자를 수익자로 하여 임대료에 대해서 스스로 보증신용장을 발행하는 경우, ② 은행이 고객으로부터의 의뢰에 의해서 자신을 수익자로 하여 보증신용장을 발행하는 경우 등이 고려된다; Burton V. McLaughlin, Letter of Credit, 1993, 4-8 to 4-9.

19) "issue", "open", "establish" 등의 단어는 신용장을 발행한다는 의미를 가지고 있다.

음 및/또는 서류, 즉 서류가 첨부된 환어음뿐만 아니라 환어음이 수반되지 않는 서류만을 구매하는 것을 말한다. 다시 말하면, 지정은행은 지정은행이 아닌 은행을 지급인으로 하여 발행된 환어음에 서류가 첨부되어 제시된 경우에는 그 환어음 및 서류를 구매하고, 환어음 없이 서류만 제시된 경우에는 그 서류만을 구매한다. 이 경우, 지정은행은 이러한 환어음 및/또는 서류에 대하여 선지급한 후에 구매할 수도 있으며, 선지급하지 않고 선지급하겠다는 약정만으로도 구매할 수 있다. 또한, 지정은행이 자신을 지급인으로 하여 발행된 환어음이 아닌 다른 은행을 지급인으로 하여 발행된 환어음을 구매하는 것을 매입이라고 정의함으로써 자신을 지급인으로 하여 발행된 환어음의 경우에는 매입이 성립되지 않는다.

●●● 매입의 정의

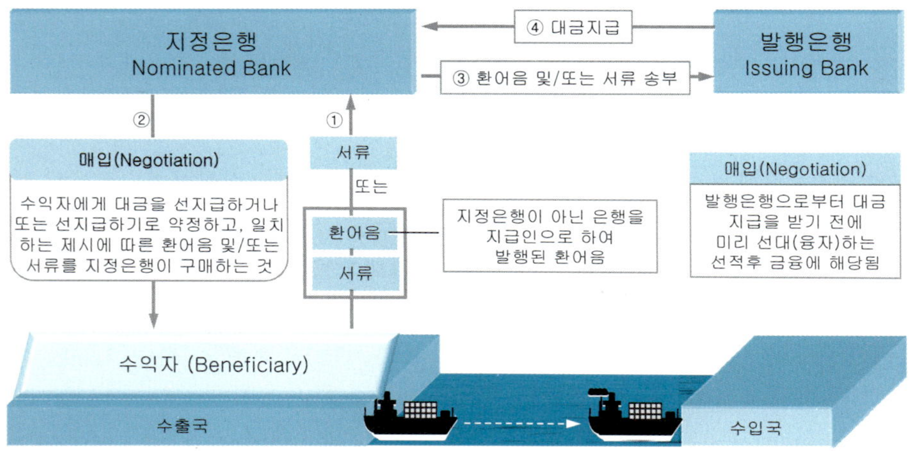

이와 같이, 매입이란 매입은행이 수익자의 환어음 및/또는 서류를 발행은행에 송부하여 발행은행으로부터 대금을 지급받기 전에 미리 선대(융자)하거나 또는 선대하기로 약정하는 것으로서, 수익자에 대하여 선적후금융을 행하는 것이다. 이 경우, 선대를 행한 은행(매입은행)이 매입한 환어음 및/또는 서류를 발행은행에 송부하고 대금지급을 요구하면, 그 대금은 기한부어음이나 연지급의 경우에는 약정된 기일에, 일람출급의 경우에는 즉시 지급된다.

12. 지정은행(제2조 제12문: 신설)

지정은행(Nominated Bank)은 신용장이 사용될 수 있는 은행, 또는 모든 은행에서 사용될 수 있는 신용장의 경우에는 모든 은행을 말한다.

●●● 지정은행의 정의

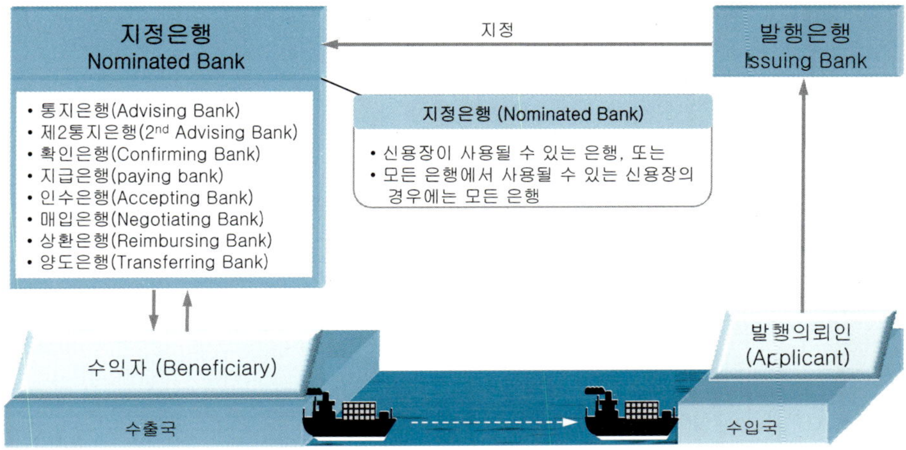

13. 제시(제2조 제13문: 신설)

제시(Presentation)는 발행은행 또는 지정은행에게 신용장에 의한 서류를 인도하는 행위 또는 그렇게 인도된 서류를 말한다. 즉, 제시는 신용장에 의한 서류를 인도하는 행위 또는 그렇게 인도된 서류로서, 수익자가 지정은행에게 제시하거나 또는 지정은행이 발행은행에게 제시하는 것을 말한다.

●●● 제시의 정의

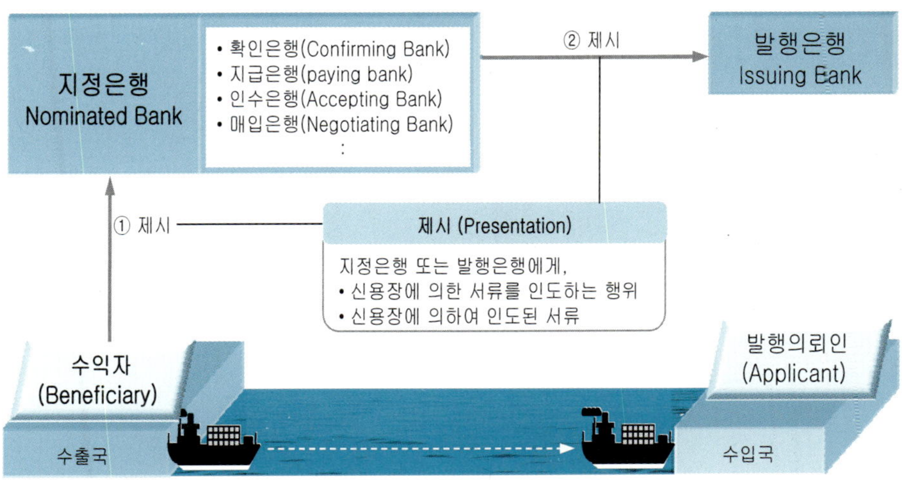

14. 제시인(제2조 제14문: 신설)

제시인(Presenter)은 제시를 행하는 수익자, 은행 또는 기타 당사자를 말한다. 즉, 제시인은 제시를 행하는 자로서, 제시인이 될 수 있는 자는 수익자, 은행 또는 기타 당사자이다.

●●● 제시인의 정의

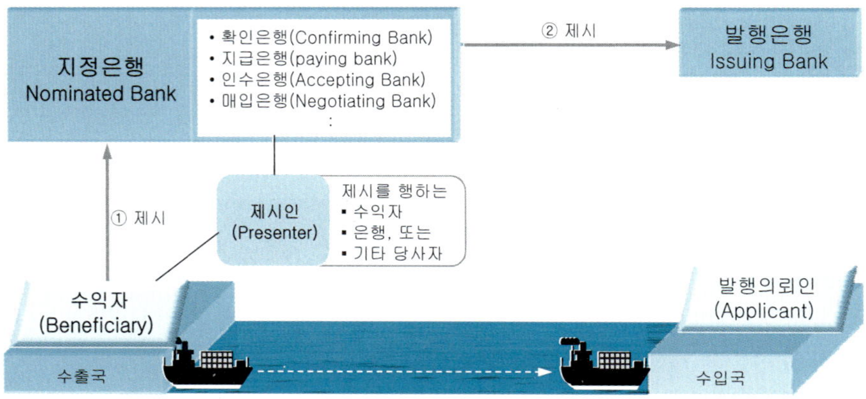

제3조 해석 (Interpretations)

Article 3 Interpretations
제3조 해석

For the purpose of these rules:
이 규칙에서:

Where applicable, words in the singular include the plural and in the plural include the singular.
적용할 수 있는 경우에는, 단수형의 단어는 복수형을 포함하고 복수형의 단어는 단수형을 포함한다.

A credit is irrevocable even if there is no indication to that effect.
신용장은 취소불능의 표시가 없는 경우에도 취소불능이다.

A document may be signed by handwriting, facsimile signature, perforated signature, stamp, symbol or any other mechanical or electronic method of authentication.
서류는 수기, 모사서명, 천공서명, 스탬프, 상징 또는 기타 모든 기계적 또는 전자적 인증방법에 의하여 서명될 수 있다.

A requirement for a document to be legalized, visaed, certified or similar will be satisfied by any signature, mark, stamp or label on the document which appears to satisfy that requirement.
공인, 사증, 증명된 또는 이와 유사한 서류의 요건은 그러한 요건을 충족하는 것으로 보이는 서류상의 모든 서명, 표시, 스탬프 또는 부전에 의하여 충족된다.

Branches of a bank in different countries are considered to be separate banks.
다른 국가에 있는 어떤 은행의 지점은 독립된 은행으로 본다.

Terms such as "first class", "well known", "qualified", "independent", "official", "competent" or "local" used to describe the issuer of a document allow any issuer except the beneficiary to issue that document.

서류의 발행인을 기술하기 위하여 사용되는 "일류의(first class)", "저명한(well known)", "자격 있는(qualified)", "독립적인(independent)", "공인된(official)", "유능한(competent)" 또는 "국내의(local)"와 같은 용어는 수익자 이외의 모든 서류발행인이 서류를 발행하는 것을 허용한다.

Unless required to be used in a document, words such as "prompt", "immediately" or "as soon as possible" will be disregarded.
서류에 사용될 것이 요구되지 아니하는 한, "신속한(prompt)", "즉시(immediately)" 또는 "가능한 한 빨리(as soon as possible)"와 같은 단어는 무시된다.

The expression "on or about" or similar will be interpreted as a stipulation that an event is to occur during a period of five calendar days before until five calendar days after the specified date, both start and end dates included.
"~경에(on or about)" 또는 이와 유사한 표현은 사건이 명시된 일자 이전의 5일부터 그 이후의 5일까지의 기간 동안에 발생하는 약정으로서 초일 및 종료일을 포함하는 것으로 해석된다.

The words "to", "until", "till", "from" and "between" when used to determine a period of shipment include the date or dates mentioned, and the words "before" and "after" exclude the date mentioned.
"까지(to)", "까지(until)", "까지(till)", "부터(from)" 및 "사이(between)"라는 단어는 선적기간을 결정하기 위하여 사용되는 경우에는 언급된 해당 일자를 포함하며, "이전(before)" 및 "이후(after)"라는 단어는 언급된 해당 일자를 제외한다.

The words "from" and "after" when used to determine a maturity date exclude the date mentioned.
"부터(from)" 및 "이후(after)"라는 단어는 만기일을 결정하기 위하여 사용된 경우에는 언급된 해당 일자를 제외한다.

The terms "first half" and "second half" of a month shall be construed respectively as the 1st to the 15th and the 16th to the last day of the month, all dates inclusive.
어느 개월의 "전반(first half)", "후반(second half)"이라는 용어는 각각 해당 개월의 1일부터 15일까지, 그리고 16일부터 말일까지로 하고, 모든 일자를 포함하는 것으로 해석된다.

The terms "beginning", "middle" and "end" of a month shall be construed respectively as the 1st to the 10th, the 11th to the 20th and the 21st to the last day of the month, all dates inclusive.

어느 개월의 "상순(beginning)", "중순(middle)" 및 "하순(end)"이라는 용어는 각각 해당 개월의 1일부터 10일까지, 11일부터 20일까지, 그리고 21일부터 말일까지로 하고, 모든 일자를 포함하는 것으로 해석된다.

해설 explanation

이 조항은 UCP 600의 본문을 반복적으로 사용하는 것을 회피하기 위하여 기존의 UCP 500의 각 조항에 산재되어 있었던 해석(interpretations)에 관한 조항(제6조 c항, 제20조 b항 제2문, 제20조 d항, 제2조 제2문, 제20조 a항, 제46조 b항 및 c항, 제47조)을 UCP 600에서는 제3조(해석)로 통합하여 정리하였다.

1. 단·복수형 단어의 해석(제3조 제1문: 신설)

적용할 수 있는 경우에는, 단수형의 단어는 복수형을 포함하고 복수형의 단어는 단수형을 포함하는 것으로 해석된다. "documentary credits", "drafts", "documents", "contracts" 등의 복수형의 단어가 사용된 경우에도 그 단어에는 "documentary credit", "draft", "document", "contract" 등의 단수형의 단어가 포함되며, 그 반대의 경우도 동일하다. 이와 같이, 단수 또는 복수형의 단어가 서로를 포함하는 것으로 해석됨으로써, 예를 들면, UCP 500의 "Standby Letter(s) of Credit", "contract(s)", Draft(s) 등이 UCP 600에서는 "any standby letter of credit", "contract", "draft"로 각각 변경되었다.

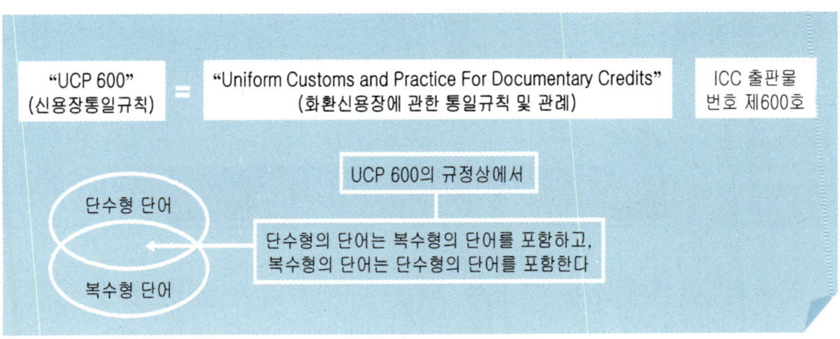

2. 신용장의 취소불능성(제3조 제2문)

UCP 500에서는 발행은행이 신용장을 일방적으로 취소 또는 조건변경을 할 수 있는 취소가능신용장의 발행도 가능하였지만, UCP 600에서는 신용장은 그 명칭이나 기술에 관계없이 취소불능이라고 정의함으로써 취소불능의 형태로만 발행된다고 규정하고 있다. 이러한 맥락에서, 발행된 신용장에 그 신용장이 "취소불능(irrevocable)"이라고 표시하고 있지 않더라도 당연히 취소불능이다. 이것은 신용장의 대부분이 취소불능의 형태로 발행되는 것이 현실일 뿐만 아니라 수익자를 보호할 수 없는 취소가능신용장의 사용은 실무상 극히 불만족스럽다는 취지를 반영한 것으로 생각된다. 따라서 발행은행이 신용장을 일방적으로 취소 또는 조건변경할 수 있는 취소가능신용장은 신용장으로서 인정되지 않게 되었다.

따라서, 수익자 또는 지정은행이 신용장을 통지받았을 때, 그 신용장이 취소가능의 요건을 명기하고 있는 취소가능신용장이 아닌지를 면밀히 검토할 필요가 있다. 왜냐하면, 그 명칭이나 기술에 관계없이 취소불능이라고 정의하는 것에 비추어 볼 때에는 "취소가능"으로 명칭이 되어 있더라도, 취소불능으로 해석할 수 있지만, "취소불능의 표시가 없더라도 취소불능이다"라는 어구에 비추어 본다면 신용장통일규칙이 당사자의 합의에 의하여 변경될 수 있는 임의 규정이므로, "취소가능"이라는 어구가 있을 때에는, 신용장의 취소불능성을 명백히 배제한 것으로 해석될 수 있다. 이러한 맥락에서 분쟁의 소지가 상존한다고 생각된다. 따라서, 신용장상에 "이 신용장은 UCP 500 제8조(신용장의 취소)에 따름" 또는 기타 신용장의 취소가능성을 명기하고 있는 조건이 있는 경우에는, 수익자 또는 지정은행은 조건변경의 요청이나 또는 기타 신용장의 취소가능성을 배제할 수 있는 조치를 취함으로써 분쟁의 발생을 사전에 예방하여야 할 것이다.

●●● 신용장의 취소불능성

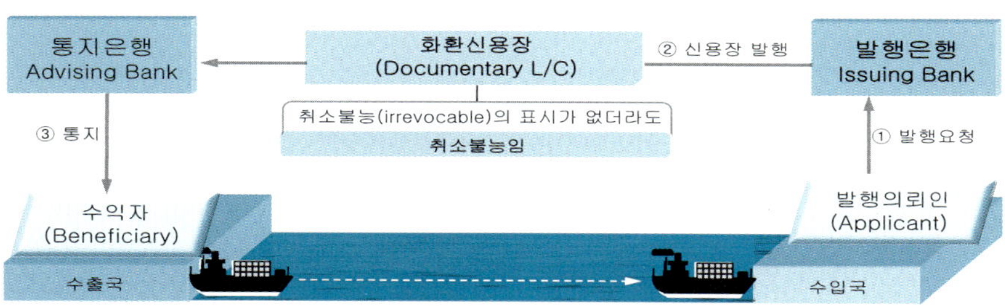

참고로, 영국의 판례에서는 근거로 되는 매매계약이 신용장에 의한 대금지급을 규정하고 있는 경우에는, 취소불능신용장이 발행되어야 하는 것으로 하고 있다. 왜

냐하면, 취소가능신용장은 대금지급을 약속할 수 없기 때문이다.[20]

3. 서류의 서명방법의 해석(제3조 제3문)

서명은 수기(handwriting), 모사서명(facsimile signature), 천공서명(perforated signature), 스탬프(stamp), 상징(symbol), 또는 기타 기계적 또는 전자적 인증수단(other mechanical or electronic method of authentication)에 의하여 행해질 수 있는 것으로 하였다. 수기에 의한 서명만이 아니라, 인장, 스탬프, 기타 도구·기계를 사용하여 행하는 발행자표시도 서명으로 본다. ICC의 해설에 의하면, 기명날인도 상징의 일종으로서 서명에 포함된다고 하고 있다.[21)]

●●● 서류의 서명방법의 해석

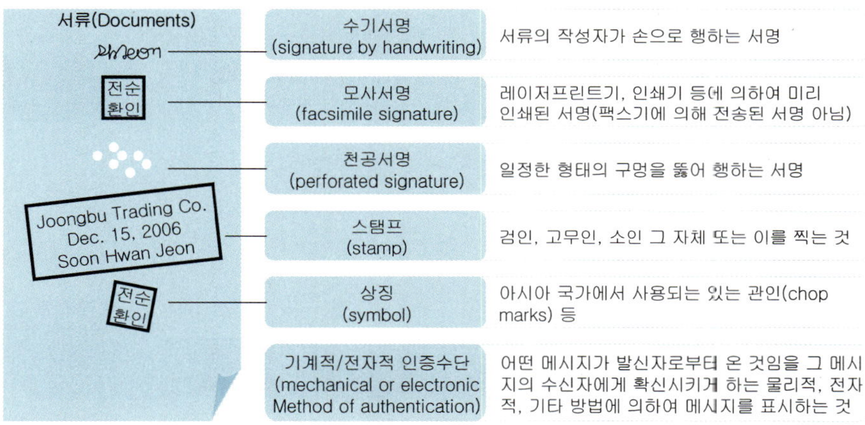

참고로, 수기서명(signature by handwriting)은 서류의 작성자가 손으로 행하는 서명방법을 말하고, 모사서명(facsimile signature)은 모사전송기(telefax machine)에 의하여 전송된 서명이 아니라, 레이저 프린트기, 인쇄기 등에 의하여 미리 인쇄된 서명을 말하고, 천공서명(perforated signature)은 일정한 형태의 구멍을 뚫어 행하는 서명을 말하고, 스탬프(stamp)는 검인, 고무인(고무도장), 소인 그 자체 또는 이를 찍는 것으로서, 타인, 압인 등으로 번역되어 사용되고 있다. 상징(symbol)은 아시아 국가에서 사용되고 있는 관인(chop marks) 등을 말한다.

---

20) International Banking Corporation v. Barclays Bank Ltd.(1925), 5 Legal Decisions Affecting Bankers 1.

21) 經濟法令研究會, '93年改訂版 信用状統一規則の解說とQ&A, 手形研究NO.486('93/12月增刊號), 第37卷 第13號, 通卷486號, 1993, pp.29-30.

또한, 인증(authentication)은 "어떤 메시지가 발신자로부터 온 것임을 그 메시지의 수신자에게 확신시키게 하는 물리적, 전자적, 기타의 방법에 의하여 메시지에 표시하는 것이다"라고 정의되고 있다.[22]

4. 공인, 사증 또는 증명된 서류의 요건(제3조 제4문)

신용장에서 공인(legalised), 사증(visaed) 또는 증명(certified)이 행해진 서류를 요구하고 있는 경우에는, 제시된 서류가 서명(signature), 표시(mark), 스탬프(stamp) 또는 부전(label)에 의하여 공인, 사증 또는 증명된 것으로 보인다면, 그러한 요건은 충족된다. 즉, 신용장에서 요구하는 공인, 사증 또는 증명된 서류요건의 표시방법에는 서명, 표시, 스탬프 또는 부전이 있다는 것이다.

●●● 공인, 사증 또는 증명된 서류의 요건

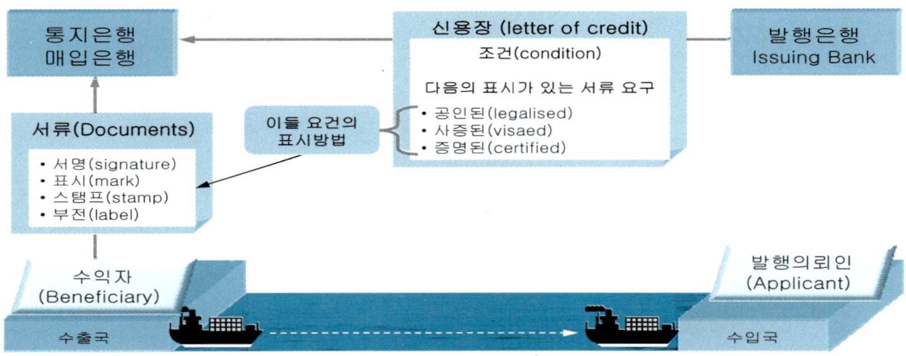

예를 들면, 신용장에서 수출국에 주재하는 수입국 영사의 공인이 있는 상업송장의 제시를 요구하는 경우에는, 상업송장상에 서명, 표시, 스탬프 또는 부전 등의 방법으로 수입국 영사의 공인이 있다면, 상업송장상에 수입국 영사의 공인을 요건으로 하는 신용장조건은 충족된다. 즉, 상업송장이라는 서류상에 수입국 영사의 공인을 표시하는 방법은 서명, 표시, 스탬프 또는 부전에 의하여 행해질 수 있다는 것이다.

5. 특정은행의 해외지점의 해석(제3조 제5문)

어떤 은행의 국내지점(본점을 포함)과 외국에 소재하는 지점은 그 소재국이 어디

22) Bernard Wheble, Documentary Credits UCP 1974/1983 Revisions Compared and Explained, ICC Publication No. 411, 1984, p.42.

에 있는지에 관계없이 법률상 동일법인에 속하는 것으로 해석되고 있다. 그러나 UCP 600에서는 "다른 국가에 있는 어떠한 은행의 지점은 독립된 은행으로 본다"고 규정함으로써, 신용장거래의 실무상의 관점에서 동일은행의 지점이라 하더라도, 다른 국가에 있는 지점은 별개의 은행으로 취급되고 있다.

●●● 특정은행의 해외지점의 해석

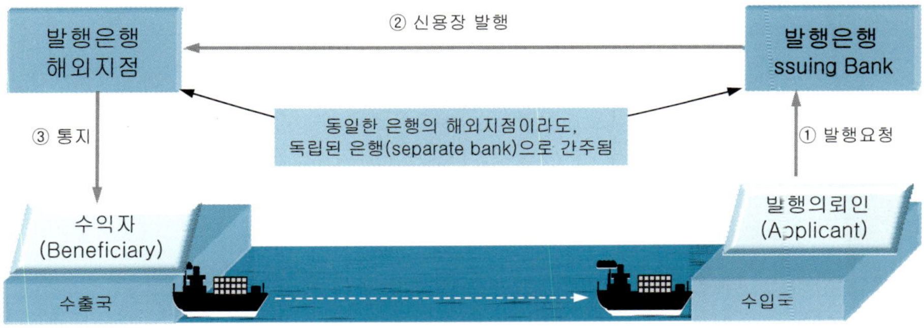

6. 서류발행인의 기술에 사용된 "일류의(first class)" 등의 해석 (제3조 제6문)

"일류의(first class)", "저명한(well known)", "자격 있는(qualified)", "독립적인(independent)", "공인된(official)", "유능한(competent)", "국내의(local)" 등과 같은 용어는 원칙적으로 서류의 발행인을 기술하기 위하여 사용될 수 있지만, 그 서류의 발행인이 수익자인 경우에는 사용되어서는 안된다. 이러한 용어는 그 의미가 애매하기 때문에, 즉 당사자의 생각에 따라서는 일류가 될 수도 있고 그렇지 않을 수도 있기 때문에, 신용장 조건과의 일치여부를 객관적으로 판단하는 것은 곤란하게 된다. 따라서 이러한 용어는 그 서류의 발행인이 수익자인 경우에만 사용할 수 없도록 규정하고 있다.

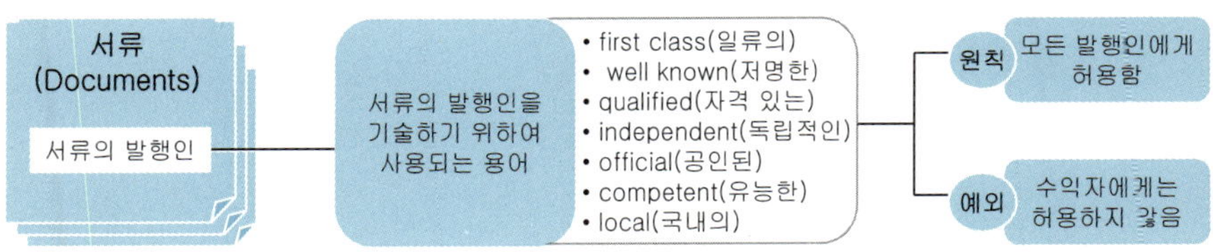

7. "신속한(Prompt)" 등의 해석(제3조 제7문)

원칙적으로 "신속한(prompt)", "즉시(immediately)", "가능한 한 빨리(as soon as possible)"와 같은 단어는 명확한 시간적 한계가 없으므로 어떤 기일의 애매성이나 불명확성으로 인한 분쟁을 회피하기 위하여 사용하지 못하게 하고 있으며, 이러한 표현이 사용된 경우 이를 무시하도록 규정하고 있다. 그러나, 서류에 사용될 것이 요구되는 경우, 예를 들면, "Prompt shipment means shipment within two weeks after receipt of L/C(즉시선적은 L/C 수령 후 2주 이내의 선적을 말한다)"와 같이 약정하는 경우에는, 즉시선적조건을 사용하면서 분쟁을 회피할 수 있다.

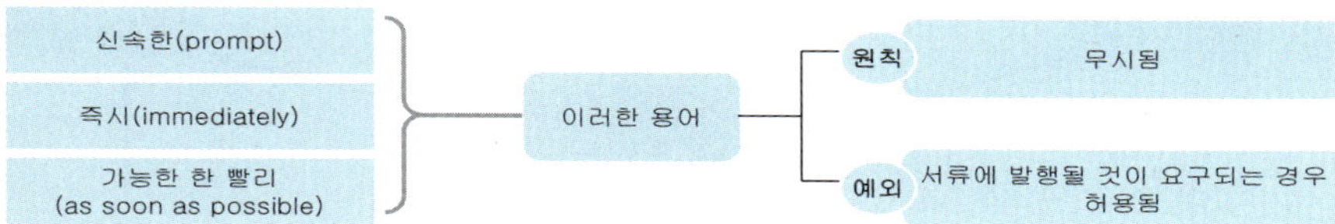

이러한 용어는 UCP 500에서는 선적일(dates for shipment)과 관련하여서만 사용되었지만, UCP 600에서는 모든 일자에 사용되는 것으로 변경되었다.

8. "~경에(on or about)" 의 해석(제3조 제8문)

"~경에(on or about)" 등의 표현이 사용된 경우에는, 언급된 일자의 5일전부터 5일후까지의 기간으로서 이들 일자는 모두 그 양끝의 일자인 초일과 종료일을 포함하는 것으로 해석된다. 따라서, 이러한 표현은 언급된 일자의 5일전부터 5일후까지의 기간(양끝의 일자를 포함)내에 약정된 조건을 이행하는 것으로 해석된다.

이러한 표현은 UCP 500에서는 선적일(dates for shipment)과 관련하여서만 사용되었지만, UCP 600에서는 모든 일자에 사용되는 것으로 변경되었다.

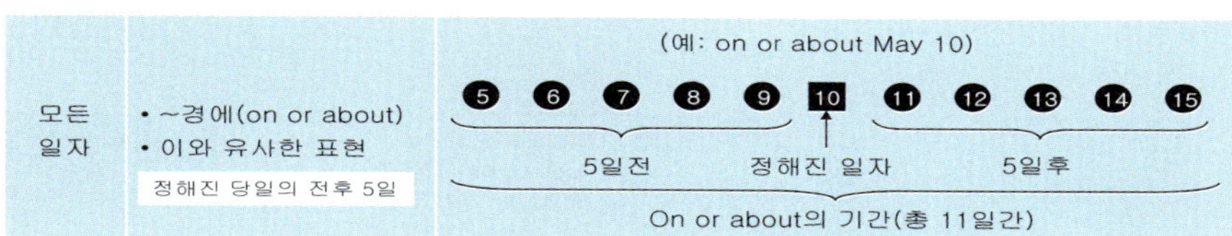

9. 선적기간의 결정에 사용된 "까지(to, until, till)", "부터(from)", "사이(between)", "이전(before)", "이후(after)"의 해석(제3조 제9문)

선적기간(period of shipment)을 결정하기 위하여 사용되는 다음의 용어 중에서,

"까지(to)", "까지(until)", "까지(till)", "부터(from)" 및 "사이(between)"라는 단어는 해당 일자를 포함하는 것으로 해석됨으로써 해당기간의 초일(first day of the period concerned)이 산입되지만, "이전(before)" 및 "이후(after)"라는 단어는 해당 일자를 포함하지 않는 것으로 해석됨으로써 해당기간의 초일은 산입되지 않는다.

UCP 600에서는 선적기간의 해석과 관련하여, UCP 500과 달리, 언급된 일자를 포함하는 단어에 "사이(between)"라는 단어의 해석을 추가하고, 언급된 일자를 제외하는 단어에 "이전(before)"이라는 단어의 해석을 추가하여 규정하였다.

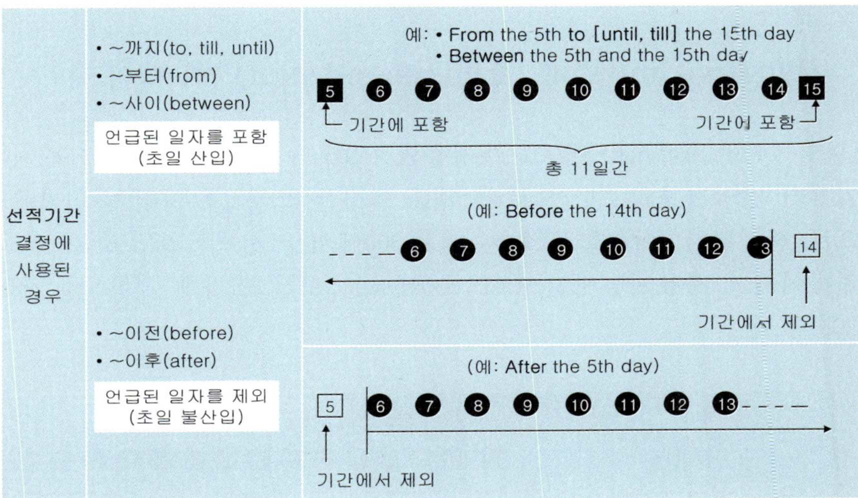

10. 만기일의 결정에 사용된 "부터(from)", "이후(after)"의 해석

(제3조 제10문: 신설)

환어음의 만기일을 결정하기 위하여 "부터(from)" 및 "이후(after)"라는 단어가 사용된 경우에는, 이러한 단어는 해당 일자를 제외하는 것으로 해석됨으로써 해당기간의 초일은 산입되지 않는다. 즉, "부터(from)"라는 단어가 선적기간의 결정을 위하여 사용된 경우에는 해당 일자를 포함하지만 환어음의 만기일의 결정을 위하여 사용된 경우에는 해당 일자를 제외하는 것으로 해석된다. 그러나, "이후(after)"라는 단어는 선적기간뿐만 아니라 환어음의 만기일의 결정을 위하여 사용된 경우에도 해당 일자를 제외하는 것으로 해석된다.

이 규정은 UCP 600에 신설된 규정으로서, "부터(from)" 및 "이후(after)"라는 단어가 환어음의 만기일과 관련하여 사용된 경우에는 언급된 일자가 포함되지 않는다는 2002년 ISBP 제45항[23]과 동일하다. 예를 들면, "This credit is available by payment at 60 days from the date of shipment"와 같이 "from"을 사용하여 지급조건이 규정되어 있는 경우에는, 선적일의 초일은 산입되지 않는 것으로 해석된다.

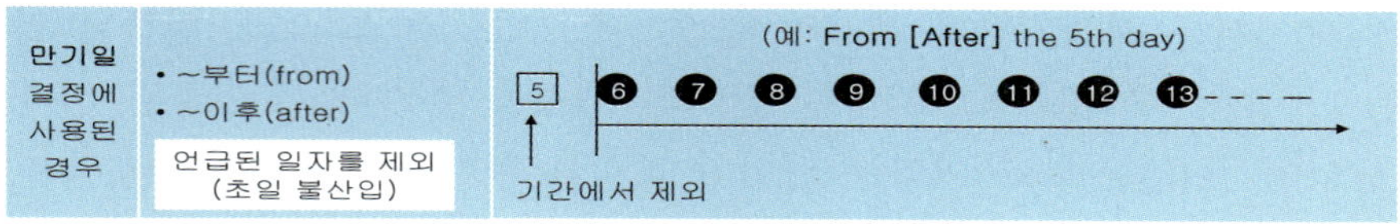

11. "전반(first half)"과 "후반(second half)"의 해석(제3조 제11문)

특정월의 "전반(first half)"은 그 특정월의 1일부터 15일까지, "후반(second half)"은 15일부터 말일까지의 기간으로서 이들 일자는 모두 그 양끝의 일자를 포함하는 것으로 해석된다. 이러한 표현은 UCP 500에서는 선적기간(period of shipment)과 관련하여서만 사용되었지만, UCP 600에서는 모든 일자에 사용되는 것으로 변경되었다.

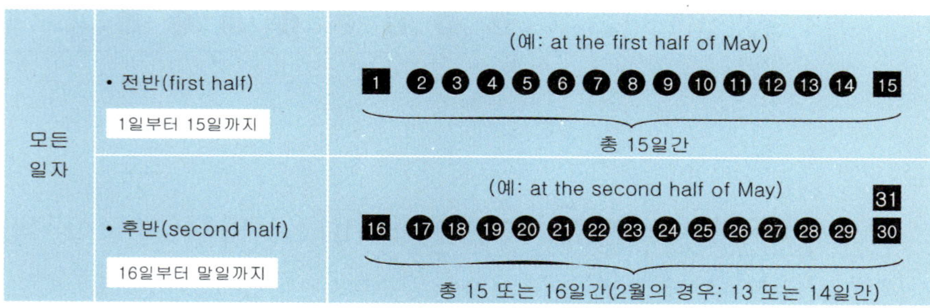

12. "상순(beginning)", "중순(middle)", "하순(end)"의 해석 (제3조 제12문)

특정월의 "상순(beginning)"은 그 특정월의 1일부터 10일까지, "중순(middle)"은 11일부터 20일까지, "하순(end)"은 21일부터 말일까지의 기간으로서 이들 일자는 모두

23) 2002년 ISBP 제45항에서는 "부터(from)"라는 단어가 만기일을 확정하기 위하여 사용되는 경우에는, 신용장이 "부터(from)"는 언급된 인자를 포함하는 것으로 본다고 명시적으로 규정하고 있지 아니하는 한, 국제표준은행관행은 언급된 일자를 제외할 것이다. 따라서 기한부환어음의 만기일을 결정하기 위하여 "부터(from)" 및 "이후(after)"라는 단어는 동일한 효과를 가진다.

그 양끝의 일자를 포함하는 것으로 해석된다. 이러한 표현은 UCP 500에서는 선적 기간(period of shipment)과 관련하여서만 사용되었지만, UCP 600에서는 모든 일자에 사용되는 것으로 변경되었다.

구분	표현	예
모든 일자	• 상순(beginning) 1일부터 10일까지	(예: at the beginning of May) 1 2 3 4 5 6 7 8 9 10 총 10일간
	• 중순(middle) 11일부터 20일까지	(예: at the middle of May) 11 12 13 14 15 16 17 18 19 20 총 10일간
	• 하순(end) 21일부터 말일까지	(예: at the end of May) 21 22 23 24 25 26 27 28 29 30 31 총 10 또는 11일간(2월의 경우: 8 또는 9일간)

제4조 신용장과 계약(Credits v. Contracts)

Article 4 Credits v. Contracts
제 4 조 신용장과 계약

a. A credit by its nature is a separate transaction from the sale or other contract on which it may be based. Banks are in no way concerned with or bound by such contract, even if any reference whatsoever to it is included in the credit. Consequently, the undertaking of a bank to honour, to negotiate or to fulfil any other obligation under the credit is not subject to claims or defences by the applicant resulting from its relationships with the issuing bank or the beneficiary.
신용장은 그 성질상 그것이 근거될 수 있는 매매계약 또는 기타 계약과는 독립된 거래이다. 은행은 그러한 계약에 관한 어떠한 참조사항이 신용장에 포함되어 있다 하더라도 그러한 계약과는 아무런 관계가 없으며 또한 이에 구속되지 아니한다. 결과적으로 신용장에 의하여 지급이행하거나, 매입하거나 또는 기타 모든 의무를 이행한다는 은행의 확약은 발행은행 또는 수익자와 발행의뢰인과의 관계로부터 생긴 발행의뢰인에 의한 클레임 또는 항변에 지배받지 아니한다.

A beneficiary can in no case avail itself of the contractual relationships existing between banks or between the applicant and the issuing bank.
수익자는 어떠한 경우에도 은행상호간 또는 발행의뢰인과 발행은행간에 존재하는 계약관계를 원용할 수 없다.

b. An issuing bank should discourage any attempt by the applicant to include, as an integral part of the credit, copies of the underlying contract, proforma invoice and the like.
발행은행은 신용장의 필수적인 부분으로서, 근거계약의 사본, 견적송장 및 기타 유사한 것을 포함시키려는 어떠한 시도도 저지하여야 한다.

해설 explanation

1. 신용장의 독립성(제4조 a항)

이 조는 신용장의 독립성과 관련되어 있는 것으로서, 신용장을 그 발행의 근거가 되는 매매계약 또는 기타 계약으로부터 격리한다는 취지의 규정이다. 즉, 신용장의 발행은 매매계약과 긴밀하게 관련되어 있는 것은 사실이지만, 은행의 입장에서는 신용장의 근거가 되는 매매계약과는 전혀 관계가 없기 때문에 매매계약상의 이유와 항변에 의하여 권리침해를 당하거나 또는 어떠한 의무나 책임도 부담하지 않는다. 예를 들면, 신용장상에 참조사항으로서 관련계약서의 번호가 표시되어 있더라도, 은행은 신용장상의 내용만을 취급하는 것이므로 그러한 계약에 구속되지 않는다. 따라서, 신용장에 의한 은행의 확약은 매매계약 또는 기타 계약과 독립된 것이므로 매매계약을 참조하여 해석하여서는 안되며, 수익자의 입장에서도 은행상호간에 존재하는 계약이나 발행의뢰인과 발행은행간의 신용장발행에 관한 계약을 원용할 수 없도록 하였으며, 신용장거래에서 요구되는 서류가 신용장조건에 일치하는 경우에는 은행은 매매계약과 관계없이 대금을 지급하여야 한다. 즉, 수입업자가 신용장조건이 아닌 매매계약과 다르다는 이유로 대금지급을 지연 또는 거절할 수 없으며, 수출업자는 신용장조건대로만 이행하면 매매계약이 취소되더라도 대금지급을 받을 수 있게 된다. 또한, 제시된 상업송장상의 물품명세가 매매계약서의 그것과 불일치한 경우에는 신용장거래와 관계없이 매매계약에 근거하여 분쟁을 해결하여야 할 것이다.

●●● 신용장의 독립성

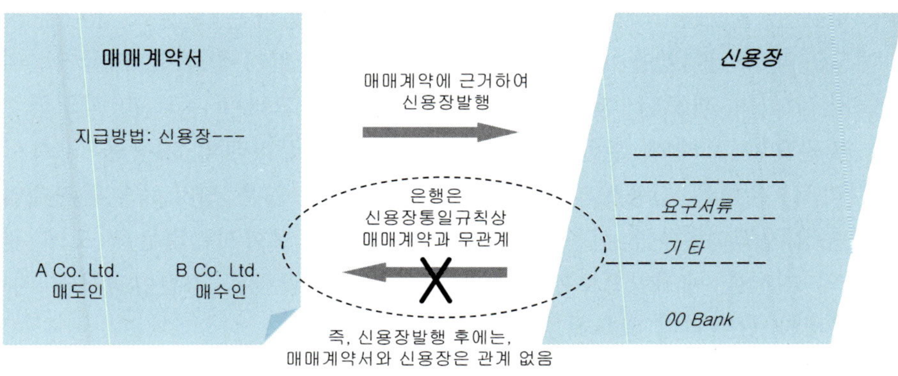

2. 신용장상의 근거계약 등의 포함금지(제4조 b항: 신설)

발행은행은 신용장상에 그 신용장의 필수적인 부분으로서, 근거계약의 사본(copies of the underlying contract), 견적송장(proforma invoice) 등의 서류를 포함시키려는 시도를 저지하여야 한다. 즉, 이 조항은 신용장에 과도한 물품명세를 삽입하기 위하여 근거계약의 사본, 견적송장 등의 서류를 포함시키려는 발행의뢰인의 시도를 발행은행이 저지하여야 한다고 규정한 것으로서, UCP 500 제5조 a항 및 b항의 취지를 일부 반영하여 새롭게 신설되었다.

●●● 신용장상의 근거계약 등의 포함금지

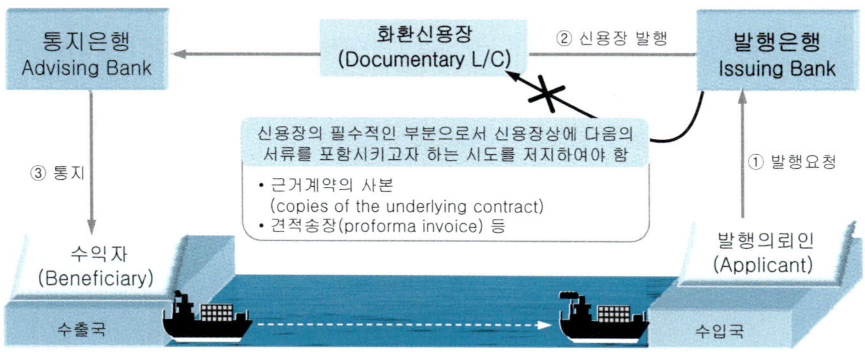

참고로, 발행의뢰인은 신용장의 독립추상성의 원칙에 따라 계약과 다른 물품이 선적되었더라도 서류가 일치하는 경우에는 수입대금을 지급해야 하는 불리한 입장에 처해 있기 때문에, 신용장에 각종 조건의 삽입 등 지나칠 정도로 과도한 명세를 삽입하려는 경향이 있다. 즉, 발행의뢰인은 일치하는 서류를 입수할 수 있더라도 자기가 주문한 물품을 그대로 확실하게 입수할 수 있다는 보장이 없다는 이유로, 또는 매도인의 조건이행을 어렵게 하거나, 서류의 불일치에 의한 지급거절의 빌미를 만들기 위하여 과도한 명세를 삽입하려고 한다. 그러나 이러한 과도한 명세는 오히려 불필요한 오해와 혼란을 야기함으로써 신용장거래의 기능을 약화시킬 수 있다. 따라서, 은행은 신용장의 목적달성에 필요하지 않은 명세 즉, 근거계약의 사본, 견적송장 등의 서류를 신용장의 필수부분으로서 포함시키려는 시도에 관한 발행의뢰인의 지시를 배제함으로써 신용장 또는 이와 관련된 조건변경서에 지나치게 과도한 명세가 삽입되지 않도록 하여야 한다.

제5조 서류와 물품/용역/이행(Documents v. Goods, Services or Performance)

Article 5 Documents v. Goods, Services or Performance
제 5 조 서류와 물품/용역/이행

Banks deal with documents and not with goods, services or performance to which the documents may relate.
은행은 서류를 취급하는 것이지 그 서류와 관련될 수 있는 물품, 용역 또는 이행을 취급하는 것은 아니다.

해설 explanation

이 조는 신용장의 추상성에 관한 규정으로서, 근거계약인 매매계약 등의 대상은 물품, 용역, 기타 이행이지만, 신용장계약의 대상은 서류라고 하는 것이다. 따라서, 신용장거래에 있어서 발행은행은 서류에 의한 거래를 행하여야 하고, 매매계약의 대상인 물품, 용역 및 기타 이행에 번거롭게 되는 것을 회피하여야 한다는 것이다. 즉, 은행은 서류만을 가지고 대금지급여부를 판단하기 때문에 신용장조건에 일치하는 서류가 제시되면 서류심사만으로 대금지급을 할 수 있고 사실상의 거래내용을 확인할 의무를 부담하지 않는다는 것이다. 이 조항은 서류를 취급하는 당사자는 은행이기 때문에 "모든 관계당사자(all parties concerned)"라는 용어를 "은행(banks)"이라는 용어로 변경하였다.

서류매입시에 은행원으로 하여금 물품을 확인하도록 한다면, 은행원이 수출업자의 공장이나 선적항에서 물품을 확인하여야 하기 때문에 확인에 따른 비용이 많이 들뿐만 아니라, 물품을 적재한 선박이 출항한 후에는 물품의 확인이 곤란하게 되며, 또한, 은행원이 물품에 대한 전문지식도 부족하기 때문에 실질적인 업무를 취급하기가 곤란하게 된다. 예를 들면, 매도인이 내용물이 없이 빈상자만을 선적하고 수출지의 은행에 그 내용물을 선적하였다고 기재한 서류를 제시한 경우라 하더라도, 은행은 제시된 서류에 기재된 내용물이 실제로 선적되었는지 아니면 빈상자만이 선적되었는지를 일일이 검사하는 것은 현실적으로 곤란하게 된다. 따라서, 신용장거래의 대상은 물품, 용역, 기타 이행 등이 아니라 서류에만 국한되는 것이다. 즉, 신용장거래에 있어서 은행은 서류만으로 매매계약의 이행여부를 결정하기 때문에 실질상의 물품, 용역, 기타 이행과 관련된 분쟁은 신용장과 전혀 별개의 문제이다. 따라서, 물품, 용역, 기타 이행과 관련하여 분쟁이 발생한다면, 피해당사자는 신용장의 추상성의 원칙에 입각하여 신용장이 아니라 매매계약위반을 이유로 항변하여야 할 것이다.

●●● 신용장의 추상성

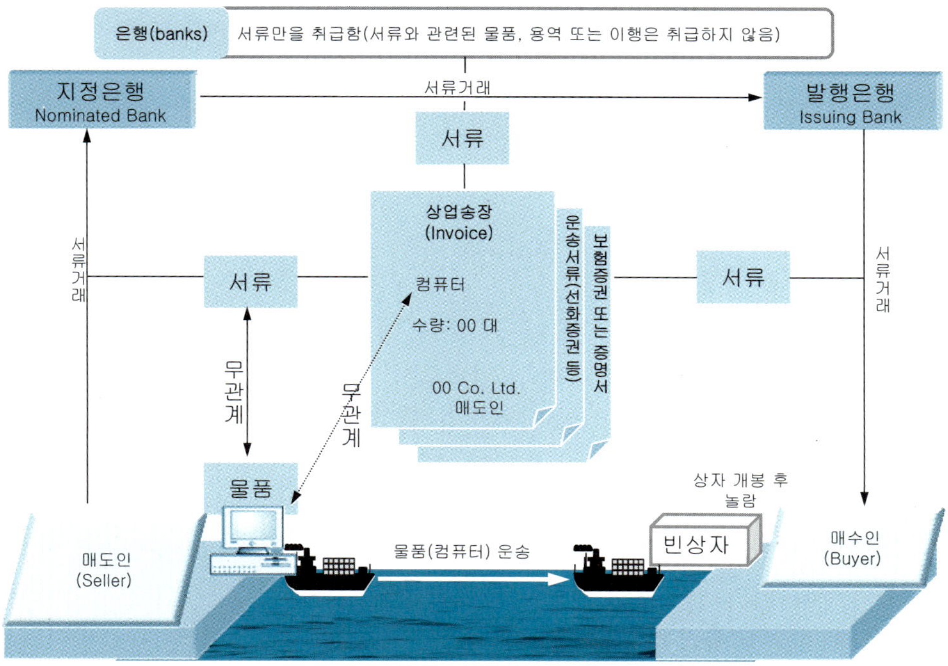

제6조 사용가능성, 유효기일 및 장소(Availability, Expiry Date and Place for Presentation)

제6조

Article 6 Availability, Expiry Date and Place for Presentation
제 6 조 사용가능성, 유효기일 및 장소

a. A credit must state the bank with which it is available or whether it is available with any bank. A credit available with a nominated bank is also available with the issuing bank.
신용장에는 그 신용장이 사용될 수 있는 은행을 또는 그 신용장이 모든 은행에서 사용될 수 있는지를 명기하여야 한다. 지정은행에서 사용될 수 있는 신용장은 발행은행에서도 사용될 수 있다.

b. A credit must state whether it is available by sight payment, deferred payment, acceptance or negotiation.
신용장은 그것이 일람지급, 연지급, 인수 또는 매입 중 어느 것에 의하여 사용될 수 있는지를 명기하여야 한다.

c. A credit must not be issued available by a draft drawn on the applicant.
발행의뢰인을 지급인으로 하여 발행된 환어음에 의하여 사용될 수 있는 신용장은 발행되어서는 아니된다.

d. i. A credit must state an expiry date for presentation. An expiry date stated for honour or negotiation will be deemed to be an expiry date for presentation.
신용장은 제시를 위한 유효기일을 명기하여야 한다. 지급이행 또는 매입을 위하여 명기된 유효기일은 제시를 위한 유효기일로 본다.

ii. The place of the bank with which the credit is available is the place for presentation. The place for presentation under a credit available with any bank is that of any bank. A place for presentation other than that of the issuing bank is in addition to the place of the issuing bank.

신용장이 사용될 수 있는 은행의 장소는 제시장소이다. 모든 은행에서 사용될 수 있는 신용장에 의한 제시장소는 모든 은행의 장소이다. 발행은행의 장소가 아닌 제시장소는 발행은행의 장소에 추가된다.

e. **Except as provided in sub-article 29 (a), a presentation by or on behalf of the beneficiary must be made on or before the expiry date.**
제29조 a항에서 규정된 경우를 제외하고는, 수익자에 의하거나 또는 대리하는 제시는 유효기일에 또는 그 이전에 행하여져야 한다.

해설 explanation

1. 지정은행의 지정(제6조 a항)

신용장은 ① 그 신용장이 사용될 수 있는 은행을 명기하거나, 또는 ② 어떠한 은행에 의하여도 자유롭게 사용될 수 있는지를 명기하여야 한다. 신용장에는 그 사용방법에 따라 지정은행(nominated bank), 즉 지급은행(paying bank), 연지급은행(deferred paying bank), 인수은행(accepting bank), 매입은행(negotiating bank)이 각각 명기되어야 하거나, 또는 어떠한 은행에 의해서도 사용될 수 있다는 것이 명기되어야 한다. 또한 신용장에 명기된 지정은행에 의하여 사용되거나 또는 신용장에 의하여 허용되는 모든 지정은행에서 사용될 수 있는 신용장은 발행은행에서도 사용될 수 있다.

●●● 지정은행의 지정

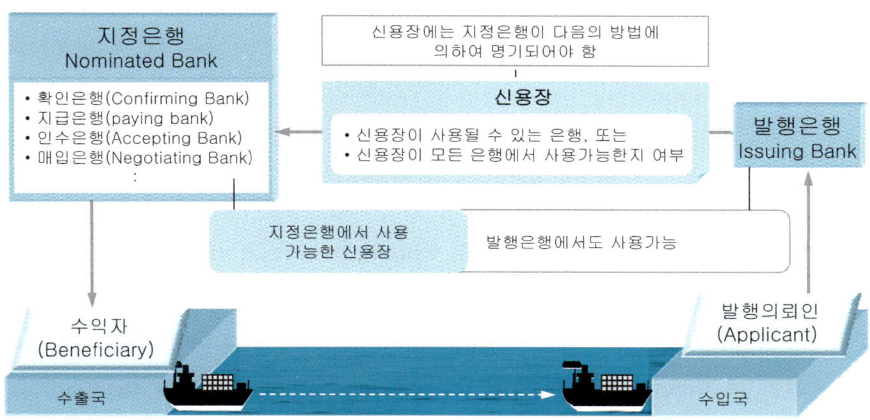

2. 신용장의 사용방법 명시(제6조 b항)

신용장에는 신용장의 형태인 ① 일람지급(sight payment), ② 연(후)지급(deferred payment), ③ 인수(acceptance), ④ 매입(negotiation) 등 4종류의 사용방법 중 어떤 방법에 의하여 사용되어야 하는지가 명시되어야 한다. 만일 신용장에 사용방법의 명시가 없다면, 사용상의 혼란을 초래할 뿐만 아니라, 수익자는 신용장의 문면만을 가지고 판단할 수밖에 없게 된다.

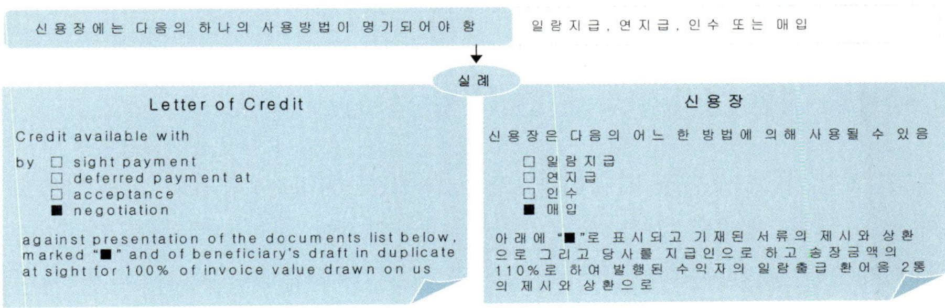

3. 발행의뢰인을 지급인으로 하는 환어음의 사용금지(제6조 c항)

발행은행의 지급확약의 이행의무는 제1차적이고 최종적이기 때문에, 발행의뢰인을 지급인으로 하는 환어음에 의하여 사용될 수 있는 신용장의 발행을 금지하고 있다. 왜냐하면, 발행의뢰인을 지급인으로 하는 어음은 발행은행의 제1차적이고 최종적인 지급확약의 이행의무에 반하기 때문이다. 즉, 발행의뢰인을 지급인으로 하는 어음은 발행의뢰인이 지급, 인수 등을 행하지 않은 경우에, 2차적으로 발행은행이 책임을 부담하는 것으로 되기 때문에 발행은행의 최종적인 지급의 대상으로는 되지 않는다. 이와 같이, 발행의뢰인을 지급인으로 하는 어음은 발행은행이 책임을 부담하는 지급확약의 대상이 아니기 때문에 발행되어서는 안된다.

●●● 발행의뢰인을 지급인으로 하는 환어음의 사용금지

따라서 신용장거래에서는 발행의뢰인이 아니라 발행은행을 지급인으로 하는 어음의 발행을 요구하고 있는 것이다. ① 발행은행을 지급인으로 하는 어음의 경우에는, 발행은행이 최종적인 지급을 확약하는 것이고, ② 지급이행의 수권에 의하여 타은행을 지급인으로 하는 어음의 경우에는, 그러한 어음에 대하여 지급이행을 행한 은행에게 상환할 것을 확약하는 것이다. 또한, 수권된 은행이 지급이행을 행하지 않은 경우에는, 그 어음에 대하여 최종적인 지급을 확약하고, 인수를 행하지 않은 경우에는, 그 어음에 대신하여 발행은행 앞으로 발행된 어음을 인수하고 기일에 지급하는 것을 확약하고, 그 이행의무를 부담하는 것으로 하고 있다.

4. 제시를 위한 유효기일 및 장소(제6조 d항)

제시를 위한 유효기일은 지급이행 또는 매입을 위하여 명기된 유효기일로서, 신용장에는 이러한 제시를 위한 유효기일이 명기되어야 한다. 즉, 신용장에 명기되어야 하는 제시를 위한 유효기일은 지급이행 또는 매입을 위하여 서류가 제시되어야 할 최종기일을 의미한다.

신용장의 유효기일(expiry date)은 서류가 지급이행 또는 매입을 위하여 제시되어야 하는 최종기일을 의미하는 것이지, 지급이행 또는 매입을 위한 기일은 아니다. 따라서, "지급이행 또는 매입을 위한 서류제시의 유효기일"은 그 유효기일까지 서류가 제시되기만 하면 충분한 것이지만, "지급이행 또는 매입을 위한 기일"은 지급이행 또는 매입을 완료해야 하는 기일을 의미하는 것으로서, 이러한 완료에는 은행이 수익자로부터 서류를 제시받은 시점부터 UCP 600 제14조 b항에 따라 제시일의 다음날부터 최대 제5은행영업일 이내에 서류의 수리여부를 결정해야 하는 서류심사기간을 포함하는 것이기 때문에 은행의 서류심사기간이 어느 정도 소요될 것인지를 예상할 수 없는 수익자로서는 불안한 위치에 놓이게 된다는 불합리한 점이 있게 된다. 이와 같이, 신용장의 유효기일을 서류의 제시기일로 본다면 수익자가 자신의 책임으로 관리할 수 있지만, 지급이행 또는 매입을 위한 기일로 본다면 은행에 의하여 행해지는 지급 등은 수익자가 통제할 수 없는 상황이 되기 때문에 수익자의 권리가 불리하게 되는 이러한 잘못된 관행을 바로잡기 위하여 1962년 개정 신용장통일규칙 이후부터는 신용장의 유효기일을 지급이행 또는 매입을 위한 기일이 아니라, 지급이행 또는 매입을 위한 서류제시의 유효기일로 본다고 명확히 규정하고 있는 것이다.

또한, 서류가 제시될 수 있는 장소, 즉 제시장소는 신용장이 사용될 수 있는 은행의 장소로서, 모든 은행에서 사용될 수 있는 신용장의 경우에는 모든 은행의 장소가 제시장소이고, 발행은행의 장소가 아닌 제시장소는 발행은행의 장소에 추가하여 명시한다. 이것은 신용장상에 발행은행의 장소에 추가하여 발행은행의 장소가 아닌 제시장소를 명시하는 것을 의미한다.

●●● 제시를 위한 유효기일 및 장소

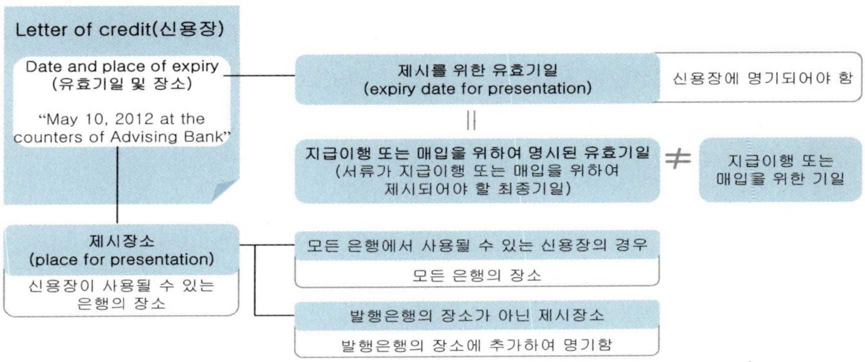

5. 유효기일내의 서류제시(제6조 e항)

수익자 또는 그 대리인은 서류를 원칙적으로 유효기일의 당일을 포함하는 일자 이전에 제시하여야 한다. 다만, 제29조 a항(신용장의 유효기일 또는 제시를 위한 최종일이 은행의 휴업일에 해당하는 경우)에 규정된 경우를 제외한다. 즉, 신용장의 유효기일이 은행의 휴업일(제36조에 규정된 불가항력 등 은행이 통제할 수 없는 사유로 인한 휴업은 제외함)에 해당하는 경우에는, 그 유효기일은 제29조 a항의 규정에 따라 그러한 은행의 최초의 다음 영업일까지 자동연장된다. 이와 같이 제29조 a항의 규정에 따라 신용장의 유효기일 또는 제시를 위한 최종일이 은행의 최초의 다음 영업일까지 연장되는 경우를 제외하고는, 서류는 유효기일의 당일을 포함하는 일자 이전에 제시되어야 한다.

●●● 유효기일내의 서류제시

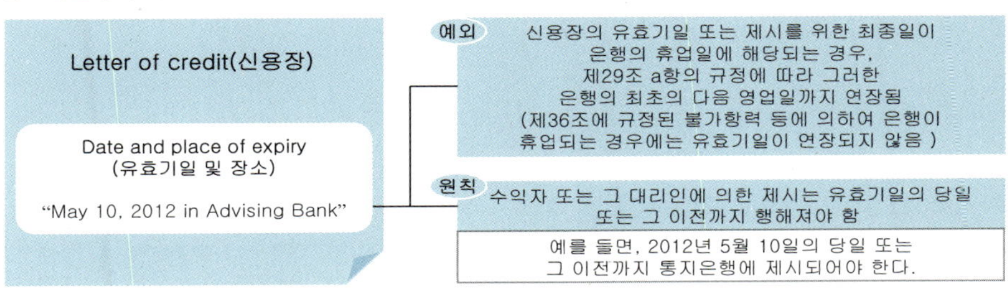

예를 들면, 매입은행은 수익자로부터 제시받은 서류를 서류송부장(Covering Schedule; Covering Letter)에 첨부하여 발행은행에 송부하게 된다. 이 경우, 발행은행이 매입은행으로부터 송부받은 서류송부장상의 일자가 신용장의 유효기일 및 서류제시기일을 경과하였더라도, 제시된 서류가 유효기일 및 서류제시기일을 경과한 것이 없을 뿐만 아니라 제시된 서류가 신용장조건과 일치한다는 확인문언이 서류송부장상에 기재되어 있다면, 이것은 서류가 유효기일 및 서류제시 기일내에 제시된 것으로 입증될 수 있는 충분한 증거가 된다.[24)]

24) Gary Collyer & Ron Katz, ICC Banking Commission Collected Opinions 1995-2001, ICC Publication No.632, ICC Publishing S.A., 2002, R 215, Ref 126, pp.411-412.

제 7 조 발행은행의 확약(Issuing Bank Undertaking)

Article 7 Issuing Bank Undertaking
제 7 조 발행은행의 확약

a. Provided that the stipulated documents are presented to the nominated bank or to the issuing bank and that they constitute a complying presentation, the issuing bank must honour if the credit is available by:
명시된 서류가 지정은행 또는 발행은행에 제시되고, 그 서류가 일치하는 제시를 구성하는 한, 신용장이 다음 중의 어느 것에 의하여 사용될 수 있는 경우에는, 발행은행은 지급이행하여야 한다:

i. sight payment, deferred payment or acceptance with the issuing bank;
발행은행에서 일람지급, 연지급 또는 인수 중의 어느 것에 의하여 사용될 수 있는 경우;

ii. sight payment with a nominated bank and that nominated bank does not pay;
지정은행에서 일람지급에 의하여 사용될 수 있고 그 지정은행이 지급하지 아니한 경우;

iii. deferred payment with a nominated bank and that nominated bank does not incur its deferred payment undertaking or, having incurred its deferred payment undertaking, does not pay at maturity;
지정은행에서 연지급에 의하여 사용될 수 있고 그 지정은행이 연지급확약을 부담하지 아니한 경우 또는, 그 지정은행이 연지급확약을 부담하였지만 만기일에 지급하지 아니한 경우;

iv. acceptance with a nominated bank and that nominated bank does not accept a draft drawn on it or, having accepted a draft drawn on it, does not pay at maturity;
지정은행에서 인수에 의하여 사용될 수 있고 그 지정은행이 자행을 지급인으로 하여 발행된 환어음을 인수하지 아니한 경우 또는, 그 지정은행이 자행을 지급인으로 하여 발행된 환어음을 인수하였지만 만기일에 지급하지 아니한 경우;

v. negotiation with a nominated bank and that nominated bank does not negotiate.
지정은행에서 매입에 의하여 사용될 수 있고 그 지정은행이 매입하지 아니한 경우.

b. An issuing bank is irrevocably bound to honour as of the time it issues the credit.
발행은행은 신용장을 발행하는 시점부터 지급이행할 취소불능의 의무를 부담한다.

c. An issuing bank undertakes to reimburse a nominated bank that has honoured or negotiated a complying presentation and forwarded the documents to the issuing bank. Reimbursement for the amount of a complying presentation under a credit available by acceptance or deferred payment is due at maturity, whether or not the nominated bank prepaid or purchased before maturity. An issuing bank's undertaking to reimburse a nominated bank is independent of the issuing bank's undertaking to the beneficiary.
발행은행은 일치하는 제시를 지급이행 또는 매입하고 그 서류를 발행은행에 발송하는 지정은행에게 상환할 것을 약정한다. 인수 또는 연지급에 의하여 사용될 수 있는 신용장에 따른 일치하는 제시금액에 대한 상환은 지정은행이 만기일 전에 선지급 또는 구매하였는지의 여부와 관계없이 만기일에 이행되어야 한다. 지정은행에 상환할 발행은행의 확약은 수익자에 대한 발행은행의 확약으로부터 독립한다.

해설 explanation

이 조는 발행은행의 확약에 관한 규정으로서, ① 발행은행의 지급이행의무, ② 발행은행의 취소불능적 지급이행의무의 부담시점 및 ③ 발행은행의 상환의무를 규정하고 있다.

1. 발행은행의 지급이행의무(제7조 a항)

명시된 서류가 신용장의 제조건, 신용장통일규칙 및 국제표준은행관행의 적용가능한 규정에 일치하여 제시되었을 때에는, ① 발행은행에서 일람지급, 연지급 또는 인수에 의하여 사용되는 경우뿐만 아니라, ② 지정은행에서 일람지급, 연지급, 인수 또는 매입에 의하여 사용될 수 있음에도 불구하고, 그 지정은행이 지급, 연지급확약의 부담, 연지급확약부담 후 만기일지급, 자행이 지급인인 환어음의 인수, 그 환어음의 인수후 만기일지급 등을 이행하지 않은 경우에는, 발행은행은 지급이행할 의무가 있다.

즉, 발행은행은 명시된 서류가 일치하여 제시되었을 때에는 최종적으로 지급이행 의무를 부담한다. 이러한 발행은행의 지급이행의무를 일치하는 서류가 발행은행에 제시되었을 경우와 지정은행에 제시되었을 경우로 구분하여 설명하면 다음과 같다.

첫째, 일치하는 제시가 발행은행에 행해진 경우로서, 발행은행에서 일람지급, 연지급 또는 인수에 의하여 사용되는 경우에는 발행은행은 지급이행할 의무가 있다.

둘째, 일치하는 제시가 지정은행에 행해진 경우로서, 그 지정은행에서 일람지급, 연지급, 인수 또는 매입에 의하여 사용될 수 있음에도 불구하고 그 지정은행이 지급, 연지급, 인수 또는 매입을 이행하지 않은 다음의 경우에는 발행은행은 지급이행할 의무가 있다.

① 지정은행(지급은행)이 지급하지 않은 경우

② 지정은행(연지급은행)이 연지급확약을 부담하지 않은 경우

③ 지정은행(연지급은행)이 연지급확약을 부담하였지만 만기일에 지급하지 않은 경우

④ 지정은행(인수은행)이 자행을 지급인으로 하여 발행된 환어음을 인수하지 않은 경우

⑤ 지정은행(인수은행)이 자행을 지급인으로 하여 발행된 환어음을 인수하였지만 만기일에 지급하지 않은 경우

⑥ 지정은행(매입은행)이 매입하지 않은 경우

●●● 발행은행의 지급이행의무

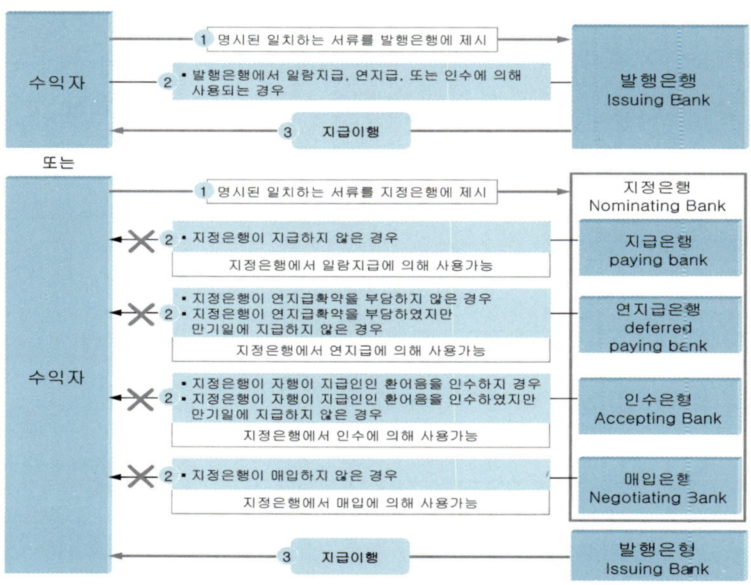

2. 발행은행의 지급이행의무의 부담시점(제7조 b항: 신설)

발행은행이 지급이행할 취소불능의무의 부담시점은 발행은행의 신용장발행시점이다. 즉, 발행은행의 취소불능적 지급이행의 의무부담은 신용장을 발행하는 시점부터 개시된다. 이 규정은 UCP 600에 신설된 규정이다.

●●● 발행은행의 지급이행의무의 부담시점

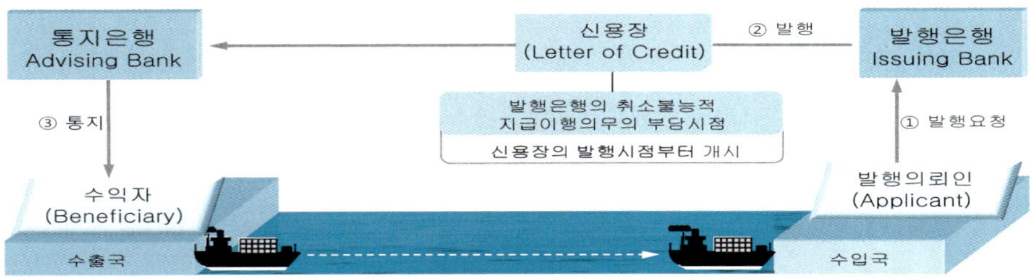

3. 발행은행의 상환의무(제7조 c항)

발행은행은 지정은행에 상환할 의무를 부담한다. 즉, 지급, 인수 또는 매입은행 등의 지정은행이 일치하여 제시된 서류를 지급이행 또는 매입하고 이를 발행은행에 발송하는 경우에는, 발행은행은 그 지정은행에게 상환할 것을 약정하며, 지정은행(인수 또는 연지급은행)이 인수 또는 연지급신용장에 따라 일치하여 제시된 서류를 인수 또는 연지급확약을 부담하고 이를 발행은행에 발송하는 경우에는, 그 지정은행이 만기일 전에 선지급 또는 구매하였는지에 관계없이, 발행은행은 만기일에 상환을 이행하여야 한다. 또한, 지급, 인수 또는 매입은행 등의 지정은행에게 상환할 발행은행의 확약은 수익자에 대한 발행은행의 확약과는 독립된 것이다.

●●● 발행은행의 상환의무

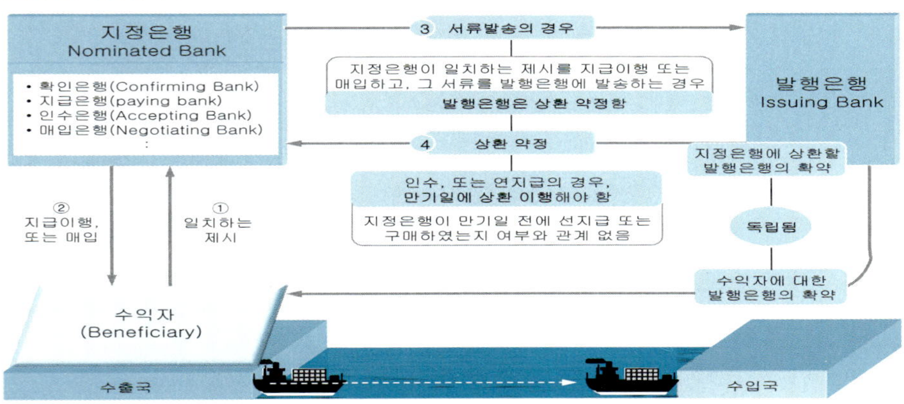

특히, 이 조항에서는 ① 제8조 c항의 “인수 또는 연지급에 의하여 사용될 수 있는 신용장에 따른 일치하는 제시금액에 대한 상환은 다른 지정은행이 만기일 전에 선지급 또는 구매하였는지의 여부와 관계없이 만기일에 이행되어야 한다”는 규정, ② UCP 600 제12조 b항의 “환어음을 인수하거나 또는 연지급확약을 부담할 은행을 지정함으로써 발행은행은 지정은행이 인수한 환어음 또는 부담한 연지급확약을 선지급 또는 구매하도록 그 지정은행에게 권한을 부여한다”는 규정과 함께 연지급신용장의 할인(만기일전에 선지급 또는 구매) 가능성을 명문화 하였다.

제8조 확인은행의 확약(Confirming Bank Undertaking)

Article 8 Confirming Bank Undertaking
제 8 조 확인은행의 확약

a. Provided that the stipulated documents are presented to the confirming bank or to any other nominated bank and that they constitute a complying presentation, the confirming bank must:
명시된 서류가 확인은행 또는 기타 모든 지정은행에 제시되고, 그 서류가 일치하는 제시를 구성하는 한, 확인은행은:

i. honour, if the credit is available by
신용장이 다음 중의 어느 것에 의하여 사용될 수 있는 경우에는, 지급이행하여야 한다:

a. sight payment, deferred payment or acceptance with the confirming bank;
확인은행에서 일람지급, 연지급 또는 인수 중의 어느 것에 의하여 사용될 수 있는 경우;

b. sight payment with another nominated bank and that nominated bank does not pay;
다른 지정은행에서 일람지급에 의하여 사용될 수 있고 그 지정은행이 지급하지 아니한 경우;

c. deferred payment with another nominated bank and that nominated bank does not incur its deferred payment undertaking or, having incurred its deferred payment undertaking, does not pay at maturity;
다른 지정은행에서 연지급에 의하여 사용될 수 있고 그 지정은행이 연지급확약을 부담하지 아니한 경우 또는, 그 지정은행이 연지급확약을 부담하였지만 만기일에 지급하지 아니한 경우;

d. acceptance with another nominated bank and that nominated bank does not accept a draft drawn on it or, having accepted a draft drawn on it, does not pay at maturity;

다른 지정은행에서 인수에 의하여 사용될 수 있고 그 지정은행이 자행을 지급인으로 하여 발행된 환어음을 인수하지 아니한 경우 또는, 그 지정은행이 자행을 지급인으로 하여 발행된 환어음을 인수하였지만 만기일에 지급하지 아니한 경우;

e. negotiation with another nominated bank and that nominated bank does not negotiate.
다른 지정은행에서 매입에 의하여 사용될 수 있고 그 지정은행이 매입하지 아니한 경우.

ii. negotiate, without recourse, if the credit is available by negotiation with the confirming bank.
신용장이 확인은행에서 매입에 의하여 사용될 수 있는 경우에는, 상환청구 없이, 매입하여야 한다.

b. A confirming bank is irrevocably bound to honour or negotiate as of the time it adds its confirmation to the credit.
확인은행은 신용장에 자행의 확인을 추가하는 시점부터 지급이행 또는 매입할 취소불능의 의무를 부담한다.

c. A confirming bank undertakes to reimburse another nominated bank that has honoured or negotiated a complying presentation and forwarded the documents to the confirming bank. Reimbursement for the amount of a complying presentation under a credit available by acceptance or deferred payment is due at maturity, whether or not another nominated bank prepaid or purchased before maturity. A confirming bank's undertaking to reimburse another nominated bank is independent of the confirming bank's undertaking to the beneficiary.
확인은행은 일치하는 제시를 지급이행 또는 매입하고 그 서류를 확인은행에 발송하는 다른 지정은행에게 상환할 것을 약정한다. 인수 또는 연지급에 의하여 사용될 수 있는 신용장에 따른 일치하는 제시금액에 대한 상환은 다른 지정은행이 만기일 전에 선지급 또는 구매하였는지의 여부와 관계없이 만기일에 이행되어야 한다. 다른 지정은행에 상환할 확인은행의 확약은 수익자에 대한 확인은행의 확약으로부터 독립한다.

d. If a bank is authorized or requested by the issuing bank to confirm a credit but is not prepared to do so, it must inform the issuing bank without delay and may advise the credit without confirmation.
어떤 은행이 발행은행에 의하여 신용장을 확인하도록 수권 또는 요청받았으나 이를 행할 용의가 없는 경우, 그 은행은 지체없이 발행은행에게 통고하여야 하고 확인 없이 신용장을 통지할 수 있다.

해설 explanation

이 조는 확인은행의 확약에 관한 규정으로서, ① 확인은행의 지급이행 또는 매입의무, ② 확인은행의 취소불능적 지급이행 또는 매입의무의 부담시점 및 ③ 확인은행의 상환의무를 규정하고 있다.

1. 확인은행의 지급이행 또는 매입의무(제8조 a항)

확인은행은 지급이행의무만 있는 발행은행과 달리, 지급이행의무뿐만 아니라 상환청구 없이 매입할 의무가 있다.

즉, 명시된 서류가 신용장의 제조건, 신용장통일규칙 및 국제표준은행관행의 적용가능한 규정에 일치하여 제시되었을 때에는, ① ㉮ 확인은행에서 일람지급, 연지급 또는 인수에 의하여 사용되는 경우뿐만 아니라, ㉯ 다른 지정은행에서 일람지급, 연지급, 인수 또는 매입에 의하여 사용될 수 있음에도 불구하고, 그 지정은행이 지급, 연지급확약의 부담, 연지급확약부담 후 만기일지급, 자행이 지급인인 환어음의 인수, 그 환어음의 인수후 만기일지급 등을 이행하지 않은 경우에는, 확인은행은 지급이행할 의무가 있으며, ② 확인은행에서 매입에 의하여 사용될 수 있는 경우에는, 상환청구 없이 매입할 의무가 있다.

(1) 확인은행의 지급이행의무(제8조 a항 i 호)

확인은행은 명시된 서류가 일치하여 제시되었을 때에는 최종적으로 지급이행의무를 부담한다. 이러한 확인은행의 지급이행의무를 일치하는 서류가 확인은행에 제시되었을 경우와 다른 지정은행에 제시되었을 경우로 구분하여 설명하면 다음과 같다.

첫째, 일치하는 제시가 확인은행에 행해진 경우로서, 확인은행에서 일람지급, 연지급 또는 인수에 의하여 사용되는 경우에는 확인은행은 지급이행할 의무가 있다.

둘째, 일치하는 제시가 다른 지정은행에 행해진 경우로서, 그 지정은행에서 일람지급, 연지급, 인수 또는 매입에 의하여 사용될 수 있음에도 불구하고 그 지정은행이 지급, 연지급, 인수 또는 매입을 이행하지 않은 다음의 경우에는 확인은행은 지급이행할 의무가 있다.

① 다른 지정은행(지급은행)이 지급하지 않은 경우
② 다른 지정은행(연지급은행)이 연지급확약을 부담하지 않은 경우
③ 다른 지정은행(연지급은행)이 연지급확약을 부담하였지만 만기일에 지급하지 않은 경우
④ 다른 지정은행(인수은행)이 자행을 지급인으로 하여 발행된 환어음을 인수하지 않은 경우
⑤ 다른 지정은행(인수은행)이 자행을 지급인으로 하여 발행된 환어음을 인수하였지만 만기일에 지급하지 않은 경우
⑥ 다른 지정은행(매입은행)이 매입하지 않은 경우

확인은행의 지급이행의무

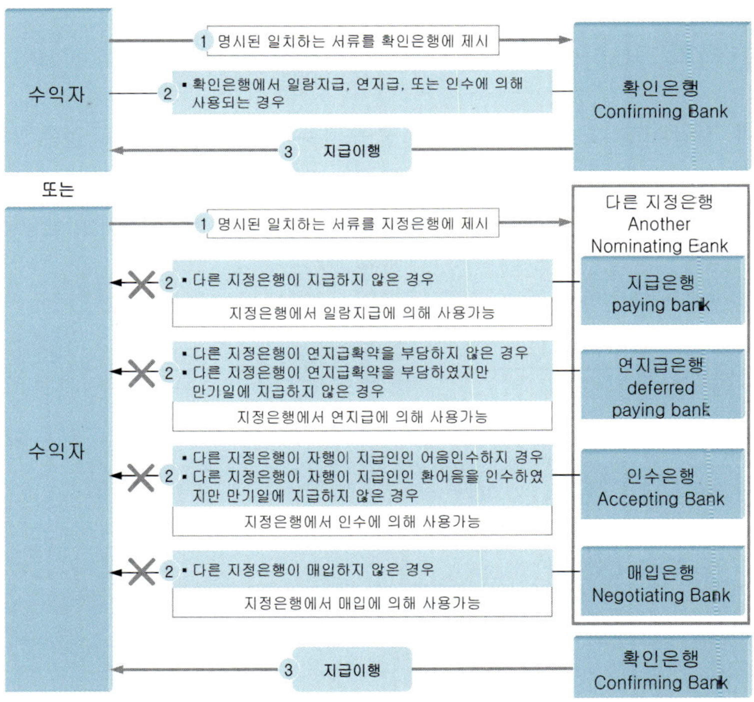

(2) 확인은행의 매입의무(제8조 a항 ii호)

확인은행은 일치하는 명시된 서류가 자행에 제시되었을 때 그 확인은행에서 매입에 의하여 사용될 수 있는 경우에는 상환청구 없이 매입할 의무가 있다. 여기에서 확인은행에게 상환청구권이 부여되지 않는 이유는 확인은행이 발행은행과 동일

한 지위를 가지고 지급이행의무를 부담하기 때문이다. 즉, 확인은행은 발행은행과 동일하게 지급이행의무를 부담하기 때문에 환어음의 선의의 소지인으로부터 환어음을 매입하였더라도 그 소지인에게 상환청구할 권리가 없게 된다.

●●● 확인은행의 매입의무

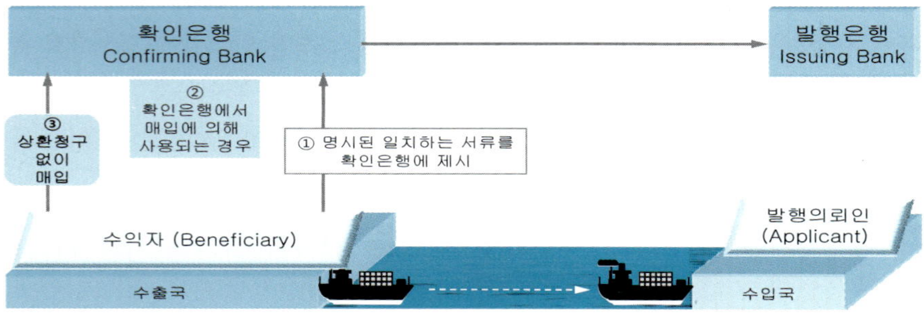

2. 확인은행의 지급이행 또는 매입의무의 부담시점(제8조 b항: 신설)

확인은행이 지급이행 또는 매입할 취소불능의무의 부담시점은 확인은행의 확인추가 시점이다. 즉, 확인은행의 취소불능적 지급이행 또는 매입의 의무부담은 발행된 신용장에 자행의 확인을 추가하는 시점부터 개시된다. 이 규정은 UCP 600에 신설된 규정이다.

●●● 확인은행의 지급이행 또는 매입의무의 부담시점

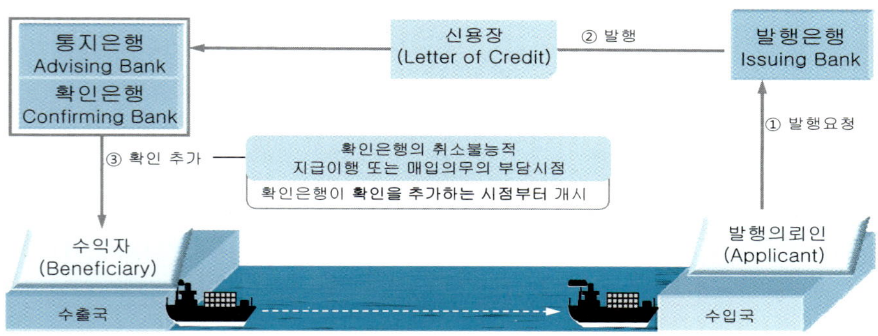

3. 확인은행의 상환의무(제8조 c항; 신설)

확인은행은 다른 지정은행에 상환할 의무를 부담한다. 즉, 지급, 인수 또는 매입은행 등의 다른 지정은행이 일치하여 제시된 서류를 지급이행 또는 매입하고 이를 확인은행에 발송하는 경우에는, 확인은행은 그 지정은행에게 상환할 것을 약정하며, 다른 지정은행(인수 또는 연지급은행)이 인수 또는 연지급신용장에 따라 일치하여 제시된 서류를 인수 또는 연지급확약을 부담하고 이를 확인은행에 발송하는 경우에는, 그 지정은행이 만기일 전에 선지급 또는 구매하였는지에 관계없이, 확인은행은 만기일에 상환을 이행하여야 한다. 또한, 지급, 인수 또는 매입은행 등의 다른 지정은행에게 상환할 확인은행의 확약은 수익자에 대한 확인은행의 확약과는 독립된 것이다.

●●● 확인은행의 상환의무

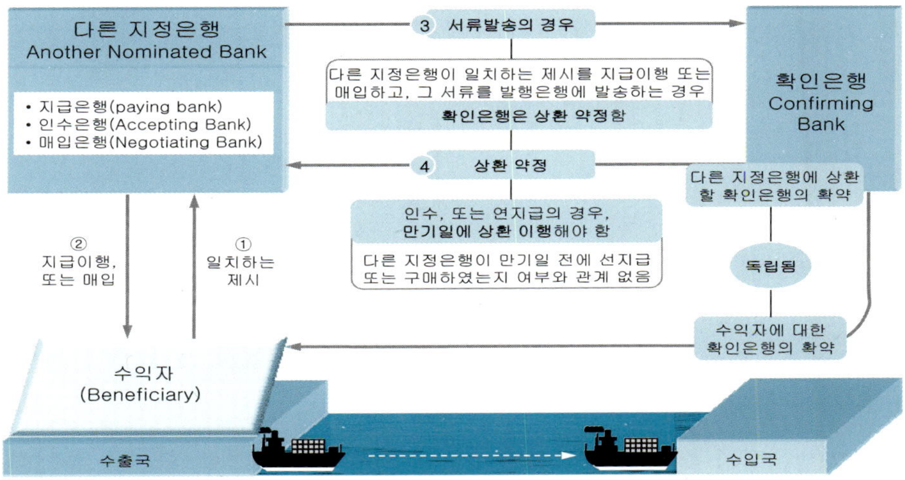

4. 확인은행의 확인 및 통지의무(제8조 d항)

확인을 요청받은 은행이 확인을 이행하는 경우에는 확인은행이 되며 이러한 확인 후에는 발행은행과 독립하여 수익자에게 지급채무를 부담하게 된다. 따라서, 확인은행은 확인을 이행하기 전에 확인을 위한 각종 사항을 검토한 후 그 확인여부를 결정하여야 한다. 이 조항은 확인은행의 확인 및 통지의무에 관한 규정을 다루고 있다.

발행은행으로부터 확인을 추가하도록 수권 또는 요청을 받은 은행이 확인을 추가하거나 확인할 의사가 없는 경우에는, 그 은행은 발행은행에게 지체없이 이를 통고하고, 스스로 확인을 추가하지 않고 신용장을 수익자에게 통지할 수 있다.

확인을 요청받은 은행이 발행은행의 확인요청을 거절하는 것은 발행은행의 신용상태가 불확실할 때이다. 예를 들면, 어떤 은행이 발행은행의 신용장에 확인을 추가하였다면, 그 은행(확인은행)은 수익자의 환어음 및/또는 서류와 상환으로 수익자에게 지급한 대금에 대하여 발행은행으로부터 대금상환을 받지 못하였다는 이유로 다시 수익자에게 상환(반환)해 줄 것을 청구할 수 없게 된다. 따라서, 확인은행은 발행은행의 상환불능(지급불능)의 상태나 지급거절의 사태가 발생함으로써 입을 수 있는 손해를 회피하기 위하여 발행은행의 신용상태가 불확실한 경우에는 발행은행의 확인요청을 거절하게 되는 것이다.

●●● 확인은행의 확인 및 통지의무

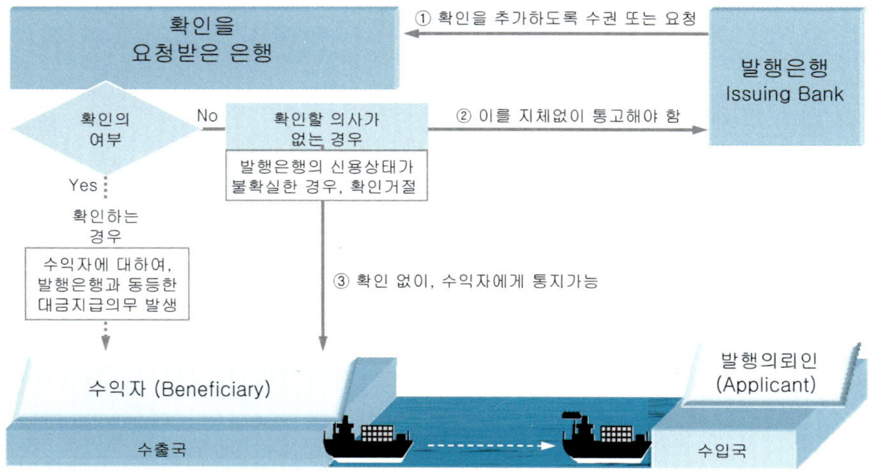

한편, 발행은행의 확인요청이 없음에도 통지은행이 스스로 확인을 추가한 경우, 즉 수권되지 않은 확인(silent confirmation)의 경우 UCP 600에는 아무런 규정이 없지만, 다음과 같이 취급될 수 있다.

수권되지 않은 확인(silent confirmation; unauthorised confirmation)은 발행은행에 의하여 확인을 추가하는 것이 수권되지 않았음에도 불구하고, 어떤 은행이 신용장에 "확인을 추가하는" 것을 수익자와 합의한 것을 말한다. 즉, 이것은 발행은행에 의하여 확인을 추가하는 것이 수권되지 않은 은행이 수익자와 합의하여 신용장에 확인을 추가한 것을 말한다. 수권되지 않은 확인(silent confirmation)을 약속하는 은행과 수익자간에 체결된 합의는 발행은행의 신용장의 위임(credit mandate) 및 UCP의 범위를 벗어난 것으로 본다. 그러나, 이러한 확인은, 신용장의 위임의 범위를 벗어나더라도 특정지역의 광범위한 관행이고, UCP가 이를 금지하더라도 막을 수 없다. 왜냐하면, 수익자는 "확인은행"의 지급확약을 획득하기 위하여 "확인수수료"를 당연히 지급하지만, 발행의뢰인이 발행은행으로 하여금 타은행에게 그 화환신용장을 확인하게 하는 권한을 부여하도록 지시함에 있어서, 수익자는 발행의뢰인이 발행은행으로 하여금 그러한 지시를 하도록 요청하는 것을 원하지 않기 때문이다.

●●● 수권되지 않은 확인의 정의

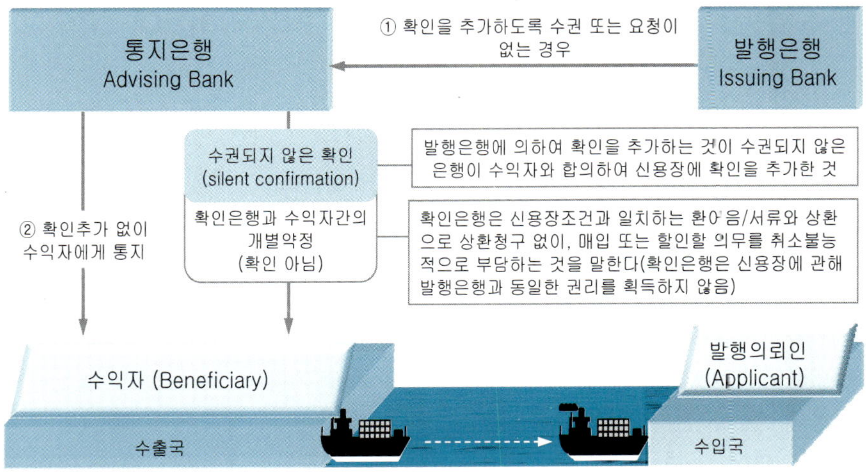

화환신용장은 발행은행에 의하여 수권되거나 요청되는 경우에만 확인될 수 있다는 규정이 없기 때문에, 발행은행에 의하여 수권되거나 요청되지 않더라도 확인은 행해질 수 있다. 이와 같이, 발행은행에 의하여 수권되거나 요청되지 않은 때에 확인이 행해지는 경우, 즉, 이러한 수권되지 않은 "확인"이 행해졌을 수도 있다는 사실은 그 은행으로 하여금 "확인을 추가"하도록 명확히 요청 또는 수권하지 않은 발행은행에게 "확인은행"으로서 상환청구 없이, 화환신용장을 "확인한" 은행의 책임을 수익자에 대하여 확대한다. 그 "확인은행"은 신용장에 관하여 발행은행과 동일한 권리를 획득하지 않으며, 언어의 의미에 있어서도 "확인은행"이 아니다. 사실상, "확인"이 아니라, 수익자와 "확인은행"간에 개별적인 약정이 행하진 것이고, 그 "확인은행"은 신용장조건이 충족되는 것을 조건으로, 수익자에 의하여 발행되거나 제시된 환어음 및/또는 서류를, 통상적으로 상환청구 없이, 매입 또는 할인할 의무를 취소불능적으로 부담하고 있는 화환신용장을 확인한 은행이다.[25]

25) Charles del Busto, ICC Guide to Documentary Credit Operations for the UCP 500, ICC Publishing S.A., 1994, pp.44-45.

제9조 신용장 및 조건변경의 통지(Advising of Credits and Amendments)

Article 9 Advising of Credits and Amendments
제 9 조 신용장 및 조건변경의 통지

a. A credit and any amendment may be advised to a beneficiary through an advising bank. An advising bank that is not a confirming bank advises the credit and any amendment without any undertaking to honour or negotiate.
신용장 및 모든 조건변경은 통지은행을 통하여 수익자에게 통지될 수 있다. 확인은행이 아닌 통지은행은 지급이행 또는 매입할 어떠한 확약 없이 신용장 및 모든 조건변경을 통지한다.

b. By advising the credit or amendment, the advising bank signifies that it has satisfied itself as to the apparent authenticity of the credit or amendment and that the advice accurately reflects the terms and conditions of the credit or amendment received.
신용장 또는 조건변경을 통지함으로써, 통지은행은 그 자신이 신용장 또는 조건변경의 외관상의 진정성에 관하여 스스로 충족하였다는 것과 그 통지가 수령된 신용장 또는 조건변경의 제조건을 정확히 반영하고 있다는 것을 의미한다.

c. An advising bank may utilize the services of another bank ("second advising bank") to advise the credit and any amendment to the beneficiary. By advising the credit or amendment, the second advising bank signifies that it has satisfied itself as to the apparent authenticity of the advice it has received and that the advice accurately reflects the terms and conditions of the credit or amendment received.
통지은행은 수익자에게 신용장 및 모든 조건변경을 통지하기 위하여 타은행(“제2통지은행”)의 서비스를 이용할 수 있다. 신용장 또는 조건변경을 통지함으로써 제2통지은행은 자신이 수령한 그 통지의 외관상의 진정성에 관하여 스스로 충족하였다는 것과 그 통지가 수령된 신용장 또는 조건변경의 제조건을 정확히 반영하고 있다는 것을 의미한다.

d. A bank utilizing the services of an advising bank or second advising bank to advise a credit must use the same bank to advise any amendment thereto.
신용장을 통지하기 위하여 통지은행 또는 제2통지은행의 서비스를 이용하는 은행은 이에 대한 모든 조건변경을 통지하기 위하여 동일한 은행을 이용하여야 한다.

e. If a bank is requested to advise a credit or amendment but elects not to do so, it must so inform, without delay, the bank from which the credit, amendment or advice has been received.
어떤 은행이 신용장 또는 조건변경을 통지하도록 요청되었지만 그렇게 하지 아니하기로 결정하는 경우에는, 그 은행은 신용장, 조건변경 또는 통지를 송부해 온 은행에게 이를 지체없이 통고하여야 한다.

f. If a bank is requested to advise a credit or amendment but cannot satisfy itself as to the apparent authenticity of the credit, the amendment or the advice, it must so inform, without delay, the bank from which the instructions appear to have been received. If the advising bank or second advising bank elects nonetheless to advise the credit or amendment, it must inform the beneficiary or second advising bank that it has not been able to satisfy itself as to the apparent authenticity of the credit, the amendment or the advice.
어떤 은행이 신용장 또는 조건변경을 통지하도록 요청되었지만 신용장, 조건변경 또는 통지의 외관상의 진정성에 관하여 스스로 충족할 수 없는 경우에는, 그 은행은 그 지시를 송부해 온 것으로 보이는 은행에게 이를 지체없이 통고하여야 한다. 그럼에도 불구하고 통지은행 또는 제2통지은행이 그 신용장 또는 조건변경을 통지하기로 결정한 경우에는, 그 은행은 수익자 또는 제2통지은행에게 신용장, 조건변경 또는 통지의 외관상의 진정성에 관하여 스스로 충족할 수 없다는 것을 통고하여야 한다.

제9조

해설 explanation

1. 신용장 및 조건변경의 통지 및 통지은행의 역할(제9조 a항; 신설)

발행은행이 신용장 및 모든 조건변경을 수익자에게 통지하는 방법은 ① 직접 수익자에게 통지하거나 전달하는 방법(직접통지)과 ② 수익자 소재지의 자신의 본지점이나 환거래은행을 통하여 수익자에게 통지하도록 하는 방법(간접통지)이 있다. 따라서 이 조에서는 발행은행은 신용장 및 모든 조건변경을 통지은행을 통하여 수익자에게 통지할 수 있다고 규정하고 있기 때문에, 신용장 및 모든 조건변경이 통지은행을 통하지 않고서도 통지될 수 있는 경우도 허용하고 있다. 그러나 실무에서는 간접통지방법이 대부분 이용되고 있으며, 직접통지방법은 수익자가 신용장의 진위여부를 파악하는 것이 어렵기 때문에 거의 이용되지 않고 있다.

또한, 확인은행이 아닌 통지은행은 중계은행으로서의 역할만을 수행하기 때문에 신용장 및 모든 조건변경을 통지할 때, 지급이행 또는 매입할 어떠한 확약도 부담하지 않는다.

●●● 통지은행의 역할

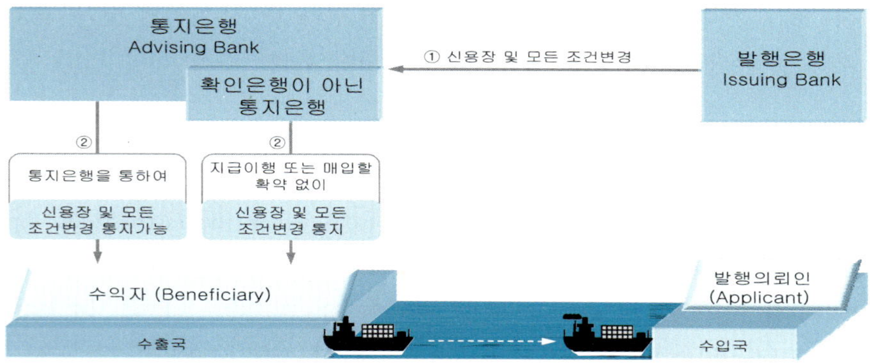

2. 통지은행의 책임(제9조 b항; 신설)

통지은행이 신용장 또는 조건변경을 통지하였다는 것은 다음의 의미를 가진다.

① 그 통지은행은 신용장 또는 조건변경의 외관상의 진정성에 관하여 스스로 충족하였다는 것, 그리고

② 그 통지은행은 자신이 수령한 신용장 또는 조건변경의 제조건을 정확히 반영하여 통지하였다는 것

즉, 통지은행이 신용장 또는 조건변경의 외관상의 진정성에 관하여 스스로 충족할 수 없다는 것을 수익자 또는 제2통지은행에 통고함이 없이, 이를 통지한 경우에는, 이것은 ① 그 통지은행이 신용장 또는 조건변경의 외관상의 진정성에 관하여 스스로 충족하였다는 것과 ② 그 통지가 수령된 신용장 또는 조건변경의 제조건을 정확히 반영하고 있다는 것을 의미한다.

UCP 500에서는 외관상의 진정성에 관하여 상당한 주의를 기울였음에도 아무런

하자를 발견하지 못하였다면 아무런 입증책임 없이 면책되지만, UCP 600에서는 통지하였다는 사실은 외관상의 진정성을 충족하였다는 것을 의미하기 때문에 외관상의 진정성에 관하여 상당한 주의를 기울였다 하더라도 하자가 발견되었다면 은행은 책임을 부담한다. 이것은 통지은행의 책임이 확대된 것으로 해석할 수 있다.

●●● 통지은행의 책임

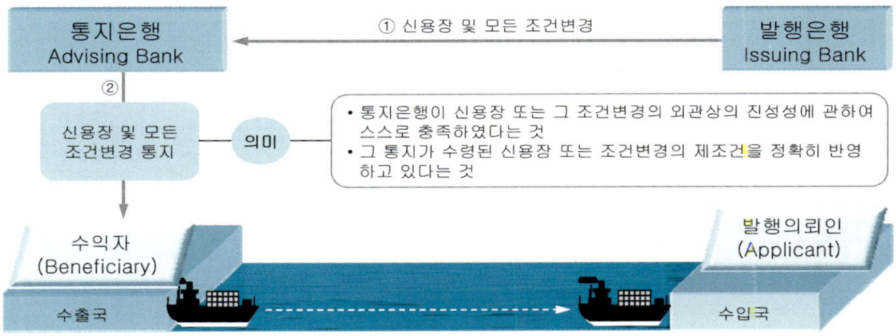

참고로, 위조된 신용장이 발행되는 경우도 있기 때문에, 통지은행으로서는 신용장을 수익자에게 통지하기 전에, 외관상으로 그 신용장의 진정성(authenticity; 진위)을 확인하여야 한다. 신용장을 수취한 은행이 신용장의 진정성을 확인하는 방법에는 발행은행과 미리 교환해 둔 서명감(Specimen Signature Booklet)이나 전신암호(Test key) 또는 SWIFT의 인증키(Authenticity key)에 의한 조회로 할 수 있다.

3. 제2통지은행을 통한 통지(제9조 c항; 신설)

통지은행은 수익자에게 신용장 및 모든 조건변경을 통지할 때, 타은행(제2통지은행)을 통하여 통지할 수 있기 때문에, 신용장 및 모든 조건변경이 제2통지은행을 통하여 수익자에게 통지되고 그 제2통지은행이 이를 통지하였다는 것은 통지은행이 이를 통지한 것과 동일한 의미를 가진다. 즉, 제2통지은행이 신용장 또는 조건변경을 통지하였다는 것은 다음의 의미를 가진다.

① 그 제2통지은행은 신용장 또는 조건변경의 외관상의 진정성에 관하여 스스로 충족하였다는 것, 그리고

② 그 제2통지은행은 자신이 수령한 신용장 또는 조건변경의 제조건을 정확히 반영하여 통지하였다는 것

즉, 제2통지은행이 신용장 또는 조건변경의 외관상의 진정성에 관하여 스스로 충족할 수 없다는 것을 수익자에게 통고함이 없이, 이를 통지한 경우에는, 이것은

제9조

① 그 통지은행이 신용장 또는 조건변경의 외관상의 진정성에 관하여 스스로 충족하였다는 것과 ② 그 통지가 수령된 신용장 또는 조건변경의 제조건을 정확히 반영하고 있다는 것을 의미한다. 따라서, 그 신용장 또는 조건변경의 외관상의 진정성이 충족되지 않거나, 또는 제2통지은행이 행한 통지에 신용장 또는 조건변경의 제조건이 정확히 반영되지 않았다면 이에 대한 책임은 이러한 통지를 행한 제2통지은행이 부담하여야 한다.

●●● 제2통지은행을 통한 통지

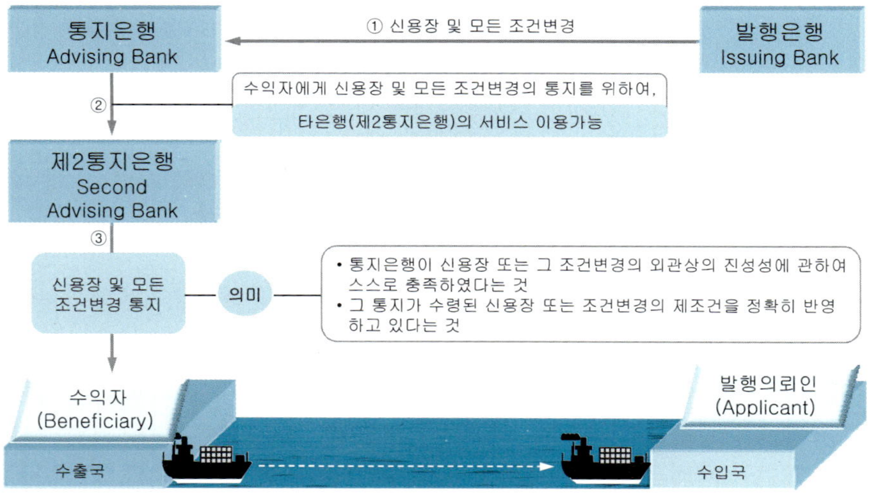

4. 신용장의 발행 및 조건변경의 통지경로(제9조 d항)

발행은행이 신용장을 통지하기 위하여 어떤 통지은행의 서비스를 이용하였다면, 그 조건변경을 통지할 때에도 동일한 통지은행(동일한 경로)을 이용하여야 하고, 통지은행이 신용장을 통지하기 위하여 제2통지은행의 서비스를 이용하였다면, 그 조건변경을 통지할 때에도 동일한 제2통지은행(동일한 경로)을 이용하여야 한다. 즉, 신용장의 조건변경의 통지는 원신용장을 통지한 통지은행 또는 제2통지은행을 통해서만 가능하다는 것이다. 이것은 신용장을 통지한 은행과 조건변경을 통지한 은행이 서로 다를 경우에 발생할 수 있는 문제점을 방지하기 위하여 신용장을 통지한 은행을 통해서만 그 조건변경을 통지할 있도록 제한하고 있는 것이다. 예를 들면, 신용장을 통지한 은행과 조건변경을 통지한 은행이 서로 다른 경우에는, 수익자가 자신에게 불리하게 조건변경된 내용을 지정은행에 알리지 않음으로써 지정은행이 착오로, 지급, 인수 또는 매입을 행할 수도 있기 때문이다.

●●● 신용장의 발행 및 조건변경의 통지경로

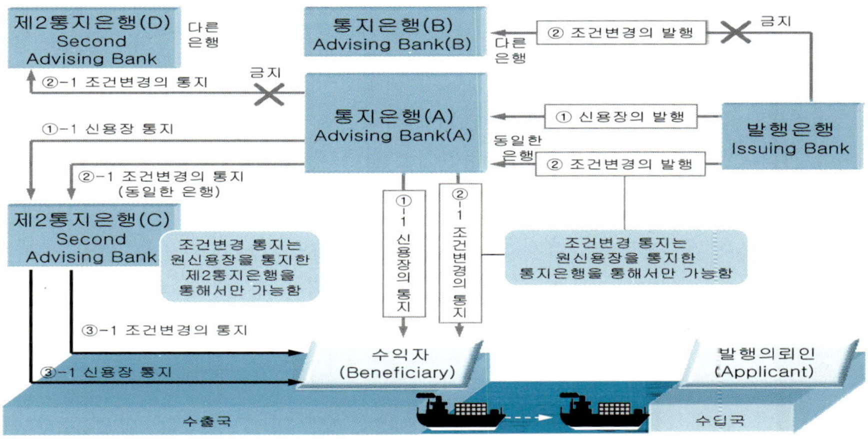

5. 통지은행의 통지거절의 통고(제9조 e항)

통지은행이 발행은행으로부터 신용장 또는 조건변경을 통지하도록 요청받았더라도, 이를 통지하지 않기로 결정한 경우에는, 발행은행(신용장 또는 조건변경을 통지해 온 은행)에게 이러한 취지를 지체없이(without delay)[26] 통지하여야 하며, 이와 마찬가지로 제2통지은행이 통지은행으로부터 신용장 또는 조건변경을 통지하도록 요청받았더라도, 이를 통지하지 않기로 결정한 경우에는, 그 통지은행(통지를 송부해 온 은행)에게 이러한 취지를 지체없이 통지하여야 한다.

●●● 통지은행의 통지거절의 통고

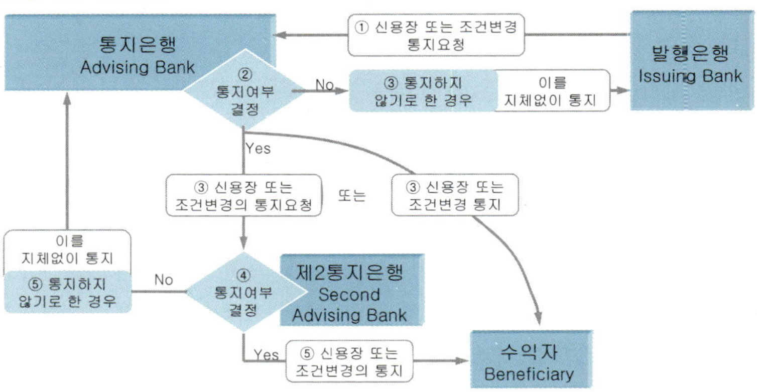

---

26) 통지할 당시의 상황을 반영할 수 있도록 구체적인 기간을 명시하지 않고 "지체없이(without delay)"라는 용어를 사용하고 있다. "지체없이"라는 기간을 특히 명확히 규정하지 않은 것은 명확한 기한을 정하는 것이 통지은행으로서는 추가부담을 초래할 수 있기 때문이다.

6. 외관상 진정성을 충족할 수 없는 경우의 통지방법(제9조 f항)

통지은행이 발행은행으로부터 신용장 또는 조건변경을 통지하도록 요청받았더라도, 발행은행과 미리 교환해 둔 서명감(Specimen Signature Booklet)이나 전신암호(Test key) 또는 SWIFT의 인증키(Authenticity key) 등의 확인방법으로 신용장의 진정성에 관하여 스스로 충족할 수 없는 경우에는, 발행은행(그 지시를 송부해 온 것으로 보이는 은행)에게 이러한 취지를 지체없이(without delay) 통지하여야 하며, 그럼에도 불구하고 통지은행이 그 신용장 또는 조건변경을 통지하기로 결정한 경우에는, 수익자 또는 제2통지은행에게 신용장, 조건변경 또는 통지의 외관상의 진정성에 관하여 스스로 충족할 수 없다는 것을 통고하여야 한다.

또한, 통지은행의 경우와 마찬가지로, 제2통지은행이 통지은행으로부터 신용장 또는 조건변경의 통지를 통지하도록 요청받았더라도, 그 통지은행과 미리 교환해 둔 서명감(Specimen Signature Booklet)이나 전신암호(Test key) 또는 SWIFT의 인증키(Authenticity key) 등의 확인방법으로 신용장의 진정성에 관하여 스스로 충족할 수 없는 경우에는, 통지은행(그 지시를 송부해 온 것으로 보이는 은행)에게 이러한 취지를 지체없이(without delay) 통지하여야 하며, 그럼에도 불구하고 제2통지은행이 그 신용장 또는 조건변경을 통지하기로 결정한 경우에는, 수익자에게 신용장 또는 조건변경의 외관상의 진정성에 관하여 스스로 충족할 수 없다는 것을 통고하여야 한다.

이것은 통지은행 또는 제2통지은행이 신용장, 조건변경 또는 통지를 수취하고 이에 대한 외관상의 진정성을 스스로 충족할 수 없다는 사실을 그 지시를 송부해 온 것으로 보이는 은행(발행은행 또는 통지은행)에게 통보함으로써 발행은행의 부주의로 잘못 발행되었을 수도 있는 신용장을 정정할 수 있는 기회를 발행은행에게 부여할 수 있을 것이다.

한편, 통지은행 또는 제2통지은행이 수취한 신용장 또는 조건변경의 외관상의 진정성을 스스로 충족할 수 없는 경우에는 신용장 또는 조건변경의 내도사실을 통지하면서 신용장의 진정성에 관하여 스스로 충족할 수 없음을 수익자 또는 제2통지은행에게 통지하여야 한다. 왜냐하면, 통지은행 또는 제2통지은행이 신용장 또는 조건변경의 외관상의 진정성에 관하여 스스로 충족할 수 없음에도 불구하고 "면책문언(신용장 또는 조건변경의 외관상의 진정성에 대하여 스스로 충족할 수 없다는 사실을)"을 부가하지 않고 통지번호를 부여하여 수익자에게 통지하는 경우에는, 그 통지은행 또는 제2통지은행이 제9조 b항 및 c항의 규정에 따라, ① 신용장 또는 조건변경의 외관상의 진정성에 관하여 스스로 충족하였다는 것과 ② 그 통지가 수령된 신용장 또는 조건변경의 제조건을 정확히 반영한 것으로 해석되기 때문이다.

●●● 외관상 진정성을 충족할 수 없는 경우의 통지방법

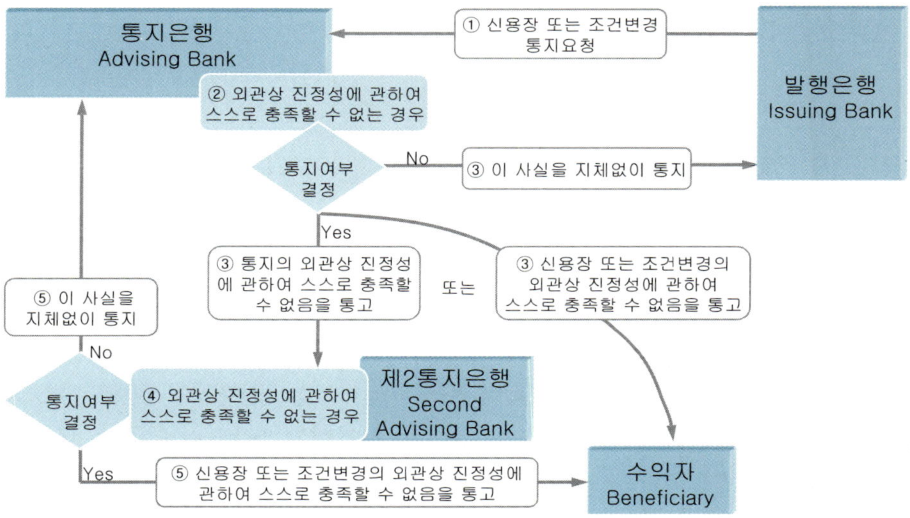

제10조 조건변경(Amendments)

Article 10 Amendments

제 10 조 조건변경

a. Except as otherwise provided by article 38, a credit can neither be amended nor cancelled without the agreement of the issuing bank, the confirming bank, if any, and the beneficiary.

제38조에 의하여 별도로 규정된 경우를 제외하고는, 신용장은 발행은행, 확인은행(있는 경우) 및 수익자의 합의 없이는 조건변경 또는 취소될 수 없다.

b. An issuing bank is irrevocably bound by an amendment as of the time it issues the amendment. A confirming bank may extend its confirmation to an amendment and will be irrevocably bound as of the time it advises the amendment. A confirming bank may, however, choose to advise an amendment without extending its confirmation and, if so, it must inform the issuing bank without delay and inform the beneficiary in its advice.

발행은행은 그 자신이 조건변경서를 발행한 시점부터 그 조건변경서에 의하여 취소불능의 의무를 부담한다. 확인은행은 그 자신의 확인을 조건변경에까지 확장할 수 있으며 그 변경을 통지한 시점부터 취소불능의 의무를 부담한다. 그러나, 확인은행은 그 자신의 확인을 확장함이 없이 조건변경을 통지하기로 결정할 수 있으며 이러한 경우에는 발행은행에게 지체없이 통고하고 그 자신의 통지서로 수익자에게 통고하여야 한다.

c. The terms and conditions of the original credit (or a credit incorporating previously accepted amendments) will remain in force for the beneficiary until the beneficiary communicates its acceptance of the amendment to the bank that advised such amendment. The beneficiary should give notification of acceptance or rejection of an amendment. If the beneficiary fails to give such notification, a presentation that complies with the credit and to any not yet accepted amendment will be deemed to be notification of acceptance by the beneficiary of such amendment. As of that moment the credit will be amended.

원신용장(또는 이전에 승낙된 조건변경을 포함하고 있는 신용장)의 제조건은 수익자가 조건변경에 대한 그 자신의 승낙을 그러한 조건변경을 통지해 온 은행에게 통보할 때까지는 수익자에게는 여전히 유효하다. 수익자는 조건변경에 대하여 승낙 또는 거절의 통고(notification)를 행하여야 한다. 수익자가 그러한 통고(notification)를 행하지 아니한 경우, 신용장 및 아직 승낙되지 아니한 조건변경에 일치하는 제시는 수익자가 그러한 조건변경에 대하여 승낙의 통고(notification)를 행하는 것으로 본다. 그 순간부터 신용장은 조건변경된다.

d. **A bank that advises an amendment should inform the bank from which it received the amendment of any notification of acceptance or rejection.**
조건변경을 통지하는 은행은 조건변경을 송부해 온 은행에게 승낙 또는 거절의 모든 통고를 통지하여야 한다.

e. **Partial acceptance of an amendment is not allowed and will be deemed to be notification of rejection of the amendment.**
조건변경의 부분승낙은 허용되지 아니하며 그 조건변경의 거절의 통지로 본다.

f. **A provision in an amendment to the effect that the amendment shall enter into force unless rejected by the beneficiary within a certain time shall be disregarded.**
조건변경이 특정기한 내에 수익자에 의하여 거절되지 아니하는 한 유효하게 된다는 취지의 조건변경서상의 규정은 무시된다.

해설 explanation

1. 취소불능신용장의 취소 및 조건변경(제10조 a항)

취소불능신용장은 제38조가 적용되는 경우를 제외하고[27], 발행은행, 확인은행(있는 경우) 및 수익자의 합의 없이는 변경 또는 취소될 수 없다. 즉, 취소불능신용장의 조건변경이나 취소는 발행은행, 확인은행(확인신용장의 경우) 및 수익자라고 하는

27) UCP 600 제38조는 양도가능신용장에 관한 규정으로서, f항에서는 조건변경과 관련하여, 분할양도된 신용장의 조건이 변경된 경우에는 이를 승낙한 양수인에게는 변경된 신용장이, 거절한 양수인에게는 원신용장의 조건이 그대로 적용되는 것으로 규정하고 있다.

소위 신용장관계당사자 전원의 합의가 있는 경우에만 그 효력이 발생하게 된다. 발행은행의 지급확약과 직접적인 관련이 없는 통지은행, 지급·인수·매입은행 등의 중간은행(intermediary bank)과 발행의뢰인(applicant)은 관계당사자에 포함되지 않는다.

●●● 취소불능신용장의 취소 및 조건변경

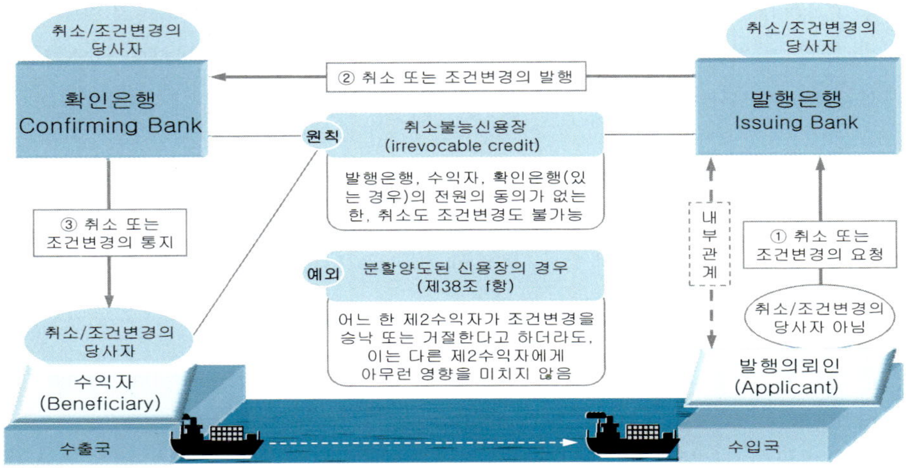

신용장의 조건변경이나 취소당사자 중에서 발행의뢰인은 제외되어 있다. 그 이유는 다음과 같다. 즉, 신용장거래에 있어서 발행은행이 수익자에게 대금지급을 확약하는 것이므로 대외적인 채무자는 발행은행이다. 발행은행이 대외적인 채무를 부담하는 것이 발행의뢰인과 발행은행간의 신용장발행계약에 근거한다고 하더라도 이것은 어디까지나 발행의뢰인과 발행은행간의 내부적인 문제일 뿐이다. 실제로 발행의뢰인의 요구에 의하여 발행은행이 조건변경이나 취소의 의사표시를 행하는 것이므로 발행의뢰인과 별도로 합의할 필요가 없을 것이다. 따라서 발행의뢰인은 신용장의 조건변경이나 취소의 당사자일 필요는 없다.

2. 조건변경의 효력발생시기 및 확인의 추가여부(제10조 b항)

발행은행은 조건변경서를 발행한 시점부터 그 자신이 발행한 조건변경서에 의하여 취소불능의 의무를 부담하며, 확인은행이 발행은행의 조건변경서에 그 자신의 확인을 추가하였다면, 그 확인은행도 발행은행과 동일하게 취소불능의 의무를 부담하게 된다. 그러나, 확인은행은 신용장의 조건변경서에 확인을 추가할 수도 있고 확인을 추가하지 않을 수도 있다. 즉, 확인은행은 신용장의 조건변경서에 자신의 확인을 추가할 의무가 없기 때문에, 조건변경서에 자신의 확인을 추가하지 않고 수익자에게 통지하는 것을 선택할 수 있으며, 확인은행이 조건변경서에 확인을 추가하지 않기로 한 경우에는 지체 없이 발행은행에 통지하고, 수익자에게는 자신의 통지서로 조건변경을 통지하여야 한다.

●●● 조건변경의 효력발생시기 및 확인의 추가여부

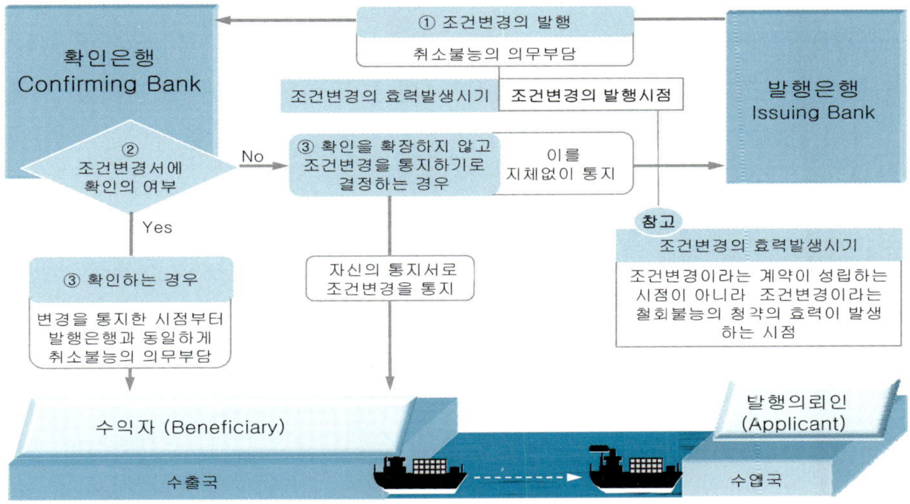

참고로, 계약(조건변경)은 "청약"과 "승낙"에 의하여 성립하며, 발행은행이 조건변경을 발행한다고 하는 것은 계약변경의 청약에 해당한다. 따라서, 발행은행이 조건변경서를 발행한 시점은 조건변경이라는 계약이 성립하는 시점이 아니라 조건변경이라는 철회불능의 "청약"의 효력이 발생하는 시점이며, 확인은헝이 조건변경서에 자신의 확인을 추가하여 수익자에게 통지한 경우에는 조건변경서를 통지한 시점은 철회불능의 "청약"의 효력이 발생하는 시점인 것이다.

3. 조건변경에 대한 승낙여부의 선택권(제10조 c항)

원신용장(또는 이전에 승낙된 변경을 포함하고 있는 신용장)의 조건변경이라는 "청약"이 철회불능이므로 피청약자에 해당하는 수익자가 이 조건변경이라는 "청약"에 대하여 조건변경을 통지해 온 은행에게 승낙하지 않는다면 조건변경이라는 계약은 유효하게 성립되지 않는다. 따라서, 수익자가 발행은행의 조건변경이라는 청약에 대하여 승낙 또는 거절의 의사표시를 통보할 때까지는 그 조건변경이라는 청약은 수익자에 대하여 계속해서 유효하게 존속하는 것이다.

즉, 최소불능신용장은 발행은행, 확인은행(있는 경우), 수익자가 동의하지 않는다면 원칙적으로 조건변경이 불가능한 것이므로 수익자가 조건변경에 동의하여야 한다는 의무도 없으며, 수익자가 일정기간 내에 조건변경에 동의하지 않았다고 하여 조건변경이 성립하는 것도 아니다. 따라서, 수익자가 자신의 승낙을 통보할 때까지는 그 조건변경은 유효하다고 하고 있을 뿐 조건변경에 대한 승낙의 기한에 대하여는 아무런 명시가 없다. 한편, 신용장의 조건변경에 대한 수익자의 승낙은 명시적인 의사가 있어야 하며, 단순히 침묵하고 있는 경우에는 이를 승낙의 의사표시로 볼 수 없다.[28] 그러나, 수익자가 침묵하고 있다가 원신용장의 조건대로 서류를 제시하였다면 이것은 조건변경의 거절로 보고, 변경된 조건을 충족하는 서류를 제시하였다면 이것은 조건변경의 승낙으로 본다.

또한, 수익자는 조건변경이라는 청약의 효력이 유효하게 존속하는 한, 연속되어 오는 조건변경서 중에서 자신에게 가장 유리하다고 판단되는 조건변경서만을 승낙할 수 있다. 즉, 독립된 조건변경통지서가 연속적으로 발행된 경우에는 이들 중 자신에게 유리한 조건변경통지서만 승낙하는 것은 허용된다. 예를 들면, 수익자가 자신에게 유리하다고 판단되는 1차 조건변경을 승낙하였는데, 다시 2차 조건변경이 통지되어 오고 이것이 자신에게 불리하다고 판단된다면, 2차 조건변경에 대하여는 승낙하지 않을 수 있을 것이다. 예를 들면, 수익자가 5월 5일자의 선적기일을 연장하는 조건변경통지서를 받았는데, 다시 5월 10일자의 단가감액의 조건변경통지서를 받았다고 한다면, 수익자는 자신에게 유리한 5월 5일자의 조건변경은 승낙하고, 그렇지 않는 5월 10일자 조건변경은 거절할 수 있다는 것이다.

●●● 조건변경에 대한 승낙여부의 선택권

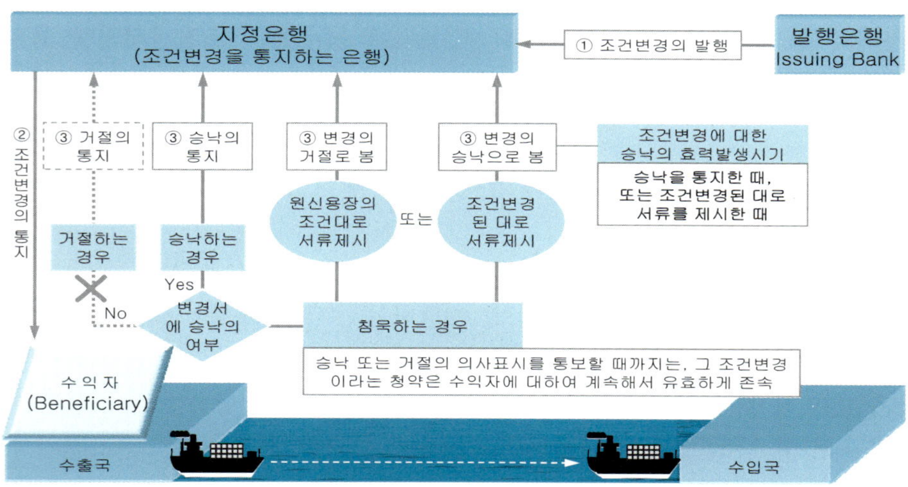

28) ICC Publication 399 R.71.

한편, 수익자가 조건변경을 통지해 온 은행에게 조건변경에 대한 승낙을 통보할 때까지는 원신용장의 조건이 유효하기 때문에 조건변경에 대한 승낙의 효력발생시기는 원칙적으로 조건변경에 대한 승낙을 통보하는 시점이다. 그러나, 수익자가 조건변경에 대한 승낙의 통보를 하지 않은 채, 은행에게 조건변경에 일치하는 서류를 제시하는 경우에는 조건변경에 대한 승낙의 효력발생시기는 그 서류가 은행에 제시되는 시점이다. 따라서, 조건변경이라는 철회불능의 "청약"의 효력발생시기는 발행은행이 조건변경서를 발행한 때이고, 확인은행이 그 조건변경서에 확인을 추가하여 통지한 경우에는 조건변경서를 통지한 때이다. 또한, 조건변경에 대한 승낙의 효력이 발생하여 계약이 성립되는 시기는 수익자가 조건변경을 통지해 온 은행(조건변경을 통지하는 은행)에게 승낙의 의사표시를 통보할 때, 또는 승낙의 의사표시를 하지 않은 경우에는 변경된 조건에 일치하는 서류를 지정은행 또는 발행은행에게 제시한 때이다.

4. 조건변경의 승낙 또는 거절의 통고(제10조 d항; 신설)

조건변경을 통지하는 은행이 수익자로부터 조건변경의 승낙 또는 거절의 통고를 받은 경우에는, 그 은행은 조건변경을 송부해 온 은행에게 이를 통지하여야 한다.

●●● 조건변경의 승낙 또는 거절의 통고

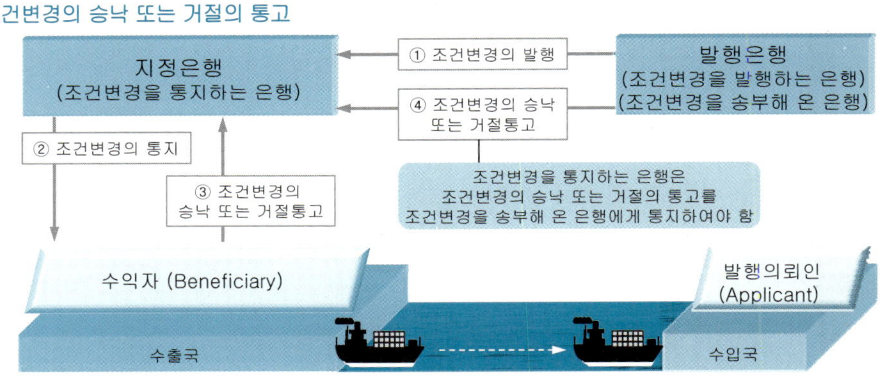

5. 조건변경의 부분적 승낙의 금지(제10조 e항)

하나의 조건변경서에 2이상의 변경사항이 포함되어 있는 경우에는, 수익자는 자신에게 유리한 조건변경사항만을 선택할 수 없다. 즉, 하나의 조건변경서에 포함되어 있는 변경사항에 대하여 부분적으로 승낙하는 것은 허용되지 않기 때문에, 조건변경서에 포함되어 있는 모든 변경사항을 승낙하거나, 아니면 모두 거절하여야 한다. 예를 들면, 하나의 조건변경서에 선적기일의 연장과 단가감액의 내용이 포함되어 있을 때, 수익자가 선적기일의 연장에 관한 사항만을 승낙하는 부분적 승낙은 허용되지 않으며 이러한 부분적 승낙은 그 조건변경의 거절의 통지로 보기 때문에, 조건변경서에 포함되어 있는 모든 사항에 대하여 승낙하지 않는다면 조건변경은 유효하게 행해지지 않는다.

●●● 조건변경의 부분적 승낙의 금지

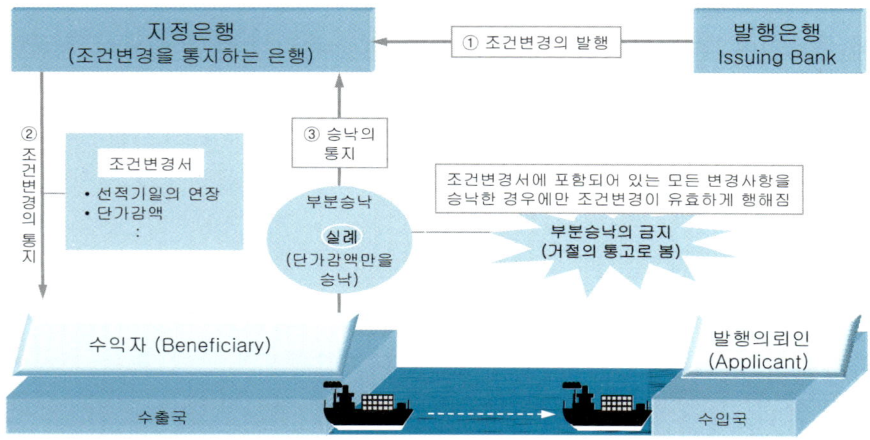

6. 자동승낙조건부 조건변경의 무시(제10조 f항: 신설)

발행은행이나 통지은행이 조건변경에 대하여, "승낙기한 내에 거절이 없는 경우에는 조건변경이 성립한 것으로 본다"고 하는 조건을 설정하는 것과 같이, 조건변경이 특정기한 내에 수익자에 의하여 거절되지 않는 한 유효하게 된다는 취지의 조건변경서상의 규정은 무시된다. 예를 들면, 조건변경서상에 "If we do not receive your rejection of this amendment within 15 days, we shall consider our amendment accepted(만일 당행이 15일 이내에 귀사의 조건변경의 거절을 수취하지 않는다면 당행의 조건변경은 승낙된 것으로 본다)"와 같이, 발행은행 또는 통지은행이 "특정기간 내에 또는 특정일자까지 수익자가 그 조건변경을 거절하지 않는다면 조건변경이 자동적으로 성립된다"는 문구를 삽입하는 행위에 대하여, ICC의 1994년 9월 1일자 position paper에서는, 취소불능신용장의 취소불능이라는 성격에 반하는 "잘못된 관행이고 강하게 반대한다(strongly disagree with the wrong practice)"고 규정하고 있다. 이를 반영하여 이 조에서는 "특정기간내에 조건변경의 거절이 없는 한 조건변경이 자동적으로 성립된다"고 하는 상기의 문언이 명기되어 있더라도, 이러한 문언은 무시된다는 것을 의미하기 때문에, 수익자는 이러한 문언이 명기되어 있는 조건변경서를 수령하고 특정기한내에 조건변경을 거절하지 않더라도 그 조건변경은 유효하게 되지 않는다는 것을 의미한다.[29] 신용장을 수익자에게 통지하였을 때 효력이 발생되는 신용장의 발행과 달리, 신용장의 조건변경은 수익자가 조건변경의 승낙 또는 거절의 통지를 하였을 때에만 그 효력이 발생할 수 있다. 즉, 조건변경을 수취한 수익자가 아무런 회답을 하지 않고 침묵하고 있음에도 불구하고 조건변경이 유효하게 되고 수익자가 그 조건변경에 구속된다고 하는 것은 불합리하기 때문에, 조건변경의 거절의 효력에 관한 기간제한의 문언에 대하여 수익자가 침묵하는 것은 조건변경이 유효하게 될 수 없음을 명시적으로 규정하고 있는 것이다.

●●● 자동승낙조건부 조건변경의 무시

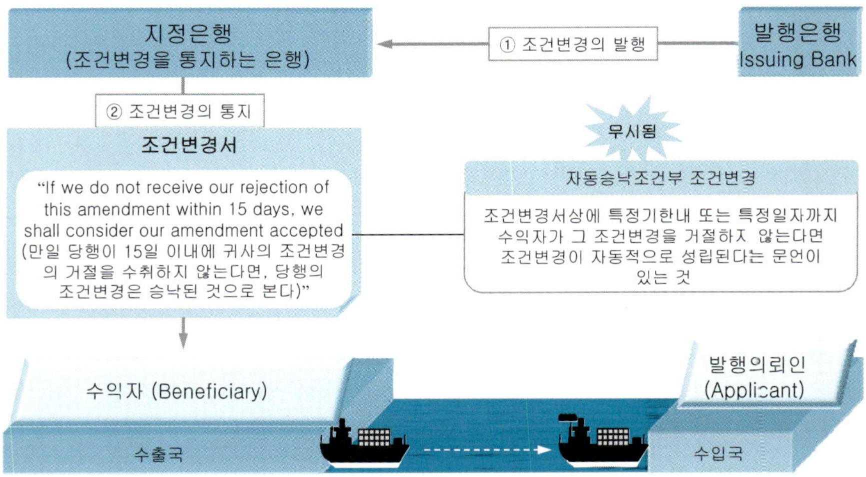

29) 이와 관련된 ICC 은행위원회의 유권해석은 "조건변경에 대한 수익자의 동의는 명시적인 승낙의 의사표시가 있어야 하며, 수익자의 묵시적인 동의는 승낙으로 간주되지 않는다"는 것이다; ICC Documents, 470/373, December 9, 1980.

제 11 조 전송 및 사전통지신용장과 조건변경(Teletransmitted and Pre-Advised Credits and Amendments)

Article 11 Teletransmitted and Pre-Advised Credits and Amendments
제 11 조 전송 및 사전통지신용장과 조건변경

a. An authenticated teletransmission of a credit or amendment will be deemed to be the operative credit or amendment, and any subsequent mail confirmation shall be disregarded.
신용장 또는 조건변경의 인증된 전송은 유효한 신용장 또는 조건변경으로 보며, 추후의 모든 우편확인서는 무시된다.

If a teletransmission states "full details to follow" (or words of similar effect), or states that the mail confirmation is to be the operative credit or amendment, then the teletransmission will not be deemed to be the operative credit or amendment. The issuing bank must then issue the operative credit or amendment without delay in terms not inconsistent with the teletransmission.
전송이 "완전한 명세는 추후 통지함(full details to follow)"(또는 이와 유사한 표현)이라고 명기하고 있거나 또는 우편확인서를 유효한 신용장 또는 조건변경으로 한다는 것을 명기하고 있는 경우에는, 그 전송을 유효한 신용장 또는 조건변경으로 보지 아니한다. 발행은행은 전송과 모순되지 아니한 조건으로 지체없이 유효한 신용장 또는 조건변경을 발행하여야 한다.

b. A preliminary advice of the issuance of a credit or amendment ("pre-advice") shall only be sent if the issuing bank is prepared to issue the operative credit or amendment. An issuing bank that sends a pre-advice is irrevocably committed to issue the operative credit or amendment, without delay, in terms not inconsistent with the pre-advice.
신용장의 발행 또는 조건변경의 예비통지("사전통지")는 발행은행이 유효한 신용장 또는 조건변경을 발행할 용의가 있는 경우에만 송부된다. 사전통지를 송부하는 발행은행은 지체없이 사전통지와 모순되지 아니한 조건으로 유효한 신용장 또는 조건변경을 발행할 것을 취소불능적으로 약속한다.

해설 explanation

1. 전송에 의한 통지와 우편확인서의 효력(제11조 a항)

발행은행이 신용장 또는 조건변경의 통지를 인증된 전송(authenticated teletransmission)[30]으로 발송하면서 우편확인서에 대하여 아무런 언급이 없는 경우에는, 이러한 전송은 유효한 신용장증서 또는 조건변경이 된다. 즉, 이러한 전송이 신용장의 원본으로 되기 때문에 추후에 우편확인서(mail confirmation)[31]가 송부되더라도 이는 무시된다. 따라서, 발행은행이 전송으로 신용장을 통지한 후 다시 우편확인서를 송부하는 관행은 불필요하게 되고, 전송과 우편확인서간의 내용상의 차이로 인하여 발생하던 당사자간의 분쟁도 효과적으로 해결될 수 있다.

●●● 전송에 의한 통지와 우편확인서의 효력

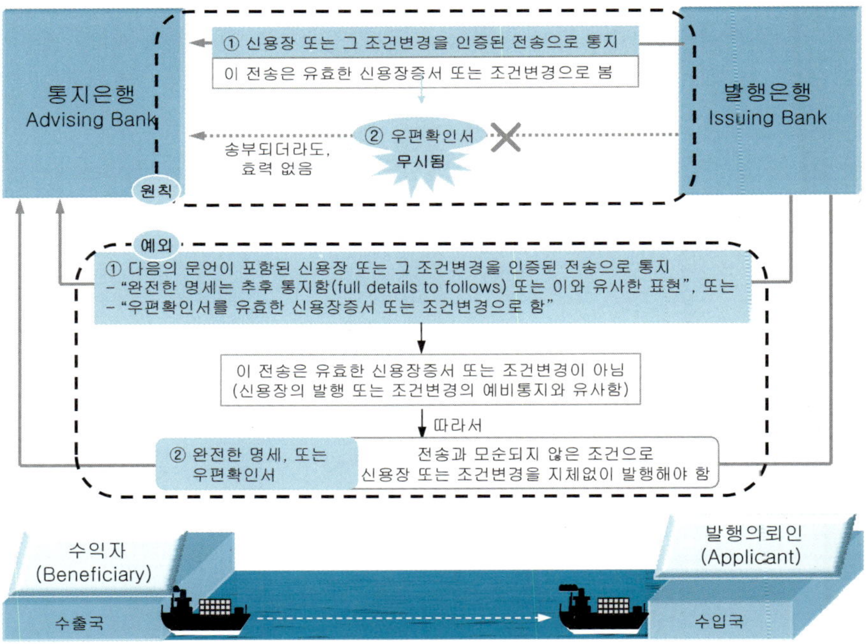

---

30) 전송(teletransmission)에는 전보(telegram), 전신(cable), 가입전신(telex), 모사전송(fax; telefax), 스위프트(SWIFT) 등이 포함된다. 전송에 "인증된(authenticated)"이라는 단어가 추가됨으로써 전송이 인증되지 않는다면, 은행이 유효한 신용장 또는 조건변경으로서 전송을 취급하는 것은 적당하지 않게 된다.

31) 우편확인서(mail confirmation)는 전송으로 발행된 신용장의 내용을 확인하기 위하여 우송하는 서류를 말한다.

그러나 예외적으로 전송이 아니라 우편확인서가 신용장의 원본, 즉 유효한 신용장증서 또는 조건변경으로 취급되는 경우가 있다. 즉, 전송에서 "완전한 명세는 추후 통지함(full details to follow)" 또는 이와 유사한 표현을 명기하고 있거나 또는 우편확인서를 유효한 신용장증서 또는 유효한 변경으로 한다고 명기하고 있는 경우에는, 전송이 아니라 우편확인서가 유효한 신용장증서 또는 유효한 변경으로 간주되기 때문에, 발행은행은 전송을 송부한 후 그러한 통지은행에게 전송과 모순되지 않는 우편확인서를 지체없이 발행하여야 한다. 이 경우, 인증된 전송은 신용장의 발행 또는 조건변경의 예비통지와 유사하다고 간주된다.

2. 사전통지(pre-advice)(제11조 b항)

발행은행은 완전히 유효한 신용장 또는 조건변경을 동시에 또는 지체없이 발행할 준비가 되어 있는 경우에만, 신용장의 발행 또는 조건변경의 예비통지(preliminary advice)를 송부하여야 하며, 발행은행이 이러한 예비통지(사전통지)를 송부하는 것은 지체없이 사전통지와 모순되지 않는 조건으로 신용장 또는 조건변경을 발행할 것을 취소불능적으로 약속하는 것이다.

이와 같이, 신용장의 발행 또는 조건변경의 예비통지(preliminary advice)가 발행된다는 것은 발행은행이 유효한 신용장증서 또는 조건변경을 발행할 준비가 되어 있는 경우에만 가능하다는 일반적인 견해를 반영한 것이다.

●●● 사전통지

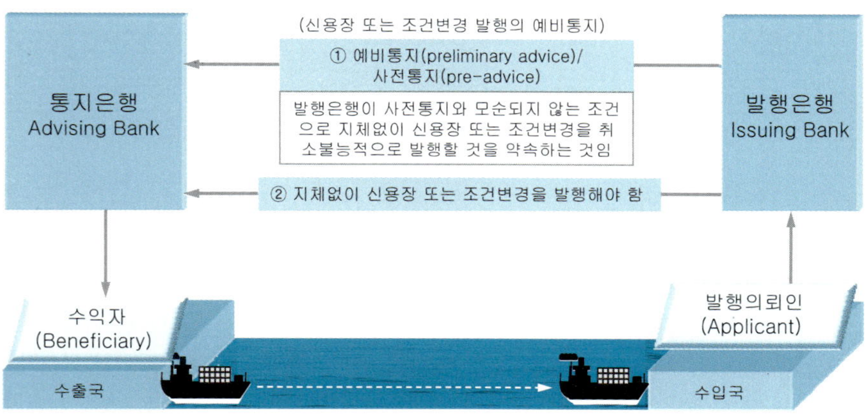

수익자는 통지은행으로부터 약식전신(short cable)을 받게 되면 신용장이나 조건변경이 곧 도착할 것이라는 믿음을 가지고 미리 물품을 준비하게 된다. 그러나 신용

장 또는 조건변경이 도착하지 않는다면 물품을 선적하더라도 대금지급에 대한 보장이 없기 때문에 수익자는 물품을 선적하지 않고 다른 경로를 통하여 처분할 수밖에 없게 된다. 이러한 경우, 발행의뢰인의 가격할인의 요청이 있게 되면, 수익자는 손해를 최소화하기 위하여 발행의뢰인의 무리한 가격할인요청을 수락하게 된다. 따라서, 발행은행이 신용장의 발행 또는 조건변경의 예비통지를 행한 후에 지체없이 유효한 신용장증서 또는 조건변경을 발행하지 않는다면, 수익자는 손해를 입게 되는 것이다.

제11조

제 12 조 지정(Nomination)

Article 12 Nomination
제 12 조 지정

a. Unless a nominated bank is the confirming bank, an authorization to honour or negotiate does not impose any obligation on that nominated bank to honour or negotiate, except when expressly agreed to by that nominated bank and so communicated to the beneficiary.

지정은행이 확인은행이 아닌 한, 지급이행 또는 매입할 수권은 그 지정은행이 명시적으로 합의하고 이를 수익자에게 통보하는 경우를 제외하고는, 그 지정은행에게 어떠한 의무도 부과하지 아니한다.

b. By nominating a bank to accept a draft or incur a deferred payment undertaking, an issuing bank authorizes that nominated bank to prepay or purchase a draft accepted or a deferred payment undertaking incurred by that nominated bank.

환어음을 인수하거나 또는 연지급확약을 부담할 은행을 지정함으로써, 발행은행은 지정은행이 인수한 환어음 또는 부담한 연지급확약을 선지급 또는 구매하도록 그 지정은행에게 권한을 부여한다.

c. Receipt or examination and forwarding of documents by a nominated bank that is not a confirming bank does not make that nominated bank liable to honour or negotiate, nor does it constitute honour or negotiation.

확인은행이 아닌 지정은행에 의한 서류의 수령 또는 심사 및 발송은 지급이행 또는 매입할 의무를 그 지정은행에게 부담시키는 것은 아니며, 그것은 지급이행 또는 매입을 구성하지 아니한다.

해설 explanation

1. 지정은행의 의무면제(제12조 a항)

발행은행에 의하여 지정은행으로 수권된 은행(지정은행)이 확인은행이 아닌 한, 그 지정은행은 지정의 승낙여부를 명시적으로(expressly) 합의하고 이를 수익자에게 통보한 경우에만, 지급이행 또는 매입할 의무를 부담하게 되기 때문에, 지정의 승낙여부를 명시적으로 합의하지 않은 경우에는 수익자에 대하여 지급이행 또는 매입할 의무가 없다. 따라서, 그러한 명시적인 합의가 없는 한, 지정은행이 단순히 신용장을 수익자에게 통지하고 서류를 수령, 심사 또는 발송하였다는 사실만으로는 지정을 승낙한 것으로 볼 수 없기 때문에 지정은행은 지급이행 또는 매입할 의무를 부담하지 않는다.

예를 들면, 신용장에 통지은행이 지정은행으로서 명기되어 있더라도, 통지은행이 지급이행 또는 매입에 대하여 책임을 부담하는 것은 아니다. 즉, 통지은행이 지정의 승낙여부를 명시적으로 합의하지 않고 수익자에게 통지하는 행위는 책임의 인수로 보지 않는다는 것이다.

●●● 지정은행의 의무면제

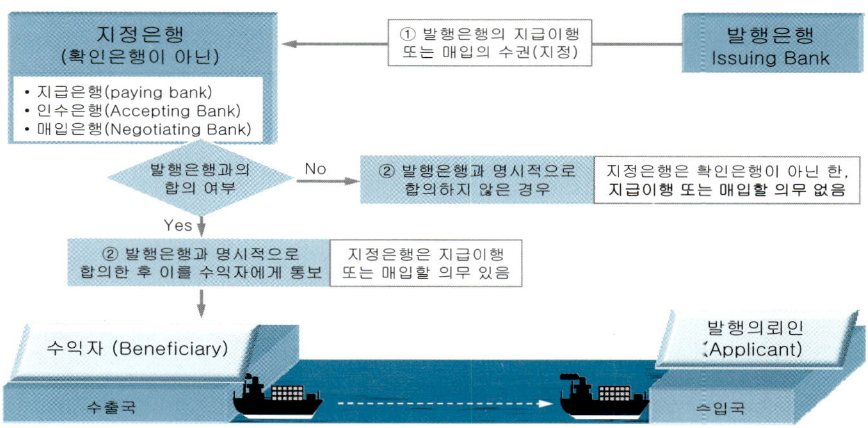

2. 지정은행에 의한 인수 또는 연지급신용장의 할인허용(제12조 b항: 신설)

발행은행이 어음인수은행 또는 연지급확약부담은행을 지정하였다는 것은 그 지정은행으로 하여금 그 지정은행이 인수한 환어음 또는 부담한 연지급확약을 선지급 또는 구매할 권한을 그 지정은행에게 부여한 것을 의미한다. 이 규정에 따라, 인수신용장 및 연지급신용장의 경우에도 할인(선지급 또는 구매)이 가능하게 되었다. 즉, 이 규정은 "지정은행에 의한 선지급 또는 구매"라는 어구를 사용하고 있는 제7조 c항 및 제8조 c항과 함께 연지급확약의 할인(discount of deferred payment undertaking)을 명문화한 것이다.

●●● 지정은행에 의한 인수 또는 연지급신용장의 할인허용

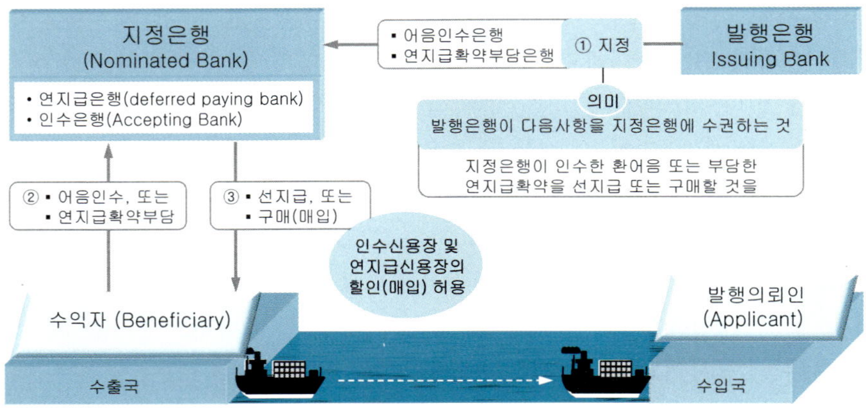

3. 지정은행의 지급이행 또는 매입의무면제(제12조 c항: 신설)

확인은행이 아닌 지정은행이 서류를 수령 또는 심사하고 이를 발송하였다는 사실만으로 그 지정은행은 지급이행 또는 매입할 의무를 부담하지 않는다. 또한 그 지정은행이 서류를 수령 또는 심사하고 이를 발송하였다는 것은 지급이행 또는 매입을 구성하지 않는다.

●●● 지정은행의 지급이행 또는 매입의무면제

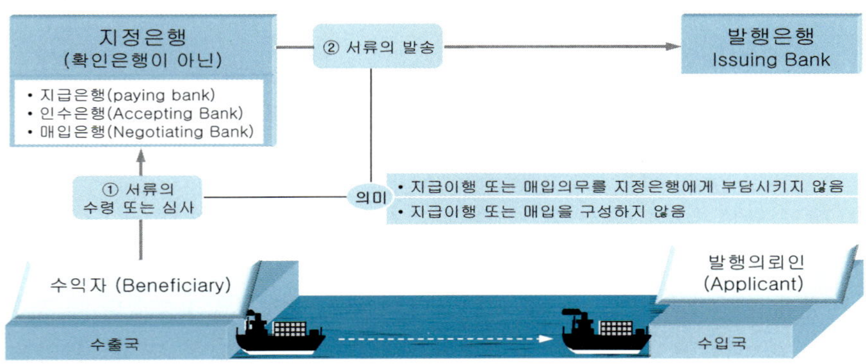

제13조 은행간 상환약정(Bank-to-Bank Reimbursement Arrangements)

Article 13 Bank-to-Bank Reimbursement Arrangements

제13조 은행간 상환약정

a. If a credit states that reimbursement is to be obtained by a nominated bank ("claiming bank") claiming on another party ("reimbursing bank"), the credit must state if the reimbursement is subject to the ICC rules for bank-to-bank reimbursements in effect on the date of issuance of the credit.
신용장에서 지정은행("청구은행")이 상환을 다른 당사자("상환은행")에게 청구하여 받는 것으로 명기하고 있는 경우에는, 그 신용장은 상환이 신용장의 발행일에 유효한 은행간 대금상환에 관한 ICC 규칙에 따르는지를 명기하여야 한다.

b. If a credit does not state that reimbursement is subject to the ICC rules for bank-to-bank reimbursements, the following apply:
신용장에서 상환이 은행간 대금상환에 관한 ICC 규칙에 따른다고 명기하고 있지 아니한 경우에는, 다음과 같이 적용된다:

i. An issuing bank must provide a reimbursing bank with a reimbursement authorization that conforms with the availability stated in the credit. The reimbursement authorization should not be subject to an expiry date.
발행은행은 신용장에 명기된 유효성을 따르는 상환수권을 상환은행에게 부여하여야 한다. 상환수권은 유효기일에 지배받지 아니하여야 한다.

ii. A claiming bank shall not be required to supply a reimbursing bank with a certificate of compliance with the terms and conditions of the credit.
청구은행은 상환은행에게 신용장의 제조건과의 일치증명서를 제공하도록 요구되지 아니한다.

제13조

iii. An issuing bank will be responsible for any loss of interest, together with any expenses incurred, if reimbursement is not provided on first demand by a reimbursing bank in accordance with the terms and conditions of the credit.

상환이 최초의 청구시에 신용장의 제조건에 따라 상환은행에 의하여 이행되지 아니한 경우, 발행은행은 부담된 모든 경비와 함께 이자손실의 책임을 부담하여야 한다.

iv. A reimbursing bank's charges are for the account of the issuing bank. However, if the charges are for the account of the beneficiary, it is the responsibility of an issuing bank to so indicate in the credit and in the reimbursement authorization. If a reimbursing bank's charges are for the account of the beneficiary, they shall be deducted from the amount due to a claiming bank when reimbursement is made. If no reimbursement is made, the reimbursing bank's charges remain the obligation of the issuing bank.

상환은행의 비용은 발행은행의 부담으로 하여야 한다. 그러나 그 비용이 수익자의 부담으로 되는 경우에는, 발행은행은 신용장 및 상환수권서에 이를 지시할 책임이 있다. 상환은행의 비용이 수익자의 부담으로 되는 경우에는, 그 비용은 상환이 행해질 때 청구은행에 기인하는 금액으로부터 공제되어야 한다. 상환이 행해지지 아니한 경우에는, 상환은행의 비용은 발행은행의 의무로 남는다.

c. An issuing bank is not relieved of any of its obligations to provide reimbursement if reimbursement is not made by a reimbursing bank on first demand.

발행은행은 상환이 최초의 청구시에 상환은행에 의하여 행해지지 아니하는 경우에는 상환을 이행해야 할 자신의 의무로부터 면제되지 아니한다.

해설 explanation

UCP 600 제13조는 발행은행이 다른 당사자("상환은행")로 하여금 지급, 인수 또는 매입은행("청구은행")에게 신용장대금을 상환하도록 수권하는 상환신용장과 관련된 규정이다. 즉, 발행은행이 상환(신용장상의 지급약속의 이행)을 지급, 인수 또는 매입은행으로 하여금 발행은행의 대리인인 상환은행에게 청구하도록 하는 경우에, 발행은행의 의무와 책임을 규정하고 있는 것이다.

1. 은행간 대금상환에 관한 준거규정의 삽입(제13조 a항: 신설)

발행은행이 지급, 인수 또는 매입은행("청구은행")에게 직접 신용장대금을 상환하는 송금신용장의 경우가 아니라, 다른 당사자("상환은행")로 하여금 지급, 인수 또는 매입은행("청구은행")에게 신용장대금을 상환하도록 수권하는 상환신용장의 경우와 같이, 그 신용장에서 다른 당사자("상환은행")로 하여금 상환을 받을 권리가 있는 지급, 인수 또는 매입은행 등의 지정은행("청구은행")에게 상환하도록 명기하고 있는 경우에는, 그 신용장에는 상환이 신용장의 발행일에 유효하게 사용되고 있는 "은행간 대금상환에 관한 ICC 규칙(ICC rules for bank-to-bank reimbursements)"에 준거한다는 문언이 명기되어야 한다. 즉, 이 조항은 상환신용장이 발행되는 경우 그 신용장에는 "은행간 대금상환에 관한 ICC 규칙(ICC rules for bank-to-bank reimbursements)"이 명기되어야 하며, 상환업무를 이 규칙에 따라 처리할 수 있도록 명문화한 규정이다.

●●● 은행간 대금상환에 관한 준거규정의 삽입

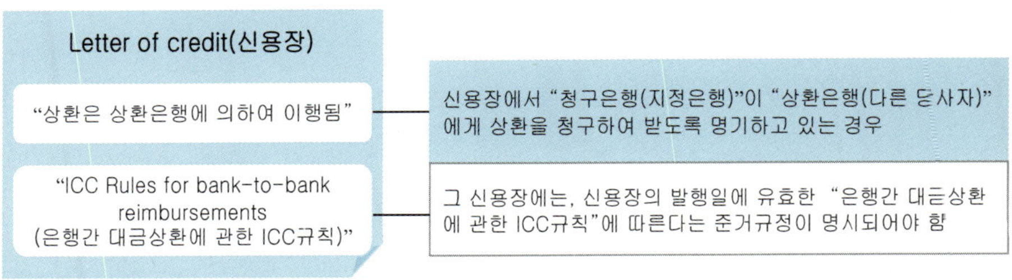

2. 은행간 대금상환에 관한 준거규정이 없는 경우의 적용기준(제13조 b항)

UCP 600 제13조 b항은 신용장에서 상환이 "은행간 대금상환에 관한 ICC 규칙"에 따른다고 명기하고 있지 않은 경우에 적용되는 기준을 제시하고 있다. 즉, 신용장에서 "은행간 대금상환에 관한 ICC 규칙"에 따른다는 준거규정을 명기하고 있는 경우에는, 제13조 b항의 규정이 적용되지 않지만, 이러한 준거규정이 없는 경우에는 제13조 b항의 규정이 적용되어야 한다.

(1) 상환수권의 부여 및 유효기일(제13조 b항 ⅰ호: 신설)

발행은행은 신용장을 발행할 때 상환은행에게 "상환수권서(Reimbursement Authorization)"를 송부하는 방법 등으로 신용장에 명기된 유효성을 따르는 상환수권을 부여하여야 한다. 왜냐하면, 상환은행으로서는 이러한 발행은행의 상환수권이 있어야만 지급, 인수 또는 매입은행의 상환청구에 응할 수 있기 때문이다. 그러나, 이러한 지시가 어떤 사정으로 지연되거나 불명확한 경우에는 상환이 행해지지 않을 위험이 있다. 따라서, UCP 600 제13조 b항 ⅰ호 제1문에서는 "발행은행은 신용장에 명기된 유효성을 따르는 상환수권을 상환은행에게 부여하여야 한다"고 규정하면서, 제2문에서는 "상환수권은 유효기일에 지배받지 아니하여야 한다"고 규정하고 있다. 즉, 매입은행이 유효기일에 또는 유효기일에 근접하는 일자에 매입한 후 상환은행에 대금상환을 청구하는 경우에는, 그 대금상환청구는 유효기일이 경과한 후에 상환은행에 행해질 수 있을 것이다. 이러한 경우에 대금상환의 유효기일을 요구한다면 대금상환청구는 상환수권서의 유효기일 때문에 지급되지 않을 수도 있다. 따라서, 상환수권은 유효기일에 지배되지 않는다고 규정함으로써, 유효기일의 경과로 인한 대금상환불능의 사태를 방지할 수 있게 되었다.

물론 신용장에서 "은행간 대금상환에 관한 ICC 규칙(ICC rules for bank-to-bank reimbursements)"에 따른다고 명기하고 있는 경우에는, UCP 600 제13조 b항 ⅰ호의 규정이 적용되는 것이 아니라, 유효기일이 상환수권서에 명시되어 있더라도 이를 무시한다고 규정하고 있는 "은행간 대금상환에 관한 ICC 규칙" 제7조[32]가 적용된다.

●●● 상환수권의 부여 및 유효기일

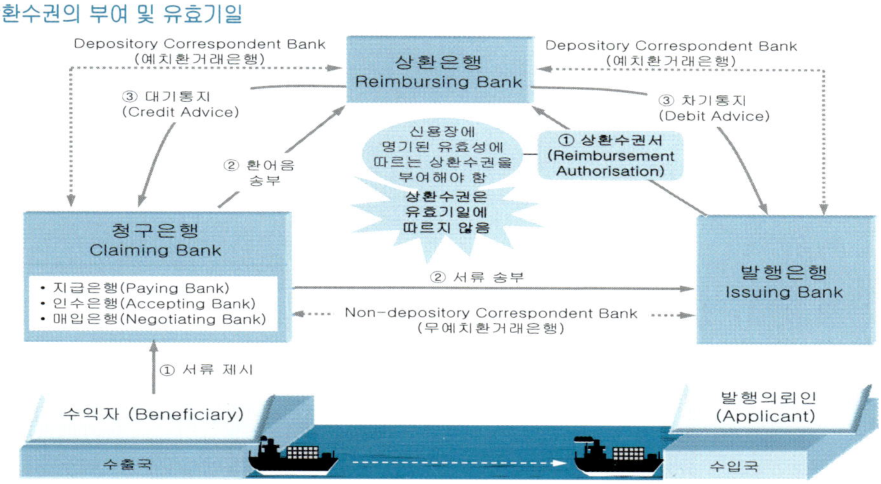

32) 은행간 대금상환에 관한 ICC 규칙 제7조에서는 "상환은행은 신용장의 유효기일에 대해 책임을 지지 아니하며 만일 그러한 기일이 상환수권서에 주어진 경우 이는 무시된다"고 규정하고 있다.

(2) 일치증명서제공의 요구금지(제13조 b항 ii호)

상환은행이 청구은행(claiming bank)으로부터 신용장에서 요구하는 서류의 제공 없이 상환청구환어음(reimbursement draft)만을 송부받는 경우에는 상환은행은 청구은행의 상환청구가 신용장조건에 일치하는지의 여부를 확인할 수 없기 때문에 1974년 개정 신용장통일규칙까지는 청구은행이 상환은행에게 "일치증명서(certificate of compliance)"를 제공하는 것이 통례였다. 그러나, 청구은행이 상환청구환어음을 상환은행에 송부하여 상환청구할 수 있다는 것은 이미 신용장조건에 일치한 서류를 발행은행에 송부한 경우에 한정되기 때문에 이를 다시 증명할 필요가 없으며, 상환은행으로서도 서류가 신용장조건과 일치한다는 "일치증명서"의 유무를 확인하는 것이 번잡하기 때문에, 청구은행이 상환은행에게 신용장의 제조건과의 일치증명서를 제공하도록 하는 것은 요구되지 않는다.

●●● 일치증명서제공의 요구금지

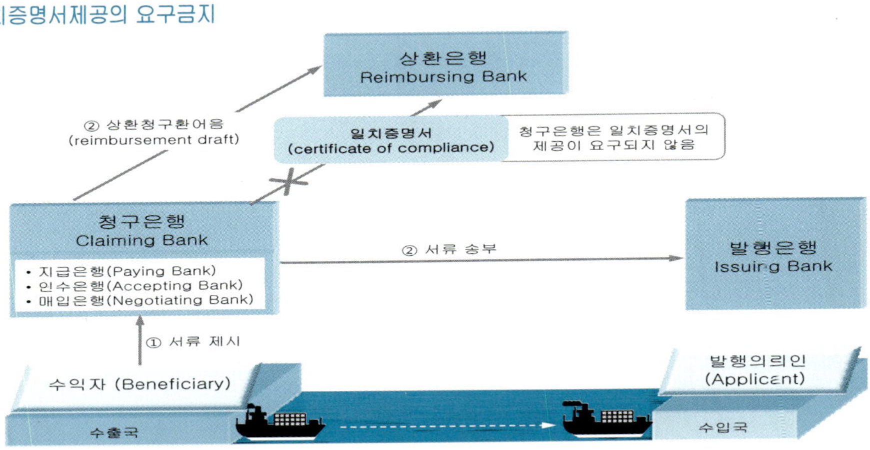

참고로, 신용장통일규칙은 강행규정이 아니라 임의규정이기 때문에 발행은행이 신용장통일규칙을 무시하고 일치증명서의 제공을 요구할 수 있을 것이다. 이와 같이, 발행은행이 이 조항을 무시하고 그러한 일치증명서를 요구하는 경우에는 발행은행은 지정은행 및 상환은행에게 이를 통지할 의무를 부담하여야 하며,[33] 청구은행은 상환은행에게 일치증명서를 제공하여야만 상환은행으로부터 신용장대금을 상환받을 수 있다.

(3) 발행은행의 상환지연이자부담(제13조 b항 iii호)

상환은행이 최초의 상환청구시에 신용장의 제조건에 따라 상환을 이행하지 않은 경우에는, 상환청구은행이 상환은행에게 다시 상환을 요청함으로써 상환은행이 신

33) Charles del Busto, Documentary Credits, UCP 500 & 400 Compared, ICC Publication No 511, ICC Publishing S.A., 1993, p.55.

제13조

용장대금을 상환하거나, 또는 발행은행에게 이를 통지함으로써 발행은행이 상환청구은행에게 신용장대금을 상환하게 된다면, 상환지연에 따른 손해금(지연이자)이 발생하게 된다. 이러한 경우, 발행은행은 그 상환지연이자, 즉 부담된 모든 경비와 함께 이자손실의 책임을 부담하여야 한다는 것이다. 즉, 상환청구은행이 최초의 상환청구일로부터 신용장대금이 실제로 입금된 일자까지의 지연이자를 청구하는 경우, 그 지연이자는 발행은행이 부담하여야 한다.

●●● 발행은행의 상환지연이자부담

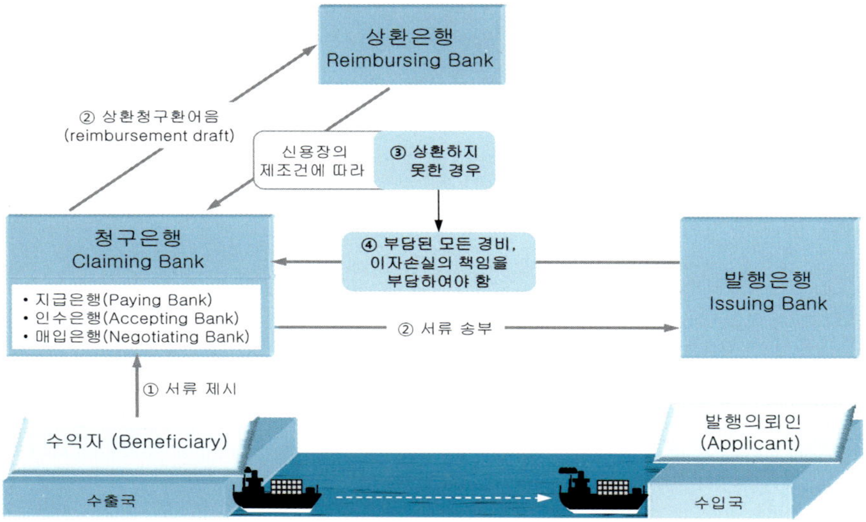

(4) 상환비용의 부담(제13조 b항 iv호)

상환수수료(Reimbursement Commission) 등의 상환은행의 비용(Reimbursement Bank's charges)의 부담자는 신용장조건에 의하여 결정된다. 신용장에서 그 비용의 부담자를 발행은행이 아닌 수익자를 명기하고 있는 경우에는 그 수익자가 부담하여야 하지만, 그 비용의 부담자가 정해져 있지 않은 경우에는 발행은행이 부담하여야 한다는 것이다. 즉, 상환은행의 비용은 원칙적으로 발행은행이 부담하여야 하지만, 발행은행이 수익자에게 그 비용을 부담시키려는 경우에는 신용장 및 상환수권서에 이를 명기하여야 한다. 이와 같이, 신용장에서 수익자가 상환은행의 비용을 부담하도록 명기하고 있을 때에는, 그 비용은 상환은행이 청구은행에게 상환할 때 청구은행에 기인하는 금액으로부터 공제하여야 하고, 상환이 행해지지 않는 경우에는 발행은행이 부담하는 것으로 된다.

예를 들면, 신용장에서 상환은행의 비용을 수익자(beneficiary)의 부담이라고 명기하고 있는 경우에는, 상환청구은행은 신용장이 사용될 때 신용장대금에서 상환수수료를 공제한 나머지 금액을 수익자에게 지급하고, 마찬가지로 상환은행도 상환수수료를 공제한 나머지 금액을 상환청구은행에게 지급하게 된다.

●●● 상환비용의 부담

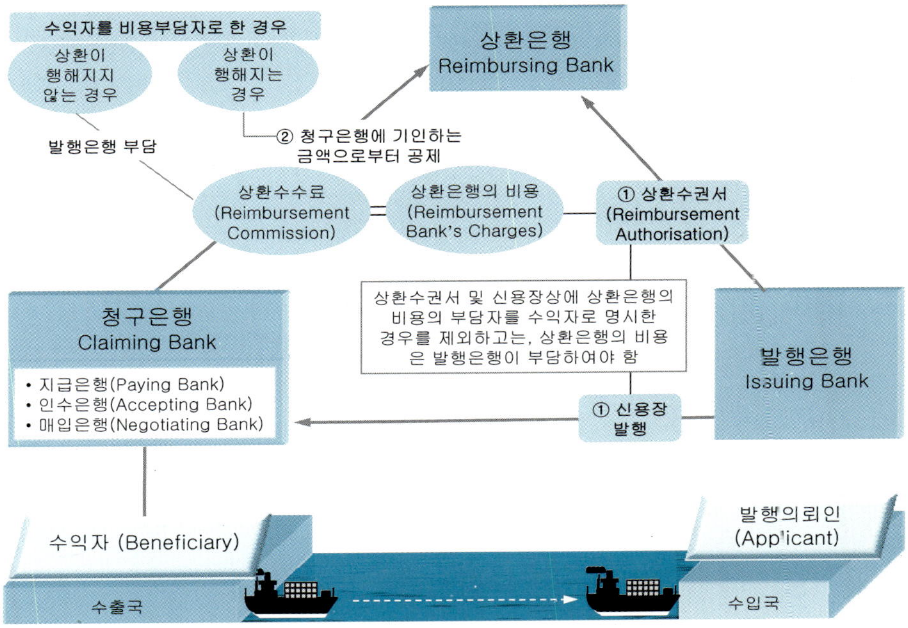

3. 발행은행의 상환의무(제13조 c항)

상환은행이 최초의 청구시에 상환청구은행에게 신용장대금을 상환하지 않은 경우에는, 발행은행은 상환은행에 대신하여 상환청구은행에게 신용장대금을 상환할 의무가 있다. 왜냐하면 발행은행과 상환은행간에 체결된 상환계약은 이들 은행간의 내부거래로서, 신용장거래에는 아무런 영향을 미치지 못하기 때문이다. 즉, 발행은행과 상환은행간의 상환계약에 의하여 발행은행이 제3의 은행인 상환은행으로 하여금 상환청구은행에게 상환할 것을 지시하였더라도, 발행은행은 신용장대금의 지급책임을 완전히 면제받을 수 없다는 것이다. 이와 같이, 상환은행이 신용장대금을 상환하지 않는 경우에는, 상환청구은행이 다시 발행은행에게 상환청구해야 하는 불편함이 따르기 때문에, 수익자나 지정은행으로서는 상환은행의 존재를 그다지 환영할 입장이 아니라는 것이다.

●●● 발행은행의 상환의무

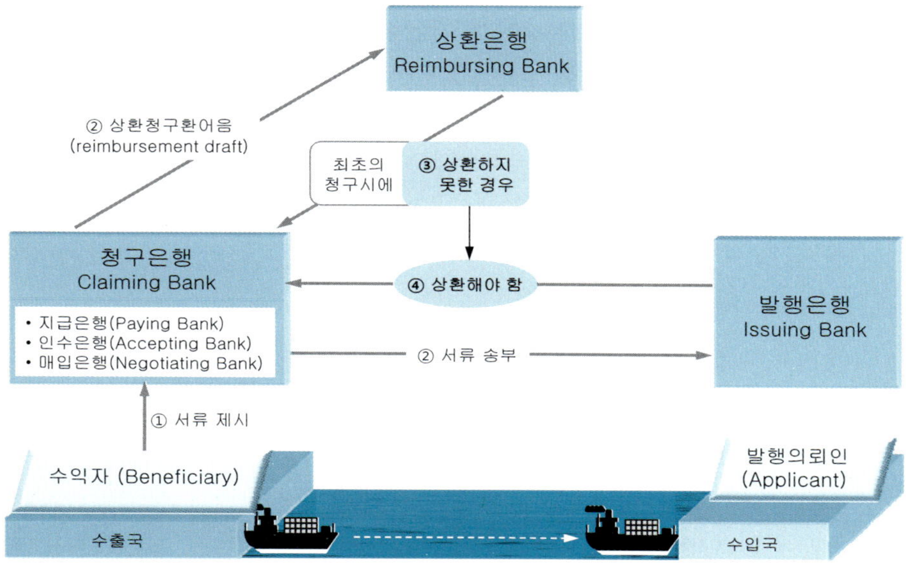
상환은행
Reimbursing Bank
② 상환청구환어음
(reimbursement draft)
최초의
청구시에
③ 상환하지
못한 경우
청구은행
Claiming Bank
• 지급은행(Paying Bank)
• 인수은행(Accepting Bank)
• 매입은행(Negotiating Bank)
④ 상환해야 함
발행은행
Issuing Bank
② 서류 송부
① 서류 제시
수익자 (Beneficiary)
발행의뢰인
(Applicant)
수출국
수입국

제14조 서류심사의 기준(Standard for Examination of Documents)

Article 14 Standard for Examination of Documents
제 14 조 서류심사의 기준

a. A nominated bank acting on its nomination, a confirming bank, if any, and the issuing bank must examine a presentation to determine, on the basis of the documents alone, whether or not the documents appear on their face to constitute a complying presentation.
발행은행의 지정에 따라 행동하는 지정은행, 확인은행(있는 경우) 및 발행은행은 서류가 문면상 일치하는 제시를 구성하는지 여부를 결정하기 위하여 서류만을 기초로 하여 그 제시를 심사하여야 한다.

b. A nominated bank acting on its nomination, a confirming bank, if any, and the issuing bank shall each have a maximum of five banking days following the day of presentation to determine if a presentation is complying. This period is not curtailed or otherwise affected by the occurrence on or after the date of presentation of any expiry date or last day for presentation.
발행은행의 지정에 따라 행동하는 지정은행, 확인은행(있는 경우) 및 발행은행은 제시가 일치하는지 여부를 결정하기 위하여 제시일의 다음날부터 최대 제5은행영업일을 각각 가진다. 이 기간은 제시를 위한 모든 유효기일 또는 최종일의 제시일에 또는 그 이후의 사건에 의하여 단축되거나 또는 별도로 영향을 받지 아니한다.

c. A presentation including one or more original transport documents subject to articles 19, 20, 21, 22, 23, 24 or 25 must be made by or on behalf of the beneficiary not later than 21 calendar days after the date of shipment as described in these rules, but in any event not later than the expiry date of the credit.

제14조

제19조, 제20조, 제21조, 제22조, 제23조, 제24조 또는 제25조에 따른 하나 또는 그 이상의 운송서류의 원본을 포함하는 제시는 이 규칙에 기술된 대로 선적일 이후 21일보다 늦지 않게 수익자에 의하여 또는 대리하여 이행되어야 한다. 그러나 어떠한 경우에도, 신용장의 유효기일보다 늦지 않아야 한다.

d. Data in a document, when read in context with the credit, the document itself and international standard banking practice, need not be identical to, but must not conflict with, data in that document, any other stipulated document or the credit.
서류상의 자료는 신용장, 그 서류자체 및 국제표준은행관행의 관점에서 검토하는 경우, 그 서류, 기타 모든 명시된 서류 또는 신용장상의 자료와 동일할 필요는 없지만 이와 상충되어서는 아니된다.

e. In documents other than the commercial invoice, the description of the goods, services or performance, if stated, may be in general terms not conflicting with their description in the credit.
상업송장 이외의 서류에 있어서, 물품, 용역 또는 이행의 명세는 명기된 경우 신용장상의 이들 명세와 상충되지 아니하는 일반용어로 기재될 수 있다.

f. If a credit requires presentation of a document other than a transport document, insurance document or commercial invoice, without stipulating by whom the document is to be issued or its data content, banks will accept the document as presented if its content appears to fulfil the function of the required document and otherwise complies with sub-article 14 (d).
신용장에서 서류가 누구에 의하여 발행되는 것인지를 또는 서류의 자료내용을 명시하지 않고, 운송서류, 보험서류 또는 상업송장 이외의 서류의 제시를 요구하는 경우에는, 그 서류의 내용이 요구된 서류의 기능을 충족하는 것으로 보이고 기타의 방법으로 제14조 d항과 일치한다면, 은행은 그 서류를 제시된 대로 수리한다.

g. A document presented but not required by the credit will be disregarded and may be returned to the presenter.
제시되었지만 신용장에 의하여 요구되지 않은 서류는 무시되고 제시인에게 반송될 수 있다.

h. If a credit contains a condition without stipulating the document to indicate compliance with the condition, banks will deem such condition as not stated and will disregard it.

신용장이 어떤 조건(condition)과의 일치성을 표시하기 위하여 서류를 명시하지 않고 그 조건을 포함하고 있는 경우에는, 은행은 그러한 조건을 명기되지 아니한 것으로 보고 이를 무시하여야 한다.

i. A document may be dated prior to the issuance date of the credit, but must not be dated later than its date of presentation.

서류는 신용장의 일자보다 이전의 일자가 기재될 수 있으나 그 서류의 제시일보다 늦은 일자가 기재되어서는 아니된다.

j. When the addresses of the beneficiary and the applicant appear in any stipulated document, they need not be the same as those stated in the credit or in any other stipulated document, but must be within the same country as the respective addresses mentioned in the credit. Contact details (telefax, telephone, email and the like) stated as part of the beneficiary's and the applicant's address will be disregarded. However, when the address and contact details of the applicant appear as part of the consignee or notify party details on a transport document subject to articles 19, 20, 21, 22, 23, 24 or 25, they must be as stated in the credit.

수익자 및 발행의뢰인의 주소가 모든 명시된 서류상에 보이는 경우에는, 이들 주소는 신용장 또는 기타 모든 명시된 서류에 명기된 것과 동일할 필요는 없으나, 신용장에 언급된 각각의 주소와 동일한 국가 내에 있어야 한다. 수익자 및 발행의뢰인의 주소의 일부로서 명기된 연락처명세(모사전송, 전화, 전자우편 등)는 무시된다. 그러나, 발행의뢰인의 모든 주소 및 연락처명세가 제19조, 제20조, 제21조, 제22조, 제23조, 제24조 또는 제25조에 따라 운송서류상의 수화인 또는 착화통지처 명세의 일부로서 보이는 경우에는, 이러한 주소 및 연락처명세는 신용장에 명기된 대로 이어야 한다.

k. The shipper or consignor of the goods indicated on any document need not be the beneficiary of the credit.

모든 서류상에 표시된 물품의 송화인 또는 탁송인은 신용장의 수익자일 필요는 없다.

제14조

l. A transport document may be issued by any party other than a carrier, owner, master or charterer provided that the transport document meets the requirements of articles 19, 20, 21, 22, 23 or 24 of these rules.
운송서류가 이 규칙의 제19조, 제20조, 제21조, 제22조, 제23조 또는 제24조의 요건을 충족하는 한, 그 운송서류는 운송인, 선주 또는 용선자 이외의 모든 당사자에 의하여 발행될 수 있다.

해설 explanation

1. 서류의 심사기준(제13조 a항)

제시된 서류가 문면상 신용장조건과 일치하는지의 여부, 즉 은행의 서류심사기준은 엄밀일치의 원칙(doctrine of strict compliance)과 상당일치의 원칙(doctrine of substantial compliance; 실질일치의 원칙)이라는 2가지 원칙이 서로 대립되어 왔으며, 이를 바탕으로 UCP 500에서는 국제표준은행관행(international standard banking practice)을 서류심사기준으로 규정하였다.

그러나 UCP 600 제13조 a항에서는 지정은행(발행은행의 지정에 따라 행동하는), 확인은행(있는 경우) 및 발행은행은 서류가 문면상 일치하는 제시(신용장의 제조건, 신용장통일규칙(UCP 600) 및 국제표준은행관행의 적용가능한 규정에 따른 제시)를 구성하는지 여부, 즉 "일치성"을 결정하기 위하여 서류만을 기초로 하여 그 제시를 심사하여야 한다고 규정하고 있다. 즉, 은행은 서류가 문면상 일치하는 제시를 구성하는지 여부를 심사할 때에는 서류만을 기초로 심사하여야 한다고 규정함으로써, UCP 500에 규정되어 있었던 "본 규칙에 반영된 국제표준은행관행(international standard banking practice)에 따라 상당한 주의를 기울여 심사하여야 한다"는 규정이 삭제되었다. 그러나, 실질적으로는 국제표준은행관행에 따른다는 규정은 삭제되지 않고 "상당한 주의를 기울여(with reasonable care)"라는 어구만 삭제되었다. 왜냐하면, "일치하는 제시"라는 용어 속에는 국제표준은행관행이 포함되어 있기 때문이다. 즉, 이 규칙 제3조에서는 "일치하는 제시란 신용장의 제조건, 이 규칙 및 국제표준은행관행의 적용가능한 규정에 따른 제시를 말한다"고 규정하고 있다.

●●● 서류의 심사기준

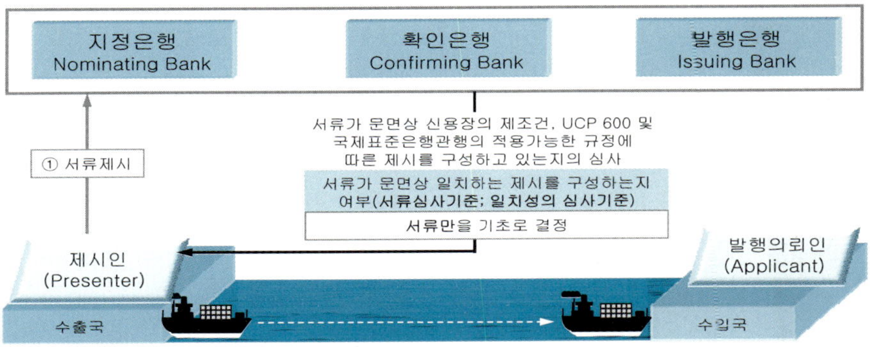

참고로, 문면상(on their face)이라는 용어는 "매매계약이나 선화증권 등의 전문가가 아닌 은행원이 서류를 본다는 것"을 의미한다고 해석할 수 있기 때문에, 이 "문면상(on their face)"의 의미는 서류의 "표면(face)" 또는 "배면(reverse)"이 아니라는 것에 유의하여야 한다.[34] 이와 같이, 서류를 심사하는 은행원은 신용장발행의 근거계약인 매매계약 등의 당사자가 아닐 뿐만 아니라 선화증권 등의 증권의 진위감정의 전문가가 아니다. 따라서, 은행에 부과된 서류심사의무는 그 서류의 진정성이나 표시된 내용에 대한 실질심사가 아니라, 그 서류가 신용장조건, UCP 600 및 국제표준은행관행의 적용가능한 규정과 일치하는 것으로 보여지는지의 여부에 대한 형식심사에 불과하다.

2. 서류의 심사기간(제14조 b항)

발행은행, 확인은행(있는 경우), 또는 이들 은행을 위하여 행동하는 지정은행(지급은행, 매입은행 등)의 서류심사기간은 서류제시일의 다음 영업일을 기산일로 하여 제5은행영업일 이내이다. 즉, 발행은행(있는 경우, 확인은행), 또는 발행은행의 지정에 따라 행동하는 지정은행이 서류를 심사하고 그 수리여부를 결정하고 그러한 결정을 서류의 제시인에게 통지함에 있어서는 서류가 제시된 다음날(제시일의 다음날을 기산일로 함)로부터 제5은행영업일 이내이다. 즉, 이들 은행은 서류가 제시된 다음 은행영업일로부터 제5은행영업일을 초과하지 않는 범위내에서 서류를 심사하고 이를 수리할 것인지 또는 거절할 것인지를 결정하고 서류의 제시인에게 통지할 의무를 부담하게 되었다.[35] 이러한 기간은 은행이 서류를 접수하여 5일을

34) Charles del Busto, Documentary Credits, UCP 500 & 400 Compared, ICC Publication No.511, ICC Publishing S.A., 1993, p.39.

35) 이 조항은 "① 은행(지정은행, 확인은행 및 발행은행)은 제시된 서류를 심사할 의무가 있으며, ② 은행이 서류를 심사하여야 할 기간은 제시일의 다음날부터 최대 제5은행영업일이며,

제14조

기다렸다가 서류를 심사한다는 것이 아니라 제5은행영업일 이내에 심사하여야 한다는 것을 의미하며, 이 제5은행영업일에는 은행의 공휴일은 제외된다. 만일 은행이 서류를 제시받은 다음 영업일로부터 제5은행영업일이내에 서류의 수리여부에 대하여 아무런 통지가 없다면, 이는 제시된 서류가 수리된 것으로 간주된다.

서류의 심사기간에 대하여 UCP 400에서는 "상당한 기간(reasonable time)"이라고 규정되어 있었기 때문에 이 상당한 기간을 둘러싸고 분쟁이 많이 발생하게 됨으로써 어느 정도의 시간이 상당한 기간인지를 결정할 필요가 발생하게 되었다. 이에 ICC 은행기술관행위원회는 3년 이상의 각국의 판례를 참고로, 제3은행영업일에서 제5은행영업일과 제10은행영업일이라는 국내위원회의 의견을 타협(compromise)하여 제7은행영업일로 합의함으로써 심사기간을 구체화하게 된 것이다. 그러나, UCP 600에서는 서류의 심사기간을 제7은행영업일에서 제5은행영업일로 2일 단축하고 상당한 기간이라는 애매한 표현도 삭제하였다. 서류의 수리 또는 거절을 위한 서류심사기간을 "제5은행영업일(five banking days)"로 규정한 것은 "제7은행영업일을 초과하지 않는 상당한 기간(Reasonable time not exceeding seven banking days)"이라는 어구를 대체한 것이다. 따라서, UCP 600에서는 서류의 심사기간은 "제5은행영업일"로서, 그 기산점은 "제시일의 다음 영업일부터"이고, 이 기간은 발행은행, 확인은행(있는 경우), 지정은행에게 각각 부여된다. 또한, 이 심사기간은 "제5은행영업일 이내"라는 제약이 있는 기간을 의미하는 것이지, 서류의 수리를 결정하면서 대금결제를 점검기간의 최종일까지 연장하는 시간은 아니다.

한편, 이러한 제5은행영업일이라는 서류심사기간은 제시를 위한 모든 유효기일 또는 최종일의 제시일에 또는 그 이후의 사건에 의하여 단축되거나 또는 별도로 영향을 받지 아니한다.

●●● 서류의 심사기간

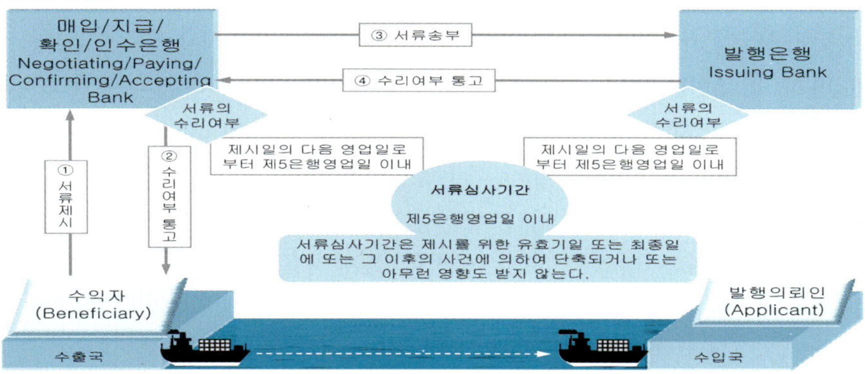

③제5은행영업일의 기간은 유효기일 또는 최종제시일과 같은 미래의 사건의 발생에 의하여 영향을 받지 않는다"고 규정하고 있는 것이다.

예를 들면, 제시일이 2006년 5월 2일인 경우에는 서류심사기간은 그 다음 영업일인 5월 3일을 기산일로 하여 제5은행영업일이내이기 때문에, 5일(어린이날), 6일(토요일) 및 7일(일요일)과 같은 공휴일을 제외하면, 5월 10일까지이다. 따라서, 은행은 5월 10일 이내에 서류의 제시인에게 서류의 수리여부를 통고하여야 한다.

●●● 서류심사기간의 실례

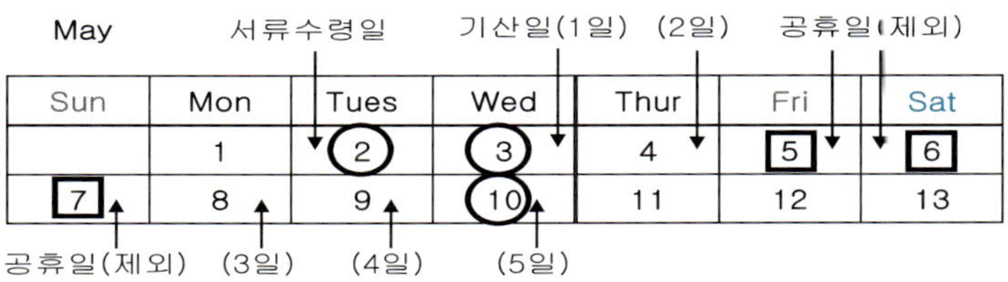

3. 서류제시의 유효기일의 제한(제14조 c항)

수익자 또는 그 대리인이 하나 이상의 운송서류의 원본을 포함하는 제시를 행할 때에는 이 규칙에 기술된 대로 선적일 이후 21일보다 늦지 않게 행하여야 하며, 어떠한 경우에도 그 제시는 신용장의 유효기일(expiry date of the credit) 이내에 행해져야 한다. 즉, 수익자 또는 그 대리인은 제19조(복합운송서류), 제20조(선화증권), 제21조(비유통성 해상화물운송장), 제22조(용선계약선화증권), 제23조(항공운송서류), 제24조(도로, 철도 또는 내륙수로운송서류) 또는 제25조(특송화물수령증, 우편수령증 또는 우송증명서)에 따른 하나 이상의 운송서류의 원본을 포함하는 서류를 선적일 이후부터 21일 이내에 제시하여야 하며, 어떠한 경우에도, 서루의 제시는 신용장의 유효기일 이내에 제시되어야 한다.

제시기일(통상 21일)은 운송서류의 원본에만 적용된다. 이것은 신용장에서 사본 또는 비운송서류가 요구되고, 제시기일이 요구되는 경우에는, 신용장은 그 서류가 합의된 순간 또는 사건으로부터 특정기일이내에 제시되어야 한다고 명기하여야 한다는 것을 의미한다.[36]

다시 말하면, 신용장에서 운송서류를 포함하는 서류를 요구하는 경우에는, ① 어떠한 경우에도 서류의 제시는 신용장의 유효기일 이내에 행해져야 한다는 대전제를 충족하면서, ② 선적일 이후부터 21일 이내에 제시되어야 한다. 예를 들면, 선적일 이후부터 21일이 경과하기 전에 신용장의 유효기일이 도래한다면, 그 유효기일이 서류의 제시기일로 된다.

이 조항은 운송서류를 포함한 서류를 요구하는 신용장을 요건으로 하기 때문에

36) Prepare for the UCP 600; http://www.nordea.com/sitemod/default/index.aspx?pid=930622

이를 요구하지 않는 보증신용장에는 적용되지 않으며, 물품의 선적이 행해진 후 지체없이 운송서류의 제시를 받아 조기에 물품을 인도받기를 원하는 매수인(신용장발행의뢰인)의 입장을 고려한 규정이라고 볼 수 있다. 즉, 서류제시기일을 선적일 후 21일 이내로 제한하는 이유는 제시지연에 따른 수입업자의 불편을 해소하기 위한 것이다. 즉, 물품이 선적된 후 운송되어 목적항에 도착하더라도 서류의 제시가 지연된다면, 수입업자로서는 서류가 도착할 때까지 물품을 수령할 수 없으며, 이에 따른 보관료 등의 비용을 부담하여야 하는 불편을 감수하여야 하기 때문이다. 또한, 실무상으로, 서류제시기일의 표현방법에 관하여 신용장상에는 "Documents must be presented to us within 10 days after the date of shipment but within the validity of the credit(서류는 선적일 이후부터 10일 이내에 당행에 제시되어야 하지만 신용장의 유효기일 이내이어야 한다)" 등과 같이 명기된다.

●●● 서류제시의 유효기일의 제한

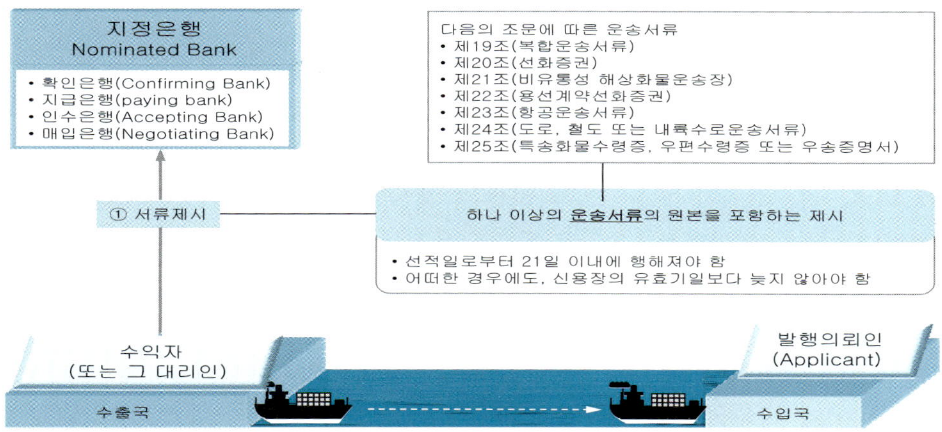

참고로, 유효기일(expiry date)은 지급, 인수, 매입을 위하여 신용장에 명시된 서류가 제시되어야 하는 최종일을 말하고, 서류제시기일(date for presentation of documents)은 서류제시기간의 최종일(last day of the period of time for presentation of documents)로서 운송서류를 요구하는 신용장하에서 물품이 선적된 후 신용장에 명시된 서류가 은행에 제시되어야 하는 최종일을 말한다.

4. 서류 및 신용장자료 상호간의 일치(제14조 d항: 신설)

어떤 서류상의 자료는 신용장, 그 서류자체 및 국제표준은행관행의 관점에서 검토해 볼 때, 그 서류상의 자료, 기타 모든 명시된 서류상의 자료 또는 신용장상의 자료와 정확하게 일치할 필요는 없지만 이와 상충되어서는 안된다. 즉, 어떤 서류는 그 서류자체의 자료간의 상충, 기타 모든 서류 상호간의 상충, 또는 신용장의 제조건과의 상충이 있어서는 안된다는 것을 의미하는 것이며 이와 동일할 필요는 없다는 것이다.

결국, 어떤 서류상의 자료가 그 서류상의 자료, 기타 모든 명시된 서류상의 자료 또는 신용장상의 자료와 정확하게 일치하지 않더라도 이들 자료와 서로 상충되지 않는다면 신용장의 제조건, 신용장통일규칙 및 국제표준은행관행의 적용가능한 규정에 일치하는 것으로 본다는 것이다. 또한, 이 조항에서 "국제표준은행관행(international standard banking practice)"은 새로운 기준이 아니라 이제까지 신용장거래에서 은행실무관행으로서 국제적으로 정착되어 온 것을 말한다. 이 조항은 UCP 500 제13조 a항 제3문의 취지를 반영하여 신설한 것이다.

●●● 서류 및 신용장자료 상호간의 일치

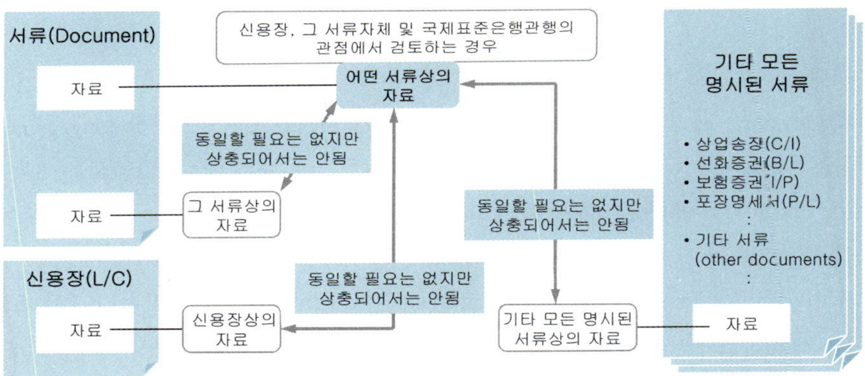

5. 상업송장이 아닌 기타서류의 물품, 용역 또는 이행의 명세(제14조 e항)

상업송장 이외의 기타 모든 서류의 물품, 용역 또는 이행의 명세는 신용장상의 물품, 용역 또는 이행의 명세와 상충되지 아니하는 일반용어로 기술될 수 있다는 것이다. 서류심사와 관련하여 종전의 "모순되지 않는(not inconsistent with)"이 "상충되지 않는(not conflicting with)"으로 변경되었다.

●●● 상업송장이 아닌 기타서류의 물품, 용역 또는 이행의 명세

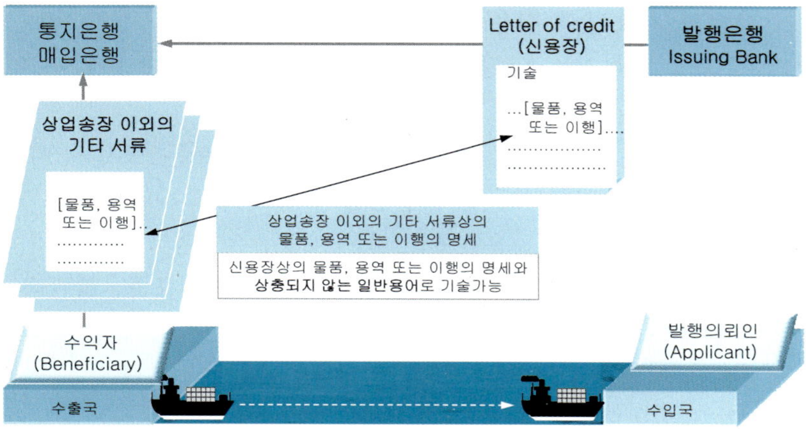

6. 명기하지 않은 서류의 발행자 또는 내용(제14조 f항)

신용장에서 요구하는 서류는 기본서류와 부속(기타)서류로 구분되는데, 기본서류는 운송서류(transport document), 보험서류(insurance document) 및 상업송장(commercial invoice)을 말하고, 부속서류는 기본서류 이외의 모든 서류, 즉 포장명세서(packing list), 원산지증명서(certificate of origin), 세관송장(customs invoice), 영사송장(consular invoice), 중량/용적증명서(certificate of weight/measurement), 검사증명서(inspection certification), 위생증명서(health certification), 검역증명서(quarantine certification) 등을 말한다. 이 조문은 기본서류를 제외한 부속서류를 그 적용대상으로 하는 것으로서, 발행자 또는 요구된 자료 내용이 명기되지 않은 서류(부속서류)가 제시된 경우, 이들 서류가 수리될 수 있다는 규정이며, 만일 이 조항이 없다면 대금지급을 받을 수 있는 수익자에게 영향을 미칠 수 있다.

즉, 신용장에서 운송서류, 보험서류 및 상업송장과 같은 기본서류 이외의 다른 서류, 즉 포장명세서, 원산지증명서 등의 부속서류를 요구하고 있으나 이들 서류의 발행인 또는 자료내용을 명시하지 않은 경우에는, 그 서류의 내용이 요구된 서류의 기능을 충족하는 것으로 보이고 기타의 방법으로 "서류상의 자료, 기타 모든 명시된 서류상의 자료 또는 신용장상의 자료와 상충되지 않는다면(제14조 d항에 일치)", 은행은 그 서류를 제시된 대로 수리한다는 것이다. 여기에서, "제시된 대로 수리한다"고 규정하고 있더라도, UCP 600 제14조 d항의 "서류상의 자료, 기타 모든 명시된 서류상의 자료 또는 신용장상의 자료와 상충되지 않아야 한다"는 규정 및 제14조 d항의 "상업송장이외의 서류에 있어서 물품, 용역 또는 이행의 명세는 신용장상의 이들 명세와 상충되지 않는 일반용어로 기술될 수 있다"는 규정에 따라야 한다.

●●● 명기하지 않은 서류의 발행자 또는 내용

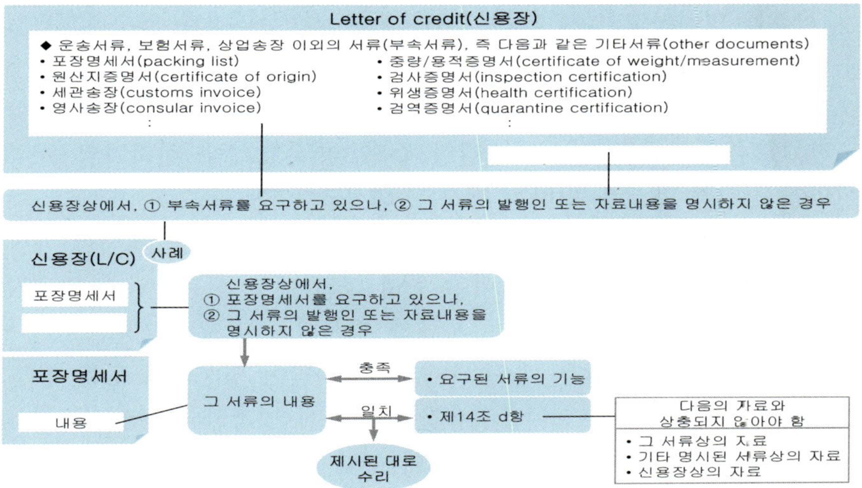

7. 요구되지 않은 서류의 반송가능(제14조 g항)

은행은 신용장에서 요구한 서류가 아닌 서류가 제시된 경우에는 이를 무시하고 제시인에게 반송할 수 있다. 즉, 은행은 신용장에 명시되어 있지 않은 서류를 무시하기 때문에 명시가 없는 서류를 수령하였을 때에는 이를 심사하지 않고 제시인에게 반송할 수 있다.

●●● 요구되지 않은 서류의 반송가능

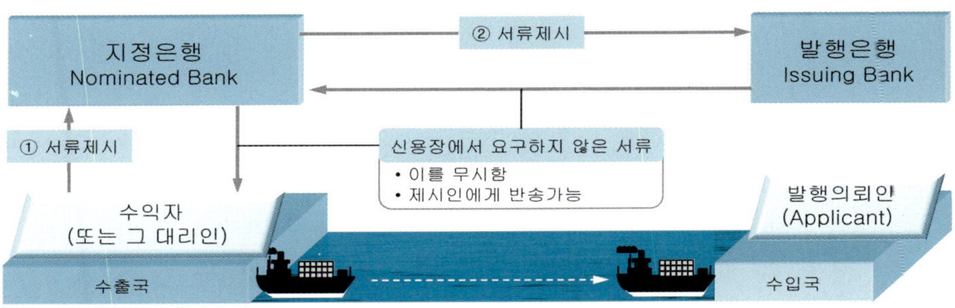

8. 비서류조건(제14조 h항)

비서류조건(Non-documentary Conditions)은 신용장에서 제시되어야 하는 서류를 명시하지 않고 어떤 행위를 하도록 요구하는 신용장의 조건으로서, 서류의 지정없이 조건(conditions)만을 명시하는 것은 모순되는 일이다. 즉, 비서류조건이란 제시되어야 하는 서류를 명시하고 있지 않는 조건으로서, ① 수익자가 입수할 수 없는 서류를 요구하고 있는 조건, ② 발행자가 알 수 없는 명세를 포함하는 서류를 요구하고 있는 조건, ③ 서류의 문면으로부터는 그 조건이 충족되었는지 여부를 확인할 수 없는 조건, ④ 기타의 서류로부터 판단할 수 있는 유효기일, 선적기일, 서류의 제시기일 이외의 시간적 조건을 말하는 것으로 해석된다.[37]

발행의뢰인이 발행은행에게 신용장의 발행 또는 조건변경을 지시할 때에는 제시되어야 하는 서류를 정확히 명기하여야 한다. 그럼에도 신용장의 발행 또는 그 조건변경의 지시에는 제시되어야 하는 서류가 명시되어 있지 않거나, 또는 제시되어야 하는 서류를 명시하지 않은 채 조건(Conditions)만이 명시되어 있는 경우가 있다. 이러한 지시는 서류거래라고 하는 신용장의 원칙에 입각한 신용장실무를 현저하게 혼란에 빠뜨릴 수 있기 때문에 배제되어야 한다는 것이다. 즉, 신용장거래에서 서류에 관한 조건(terms)은 필수적이기 때문에, 신용장에서 제시되어야 하는 서류의 명시 없이 조건만을 언급하고 있는 경우에는, 그러한 신용장조건은 언급되지 아니한 것으로 보고 이를 무시하여야 한다는 것이다. 예를 들면, 지급, 인수, 매입의뢰시에 수익자가 입수하여 제시할 수 없는 수입지에서의 검사증명서 등을 요구하거나, 또는 원산지증명서를 요구하지 않으면서 한국산일 것을 요구하는 경우이다. 이 경우에는, 서류의 언급이 없는 조건이므로 업무의 혼란을 방지하기 위하여 이를 모두 무시하고 그 제시된 서류를 심사하지 않도록 배제한다는 것이다. 따라서 신용장의 발행의뢰인이나 발행은행은 수리할 서류를 언급한 후 그 조건(condition)을 명시하여야 한다.

●●● 비서류조건

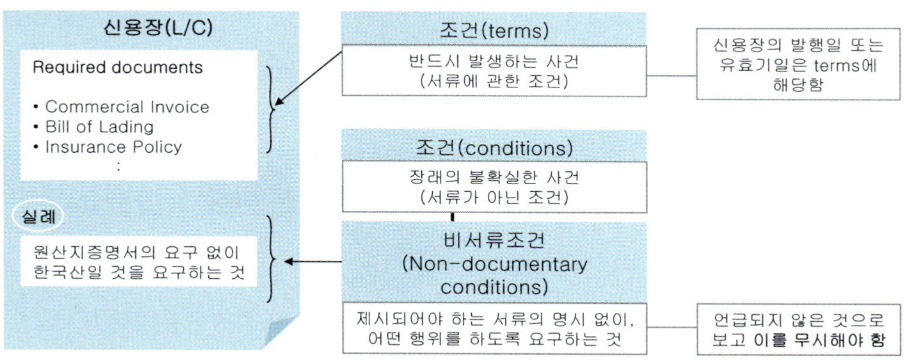

37) Standard Documentary Credit Forms, ICC Publication No. 416, ICC Publishing S.A.

참고로, 비서류조건의 허용을 지지하는 자들은 신용장의 유효기일과 서류의 제시기간을 들고 있다. 이들에 의하면 신용장의 유효기일 또는 서류의 제시기일과 같은 조건은 서류를 지정하지 않더라도 확정될 수 있다는 것이다. 그러나 이들은 "conditions(조건)"와 "terms(조건)"의 의미를 혼동하고 있다. 거의 2000년 이상 동안 국제법은 장래의 불확실한 사건(conditions)과 반드시 발생하는 사건(terms)간의 차이를 구별해 왔다. 따라서, 정해진 달력이 효력이 있는 한, 신용장의 발행일 또는 유효기일은 "조건(terms)"에 해당되는 것이지 "조건(conditions)"는 아니다. UCP 600 제14조 h항은 만일 신용장이 제시되어야 하는 서류를 명기하지 않고 조건(conditions)을 포함하고 있는 경우에는, 은행은 그러한 조건은 명기되지 않은 것으로 간주하고 이를 무시한다고 명시하고 있다. 또한, 신용장의 당사자는 서류와 신용장간의 "연계(linkage)" 또는 "일관성(consistency)"의 가능성을 고려하여야 한다. 예를 들면, "Shipment from London to Hongkong" 또는 "Terms CIF Hong Kong-INCOTERMS" 등과 같은 신용장조건(Credit terms)을 가짐으로써, 설령 개개의 서류가 그러한 조건(condition)을 증명하는 것이 요구될 수 있더라도, 그럼에도 불구하고 이 요건은 충족되어야 하고 제시된 서류내에 명기되어야 한다.[38]

9. 서류의 발행일과 신용장의 일자(제14조 i항)

이 조문은 신용장발행일보다 이전의 발행일의 서류에 대한 규정으로서, 해당 서류의 발행일이 그 서류의 제시일보다 늦지 않은 일자로 기재되어 있는 경우에는, 그 서류의 발행일은 신용장의 발행일보다 이전의 발행일을 기재할 수 있다. 여기에서, "서류의 제시기일"이라는 것은 UCP 600 제6조 d항에 따라 신용장에서 정해지는 유효기일(expiry)과 제14조 c항에 따라 신용장에서 정해지는 서류제시기일로서, 신용장에 유효기일 및 서류제시기일이 명시되어 있는 경우에는 그 명시된 기일 이내에 서류를 제시하여야 하며, 신용장에 서류제시기일이 명시되지 않은 경우에는 제14조 c항에 따라 선적일 후 21일 이내에 서류를 제시하여야 한다. 다만, 유효기일 및 서류제시기일의 최종일이 은행휴업일(제36조의 불가항력에 의한 은행휴업일을 제외)인 경우에는 다음 최초의 은행영업일까지 연장된다.

38) Charles del Busto, Documentary Credits, UCP 500 & 400 Compared, ICC Publication No.511, ICC Publishing S.A., 1993, p.42.

●●● 서류의 발행일과 신용장의 일자

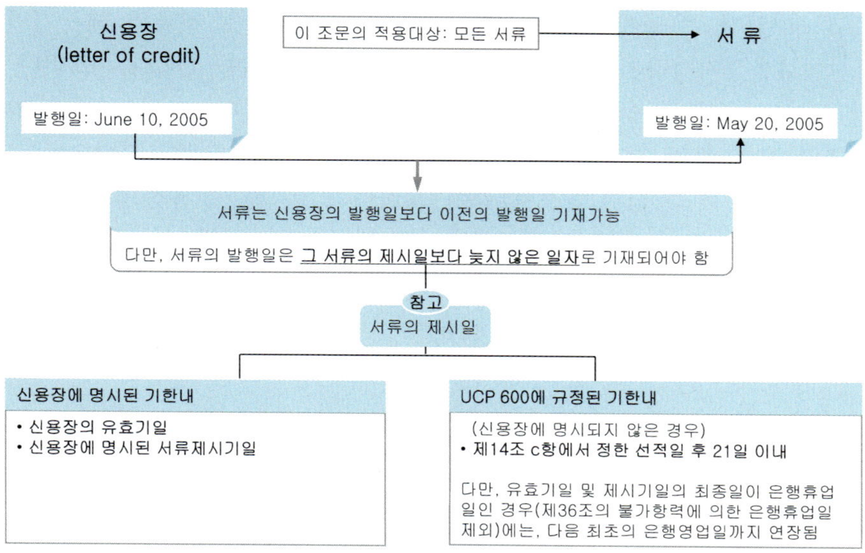

참고로, 신용장이 발행되기 전에 서류가 발행되는 경우의 통상적인 예로서는 보세창고도거래(Bonded Warehouse Transaction)를 들 수 있다. 즉, 보세창고도거래(Bonded Warehouse Transaction; BWT)는 수출업자가 자신의 책임하에 수입지의 보세창고(bonded warehouse)에 물품을 반입시켜 보관해 둔 상태에서 수입업자의 요청시 즉시 물품을 판매하는 거래형태[39]를 말한다. 즉, 수출업자가 본인의 책임하에 수입국내에 관리인(지사 또는 별도의 제3대리인)을 지정하고, 사전에 매매계약이 체결되지 않은 채 물품을 수입국내 보세창고에 무환으로 반입한 후 현지에서 매매계약이 성립되어 판매하는 일종의 위탁판매방식의 거래를 말한다.

보세창고도거래에서, 수출업자는 보세창고에 물품을 보관하면서 시장상황에 따라 적당한 시기에 판매할 수 있을 뿐만 아니라 수입국 현지에서 현품을 직접 수입업자에게 확인시킴으로써 거래성립의 촉진 및 물품인도기일을 단축시킬 수 있다는 장점이 있지만, 수출업자가 보세창고에 물품을 보관하는 동안 시황이 불리하여 본국으로 물품을 반송할 경우 각종 비용이 발생한다는 단점이 있다. 반면, 수입업자는 보세창고에서 현품을 확인하고 수입할 수 있기 때문에 일반수입에 비해 시간이나 비용 등을 절감할 수 있고 수입시차에 따른 손실을 최대한 줄일 수 있다는 장점이

39) 매도인은 수입항에서 양륙된 물품을 수입통관 등의 수입절차를 이행하지 않은 상태로 부두의 보세창고(boned warehouse)에 반입한 후, 이 보세창고에서 매수인에게 물품을 인도할 때까지의 모든 위험과 비용을 부담한다.

있다. 이 방식은 수입업자가 원거리의 수출업자와 건별로 원자재를 수입한 후 제조·가공하여 수출하는 경우에는 많은 시간이 소요되기 때문에 이 방식은 수출용 원자재를 적기에 공급받기 위하여 주로 사용된다. 즉, 이는 통상 인도기일이 짧은 범용성 원자재나 선용품, 회전이 빠른 물품, 납기가 중요한 물품, 수요가 많은 물품 등의 거래에 활용되며, 적극적인 판매활동으로 수출증대를 도모한다. 우리나라는 로테르담(Rotterdam)과 파나마의 콜롱(Colon)에 이러한 보세창고를 설치·운영하고 있다.

이 방식은 수출업자와 수입업자간에 사전에 매매계약이 체결되는 일반적인 수출입형태와 달리, 수입업자가 정해지지 않은 상태에서 수출업자의 책임하에 수입지의 보세창고에 물품을 반입한 후 거래를 진행한다. 즉, 수입업자는 수입지의 보세창고에서 물품을 직접 점검한 후 매매계약을 체결하고, 보세창고로부터 물품을 인도받기 위하여 자국의 정부에 수입허가 등을 받은 다음 수입통관절차를 이행한다. 따라서, 이 방식은 물품이 보세창고에 반입된 상태에서 무역계약이 체결되고 거래가 진행된다는 점을 제외하고는 일반 수출입절차와 동일하다.

그러나, 이 방식으로 거래할 때에는 다음의 점에 유의하여야 한다. 즉, ① 매매계약을 체결할 때에는 물품의 인도장소가 수입지의 보세창고이고 수입통관 및 관세를 매수인이 부담하기 때문에 가격조건은 통상적으로 국경인도(DAF)조건으로 한다는 것, ② 신용장에 의하여 대금을 지급하는 경우에는, 서류제시기일이 선적 후 21일을 초과할 가능성이 있기 때문에, 신용장상에 "Documents presented later than 21 days after the date of shipment Acceptable(선적일 후 21일이 경과한 후 제시되는 서류 수리가능)", "Stale B/L Acceptable(기한경과선화증권 수리가능)", 또는 "선적 후 21일이 경과한 후 xx일 이내에 서류제시" 등의 문언을 표시하여야 한다는 것, ③ 보세창고에 물품이 반입될 때에는, 창고업자가 보관되는 물품에 대하여 창고증권(Warrant; Warehouse receipt)[40]을 발행한다는 것, ④ 다수의 수입업자와 거래가 이루어질 때에는 보세창고로부터 물품을 반출할 때 현지세관에 B/L을 분할신고하여야 한다는 것, ⑤ 사후 업무처리의 복잡함을 제거하기 위하여 운송서류상의 수화인을 수출업자 또는 수입지의 보세창고로 지정하여야 한다는 것 등이다.

제14조

40) 창고증권(Warrant; Warehouse receipt)은 창고업자(warehouseman)가 보관을 위하여 물품을 수령한 후 이를 입증하기 위하여 발행하는 유가증권으로서, 재산권을 표창하고 창고업자에 대한 임치인의 임치물반환청구권을 표상하는 증권이다. 따라서, 권리의 이전이나 행사에는 증권의 점유가 필요하다.

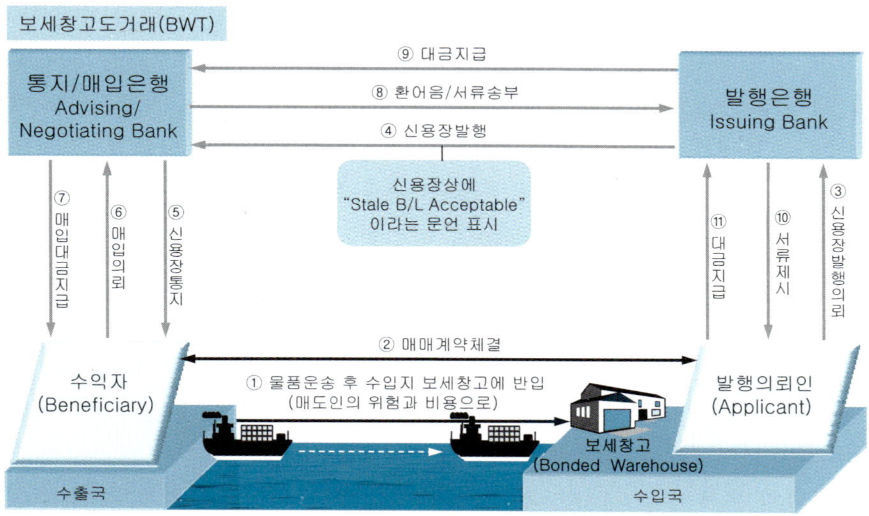

10. 서류상의 수익자 및 발행의뢰인의 주소(제14조 j항; 신설)

이 조항은 2002년 ISBP 제60항 및 제61항[41])을 반영하여 신설한 것으로서, 모든 명시된 서류상에 기재되어 있는 수익자 및 발행의뢰인의 주소는 신용장 또는 기타 모든 명시된 서류상의 이들 주소와 동일할 필요는 없지만, 신용장에 언급된 각각의 주소와 동일한 국가 내에 있어야 하며, 그 서류상에 수익자 및 발행의뢰인의 주소의 일부로서 연락처명세(모사전송, 전화, 전자우편 등)가 명기되어 있는 경우, 이러한 연락처명세는 무시된다. 즉, 주소의 일부를 구성하고 있는 모사전송, 전화, 전자우편 등의 연락처명세는 명기될 필요도 없으며 명기되어 있더라도 신용장상의 그것과 동일할 필요도 없다.

다만, 그 서류상의 발행의뢰인의 주소 및 연락처명세가 제19조(복합운송서류), 제20조(선화증권), 제21조(비유통성 해상화물운송장), 제22조(용선계약선화증권), 제23조(항공운송서류), 제24조(도로, 철도 또는 내륙수로운송서류) 또는 제25조(특송화물수령증, 우편수령증 또는 우송증명서)에 따라 운송서류상의 수화인 또는 착화통지처명세의 일부로서 기재되어 있는 경우에는, 이러한 발행의뢰인의 주소 및 연락처명세는 신용장에 명기된 대로 기재되어야 한다.

41) 2002년 ISBP 제60항에서는 "이 송장은 문면상 신용장에 지정된 수익자에 의하여 발행된 것으로 보여야 한다. 주소의 일부를 구성하고 있는 전신 또는 모사전송 번호 등은 존재할 필요가 없거나, 또는 명기된 경우에는 신용장상의 전신 또는 모사전송 번호와 동일할 필요가 없다"고 규정하고 있으며, 2002년 ISBP 제61항에서는 "송장은 발행의뢰인 앞으로 작성되어야 한다. 주소의 일부를 구성하고 있는 전신 또는 모사전송 번호 등은 존재할 필요가 없거나, 또는 명기된 경우에는 신용장상의 전신 또는 모사전송 번호와 동일할 필요가 없다"고 규정하고 있다.

●●● 서류상의 수익자 및 발행의뢰인의 주소

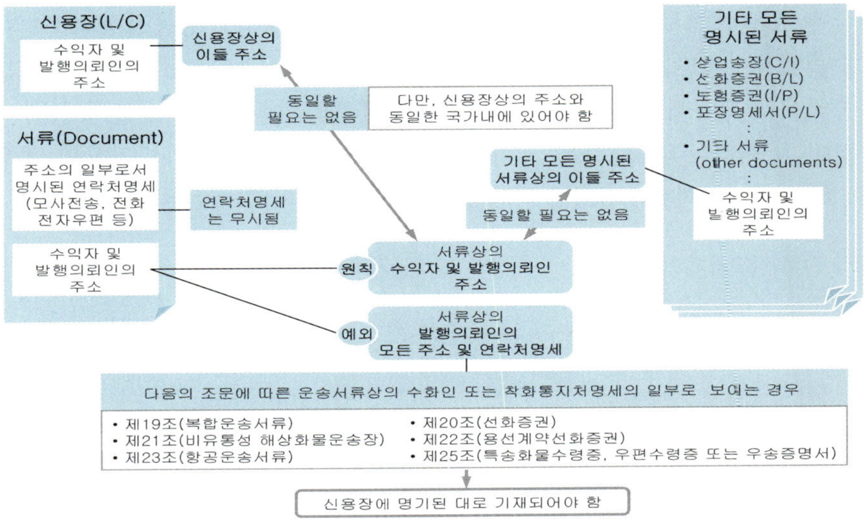

11. 제3자 서류(제14조 k항)

모든 서류상의 물품의 송화인란에는 신용장의 수익자가 아닌 다른 제3자를 송화인으로서 표시할 수 있다. 즉, 이것은 수익자와 다른 송화인(예를 들면, 운송주선인과 같은 수익자 이외의 제3자)을 운송서류의 송화인란에 명시할 수 있도록 허용한 규정이다.

●●● 제3자 서류

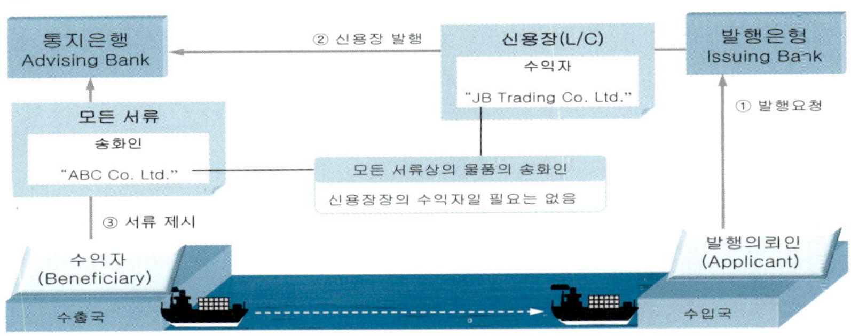

예를 들면, 신용장상의 수익자가 아닌 제3자를 송화인으로 표시하고 있는 제3자 운송서류(third party document)는 수락된다. 즉, 제3자 운송서류는 운송서류상에 표시되는 송화인은 통상적으로 신용장의 수익자이지만 수출입거래의 매매당사자가 아닌 제3자(third party)가 송화인으로 되는 경우에 발행되는 운송서류로서 중계무역

에 주로 이용된다. 한국이 중국으로부터 물품을 수입하여 일본에 수출하지만 물품은 중국에서 일본으로 직접 운송되는 중계무역의 경우,[42] 신용장상의 수익자는 한국의 수출업자이지만, 실제로 수출물품은 중국에서 선적되므로 선화증권상의 송화인은 중국에 있는 제3자가 된다. 따라서 매매계약의 주체인 수출업자가 송화인이 되는 것이 아니라, 수출물품을 실제로 선적하는 제3자가 선화증권상의 송화인으로 된다고 하여 이를 제3자 선화증권이라고 한다.

●●● 중계무역과 제3자 선화증권

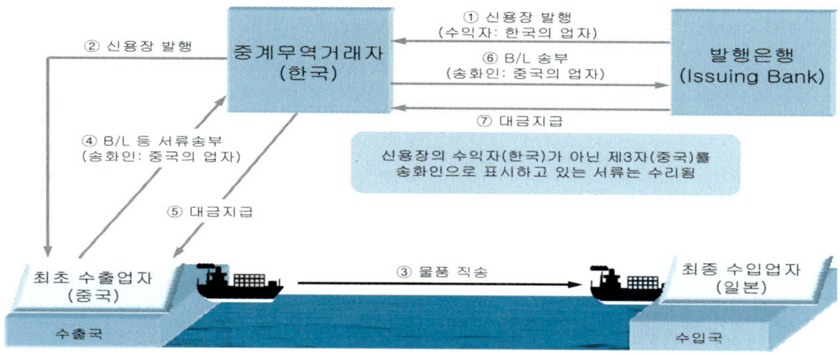

12. 운송서류의 발행인(제14조 1항; 신설)

UCP 600 제19조(복합운송서류), 제20조(선화증권), 제21조(비유통성 해상화물운송장), 제22조(용선계약선화증권), 제23조(항공운송서류) 또는 제24조(도로, 철도 또는 내륙수로운송서류)의 요건을 충족하는 운송서류는 운송인, 선주 또는 용선자 이외의 모든 당사자에 의하여 발행될 수 있다. 즉, 운송서류의 발행인은 운송인, 선주 또는 용선자뿐만 아니라 기타 모든 당사자임을 규정하고 있다.

●●● 운송서류의 발행인

42) 물품이 최초 수출국(중국)에서 최종 수입국(일본)으로 직송되는 중계무역도 있지만, 물품이 최초 수출국(중국)에서 중계국을 경유하여 최종 수입국(일본)으로 운송되는 중계무역도 있다. 중계국을 경유할 때에는, 물품은 중계국 국내의 보세구역 및 보세구역외 장치의 허가를 받은 장소 또는 자유무역지역 이외의 장소에 반입하여서는 안된다.

제 15조 일치하는 제시(Complying Presentation)

Article 15 Complying Presentation
제 15 조 일치하는 제시

a. When an issuing bank determines that a presentation is complying, it must honour.
발행은행이 제시가 일치한다고 결정하는 경우에는, 그 발행은행은 지급이행하여야 한다.

b. When a confirming bank determines that a presentation is complying, it must honour or negotiate and forward the documents to the issuing bank.
확인은행이 제시가 일치한다고 결정하는 경우에는, 그 확인은행은 지급이행 또는 매입하고 발행은행에게 서류를 발송하여야 한다.

c. When a nominated bank determines that a presentation is complying and honours or negotiates, it must forward the documents to the confirming bank or issuing bank.
지정은행이 제시가 일치한다고 결정하고 지급이행 또는 매입하는 경우에는, 그 지정은행은 확인은행 또는 발행은행에게 서류를 발송하여야 한다.

해설 explanation

1. 발행은행의 지급이행의무(제15조 a항)

일치하는 제시가 행해지고 발행은행이 그 제시를 일치하는 것으로 결정한 경우에는, 발행은행은 지급이행할 의무가 있다. 즉, 발행은행이 그 자신이 발행한 신용장에 의하여 타은행(another bank)에게 일치하는 제시와 상환으로 지급, 연지급확약의 부담, 환어음의 인수 또는 매입하도록 수권한 경우, 이들 수권은행(지정은행)이 수권된 대로 이행하고 일치하는 제시를 발행은행에게 행하고 발행은행이 그 제시를 일치하는 것으로 결정하였다면 발행은행은 그 수권은행에게 지급이행할 의무가 있다.

●●● 발행은행의 지급이행의무

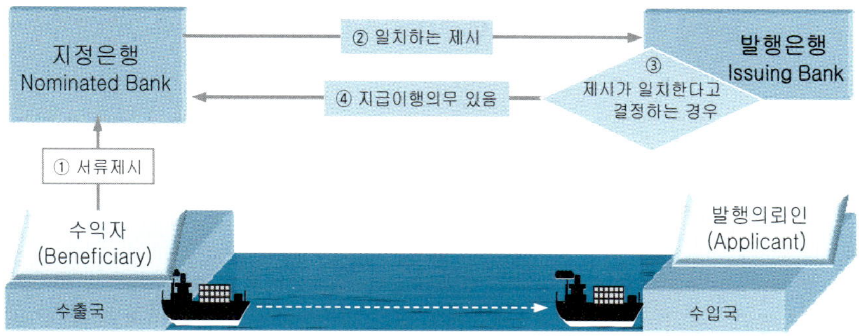

2. 확인은행의 지급이행 또는 매입 및 서류발송의무(제15조 b항)

일치하는 제시가 행해지고 확인은행이 그 제시가 일치하는 것으로 결정한 경우에는, 그 확인은행은 지급이행 또는 매입하고 발행은행에게 서류를 발송할 의무가 있다. 즉, 확인은행에게 지급이행 또는 매입의 의무를 부담시키고 있는 것은 확인은행이 수익자와의 관계에서 발행은행과 유사한 입장에 놓여 있다는 인식에 의한 것이다. 일치하는 제시에 따라 지급이행의무만을 부담하는 발행은행과 달리, 확인은행은 지급이행 또는 매입하고 발행은행에게 서류를 발송할 의무가 있다.

●●● 확인은행의 지급이행 또는 매입 및 서류발송의무

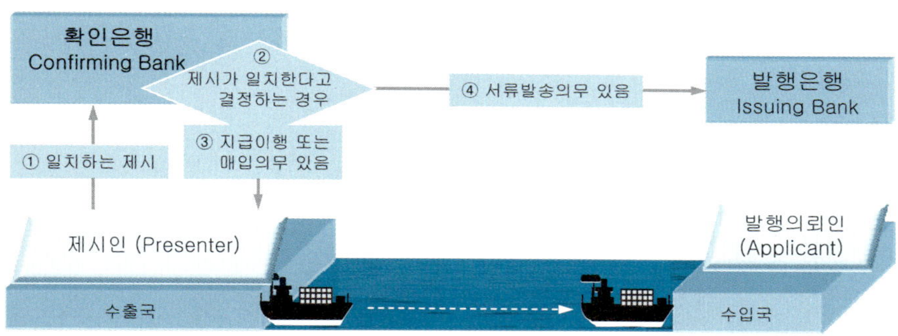

3. 지정은행의 서류발송의무(제15조 c항; 신설)

일치하는 제시가 행해지고 지정은행이 그 제시가 일치하는 것으로 결정하고 지급이행 또는 매입한 경우에는 그 지정은행은 확인은행 또는 발행은행에게 서류를 발송할 의무가 있다.

●●● 지정은행의 서류발송의무

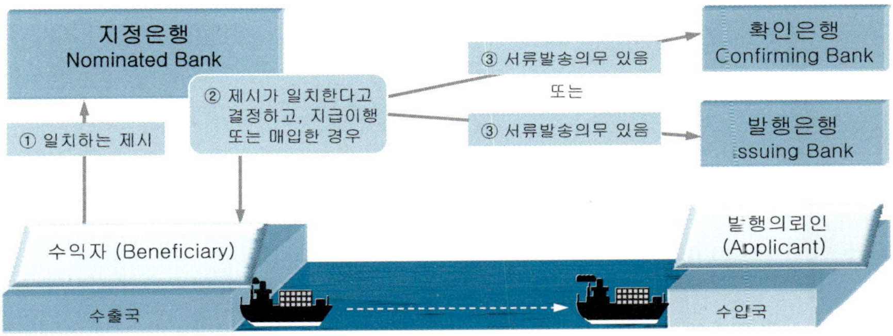

제15조

제16조 불일치서류, 권리포기 및 통지(Discrepant Documents, Waiver and Notice)

Article 16 Discrepant Documents, Waiver and Notice
제16조 불일치서류, 권리포기 및 통지

a. When a nominated bank acting on its nomination, a confirming bank, if any, or the issuing bank determines that a presentation does not comply, it may refuse to honour or negotiate.
발행은행의 지정에 따라 행동하는 지정은행, 확인은행(있는 경우) 또는 발행은행은 제시가 일치하지 아니한 것으로 결정하는 경우에는, 지급이행 또는 매입을 거절할 수 있다.

b. When an issuing bank determines that a presentation does not comply, it may in its sole judgement approach the applicant for a waiver of the discrepancies. This does not, however, extend the period mentioned in sub-article 14 (b).
발행은행은 제시가 일치하지 아니하다고 결정하는 경우에는, 독자적인 판단으로 발행의뢰인과 불일치에 관한 권리포기의 여부를 교섭할 수 있다. 그러나 이것은 제14조 b항에서 언급된 기간을 연장하지 아니한다.

c. When a nominated bank acting on its nomination, a confirming bank, if any, or the issuing bank decides to refuse to honour or negotiate, it must give a single notice to that effect to the presenter.
발행은행의 지정에 따라 행동하는 지정은행, 확인은행(있는 경우) 또는 발행은행은 지급이행 또는 매입을 거절하기로 결정한 경우에는, 제시인에게 그러한 취지를 1회만 통지하여야 한다.

The notice must state:
그 통지는 다음을 명기하여야 한다:

i. that the bank is refusing to honour or negotiate; and
은행이 지급이행 또는 매입을 거절하고 있다는 것; 그리고

ii. each discrepancy in respect of which the bank refuses to honour or negotiate; and
은행이 지급이행 또는 매입을 거절하게 되는 각각의 불일치사항; 그리고

iii. a) that the bank is holding the documents pending further instructions from the presenter; or

은행이 제시인으로부터 추가지시를 받을 때까지 서류를 보관하고 있다는 것; 또는

b) that the issuing bank is holding the documents until it receives a waiver from the applicant and agrees to accept it, or receives further instructions from the presenter prior to agreeing to accept a waiver; or

발행은행이 발행의뢰인으로부터 권리포기를 수령하고 서류를 수리하기로 합의할 때까지, 또는 권리포기를 승낙하기로 합의하기 전에 제시인으로부터 추가지시를 수령할 때까지 발행은행이 서류를 보관하고 있다는 것; 또는

c) that the bank is returning the documents; or

은행이 서류를 반송하고 있다는 것; 또는

d) that the bank is acting in accordance with instructions previously received from the presenter.

은행이 제시인으로부터 이전에 수령한 지시에 따라 행동하고 있다는 것.

d. The notice required in sub-article 16 (c) must be given by telecommunication or, if that is not possible, by other expeditious means no later than the close of the fifth banking day following the day of presentation.

제16조 c항에서 요구된 통지는 전기통신(telecommunication)으로 드는 그 이용이 불가능한 때에는 기타 신속한 수단으로 제시일의 다음 제5은행영업일의 마감시간까지 행해져야 한다.

e. A nominated bank acting on its nomination, a confirming bank, if any, or the issuing bank may, after providing notice required by sub-article 16 (c) (iii) (a) or (b), return the documents to the presenter at any time.

발행은행의 지정에 따라 행동하는 지정은행, 확인은행(있는 경우) 또는 발행은행은, 제16조 c항 iii호 (a) 또는 (b)에 의하여 요구된 통지를 행한 후에, 언제든지 제시인에게 서류를 반송할 수 있다.

f. If an issuing bank or a confirming bank fails to act in accordance with the provisions of this article, it shall be precluded from claiming that the documents do not constitute a complying presentation.

발행은행 또는 확인은행이 이 조의 규정에 따라 행동하지 아니한 경우에는, 그 은행은 서류가 일치하는 제시를 구성하지 아니한다고 주장할 수 없다.

g. When an issuing bank refuses to honour or a confirming bank refuses to honour or negotiate and has given notice to that effect in accordance with this article, it shall then be entitled to claim a refund, with interest, of any reimbursement made.
발행은행이 지급이행을 거절하거나 또는 확인은행이 지급이행 또는 매입을 거절하고 이 조에 따라 그러한 취지를 통지한 경우에는, 그 은행은 이미 행해진 상환금에 이자를 추가하여 그 상환금의 반환을 청구할 권리가 있다.

해설 explanation

1. 불일치서류의 수리거절(제16조 a항)

UCP 600 제14조 a항에서는 지정은행(발행은행의 지정에 따라 행동하는), 확인은행(있는 경우) 또는 발행은행은 서류가 문면상 일치하는 제시를 구성하는지 여부를 서류만을 기초로 결정하여야 한다고 규정하고 있다. 따라서, 지정은행(발행은행의 지정에 따라 행동하는), 확인은행(있는 경우) 또는 발행은행은 서류를 수령하는 즉시, 그 서류가 문면상 일치하는 제시를 구성하는지 여부를 서류만을 기초로 결정하되, 그 서류의 제시가 일치하지 않은 것으로 결정하는 경우에는, 지급이행 또는 매입을 거절할 수 있다. 즉, 은행은 서류가 문면상 일치하는 제시를 구성하는지 여부를 서류만을 기초로 판단하고, 서류의 제시가 문면상 일치하지 않을 때에는 지급이행 또는 매입을 거절할 수 있다는 것이다.

●●● 불일치서류의 수리거절

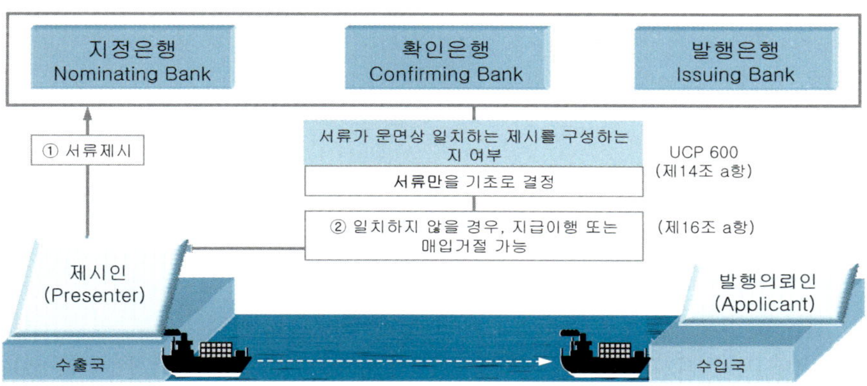

2. 발행의뢰인에 대한 발행은행의 교섭권(제16조 b항)

발행은행이 제시된 서류에 불일치가 있는 것을 발견한 경우에는, 이를 즉시 거절하는 것이 아니라 발행의뢰인에게 그 불일치의 허용여부를 조회하는 것이 보편적인 은행관행(universal banking practice)이기 때문에, 발행은행은 불일치가 있는 서류의 권리포기의 여부를 그 독자적인 판단으로 발행의뢰인에게 조회할 수 있다는 것이다. 발행은행이 발행의뢰인에게 조회하는 것은 "가능한 한"이지 "해야 한다"는 의무가 아니기 때문에 발행의뢰인에게 조회할 수도 있지만, 발행의뢰인의 의사를 확인할 필요 없이 발행은행이 독자적으로 지급이행 여부를 결정할 수 있다. 불일치한 서류의 지급이행여부는 발행은행과 발행의뢰인간의 합의에 의하여 결정되는 것이 아니라 발행은행의 독자적인 판단에 의하여 결정된다는 것을 알 수 있다. 즉, 발행은행은 신용장의 주채무자이므로 발행의뢰인의 허용 또는 거절의 회답이 있는 경우에도 자신의 독자적인 판단으로 발행의뢰인의 회답과 반대되는 결정을 할 수도 있고, 발행의뢰인의 의사를 너무 존중하여 불일치한 서류를 지급이행할 수 있다는 점에도 유의하여야 한다. 발행의뢰인이 불일치한 서류를 지급이행할 의사를 표명한 경우에는 발행의뢰인이 서류를 인수하고 신용장금액을 상환할 것을 승낙한 것이므로, 이러한 승낙의 의사표시에 따라 설령 불일치한 서류를 지급이헝한 발행은행이라 하더라도, 그 발행은행은 발행의뢰인으로부터 대금을 상환받을 수 있게 된다.

●●● 발행의뢰인에 대한 발행은행의 교섭권

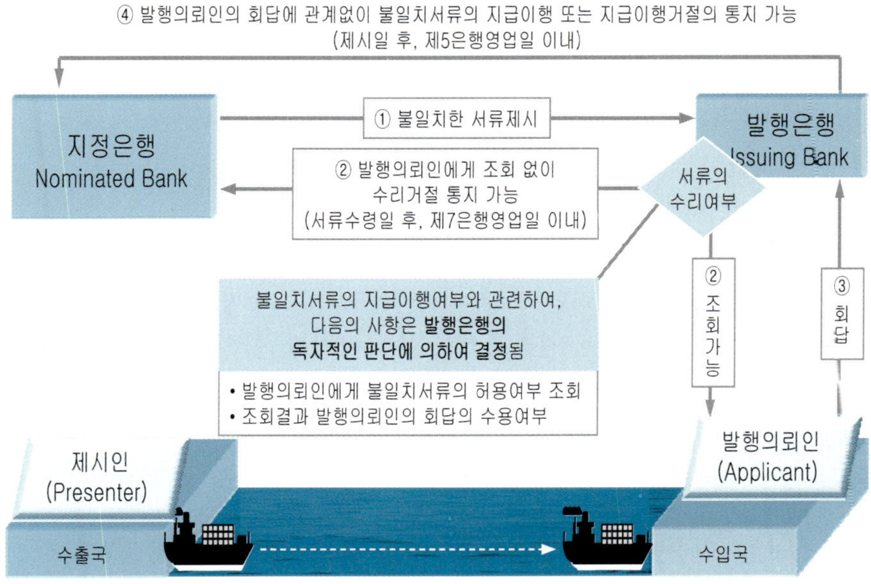

제16조

어쨌든, 불일치한 서류의 지급이행여부의 결정 또는 불일치한 서류의 지급이행여부를 발행의뢰인에게 조회할 것인지의 여부의 결정은 발행의뢰인의 의사와 관계없이 발행은행의 독자적인 판단에 의하여 내려질 수 있으며, 제14조 b항에서 언급된 제5은행영업일이 연장되지 않기 때문에, 발행은행의 지급이행여부의 결정은 발행의뢰인의 회답에 관계없이(조회의 결과 발행의뢰인의 회답이 지연된 경우에도) 제16조 c항 및 d항의 규정에 따라 제시일의 다음 제5은행영업일의 마감시간까지 전기통신(telecommunication) 또는 기타 신속한 통신수단으로 거절의 통지를 행하여야 한다.

실무상으로, 은행은 제시된 서류에 불일치가 있다면, 거절통지를 함으로써 지급이행을 거절할 권리를 확정시킨 다음, 고객인 발행의뢰인의 의사를 확인하는 것이 하나의 방법이라고 생각된다. 왜냐하면, 매수인(발행의뢰인)은 서류에 하자가 있더라도 이를 묵인하고 물품을 인수하는 것이 유리하다고 판단하는 경우가 있기 때문이다. 따라서, 발행은행은 서류에 하자가 있더라도 이를 묵인하고 물품을 인수하는 것이 유리하다고 판단하는 경우에는 고객인 발행의뢰인의 의사에 반하여 거절할 필요가 없기 때문에 발행의뢰인에게 재차 확인을 하는 것은 세계 유수 은행들의 실무적 관행이다.[43)]

3. 지급이행 또는 매입거절의 1회 통지내용(제16조 c항)

지정은행(발행은행의 지정에 따라 행동하는), 확인은행(있는 경우) 또는 발행은행이 지급이행 또는 매입을 거절하기로 결정한 경우에는, 서류의 제시인에게 다음의 내용을 1회만 통지하여야 한다. 즉, 은행은 불일치서류의 거절의 통지시에는 ① 거절의 취지 및 ② 모든 불일치사항뿐만 아니라 ③ 서류를 보관중인지, 반송중인지 또는 이전의 지시에 따라 행동하고 있는 중인지의 여부를 통지에 명시하여야 한다.

① 은행이 지급이행 또는 매입을 거절하고 있다는 것
② 은행이 지급이행 또는 매입을 거절하게 되는 각각의 불일치사항
③ 기타 다음 중 하나의 사항
　㉮ 은행이 제시인으로부터 추가지시를 받을 때까지 서류를 보관하고 있다는 것
　㉯ 발행은행이 발행의뢰인으로부터 권리포기를 수령하고 서류를 수리하기로 합의할 때까지, 또는 권리포기를 승낙하기로 합의하기 전에 제시인으로부터 추가지시를 수령할 때까지 발행은행이 서류를 보관하고 있다는 것
　㉰ 은행이 서류를 반송하고 있다는 것
　㉱ 은행이 제시인으로부터 이전에 수령한 지시에 따라 행동하고 있다는 것.

---

43) 小原三佑嘉, "信用狀府書類の點檢基準の根據を探る", 「銀行法務21」, No.540, 1997.10., p.29.

이것은 수익자가 불일치서류를 보완하여 신용장유효기일이나 서류제시기일까지 제시하는 것을 가능하게 하거나 또는 은행이 또 다른 불일치를 이유로 서류를 거절하는 것을 방지하기 위하여 모든 불일치사항은 제시인에게 통지되어야 한다는 것이다. 이것은 최초의 불일치의 통지시에 명시되지 않은 불일치사항은 치유된 것으로 간주한다는 국제관행 및 판례를 반영한 결과라고 할 수 있다. 또한, 수익자 등의 제시인이 서류의 소유권을 가지고 있기 때문에 제시인의 이익을 보호하기 위한 조치라 하더라도 은행은 서류를 임의로 처분할 수 없다. 따라서, 은행이 불일치서류의 거절을 수익자 등의 제시인에게 통지할 때에는, 그 제시인의 추가지시가 있을 때까지 서류를 보관하고 있다거나 또는 서류를 반송하고 있다는 것을 그 통지에 명시하여야 한다.

●●● 지급이행 또는 매입거절의 1회 통지내용

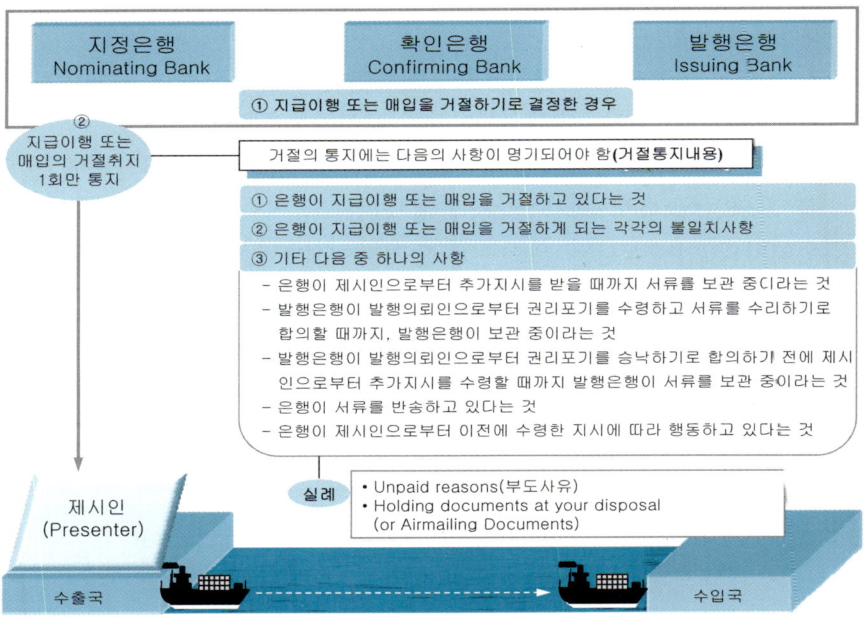

4. 지급이행 또는 매입거절의 통지기한 및 방법(제16조 d항)

지정은행(발행은행의 지정에 따라 행동하는), 확인은행(있는 경우) 또는 발행은행이 지급이행 또는 매입을 거절하기로 결정한 경우에는, 서류의 제시인에게 다음과 같은 통지기한과 방법을 준수하여 이를 통지하여야 한다.

첫째, 은행은 제시일의 다음날로부터 제5은행영업일 마감시간까지 전기통신 또는 그것이 불가능하면 다른 신속한 수단으로 지체없이 통지하여야 한다. 즉, 은행은 제5은행영업일 마감시간 이내에 전보(telegram), 전신(cable), 가입전신(telex), 모사전송(fax; telefax), SWIFT 등의 전기통신(telecommunication) 또는 그것이 불가능한 경우 속달우편 등의 기타 신속한 방법으로 통지하여야 한다.

이와 같이 제5은행영업일이라고 하는 일정기간을 정한 것은 서류의 심사에 소요되는 기간이 너무 짧거나 또는 너무 길게 될 때 발생할 수 있는 다음과 같은 문제점을 모두 수용할 수 있는 적정한 기간을 정한 것으로 볼 수 있다.

① 발행은행으로부터의 지급이행거절의 통지기간이 너무 짧은 경우에는, 은행의 입장에서는 서류심사에 신중을 기할 수 있는 충분한 시간적 여유가 없으므로, 정해진 기간내에 서류의 지급이행 또는 그 거절의 통지를 한 후 이를 번복함으로써 분쟁이 발생할 수 있다.

② 발행은행으로부터의 서류거절의 통지가 너무 지연되는 경우에는, 다음과 같은 문제점이 발생할 수 있다.

㉮ 발행은행이 장기간에 걸쳐 대금을 상환하지 않음으로써 지연이자가 발생할 수 있으며, 수익자는 발행은행이 불일치서류를 묵인한 것으로 오해할 수 있다.

㉯ 수익자가 신용장유효기일과 서류제시기일 등의 제한시간내에 불일치서류를 보완하여 다시 제시할 수 없게 된다.

㉰ 수익자의 입장에서는 운송중에 있거나 이미 수입지에 도착한 물품에 대한 처리대책이 늦어져 그 피해가 커질 수 있다.

㉱ 매입은행의 입장에서는 수익자에게 상환청구를 하더라도 수익자의 경영악화로 대금회수가 불가능하게 되는 경우도 발생할 수 있다.

●●● 지급이행 또는 매입거절의 통지기한 및 방법

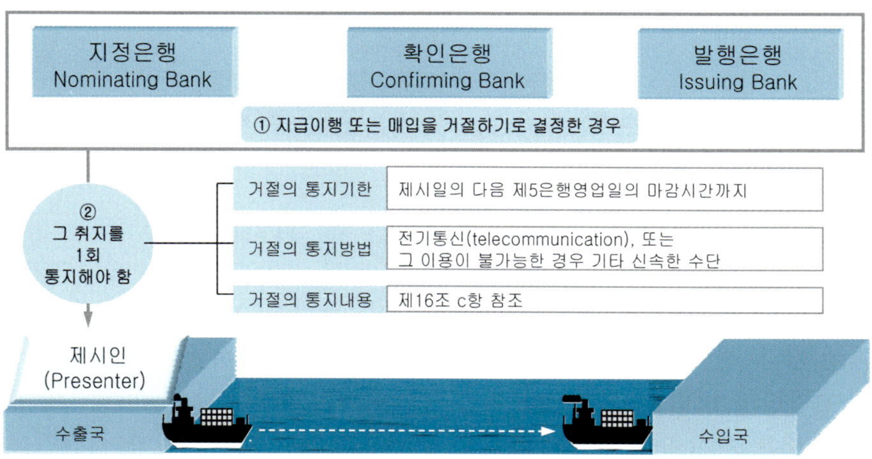

5. 보관중인 서류의 반송가능(제16조 e항: 신설)

지정은행(발행은행의 지정에 따라 행동하는), 확인은행(있는 경우) 또는 발행은행은, 제16조 c항 iii호 (a) 또는 (b)에 의하여 요구된 통지(㉮ 은행이 제시인으로부터 추가지시를 받을 때까지 서류를 보관하고 있다는 것, 또는 ㉯ 발행은행이 발행의뢰인으로부터 권리포기를 수령하고 서류를 수리하기로 합의할 때까지, 또는 권리포기를 승낙하기로 합의하기 전에 제시인으로부터 추가지시를 수령할 때까지 발행은행이 서류를 보관하고 있다는 것)를 행한 후에는, 언제든지 제시인에게 서류를 반송할 수 있다. 즉, 이는 은행이 불일치서류에 대한 지급이행 또는 대입의 거절의 통지를 행한 후 그 재량으로 서류를 반송할 수 있도록 규정한 것이다.

●●● 보관중인 서류의 반송가능

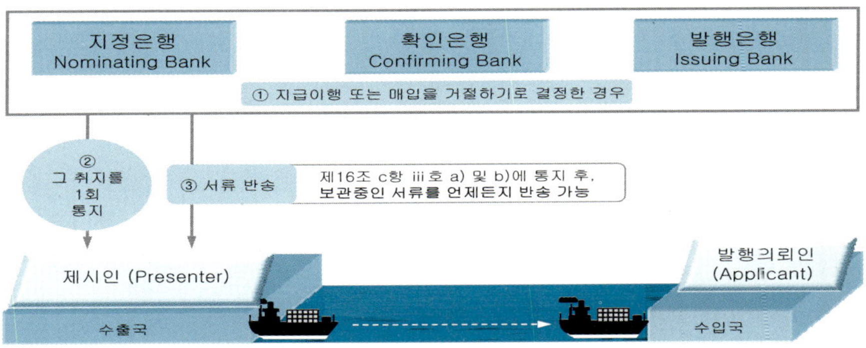

6. 발행은행 및 확인은행의 거절통지의무의 태만(제16조 f항)

발행은행 또는 확인은행이 제5은행영업일 이내에 모든 불일치의 내용을 통지하여야 함에도 불구하고, 이러한 적시의 서류의 거절의 통지를 태만히 한 경우에는, 발행은행 또는 확인은행은 이미 서류가 일치하는 제시를 구성하지 않는다는 취지의 항변을 할 수 없게 된다. 즉, 발행은행 또는 확인은행은 일치하는 제시가 아니기 때문에 지급이행 또는 매입을 거절한다는 취지 및 내용을 제시일 다음의 제5은행영업일의 마감시간까지 제시인에게 통지한 경우에만 지급이행 또는 매입의무를 부담하지 않게 된다.

이와 같이, UCP 600이 확인은행을 명시적으로 언급하고 확인은행에게 이러한 의무를 부담시키고 있는 것은, 확인은행은 UCP 600 제8조에 따라 수익자와의 관계에서 볼 때 발행은행과 유사한 입장에 놓여 있다는 인식에 의한 것이다. 한편, 지정은행은 서류거절의 적시의 통지의무를 부담하지만, 발행은행이나 확인은행과는 달

제16조

리, 이 통지를 태만한 경우라 하더라도, 서류의 제시가 일치하지 않는다는 취지의 항변이 허용된다고 조문상 해석할 수 있는 것은, 지정은행(발행은행이나 확인은행이 아닌 단순한 지정은행)은 UCP 600 제12조 a항에 따라 수익자와의 관계에서는 지급이행 등의 의무를 부담하고 있지 않기 때문이다.

●●● 발행은행 및 확인은행의 거절통지의무의 태만

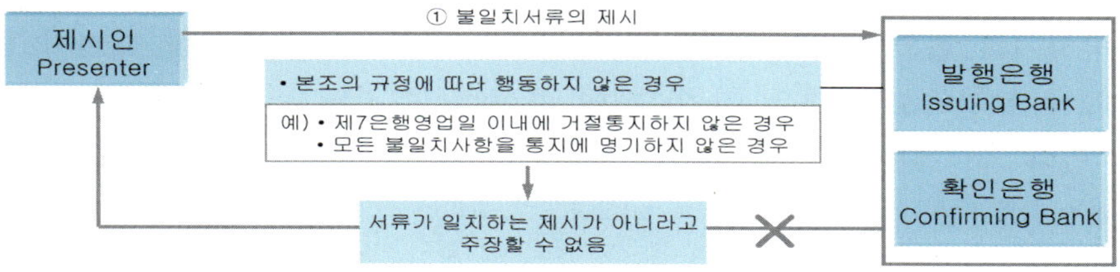

7. 발행 또는 확인은행의 상환금 및 이자의 반환청구권(제16조 g항)

발행은행 또는 확인은행이 제3의 은행(상환은행)을 통하여 신용장대금을 상환하는 경우에는 신용장대금이 상환된 후에 서류의 불일치를 발견하게 된다. 이와 같이, 불일치서류에 대하여 상환이 행해진 것은 은행이 법률상 원인없이 대금을 지급한 것이기 때문에 불일치서류를 거절할 수 있는 발행은행 또는 확인은행으로서는 이미 지급이행한 상환원금뿐만 아니라 상환실행일로부터 반환일까지의 이자도 추가하여 송부은행(remitting bank)에 반환(refund)을 청구할 권리가 있다.

●●● 발행 또는 확인은행의 상환금 및 이자의 반환청구권

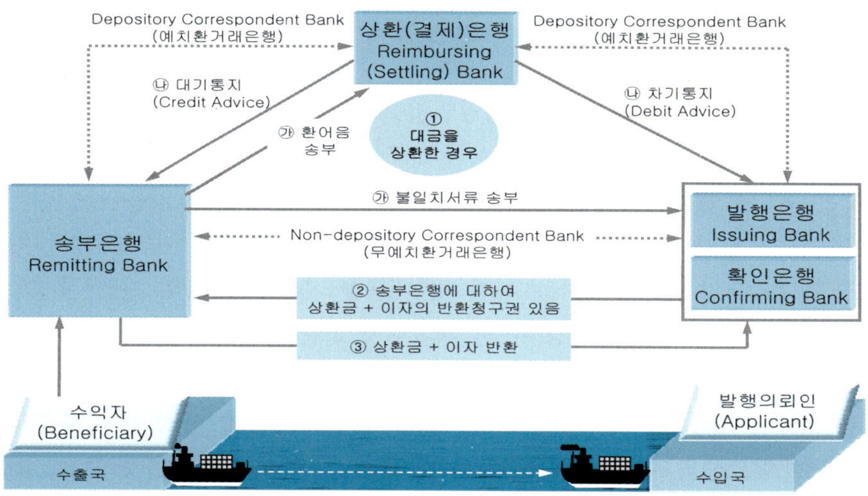

참고로, 불일치서류에 대한 대금상환이 행해지는 경우는 매입은행(서류송부은행)과 발행은행이 무예치환거래은행이기 때문에 양자간의 자금결제를 위하여 제3자(상환은행)의 개입이 필요하게 되는 상환신용장과 송금신용장[44]의 경우이다. 즉, 수출지의 매입은행이 발행은행의 당좌계정(current account)을 가지고 있지 않는 무예치환거래은행(non-depositary correspondent bank)인 경우, 발행은행이 자신의 당좌계정을 가진 예치환거래은행을 상환은행으로 지정하여 매입은행으로 하여금 이 상환은행(결제은행) 앞으로 환어음을 송부하게 하고 대금상환을 청구하도록 한다. 매입은행이 지급대금의 상환을 청구하기 위하여, ① 서류는 발행은행 앞으로 송부하고 수익자의 환어음(beneficiary's draft)은 상환은행 앞으로 송부하는 것이 보통이지만, ② 서류와 수익자의 환어음은 발행은행 앞으로 송부하고 별도로 상환청구환어음(reimbursement draft)을 발행하여 상환은행 앞으로 송부하는 경우도 있다.

환거래은행(correspondent bank)은 외국환은행 상호간에 환거래계약[45]이 체결된 은행으로서, 통상적으로 코레스은행(corres bank)이라고 약칭되기도 한다. 환거래은행은 상대방은행에 외국환은행 명의의 예치금계정(current account; 당좌계정)이 개설되어 있는지 여부에 따라 예치환거래은행과 무예치환거래은행으로 구분된다. 예치환거래은행(depositary correspondent bank)은 특히 무역거래에서 대금결제의 원활화를 위하여 상대방은행에 자행 명의의 예치금계정(current account)을 개설한 것을 말하고, 무예치환거래은행(non-depositary correspondent bank)은 상대방은행에 자행 명의의 예치금계정(current account)을 개설하지 않고 송금에 관한 지급위탁, 환어음의 추심위탁, 신용장의 통지 및 매입의 위탁 등과 같은 일반적인 외국환 거래관계만을 유지하는 것을 말한다.

제16조

44) 매입은행과 발행은행이 무예치환거래은행일 때, 발행은행이 신용장발행시에 신용장상에 상환은행을 지정하는 것을 상환신용장(reimbursement L/C), 매입은행이 추후에 상환은행을 지정하는 것을 송금신용장(remittance L/C)이라고 한다.

45) 외국환거래계약(agency arrangement)은 무역결제나 자본거래에 따른 거래당사자간의 대금의 송금, 추심, 지급 등과 같은 외국환업무를 자행의 지점에서 수행하는 것과 동일한 역할을 상대방은행이 담당하도록 외국환은행 상호간에 체결되는 계약으로서, 외국환거래의 대상지점, 대금결제방법, 거래통화의 종류 등에 관한 내용과 함께 계약목록(schedule of agency arrangement), 서명감(list of authorized signature; Specimen Signature Booklet), 전신암호(telegraphic test key), 거래조건 및 수수료율표(terms and conditions) 등 외국환거래를 위한 각종 부대문서(control document)를 교환하는 것을 말한다.

제17조 원본서류 및 사본(Original Documents and Copies)

Article 17 Original Documents and Copies
제17조 원본서류 및 사본

a. At least one original of each document stipulated in the credit must be presented.
적어도 신용장에 명시된 각 서류의 1통의 원본은 제시되어야 한다.

b. A bank shall treat as an original any document bearing an apparently original signature, mark, stamp, or label of the issuer of the document, unless the document itself indicates that it is not an original.
서류 그 자체가 원본이 아니라고 표시하고 있지 아니하는 한, 명백히 서류 발행인의 원본서명, 표기, 스탬프, 또는 부전을 기재하고 있는 서류를 원본으로서 취급한다.

c. Unless a document indicates otherwise, a bank will also accept a document as original if it:
서류가 별도로 표시하지 아니하는 한, 서류가 다음과 같은 경우에는, 은행은 서류를 원본으로서 수리한다:
   i. appears to be written, typed, perforated or stamped by the document issuer's hand; or
   서류발행인에 의하여 수기, 타자, 천공 또는 스탬프된 것으로 보이는 경우; 또는
   ii. appears to be on the document issuer's original stationery; or
   서류발행인의 원본용지상에 기재된 것으로 보이는 경우; 또는
   iii. states that it is original, unless the statement appears not to apply to the document presented.
   제시된 서류에 적용되지 아니하는 것으로 보이지 아니하는 한, 원본이라는 명기가 있는 경우.

d. If a credit requires presentation of copies of documents, presentation of either originals or copies is permitted.
신용장이 서류의 사본의 제시를 요구하는 경우에는, 원본 또는 사본의 제시는 허용된다.

e. If a credit requires presentation of multiple documents by using terms such as "in duplicate", "in two fold" or "in two copies", this will be satisfied by the presentation of at least one original and the remaining number in copies, except when the document itself indicates otherwise.
신용장이 "2통(in duplicate)", "2부(in two fold)", "2통(in two copies)"과 같은 용어를 사용함으로써 수통의 서류의 제시를 요구하는 경우에는, 이것은 서류자체에 별도의 표시가 있는 경우를 제외하고는 적어도 원본 1통과 사본으로 된 나머지 통수의 제시에 의하여 충족된다.

해설 explanation

UCP 500 제20조 b항은 서류의 원본 및 서명에 관하여 규정하고 있으며, UCP 500의 제정 이후에, 서류의 원본 및 서명에 관한 UCP 500 제20조 b항의 규정은 ICC의 정책성명서(Policy Statement)인 『UCP 500 제20조 b항의 문맥에 있어서 서류의 "원본"의 결정, 1999년 7월 29일자 ICC 출판물번호 470/871(Rev.)(The determination of an "original" document in the context of UCP sub-Article 20(b)), Document n° 470/871 Rev., 29 July 1999)』 및 『2002년의 국제표준은행관행(ISBP)』에 의하여 보다 구체적이고 명확하게 되었으며, UCP 600 제17조는 이러한 UCP 500, ICC Policy Statement(정책성명서) 및 2002년 ISBP의 원본 및 사본서류의 규정을 구체적으로 보완하여 규정하고 있다.

제17조

1. 서류의 원본제시의 원칙(제17조 a항: 신설)

신용장에서 요구하는 서류는 적어도 1통의 원본은 제시되어야 한다. 이 규정은 2002년 ISBP 제32항[46]의 규정을 반영하여 신설된 것이다.

46) 2002년 ISBP 제32항에서는 "신용장이 사본으로 서류의 제시를 허용하고 있지 아니하는 한, 각각의 요구된 서류는 적어도 1통의 원본으로 제시되어야 한다. 제시되어야 하는 원본의 통수는 적어도 신용장 또는 UCP 의하여 요구된 통수이어야 하거나, 또는 서류자체가 몇 통의 원본이 발행되었는지를 명기하고 있는 경우에는, 그 서류상에 명기된 통수이어야 한다"고 규정하고 있다.

●●● 서류의 원본제시의 원칙

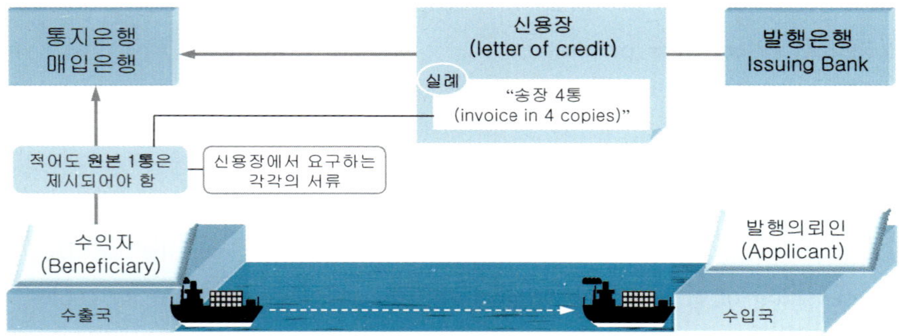

2. 서류의 원본성(제17조 b항: 신설)

서류 그 자체가 원본이 아니라고 표시하고 있지 않는 경우에는, 서류상에 서류발행인의 원본서명, 표기, 스탬프, 또는 부전이 기재되어 있다면, 이 서류는 원본으로서 취급된다. 즉, 서류발행인의 원본서명, 표기, 스탬프, 또는 부전이 기재되어 있는 서류가 원본으로서 취급되기 위해서는 서류 그 자체에 원본이 아니라고 하는 표시가 없어야 한다.

●●● 서류의 원본성

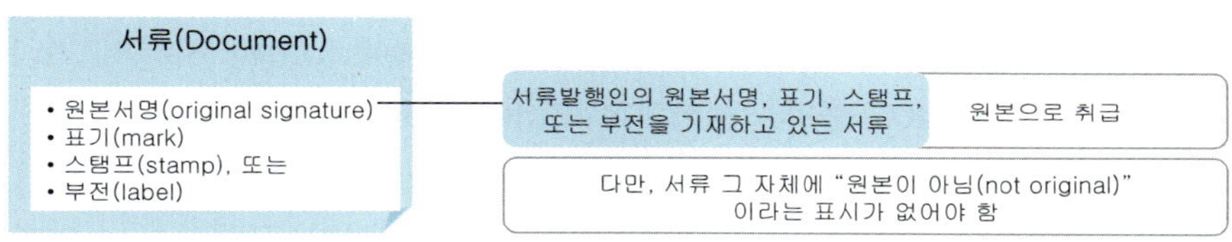

3. 서류의 원본의 범위(제17조 c항: 신설)

서류에 별도의 표시가 없는 한, 은행은 다음의 서류를 원본으로서 수리한다.

① 서류발행인에 의하여 수기, 타자, 천공 또는 스탬프된 것으로 보이는 서류

② 서류발행인의 원본용지[47]상에 기재된 것으로 보이는 서류

③ 원본이라는 명기가 있는 서류(다만, 서류상에 원본의 명기가 있더라도, 이러한 원본의 명기가 제시된 서류에 적용되는 경우에만 원본으로 본다).

즉, ③의 경우에는 서류상에 원본의 명기가 있더라도, 이러한 명기가 제시된 해

47) 여기에서, 원본용지(original stationery)는 서류발행인의 상호가 미리 인쇄된 용지를 말한다.

당 서류에 적용되지 않는 것으로 보일 때에는 원본으로 보지 않는다. 예를 들면, 그 서류가 원본으로 기재된 원본서류의 사진복사본으로 보일 때에는 원본으로 인정되지 않는다.

●●● 서류의 원본의 범위

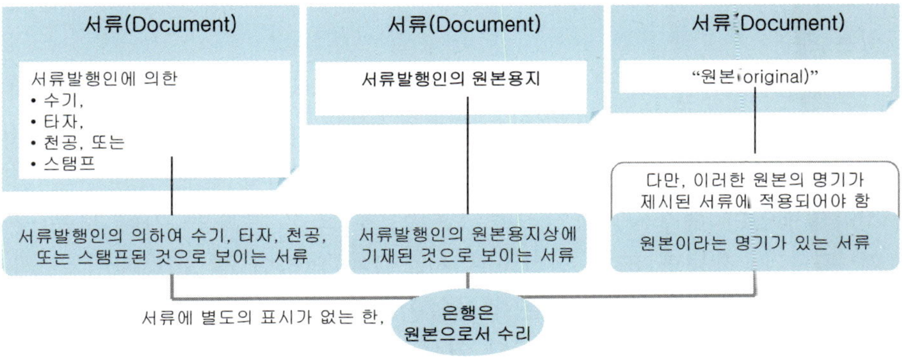

일반적으로 서류가 원본인지 사본인지의 여부는 서류발행인의 의도에 따르기 때문에 서류발행인이 원본서류로서 발행할 의도를 가지고 발행하였다면 원본서류로 인정되는 것이 일반원칙이다. UCP 600 제17조 c항, ICC 정책성명서(Policy Statement)[48] 및 2002년 ISBP의 규정에 따른 서류의 원본과 사본의 결정방법으로서, "고객의 사본(customer's copy)" 또는 "송화인의 사본(shipper's copy)"의 기재가 있는 서류는 원본임을 부인도 긍정도 하지 않지만, 다음의 하나에 해당되는 경우에는 그 서류는 원본 또는 사본으로서 취급된다.

(1) 서류의 원본

서류를 원본으로서 취급하는 경우는 다음과 같다.

① "원본(original)"의 기재가 있는 것. 다만, 그 기재가 제시된 해당 서류에 적용되지 않는 것으로 보일 때(예를 들면, 그 서류가 원본으로 기재된 원본서류의 사진사본인 것으로 보일 때)를 제외.[49]

제17조

48) 1994년 9월에 발행된 4가지 견해서는 UCP 500하에서 적용되는 것을 조건으로 발행되었기 때문에, 이들 견해서는 UCP 600하에서는 적용될 수 없을 것이며, 원본서류의 결정을 포함하는 결정의 본질은 UCP 600의 본문에 포함되었다고 UCP 600의 서문에서 밝히고 있다.

49) 원본이라는 표시가 있더라도, 예외적으로 원본으로 취급될 수 없는 경우는 서류에 원본이라고 표시한 후에 그 서류를 복사한 것이다. 이 경우, 원본이 표시되어 있는 서류를 다시 복사한 것이므로 원본의 표시가 있더라도 원본이 될 수 없다. 그러나, 서류발행인이 서류를 복사한 후 그 서류에 원본을 표시하는 경우에는 원본으로 취급될 수 있다. 예를 들면, 서류발행인이 레이저프린트기로 출력한 서류를 복사기로 복사한 다음 그 서류에 원본을 표시하는 경

② "원본(original)"이라는 단어가 스탬프되어 있는 것
③ "부본원본(duplicate original)"의 표시가 있는 것
④ "제3본(third of three)"의 표시가 있는 것
⑤ 2통 이상의 원본으로 발행된 서류에 "원본" 표시가 없더라도, "정부본(duplicate)", "제3본(triplicate)", "제1원본(first original)", "제2원본(second original)" 등의 표시가 있는 것
⑥ 서류발행인이 자필로 기재, 타자, 천공 또는 스탬프한 것으로 보이는 것
⑦ 서류발행인의 원본용지에 작성된 것으로 보이는 것. 여기에서, 원본용지(original stationery)는 서류발행인의 상호가 미리인쇄된 용지를 말한다.
⑧ 서류발행인이 수기서명한 것으로 보이는 것(그 일부 또는 기타 모든 구성요소가 복사기, 자동화 또는 전산화된 시스템에 의하여 작성된 것이든, 사전인쇄된 것이든, 탄소복사된 것이든 관계없이 원본으로 간주됨)
⑨ 서류발행인의 모사서명이 기재된 것으로 보이는 것
⑩ 다른 서류의 사진복사본으로 보이더라도, 서류발행인이 자신의 손으로 사진복사하여 완성한 것으로 보이는 것으로서 사본의 표시가 없는 것
⑪ 백지용지가 아니라 원본용지 상에 원문을 사진복사하여 작성한 것으로 보이는 것

(2) 서류의 사본

서류를 사본으로서 취급하는 경우는 다음과 같다.

① "사본(copy)"의 기재가 있는 것
② "원본"이라는 기재가 있더라도, 다른 서류의 사진복사본으로 보이고, 제시된 서류에 원본이라는 기재가 적용되지 않는 것으로 보이는 것
③ "다른 서류의 진정한 사본"이라는 표시가 있는 것
④ "다른 서류가 유일한 원본"이라는 표시가 있는 것
⑤ "다른 서류의 사진복사본"으로 보이는 것
⑥ 원본용지상에 사진사본을 손으로 작성함으로써 완성되지 않는 것으로서 기타 서류의 사본으로 보이는 것
⑦ 원본용지상에 사진사본을 사진복사함으로써 완성되지 않은 것으로서 기타 서류의 사진복사본으로 보이는 것
⑧ 은행의 모사전송기(telexfax)에서 출력된 서류
⑨ 모사전송기로 작성된 것으로 보이는 것

우에는, 그 서류는 원본으로 취급될 수 있다.

4. 서류의 사본의 제시요구(제17조 d항: 신설)

신용장에서 서류의 사본의 제시를 요구하는 경우에는, 원본이나 사본 중에서 하나를 제시하면 된다. 예를 들면, 신용장에서 "1통의 송장 사본(One copy of invoice)"과 같이 서류의 사본의 제시를 요구하는 경우에는, 송장의 사본 1통을 제시해도 되고, 아니면 송장의 원본을 1통 제시해도 된다. 이 규정은 2002년 ISBP 제33항 c)[50]의 규정을 반영하여 신설된 것이다.

●●● 서류의 사본의 제시요구

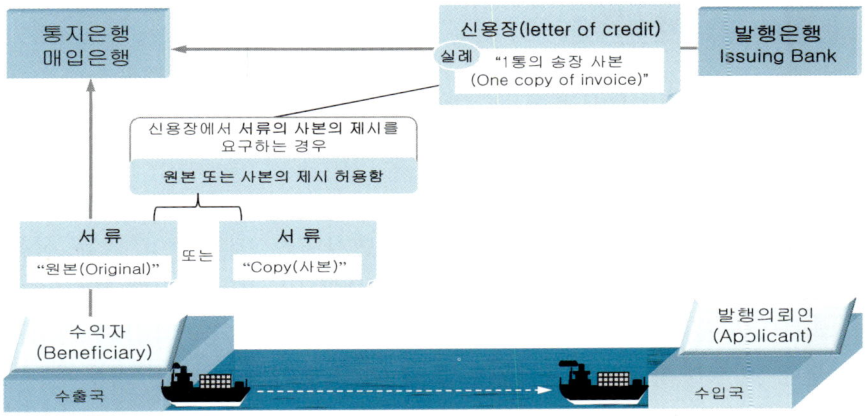

5. 원본 및 사본서류의 제시통수(제17조 e항)

신용장이 "2통(in duplicate)", "2부(two fold)", "2통(two copies)" 등과 같이 동일한 서류를 복수통수로 제시하도록 요구하고 있는 경우에는, 서류 자체에 별도의 표기가 있는 경우를 제외하고는, 1통의 서류가 원본이라면, 나머지 통수는 서류의 사본이라도 무방하다는 것이다.[51] 여기에서 유의할 것은 "duplicate"은 제2본을 의미하는 것으로서 원본의 의미이지만, "in duplicate"은 2통을 의미하는 것으로서 서류의 통수를 말한다.

---

50) 2002년 ISBP 제33항 c)에서는 "신용장이 '1통의 송장 사본(One copy of invoice)'을 요구하는 경우에는, 송장의 사본을 제시함으로써 충족된다. 그러나 이러한 해석에 있어서 사본 대신에 원본을 수리하는 것이 국제표준은행관행이다"라고 규정하고 있다.

51) 선화증권이나 보험증권에 "duplicate", "triplicate"이라는 표현이 있는 경우에는 사본으로 이해되고 있기 때문에 "second original", "third original"이라는 표현이 있어야 한다고 보는 견해도 있지만, 서류상에 "duplicate", "triplicate"이라는 표시는 "second original", "third original"을 의미한다고 보는 해석이 세계적으로 정착화되어 있다(東京銀行システム部, 貿易と信用狀, 實業之日本社, 1996, p.130). 또한, 2002년 ISBP 제31항에서도 "부본(duplicate)", "제3본(triplicate)" 등의 표시는 원본이라는 별도의 표시가 없더라도 원본으로 본다고 규정하고 있다.

제17조

●●● 원본 및 사본서류의 제시통수

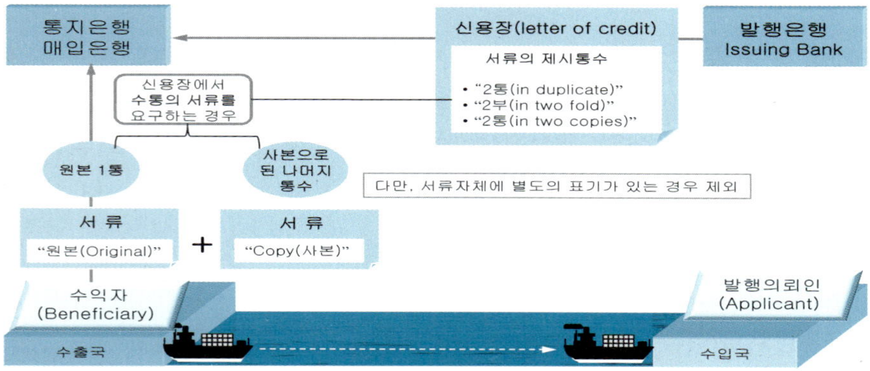

참고로, 서류의 원본 및 사본의 제시방법을 보면 다음과 같다.

(1) 서류의 원본제시의 원칙과 통수

신용장에서 제시를 요구하고 있는 서류에 대하여는, 신용장이 서류 사본의 제시를 허용하고 있는 특별한 경우를 제외하고는, 원본이 적어도 1통 제시되어야 한다. 신용장 또는 UCP에 제시될 통수가 요구되어 있는 경우에는, 그 요구된 통수이어야 하거나, 또는 서류자체에 발행된 원본의 통수가 명기되어 있는 경우에는, 그 서류상에 명기된 통수가 제시되어야 한다.52)

●●● 서류의 원본제시의 원칙과 통수

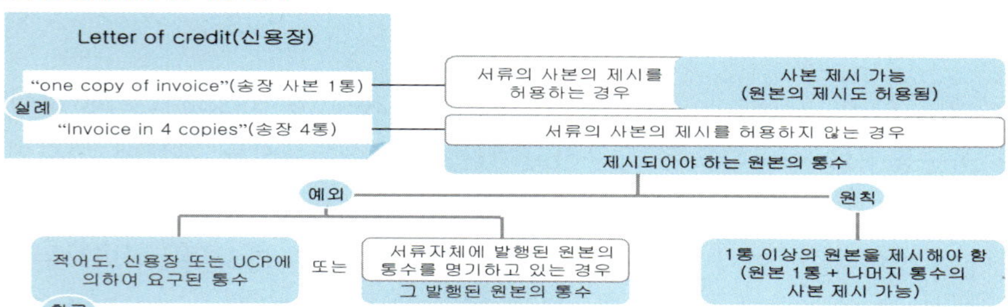

참고

UCP 600 관련조항	발행방법	제시방법
• 복합운송서류(제19조 a항 iv호) • 선화증권(제20조 a항 iv호) • 해상화물운송장(제21조 a항 iv호) • 용선계약선화증권(제22조 a항 vi호)	서류상에 단일의 원본, 또는 2통 이상의 원본으로 발행되어 있는 경우	그 서류상에 표시된 대로 전통의 제시
• 항공화물운송장(제23조 a항 v호)	신용장이 전통의 원본을 명시하고 있는 경우	송화인용(탁송인용) 원본의 제시
• 도로, 철도 또는 내륙수로운송서류(제24조 b항 iii호)	서류상에 발행된 통수의 표시가 없는 경우	제시된 통수는 전통을 구성하는 것으로 봄
• 보험서류(제28조 b항)	서류상에 2통 이상의 원본으로 발행된 표시가 있는 경우	모든 원본 제시

52) UCP 600 제17조 및 2002년 ISBP 제32항 참조.

(2) 제시되어야 하는 서류 원본 및 사본의 통수

신용장이 원본 또는 사본을 요구하는지의 여부, 또는 그 요구가 원본 또는 사본에 의하여 충족되는지의 여부에 대하여 신용장 자체의 문언만으로는 결정하기 어려운 경우를 살펴보면 다음과 같다.[53)]

첫째, 신용장이 통수에 대하여 특별히 정함이 없거나, 또는 서류 1통을 요구하고 있는 경우에는, 원본 1통을 요구하고 있는 것으로 해석된다. 구체적으로는 "송장(invoice)", "one invoice(1통의 송장)", "invoice in 1 copy(송장 1통)" 등의 표현은 송장 원본 1통을 요구하는 것으로 보기 때문에 사본이 아니라 원본 1통을 제시하여야 한다.

둘째, 신용장이 수통의 서류를 요구하고 있는 경우에는, 서류자체에 별도의 표시가 없는 한, 원본 1통과 나머지 통수의 사본의 제시에 의하여 충족된다. 예를 들면, 신용장이 "2통(in duplicate)", "2부(in two fold)", "2통(in two copies)" 등과 같이 요구하고 있는 경우에는 원본 1통과 사본 1통을 제시하여야 하고, 신용장이 "송장 4통(Invoice in 4 copies)"과 같이 요구하고 있는 경우에는, 송장 원본 1통과 나머지 통수의 송장 사본을 제시하는 것으로 충족된다. 즉, "copy"라는 단어의 의미는 "사본"이라는 의미가 있지만, "통수" 라는 의미도 있다. 따라서, 여기에서 "in 4 copies" 라는 표현의 copy는 "사본"이라는 의미가 아니라, "통수"라는 의미이다. 따라서, 여기에서 요구하고 있는 것은 송장 4통이고, 원본인지 사본인지에 대하여는 언급하고 있지 않더라도, 송장 원본 1통과 나머지 통수의 송장 사본을 제시하는 것으로 충족되는 것이다.

셋째, 신용장이 "1통의 송장 사본(One copy of invoice)"을 요구하고 있는 경우에는, 송장 사본 1통을 제시하는 것으로 충족된다. 그러나 이러한 해석에 있어서 사본 대신에 원본을 수리하는 것이 표준은행관행이다. 따라서, 이것은 오해를 초래하기 쉬운 표현이기 때문에, "1통의 송장 사진복사본(one photocopy of invoice)"이라는 표현을 사용하는 것이 바람직하다고 생각된다.

---

53) UCP 600 제17조 e항 및 2002년 ISBP 제33항 참조.

서류의 원본과 사본의 표시 및 제시방법

통수	표시방법			제시방법
	• Invoice(송장)			원본 1통
1통	• One Invoice(1통의 송장) • Invoice in 1 copy(송장 1통)	• Original(원본)	• in 1 fold (1부)	
2통	• Invoice in 2 copies(송장 2통)	• in duplicate(2통)	• in 2 fold	적어도 원본 1통 + 나머지 통수의 사본
3통	• Invoice in 3 copies(송장 3통)	• in triplicate(3통)	• in 3 fold	
4통	• Invoice in 4 copies(송장 4통)	• in quadruplicate(4통)	• in 4 fold	
5통	• Invoice in 5 copies(송장 5통)	• in quintuplicate(5통)	• in 5 fold	
6통	• Invoice in 6 copies(송장 6통)	• in sextuplicate(6통)	• in 6 fold	
7통	• Invoice in 7 copies(송장 7통)	• in septuplicate(7통)	• in 7 fold	
8통	• Invoice in 8 copies(송장 8통)	• in octuplicate(8통)	• in 8 fold	
기타	• One copy of invoice(1통의 송장 사본)			송장의 사본 1통 (사본 대신 원본을 수리하는 것이 표준은행관행임)

• "copy"는 "사본" 또는 "통수"로 번역되기 때문에, "One copy"는 1통의 사본, "in one copy"는 1통을 의미함
• "duplicate"은 동일한 서류 2통 중의 다른 하나의 "원본"을 의미하고, "in duplicate"은 2통을 의미함

제 18 조 상업송장(Commercial Invoice)

Article 18 Commercial Invoice
제 18 조 상업송장

a. A commercial invoice:
   상업송장은:
   i. must appear to have been issued by the beneficiary (except as provided in article 38);
      수익자에 의하여 발행된 것으로 보여야 하며(제38조에 규정된 경우를 제외한다);
   ii. must be made out in the name of the applicant (except as provided in sub-article 38 (g));
      발행의뢰인 앞으로 작성되어야 하며(제38조 g항에 규정된 경우를 제외한다);
   iii. must be made out in the same currency as the credit; and
      신용장과 동일한 통화로 작성되어야 하며; 그리고
   iv. need not be signed.
      서명될 필요가 없다.

b. A nominated bank acting on its nomination, a confirming bank, if any, or the issuing bank may accept a commercial invoice issued for an amount in excess of the amount permitted by the credit, and its decision will be binding upon all parties, provided the bank in question has not honoured or negotiated for an amount in excess of that permitted by the credit.
   발행은행의 지정에 따라 행동하는 지정은행, 확인은행(있는 경우) 또는 발행은행은 신용장에 의하여 허용된 금액을 초과한 금액으로 발행된 상업송장을 수리할 수 있으며, 그러한 결정은 모든 당사자를 구속한다. 다만, 문제의 은행은 신용장에 의하여 허용된 금액을 초과한 금액으로 지급이행 또는 매입하지 아니하여야 한다.

c. The description of the goods, services or performance in a commercial invoice must correspond with that appearing in the credit.
상업송장상의 물품, 용역 또는 이행의 명세는 신용장에 보이는 것과 일치하여야 한다.

해설 explanation

1. 상업송장의 발행인과 그 상대방(제18조 a항)

신용장통일규칙 제18조 a항에 의하면, 신용장에 별도의 명시가 없는 한, 상업송장은 ① 신용장에서 지정한 수익자가 발행하고, ② 발행의뢰인 앞으로 작성되고, ③ 신용장과 동일한 통화로 작성된 경우에는, ④ 서명의 기재여부와 관계없이, 수리될 수 있다고 규정하고 있다. 즉, 상업송장은 ① 신용장에 지정된 수익자에 의하여 발행된 것으로 보여야 하고, ② 신용장의 발행의뢰인 앞으로 작성되어야 하며(다만, 양도가능신용장의 경우 제1수익자의 명의가 발행의뢰인의 명의로 대체되는 경우에는 예외로 하고 있다), ③ 신용장과 동일한 통화로 작성되어야 하며, ④ 신용장에 의하여 요구되지 않는 한, 서명될 필요가 없다.

첫째, 상업송장은 신용장에 지정된 수익자에 의하여 발행된 것으로 보여야 하는 것이 원칙이지만, 예외적으로 양도가능신용장하에서 제1수익자가 송장대체권을 포기함으로써 제2수익자의 송장이 제시되는 경우에는 제2수익자가 상업송장의 발행인이 된다.

둘째, 상업송장은 신용장발행의뢰인 앞으로 작성되어야 하는 것이 원칙이지만, 예외적으로 양도가능신용장하에서 제1수익자의 명의가 발행의뢰인의 명의로 대체되는 경우에는 제1수익자가 상업송장의 상대방이 된다. 즉, 제1수익자는 신용장을 제2수익자에게 양도할 때, 발행의뢰인의 명의를 자신의 명의로 대체한 후, 제2수익자가 양도가능신용장하에서의 발행의뢰인(제1수익자) 앞으로 송장을 발행해 오면, 송장의 상대방인 제1수익자는 제2수익자가 발행한 송장을 자신이 원신용장발행의뢰인 앞으로 작성한 송장으로 대체하게 된다. 이를 송장의 대체(substitution of invoices)라고 한다. 이와 같이, 양도가능신용장의 경우에는 원신용장의 송장상대방(원신용장의 발행의뢰인)과 양도된 신용장의 송장상대방(양도가능신용장상의 발행의뢰인인 제1수익자)의 명의가 불일치할 수 있기 때문에 예외로 하고 있다.

셋째, 상업송장은 신용장과 동일한 통화로 작성되어야 한다. 이 규정은 2002년 ISBP 제64항[54]의 내용을 반영하여 추가된 내용이다.

넷째, 상업송장은 신용장에 의하여 요구되지 않는 한, 서명될 필요가 없다.

●●● 상업송장의 발행인과 그 상대방

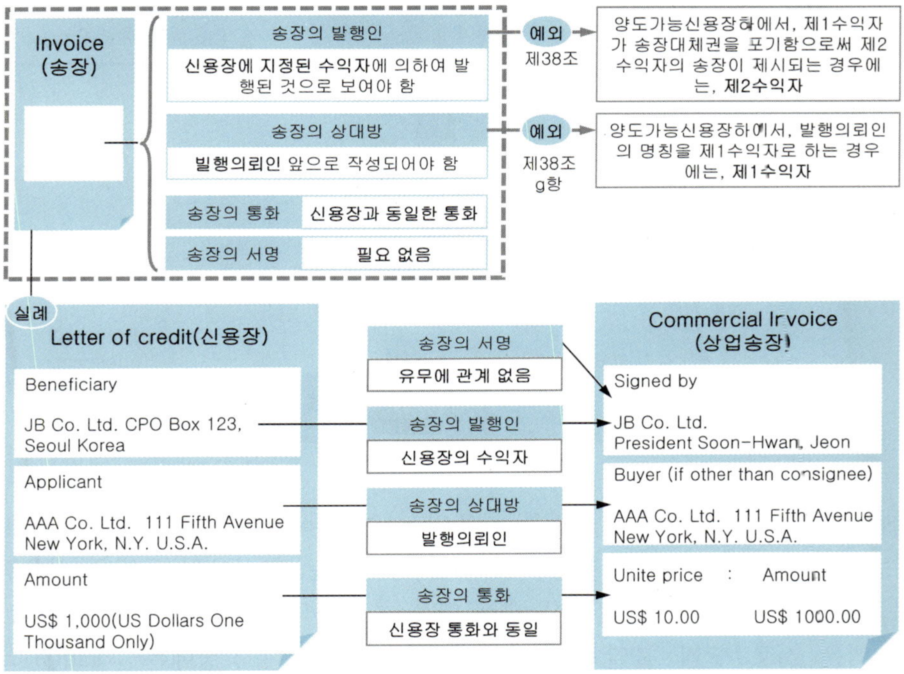

2. 신용장금액을 초과한 금액의 상업송장(제18조 b항)

지정은행(발행은행의 지정에 따라 행동하는), 확인은행(있는 경우) 또는 발행은행은 신용장금액을 초과하여 발행된 상업송장을 수리 또는 거절할 수 있다. 그럼에도 불구하고 이들 은행이 신용장금액을 초과하여 발행된 상업송장을 수리하되, 초과분을 제외한 금액, 즉 신용장금액과 일치하는 금액만을 지급하였다면, 모든 당사자는 이에 구속된다. 즉, 수익자가 제시한 상업송장의 금액이 신용장금액을 초과하였더

54) 2002년 ISBP 제64항에서는 "송장은 선적된 물품의 가액을 입증하여야 한다. 송장에 표시된 단가(있는 경우) 및 통화는 신용장에 표시된 것과 일치하여야 한다. 송장은 신용장에 요구된 모든 할인액 또는 공제액을 표시하여야 한다. 또한 송장은 신용장에 기재되어 있지 않은 선지급을 대상으로 하고 있는 공제액, 할인액 등을 표시할 수 있다"고 규정하고 있다.

제18조

라도 신용장금액의 초과분을 제외한 금액만을 수리하기로 결정한 경우, 이러한 결정은 모든 당사자를 구속한다는 것이다. 이 경우, 지정은행은 초과분을 상업송장에 표시한 후, 차후 발행은행이 송금해 오면 이를 수익자에게 지급하게 된다.

●●● 신용장금액을 초과한 금액의 상업송장

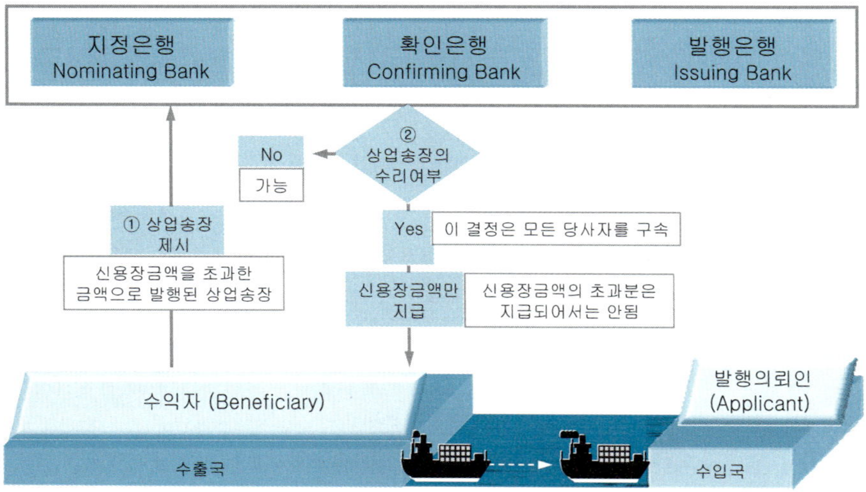

일반적으로 신용장금액을 초과한 금액의 상업송장은 발행되지 않는다. 왜냐하면, 상업송장의 금액이 신용장금액을 초과하는 경우에는, 환어음의 금액은 신용장의 금액이 되고 상업송장의 금액은 신용장금액을 초과하므로 환어음의 금액과 상업송장의 금액은 서로 달라 불일치로 된다. 예를 들면, 신용장상에는 "draft(s) at sight drawn on ABC Bank for full invoice cost..."와 같이 상업송장금액의 전액에 대하여 환어음을 발행하도록 요구하고 있기 때문에, 환어음의 금액이나 상업송장의 금액은 신용장의 금액과 일치되게 발행되어야 한다. 이 경우, 상업송장의 금액이 신용장금액을 초과하여 발행되었다면, 상업송장의 금액은 신용장금액과 일치하여 발행되는 환어음금액을 초과하기 때문에 불일치로 된다. 또한, 신용장금액을 초과하는 금액의 상업송장이 일부 개도국의 외환관련 법률에 의하여 인정받지 못하는 경우도 있으며, 수입통관을 위하여 제출되는 상업송장의 금액과 수입승인서의 금액이 서로 불일치하여 수입통관이 곤란할 수도 있다. 따라서, 수익자는 신용장금액을 초과하는 금액의 상업송장을 발행하지 않는 것이 안전하다.

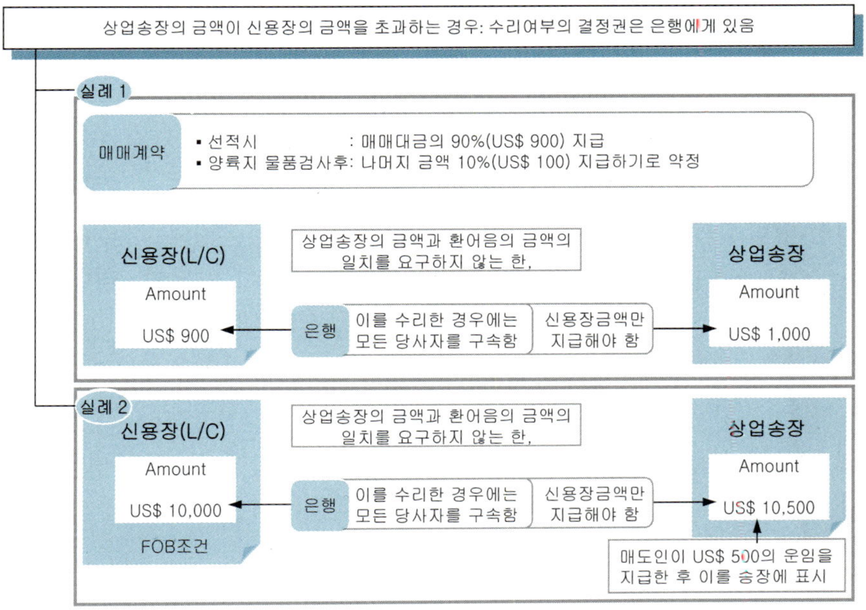

그러나, 신용장상에 "draft(s) ...for full invoice cost..."와 같이 환어음금액과 상업송장금액의 관계가 명시되어 있거나 또는 상업송장금액과 환어음금액이 일치할 것을 요구하는 경우를 제외하고는, 신용장금액을 초과하는 금액의 상업송장이 발행될 수 있다.[55] 예를 들면, 선적시에 매매대금의 90%(900달러)만 지급하기로 하고 나머지 금액 10%(100달러)는 양륙지에서 물품을 검사한 후 지급하도록 약정하는 경우에는, 최초의 지급금액 900달러가 신용장금액 900달러와 동일하다면 송장은 1,000달러의 금액으로 발행되기 때문에 10%(100달러)를 초과할 수밖에 없게 된다. 또한, FOB 규칙의 신용장금액이 USD 100,000인 경우에, 수익자가 USD 500의 운임(또는 보험료)을 지급한 후[56] 이를 상업송장에 표시하였다면, 상업송장금액은 USD 100,500으

55) 신용장금액 앞에 "약(about)", "대략(approximately)"과 같은 표현이 명기되어 있는 경우에는 UCP 600 제30조 a항이 적용되기 때문에 신용장금액의 10% 범위내에서 초과된 송장금액도 수리된다. 그러나, 제18조 b항에서는 신용장금액 앞에 "약(about)" 등의 표현이 없어 제30조 a항이 적용되지 않음에도 불구하고 송장금액이 신용장금액을 초과하는 경우에도 은행이 신용장금액의 초과분을 제외한 금액을 수리할 수 있다고 규정하고 있다.

56) Incoterms 2010규칙의 FOB규칙 A8조(매도인의 의무) 제2문에서는 "매도인은 매수인의 요청에 따라 매수인의 위험과 비용으로 운송서류를 취득하는데 매수인에게 협조를 제공하여야 한다"고 규정하고 있다. 이 규정에 따라 FOB규칙이라 하더라도, 매도인은 매수인의 요청이 있다면 운송계약의 체결 및 운임을 지급하고 운송서류를 취득하여 매수인에게 제공하여야 한다. 이 경우, 운임은 매수인의 부담이기 때문에 매도인은 운임을 매수인에게 청구할 수 있다. 그러나 보험계약의 체결과 관련하여 매수인의 요청이 있는 경우에는 매도인은 매수인에게의 협조의무가 있는 것이 아니기 때문에 매수인의 요청에 따를 것인지는 매도인의 재량에 속한다.

로 되기 때문에 환어음금액 USD 100,000과 일치하지 않는다. 따라서, 수익자가 USD 100,500으로 되어 있는 상업송장을 은행에 제시한 경우, 은행이 UCP 600 제18조 b항의 규정에 따라 초과분 500달러를 제외한 100,000달러의 신용장금액만을 수리하거나, 아니면 이를 거절할 수도 있기 때문에, FOB규칙의 신용장에서 수익자가 운임 또는 보험료를 지급한 경우에는 실무상으로는 이를 상업송장에 표시할 것이 아니라 수입업자(발행의뢰인)로부터 직접 송금받거나 또는 은행의 서류송부장(Covering Schedule; Covering Letter)에 이를 표시하여 송금받는 것이 안전할 것이다.

3. 상업송장의 물품, 용역 또는 이행의 명세(제18조 c항)

상업송장상의 물품, 용역 또는 이행의 명세는 신용장상의 이들 명세와 일치하여야 한다.

●●● 상업송장의 물품, 용역 또는 이행의 명세

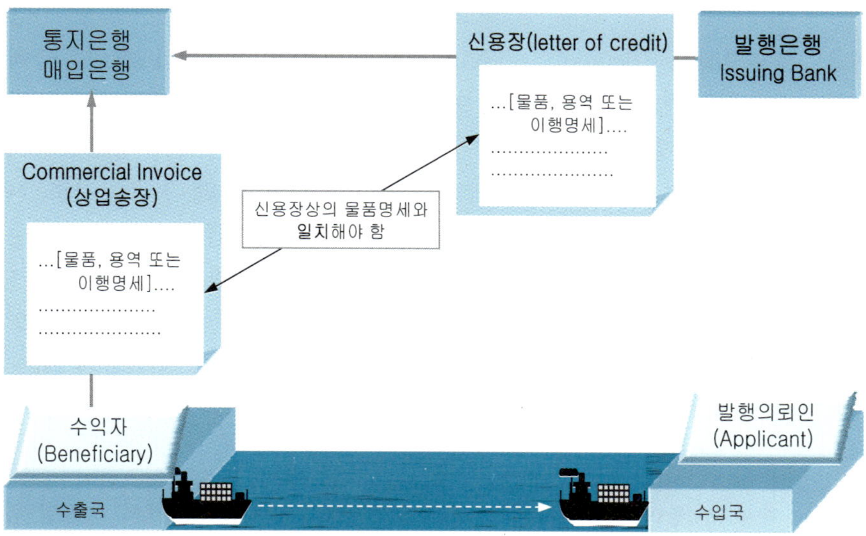

제19조 적어도 두 가지 다른 운송방식을 표시하는 운송서류 (Transport Document Covering at Least Two Different Modes of Transport)

Article 19 Transport Document Covering at Least Two Different Modes of Transport

제19조 적어도 두 가지 다른 운송방식을 표시하는 운송서류

a. A transport document covering at least two different modes of transport (multimodal or combined transport document), however named, must appear to:
적어도 두 가지의 다른 운송방식을 표시하는 운송서류(복합운송서류)는 그 명칭에 관계없이 다음과 같이 보여야 한다:

i. indicate the name of the carrier and be signed by:
운송인의 명칭을 표시하고 다음의 자에 의하여 서명되어 있는 것:

- the carrier or a named agent for or on behalf of the carrier, or
  운송인 또는 운송인을 대리하는 지정대리인, 또는
- the master or a named agent for or on behalf of the master.
  선장 또는 선장을 대리하는 지정대리인.

Any signature by the carrier, master or agent must be identified as that of the carrier, master or agent.
운송인, 선장 또는 대리인에 의한 모든 서명은 운송인, 선장 또는 대리인의 것이라는 것을 확인하고 있어야 한다.

Any signature by an agent must indicate whether the agent has signed for or on behalf of the carrier or for or on behalf of the master.
대리인에 의한 모든 서명은 그 대리인이 운송인을 대리하여 서명하였는지, 또는 선장을 대리하여 서명하였는지를 표시하여야 한다.

ii. indicate that the goods have been dispatched, taken in charge or shipped on board at the place stated in the credit, by:
다음에 의하여, 물품이 신용장에 명기된 장소에서 발송, 수탁 또는 본선선적되었음을 표시하고 있는 것:

- pre-printed wording, or
  사전인쇄된 문언, 또는
- a stamp or notation indicating the date on which the goods have been dispatched, taken in charge or shipped on board.
  물품이 발송, 수탁 또는 본선선적된 일자를 표시하고 있는 스탬프 또는 표기

The date of issuance of the transport document will be deemed to be the date of dispatch, taking in charge or shipped on board, and the date of shipment. However, if the transport document indicates, by stamp or notation, a date of dispatch, taking in charge or shipped on board, this date will be deemed to be the date of shipment.
운송서류의 발행일은 발송, 수탁 또는 본선선적일, 및 선적일로 본다. 그러나, 운송서류가 스탬프 또는 표기에 의하여 발송, 수탁 또는 본선선적일을 표시하고 있는 경우에는, 이러한 일자를 선적일로 본다.

iii. indicate the place of dispatch, taking in charge or shipment and the place of final destination stated in the credit, even if:
비록 다음과 같더라도, 신용장에 명기된 발송, 수탁 또는 선적지 및 최종목적지를 표시하고 있는 것:

a. the transport document states, in addition, a different place of dispatch, taking in charge or shipment or place of final destination,
그운송서류가 추가적으로 다른 발송, 수탁 또는 선적지 또는 최종목적지를 명기하고 있더라도,

or **또는**

b. the transport document contains the indication "intended" or similar qualification in relation to the vessel, port of loading or port of discharge.
그 운송서류가 선박, 적재항 또는 양륙항에 관하여 "예정된" 또는 이와 유사한 제한의 표시를 포함하고 있더라도,

iv. be the sole original transport document or, if issued in more than one original, be the full set as indicated on the transport document.
단일의 운송서류 원본 또는, 2통 이상의 원본으로 발행된 경우에는, 운송서류상에 표시된 대로 전통인 것.

v. contain terms and conditions of carriage or make reference to another source containing the terms and conditions of carriage (short form or blank back transport document). Contents of terms and conditions of carriage will not be examined.
운송의 제조건을 포함하고 있거나, 또는 운송의 제조건을 포함하는 다른 자료를 참조하고 있는 것(약식/배면백지식 운송서류). 운송의 제조건의 내용은 심사되지 아니한다.

vi. contain no indication that it is subject to a charter party.
용선계약에 따른다는 어떠한 표시도 포함하고 있지 아니한 것

b. For the purpose of this article, transhipment means unloading from one means of conveyance and reloading to another means of conveyance (whether or not in different modes of transport) during the carriage from the place of dispatch, taking in charge or shipment to the place of final destination stated in the credit.
이 조에서, 환적이란 신용장에 명기된 발송, 수탁 또는 선적지로부터 최종목적지까지의 운송과정 중에 한 운송수단으로부터의 양화 및 다른 운송수단으로의 재적재를 말한다.

c. i. A transport document may indicate that the goods will or may be transhipped provided that the entire carriage is covered by one and the same transport document.
운송서류는 물품이 환적될 것이라거나 또는 될 수 있다고 표시할 수 있다. 다만, 전운송은 동일한 운송서류에 의하여 커버되어야 한다.

ii. A transport document indicating that transhipment will or may take place is acceptable, even if the credit prohibits transhipment.
신용장이 환적을 금지하고 있는 경우에도, 환적이 행해질 것이라거나 또는 행해질 수 있다고 표시하고 있는 운송서류는 수리될 수 있다.

해설 explanation

UCP 500에서는 운송서류와 관련하여, 선화증권(제23조), 비유통성 해상화물운송장(제24조), 용선계약선화증권(제25조), 복합운송서류(제26조), 항공운송서류(제27조), 도로, 철도 또는 내륙수로운송서류(제28조), 특송화물수령증 및 우편수령증(제29조)의 순서로 배열되어 있었으나, UCP 600에서는 복합운송서류(제19조) 다음에 나머지 운송서류를 UCP 500과 동일하게 배열하였으며, 또한 운송주선인 발행운송서류(UCP 500 제30조)에 관한 규정은 삭제하였다.

●●● UCP 600 제19조에 의한 복합운송서류의 수리요건

구 분	복합운송서류 (적어도 두 가지의 다른 운송방식을 표시하는 운송서류)	관련 조항
서류의 명칭	① 복합운송서류는 그 명칭에 관계없이 아래와 같이 보여야 한다.	제19조 a항 본문
운송인의 명칭표기 및 서명방법	㉮ 운송인의 명칭이 표시되고, 운송인, 선장 또는 이들 대리인에 의하여 서명되어 있어야 한다.	제19조 a항 i 호
선적의 표시	㉯ 신용장에 명기된 장소에서 물품이 발송, 수탁 또는 본선선적되었음이 표시되어야 한다.	제19조 a항 ii 호
수탁지 및 최종목적지의 표시	㉰ 신용장에 명기된 발송·수탁·선적지와 최종목적지가 표시되어야 한다.	제19조 a항 iii호
서류의 제시통수	㉱ 운송서류상에 표시된 대로 전통이어야 한다.	제19조 a항 iv호
약식/배면백지식 서류	㉲ 운송의 제조건을 포함하고 있거나 운송의 제조건을 포함하는 다른 자료를 참조하도록 표시하는 약식/배면백지식 복합운송서류이어야 한다.	제19조 a항 v 호
용선계약의 금지	㉳ 용선계약에 따른다는 표시가 없어야 한다.	제19조 a항 vi호
환적의 정의	② 환적이란 신용장에 명기된 발송, 수탁 또는 선적지로부터 최종목적지까지의 운송과정 중에 한 운송수단으로부터의 양화 및 다른 운송수단으로의 재적재를 말한다.	제19조 b항
환적의 허용여부	③ 신용장에서 환적을 금지하더라도, 은행은 환적이 행해질 것이라거나 또는 행해질 수 있다고 표시하고 있는 복합운송서류를 수리하여야 한다. 다만, 전운송은 동일한 복합운송서류에 의하여 커버되어야 한다.	제19조 c항

1. 복합운송서류의 명칭(제19조 a항 본문)

신용장에서 "적어도 두 가지의 다른 운송방식을 표시하는 운송서류(복합운송서류; Multimodal or Combined transport document)"를 요구하는 경우에, UCP 600 제19조가 적용될 수 있는 운송서류의 표현은 다음과 같다.

① Multimodal transport document(복합운송서류)
② Combined transport document(복합운송서류)
③ Intermodal transport document(복합운송서류)
④ Multimodal transport bill of lading(복합운송선화증권)
⑤ Combined transport bill of lading(복합운송선화증권)
⑥ Intermodal transport bill of lading(복합운송선화증권)
⑦ 기타

●●● 복합운송서류의 명칭

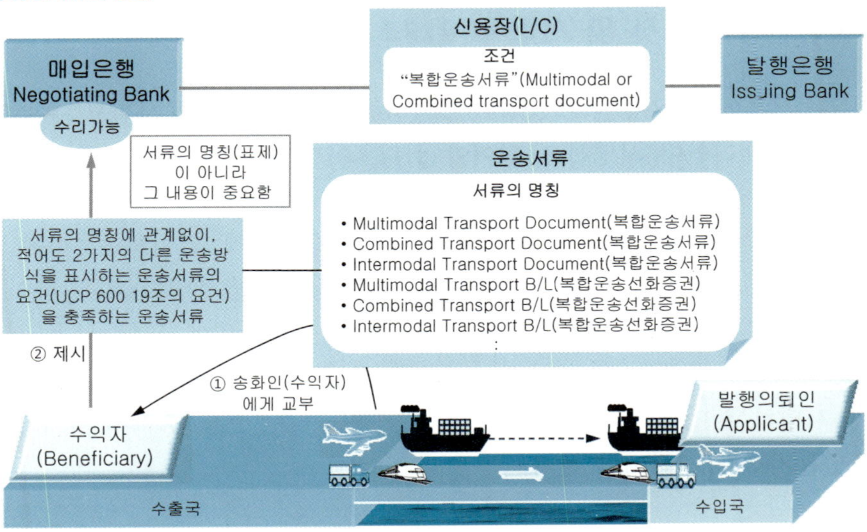

즉, UCP 600 제19조 a항에서는 "신용장이 적어도 두 가지의 다른 운송방식[57]을

57) "운송수단(means of conveyance)"이라는 용어는 선박, 항공기, 트럭 등과 같은 단일의 운송수단(single vehicle)의 의미를 가지고 있고, "운송방식(mode of transport)"이라는 용어는 해상운송, 항공운송, 도로운송 등과 같은 운송의 형태/성질(type/nature of the transport)을 의미한다(Gary Collyer & Ron Katz, Collected Opinions 1995-2001, Publication No. 632, ICC Publishing S.A., 2002, R 240, Ref 241, p.398); 참고로, "운송수단(means of conveyance)"이라는 용어는 UCP 600 제19조 b항, 제24조 d항, 제31조 b항에서 사용되고 있으며, "운송방식(modes of transport)"이라는 용어는 UCP 600 제19조 a항 및 b항, 제24조 d항, 제31조 b항에서 사용되고 있다.

표시하는 운송서류(복합운송서류)를 요구하는 경우에는, 그 명칭[58]에 관계없이 제19조의 규정에 있는 요건을 충족하여야 한다"고 규정하고 있다. 이것은 "그 명칭에 관계없이(however named)"라는 단어가 의미하는 것처럼 서류의 표제가 아니라 그 내용이 중요하다는 것으로서, 신용장이 복합운송서류를 요구한 경우에는 복합운송서류의 명칭과 관계없이 적어도 두 가지의 다른 운송방식(복합운송)을 표시하는 운송서류의 요건(UCP 600 제19조의 요건)을 모두 충족한다면 수리된다는 것이다.

예를 들면, "multimodal transport B/L"을 요구한 경우에 "combined transport B/L"의 표제가 있는 서류가 제시되더라도 수리될 수 있다는 것이다. 또한, "B/L for Combined Transport or Port-to-Port Shipment", "Non-negotiable Sea Waybill for Combined Transport or Port-to-Port Shipment"라는 표제와 같이 이중목적운송서류(deal purpose)라고 하더라도, 그 내용상 복합운송되었다는 것의 표시와 함께 UCP 600 제19조의 수리요건이 충족되었다면 수리될 수 있다는 것이다.

2. 운송인명칭 표시 및 서명자(제19조 a항 i호)

복합운송서류에는 운송인의 명칭이 그 서류의 표면[59]에 표시되고 운송인, 선장 또는 이들의 대리인이 서명하고 있어야 한다. 이것은 복합운송서류를 발행하고 서명할 수 있는 당사자의 범위를 지정된 운송인이나 그 대리인, 또는 선장이나 그 대리인으로 하고 있음을 의미하는 것이다. 복합운송서류에 있어서는, 비록 "운송인(carrier)"이라는 단어가 운송인으로서 행동하는 당사자를 확인하기 위하여 서류의 표면상에 이미 사용되었더라도, 운송인, 선장 또는 대리인에 의한 모든 서명은 운송인, 선장 또는 대리인에 의한 서명이라는 것이 확인되어야 하며, 이들의 지정대리인이 서명하는 경우에는 그 서명에는 운송인 또는 선장 중에서 누구를 위하여 서명하였는지를 표시하여야 한다.

---

58) 복합운송서류의 표기와 관련하여, UCP 400은 "Combined Transport Document", UCP 500은 "Multimodal Transport Document"로 표현하고 있으나, UCP 600에서는 이 두 가지 표현을 모두 수용하여 "Multimodal or Combined Transport Document"로 표현하고 있다. 따라서 "그 명칭에 관계없이"란 "Multimodal Transport B/L"을 요구한 경우에도 "Combined Transport B/L"의 표제를 단 서류가 제시되는 경우도 있을 뿐만 아니라 복합운송서류의 명칭은 비현실적이므로 실제로 정의되어야 할 것은 복합운송서류의 명칭이나 종류 등의 표제(Title)보다는 실제로 그것을 구성하는 내용이나 성질이 중요하다는 것을 의미한다.

59) '서류의 표면'이라는 표현은 물품, 선박 및 항해의 명세를 표시하는 면을 말하고, '서류의 배면'이라는 표현은 운송계약의 명세를 표시하는 면을 말한다; ICC, UCP 500-Transport Documents Articles, Position Paper No.4, Paragraph 1.

●●● 운송인명칭 표시 및 서명자

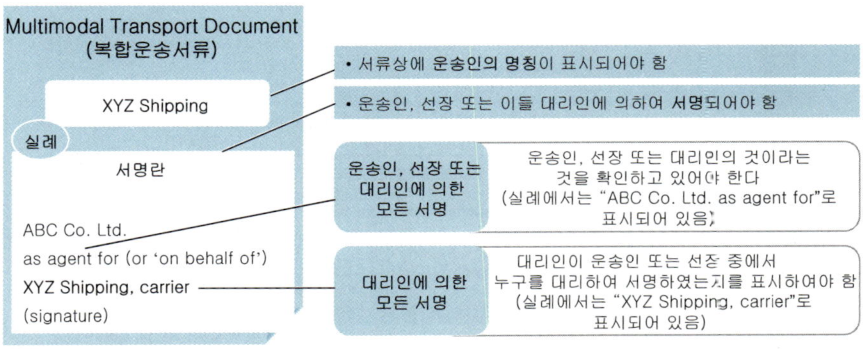

실무적으로는 서명자가 운송인, 선장 또는 이들의 대리인 경우에는 "as carrier(운송인으로서)", "as master(선장으로서)" 또는 "as agent for...(...의 대리인으로서)"로 각각 표시함으로써 운송인, 선장 또는 대리인의 것이라는 것을 확인하게 된다. 그러나 서명자가 운송인 또는 선장의 대리인인 경우로서, ① 운송인의 대리인인 경우에는 "as agent for XYZ Shipping, the carrier", 또는 ② 선장의 대리인인 경우에는 "as agent for the master"와 같이 그 대리인이 대리하는 자를 표시하고 서명한다.

UCP 600의 규정과 "ICC Position Paper No.4"의 규정을 종합하여 구체적으로 정리하면 다음과 같다.[60]

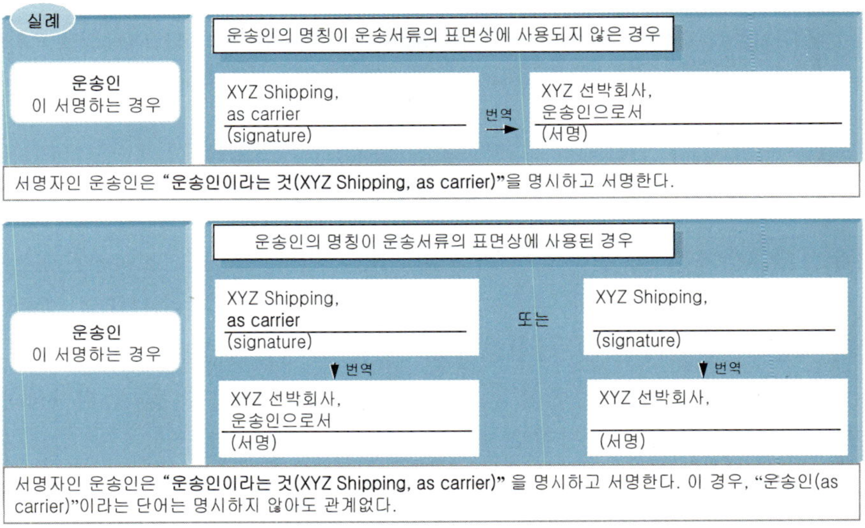

60) 1994년 9월에 발행된 4가지 견해서는 UCP 500하에서 적용되는 것을 조건으로 발행되었기 때문에, 이들 견해서는 UCP 600하에서는 적용될 수 없을 것이라고 UCP 600의 서문에서 밝히고 있다.

운송인의 지정대리인이 서명하는 경우

운송인의 명칭이 운송서류의 표면상에 사용되지 않은 경우

	번역
ABC Co. Ltd. as agent for(or 'on behalf of') XYZ Shipping, carrier (signature)	운송인, XYZ 선박회사를 위한(또는 '대리하는') 대리인으로서 ABC 회사 (서명)

서명자인 운송인의 대리인은 **"운송인의 대리인이라는 것(ABC Co. Ltd. as agent for…)"**과 **"그가 대리하는 자가 운송인이라는 것과 그 운송인의 명칭(XYZ Shipping, carrier)"**을 명시하고 서명한다.

운송인의 지정대리인이 서명하는 경우

운송인의 명칭이 운송서류의 표면상에 사용된 경우

ABC Co. Ltd.
as agent for(or 'on behalf of')
XYZ Shipping, carrier → 운송인의 명칭에 관한 문언만 다음과 같이 명기할 수 있음
- XYZ Shipping(XYZ 선박회사)
- the above named carrier (상기 지정된 운송인)
- the carrier(그 운송인)

(signature)

↓ 번역

운송인, XYZ 선박회사를
위한(또는 '대리하는') 대리인으로서
ABC 회사
(서명)

서명자인 운송인의 대리인은 **"운송인의 대리인이라는 것(ABC Co. Ltd. as agent for…)"**과 **"그가 대리하는 자가 운송인이라는 것(XYZ Shipping, carrier)"**을 명시하고 서명한다. 이 경우, 운송인의 명칭이 운송서류의 표면상에 사용되었기 때문에 운송인의 명칭이 운송서류의 표면상에 사용되지 않은 경우의 서명방법인 운송인의 명칭(XYZ Shipping)은 표시할 수도 있고 표시하지 않을 수도 있다.

선장이 서명하는 경우

	번역
as master (signature)	선장으로서 (서명)

서명자인 선장은 **"선장이라는 것(as master)"**을 명시하고 서명한다(선장의 명칭, 즉 이름은 명시할 필요없음)

선장의 지정대리인이 서명하는 경우

	번역
ABC Co. Ltd. as agent for(or 'on behalf of') master (signature)	선장 을 위한(또는 '대리하는') 대리인으로서 ABC 회사 (서명)

서명자인 선장의 대리인은 **"선장의 대리인이라는 것(ABC Co. Ltd. as agent for…)"**과 **"그가 대리하는 자가 선장이라는 것(master)"**이라는 것을 명시하고 서명한다.

3. 물품의 발송, 수탁 또는 본선선적의 표시(제19조 a항 ii호)

복합운송서류상에는 물품이 발송(dispatched), 수탁(taken in charge)[61] 또는 본선선적(shipped on board)되었음이 표시되어 있어야 하고, 복합운송서류의 발행일을 발송, 수탁 또는 본선선적일 및 선적일로 보는 것이 원칙이지만, 예외적으로 그 운송서류상에 발송, 수탁 또는 본선선적일의 스탬프 또는 표기가 있는 경우에는 그 스탬프 또는 표기의 일자를 선적일로 본다.

61) 수탁(Taken in charge)이란 물품이 복합운송인(MTO)에게 인도되거나 또는 복합운송인에 의하여 운송을 위하여 인수되었다는 것을 말한다[Taken in charge means that the goods have been handed over to and accepted for carriage by the MTO]; UNCTAD/ICC Rules for Multimodal Transport Documents, 1992, Article 2.7.

복합운송서류상에는 발송, 수탁 또는 본선선적되었다는 문언이 ① 사전인쇄된 문언, 또는 ② 물품이 발송, 수탁 또는 본선선적된 일자를 표시하고 있는 스탬프 또는 표기(본선적재표기; on board notation)로 표시되어 있어야 한다. 이러한 경우, 선적일의 증빙방법은 다음과 같다.

(1) 운송서류의 발행일과 선적일

복합운송서류상에 발송, 수탁 또는 본선선적되었다는 문언이 사전인쇄된 문언 등의 형태로 표시되어 있는 모든 경우에는, 원칙적으로 그 운송서류의 발행일을 발송일(date of dispatch), 수탁일(date of taking in charge) 또는 본선선적일(date of shipped on board) 및 선적일(date of shipment)로 본다. 이것은 복합운송서류상에 발송, 수탁 또는 본선선적되었다는 문언은 표시되어 있으나, 발송, 수탁 또는 본선적재 및 선적일이 표시되지 않고 발행일만 표시된 경우에 적용될 수 있도록 규정한 조항이다. 또한, 복합운송서류는 선화증권과 달리 수취식 및 비유통식으로 발행될 수 있고 또한 최초의 운송방식이 다양하기 때문에 발송, 수탁 또는 본선선적을 모두 선적의 개념으로 본 것이다.

●●● 운송서류의 발행일과 선적일

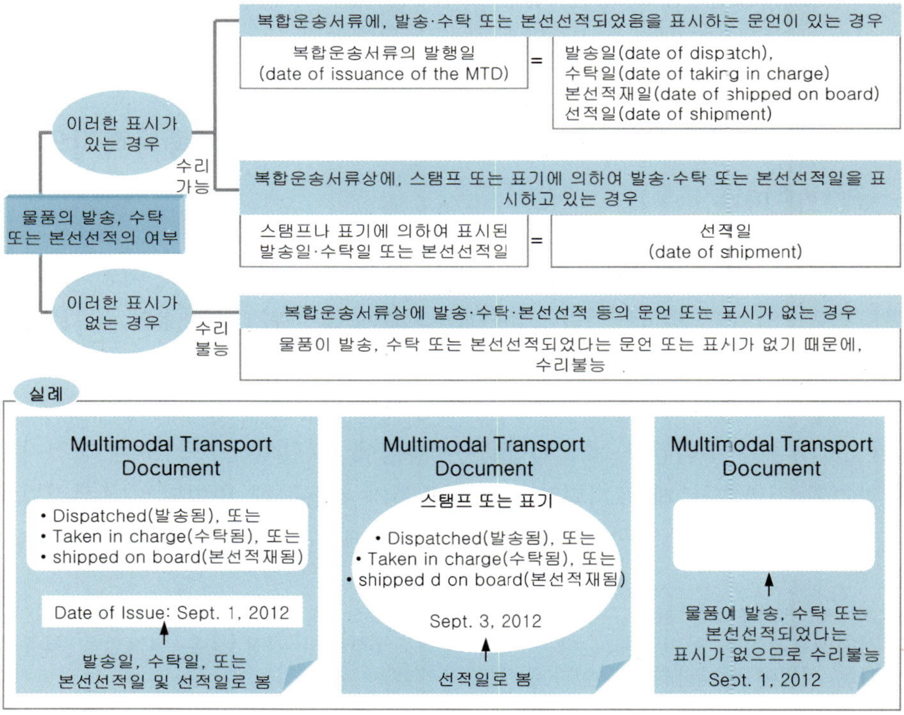

제19조

(2) 본선적재표기일과 선적일

복합운송서류상의 발행일의 표시여부와 관계없이, 복합운송서류상에 발송, 수탁 또는 본선선적되었다는 문언이 그러한 일자를 표시하고 있는 스탬프 또는 표기(본선적재표기; on board notation)로 표시되어 있는 경우에는, 이러한 본선적재표기일을 선적일로 본다.

이것은 복합운송서류상에 발송, 수탁 또는 본선선적되었다는 사전인쇄문언의 표시 없이, 발행일도 표시되지 않고 스탬프 또는 표기에 의하여 발송일, 수탁일, 또는 본선선적일만이 표시된 경우에 적용될 수 있도록 규정한 조항이며, 이러한 일자를 선적일로 본다는 것이다. 그런데 복합운송서류의 발행일과 발송일·수탁일·본선선적일 또는 선적일이 각각 다르게 표시되어 있는 경우에는 발행일과 발송일·수탁일·본선선적일 또는 선적일 중에 가장 늦은 일자를 선적일로 보는 것이 타당할 것이다.[62]

한편, 복합운송의 경우에는 해상운송과 달리 본선적재표기에 의한 선적일의 표시방법을 규정하고 있지 않다. 이것은 신용장에 별도의 명시가 없는 한, 복합운송하에서 발행되는 운송서류가 수취식의 운송서류라는 것이 일반적으로 인정되어 있기 때문에 그 서류의 발행자가 물품의 운송을 위하여 수취하였다는 취지를 표시하고 있는 운송서류가 제시되면 된다는 것이다. 결국 신용장이 "본선적재(on board)" 서류를 요구하지 않는 한 은행은 수탁 또는 선적을 위해 수취되었다고 단순히 지시하고 있는 서류를 수리할 수 있다.[63]

4. 신용장에 명기된 발송·수탁 또는 선적지 및 최종목적지의 표시 (제19조 a항 iii호)

복합운송서류상에는 신용장에 명기된 발송, 수탁 또는 선적지 및 최종목적지가 표시되어야 한다. 이러한 표시가 있는 경우에는, ① 운송서류가 신용장에 명기된 것과 다른 발송, 수탁 또는 선적지 또는 최종목적지를 명기하고 있거나, 또는 ② 선박, 적재항 또는 양륙항에 관하여 "예정된" 또는 이와 유사한 제한을 포함하고 있더라도, 이에 관계없이 그 서류는 수리된다. 즉, 복합운송서류상에 ① 발송, 수탁 또는 선적지가 신용장에 명기된 것과 다르게 표시되고, 최종목적지가 신용장에 명기된 최종목적지와 다르게 표시되더라도, 또는 ② "예정된" 선박, "예정된" 적재항, 또는 "예정된" 양륙항과

---

62) UCP 600 제20조 a항 ii호, 제21조 a항 ii호, 제22조 a항 ii호 등에서 운송서류의 발행일과 본선적재표기일을 선적일을 본다는 것과 제31조 b항에서 가장 늦은 선적일을 최종선적일로 본다는 취지에 일치하기 때문이다.

63) John F Wilson, Carriage of Goods by Sea, 2nd ed., Pitman Publiching, 1993, p.242.

같이 선박, 적재항 또는 양륙항에 관하여 "예정된" 또는 이와 유사한 제한의 표현이 있더라도, 그 서류상에 신용장에 명기된 발송, 수탁 또는 본선선적지 및 최종목적지가 표시되어 있으면 그 서류는 수리된다. 이 규정을 구체적으로 설명하면 다음과 같다.

(1) 신용장의 것과 다른 발송, 수탁 또는 선적지 또는 최종목적지(제19조 a항 iii호 a)

복합운송서류가 신용장에 명기된 발송, 수탁 또는 선적지 또는 최종목적지를 표시하고 있다면, 그 운송서류가 다른 발송, 수탁 또는 선적지 또는 최종목적지를 명기하고 있더라도 수리된다. 복합운송은 통상적으로 해상운송과는 달리 운송수단과 운송경로의 선택이 운송인의 판단에 유보되어 있으므로 환적을 수반하게 되어 물품의 적재항이 약정된 수탁지(place of taking in charge)와 다르고 양륙항도 최종목적지(place of final destination)와 다를 수 있다. 즉, 복합운송의 경우에는 적재항과 양륙항을 약정하지 않고 물품의 수탁지와 최종목적지를 운송구간으로 약정하는 것이 일반적이다. 따라서 신용장에 명시된 수탁지와 복합운송서류상의 수탁지가 일치한다면 복합운송서류상의 발송, 수탁 또는 선적지가 신용장에서 요구하는 수탁지와 다르게 명기되더라도 그 복합운송서류는 수리되며, 신용장에 명시된 최종목적지와 복합운송서류상의 최종목적지가 일치한다면 복합운송서류상의 최종목적지가 신용장에서 요구하는 최종목적지와 다르게 명기되더라도 그 복합운송서류는 수리된다.[64]

●●● 신용장의 것과 다른 발송, 수탁 또는 선적지 또는 최종목적지

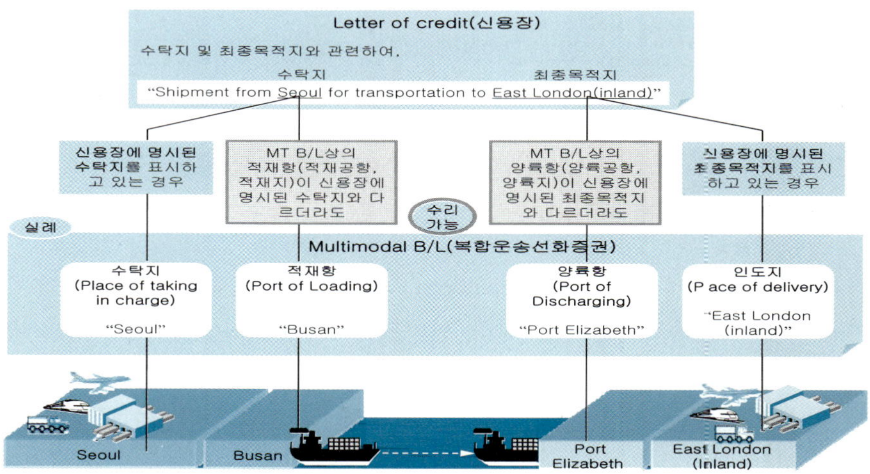

---

64) 복합운송서류상에는 "수탁지(place of taking in charge)", "발송지(place of dispatch)", "본선적재지(place of loading on board)", "목적지(place of destination)", "인도지(place of delivery)" 등의 기재란이 규정되어 있는 것이 보통이다: 飯田 勝人, ISBP(國際標準銀行實務)の解說-荷爲替信用狀に基づく書類の點檢-, (株)東京リサ-チインタ-ナショナル, 2003, p.138.

제19조

(2) 선박, 적재항 및 양륙항의 명칭에 예정된 표시가 있는 경우(제26조 a항 iii호 b)

복합운송인은 물품의 수령지에서 인도지까지의 동안에 발생한 물품의 멸실·손상에 의한 손해에 대하여 책임을 부담하는 것이 원칙으로 되어 있기 때문에, 복합운송서류의 표면상부에는 "Received by the Carrier from the Shipper in apparent good order and condition unless otherwise indicated herein the Goods......(본 증권에 별도의 기재가 있는 경우를 제외하고는, 물품이 외관상 양호한 상태로 운송인에 의하여 송화인으로부터 수취되었다. ......)"라고 기재되고, 복합운송서류는 "수취식"으로 발행되고 있다.[65] 즉, 복합운송에서는 운송계약체결시 물품의 수탁지와 최종목적지만을 약정하고 선박 등의 운송수단이나 적재항 및 양륙항은 운송인에게 일임하기 때문에 복합운송서류상의 선박, 적재항 및 양륙항의 기재란에는 통상적으로 "예정된(intended)"이라는 용어의 표시가 기재될 수 있다. 따라서, 복합운송서류상에 신용장에 명기된 발송, 수탁 또는 선적지 및 최종목적지가 표시되어 있는 경우에는, 선박, 적재항 또는 양륙항에 관하여 "예정된(intended)" 또는 이와 유사한 표시를 포함한 복합운송서류도 수리된다.

●●● 선박, 적재항 및 양륙항의 명칭에 예정된 표시가 있는 경우

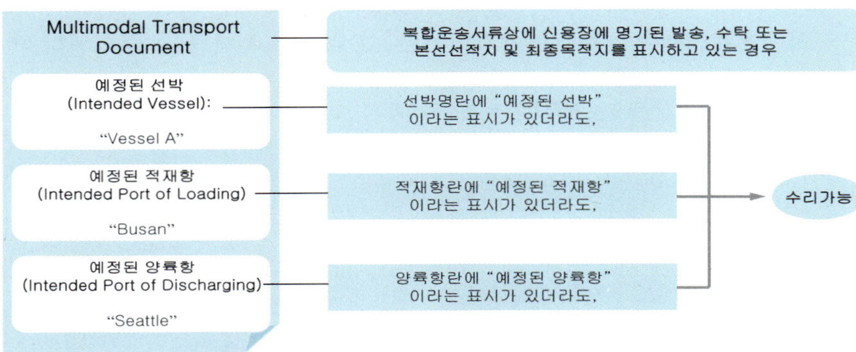

그러나 ① 신용장에서 "예정된(intended)"의 표시를 금지하는 경우, ② 신용장에서 "수탁지 및 최종목적지뿐만 아니라 선박명, 적재항 또는 양륙항" 등을 명시하고 있는 경우, 또는 ③ 신용장에서 물품의 수탁지가 적재항이고 최종목적지가 양륙항이라고 명시하고 있는 경우에는, 선박명, 적재항 및 양륙항란에 "예정된(intended)"의 표시가 있는 복합운송서류는 수리거절된다. 또한 ④ 신용장에서 본선적재복합운송서류를 요구하고 있는 경우에는, 선박 및 적재항란에 "예정된(intended)"의 표시가 있는 복합운송서류는 수리거절된다.

65) 飯田 勝人, 전게서, p.138.

5. 발행통수(제19조 a항 iv호)

복합운송서류가 단일의 원본 또는 2통 이상의 원본으로 발행된 경우에는 그 운송서류상에 표시된 대로 전통이 제시되어야 한다. 즉, 단일의 원본이나 수통의 원본으로 발행된 복합운송서류는 그 운송서류상에 표시된 대로 전통이어야 한다.

●●● 복합운송서류의 발행통수

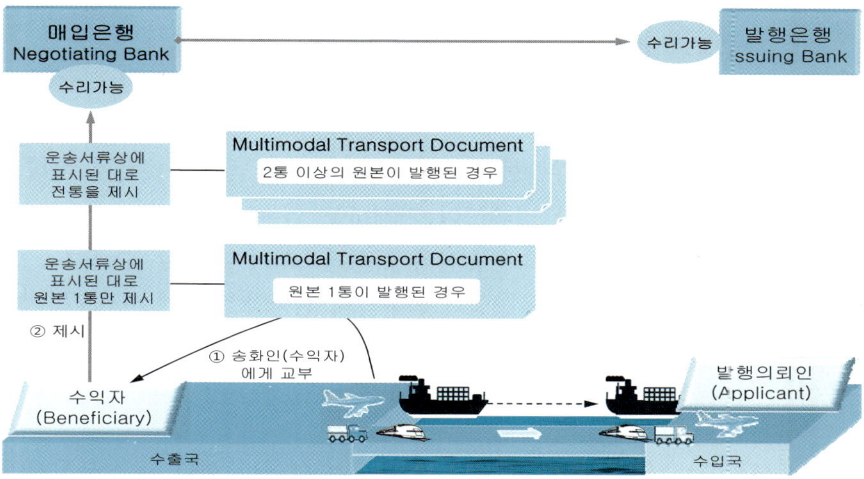

이는 다수의 복본의 원본으로 발행된 서류의 전통을 제시하거나, 또는 원본이 한 통만 발행될 수도 있다고 규정한 것으로 복합운송서류의 발행통수를 규정함으로써, 한 통의 복합운송서류 원본[66]을 발행할 수 있는 근거를 명확하게 제시하고 있다.

6. 약식/배면백지식 복합운송서류(제19조 a항 v호)

은행은 운송에 관한 배면약관이 있는 정식복합운송서류(long form MTD)뿐만 아니라 그 약관이 없는 약식복합운송서류(short form MTD)도 수리한다. 즉, 은행은 운송약관의 전부를 기재한 정식복합운송서류뿐만 아니라 운송약관의 전부 또는 일부를 복합운송서류이외의 근거 또는 서류를 참조하도록 하거나 복합운송서류의 뒷면이 백지상태로 발행된 "약식(short form)" 또는 "배면백지식(blank back)" 복합운송서류도 수리하며, 이 경우, 운송의 제조건은 심사되지 않는다.

제19조

66) 원본의 복합운송서류란 작성자가 일정한 내용을 표시하기 위하여 확정적인 것으로 작성한 서류를 말한다.

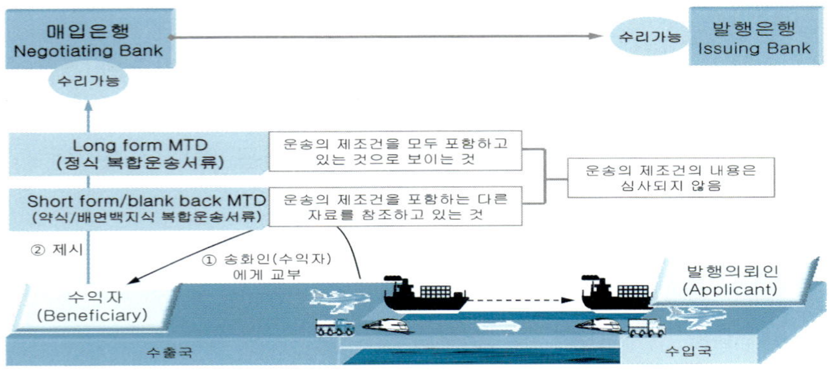

이러한 약식복합운송서류는 운송에 관한 일반조건의 전부를 기재하지 아니하고 조건 중 일부를 생략하여 필요사항만 발췌하여 기재하고 있는 것으로서, 간단한 양식의 복합운송서류를 발행할 수 있으므로 운송인의 사무간소화에 기여할 수 있다. 만일 분쟁이 발생하면 정식복합운송서류의 운송인과 화주간의 권리와 의무에 따르도록 하고 있다.

7. 용선계약의 표시(제19조 a항 vi호)

복합운송서류상에는 용선계약에 따른다는 표시가 없어야 한다. 즉, 용선계약에 의한 운송이라는 어떠한 명시도 없는 서류나 신용장상에서 용선계약복합운송서류를 요구하고 있거나 허용한 경우에는 수리한다. 즉, 신용장상에서 용선계약복합운송서류를 요구하고 있거나 허용한 경우를 제외하고는, 용선계약복합운송서류는 수리거절된다.

용선계약에 의한 복합운송에서는 용선자가 용선료를 체불하면 선주가 유치권을 행사할 수 있으며 이들간에 체결한 특정계약관계를 복합운송서류의 소지인이 알지 못하므로 선의의 피해자가 발생할 수 있다. 또한 어떤 특정인이 특정한 선박을 용선하여 고의 및 악의로 복합운송서류를 남발하여 선의의 제3자들이 피해를 입을 수도 있다.[67] 용선계약에 의해 발행되는 복합운송서류는 매 거래시 계약내용이 상이하여 복합운송서류의 수리상 많은 혼란이 야기될 수 있으므로 신용장통일규칙에서는 해상운송 또는 해상운송을 포함한 복합운송에 있어서 용선계약조건에 따르는 운송서류는 신용장에서 별도의 "charter-party transport document acceptable"이라는 내용이 명시되지 않는 한, 은행은 수리하지 않는다고 규정하였다.[68]

67) 박대위, 국제무역법규, 박영사, 1983, p.460.
68) 추창엽, 국제운송에 있어서 복합운송서류의 수리요건에 관한 고찰, 물류학회지 창간호, 1991.12, pp.22-23.

●●● 용선계약의 표시

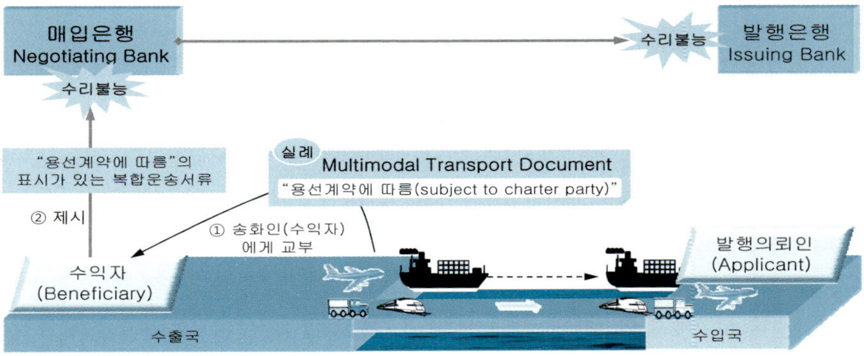

8. 환적의 정의(제19조 b항: 신설)

이 조항은 2002년 ISBP 제131항[69]의 규정을 반영하여 신설된 것으로서, 환적[70]이란 신용장에 명기된 발송, 수탁 또는 선적지로부터 최종목적지까지의 운송과정 중에 한 운송수단으로부터의 양화 및 다른 운송수단으로의 재적재를 말한다.[71]

●●● 환적의 정의

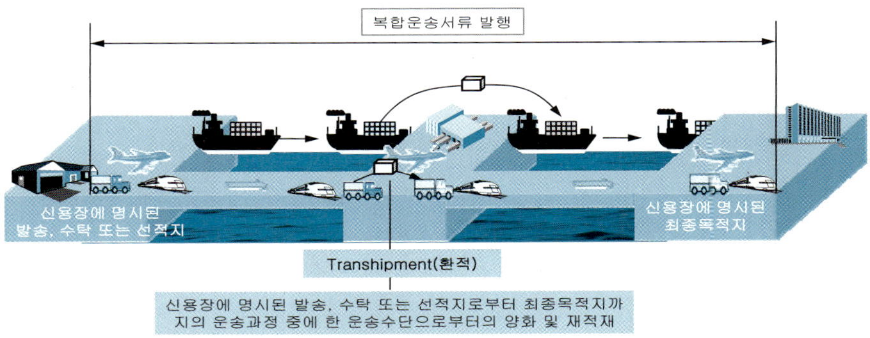

69) 2002년 ISBP 제131항에서는 "복합운송선적에 있어서 환적은 예를 들면, 신용장에 명시된 수탁, 발송 또는 본선적재의 지점으로부터 최종목적지까지의 운송과정 중에 한 운송수단에서 다른 운송수단으로의 물품의 양화 및 재적재로서, 환적이 금지되어 있는 경우에도 은행은 전운송이 동일한 복합운송서류에 의하여 커버되는 한, 환적이 발생하였다는 것을 입증하는 복합운송서류를 수리하여야 한다"고 규정하고 있다.

70) 처음에는 환적의 의미는 해상운송구간에서 어떤 선박으로부터 다른 선박에 화물을 이적하는 것이었지만, 최근에는 다양한 운송수단의 결합에 의한 복합운송의 등장으로 선박을 포함하여 항공기, 철도, 트럭 등에 의한 이적뿐만 아니라 항공기에서 선박으로, 철도에서 항공기로의 이적 등과 같이 상이한 운송수단간에 물품을 이적하는 것까지 확대·해석되고 있다; H.C. Gutteridge and M. Megrah, The Law of Banker's Commercial Credit, 6th ed., Eropa Publication, 1979, p.149.

71) UCP 600 제19조 b항.

9. 환적금지부 복합운송서류(제19조 c항)

전운송이 동일한 운송서류에 의하여 커버되는 한, 운송서류에는 “물품이 환적될 것이다(the goods will be transhipped)” 또는 “물품이 환적될 수 있다(the goods may be transhipped)”고 표시될 수 있으며, 신용장에 환적이 금지되었더라도, 운송서류상에 “환적이 행해질 것이다(transhipment will take place)” 또는 “환적이 행해질 수 있다(transhipment may take place)”라고 명시된 복합운송서류를 수리할 수 있다. 즉, 복합운송의 경우에는 그 특성상 환적이 필연적이기 때문에 신용장이 복합운송서류의 제시를 요구한 경우에 전체 운송과정이 하나의 동일한 복합운송서류에 의하여 커버된다면, 은행은 신용장에 명시된 환적금지의 조건을 무시한다.[72] 따라서, 원칙적으로 환적이 이루어지는 복합운송의 경우에는 환적을 금지하더라도 “환적될 것이다” 또는 “환적될 수 있다”라고 명시된 복합운송서류는 수리되기 때문에 해상운송구간에서 선적항과 양륙항간에 운항하는 직항선에 의한 운송을 위하여 해상운송 중에 타선박으로의 환적을 금지하려는 경우에는, 신용장상에 “해상운송 중의 환적금지”라는 취지를 명시하여야 하거나, 또는 신용장상에 “UCP 600 제19조 c항의 적용을 배제하여야 한다는 규정”을 명시해야 한다.

●●● 환적금지부 복합운송서류

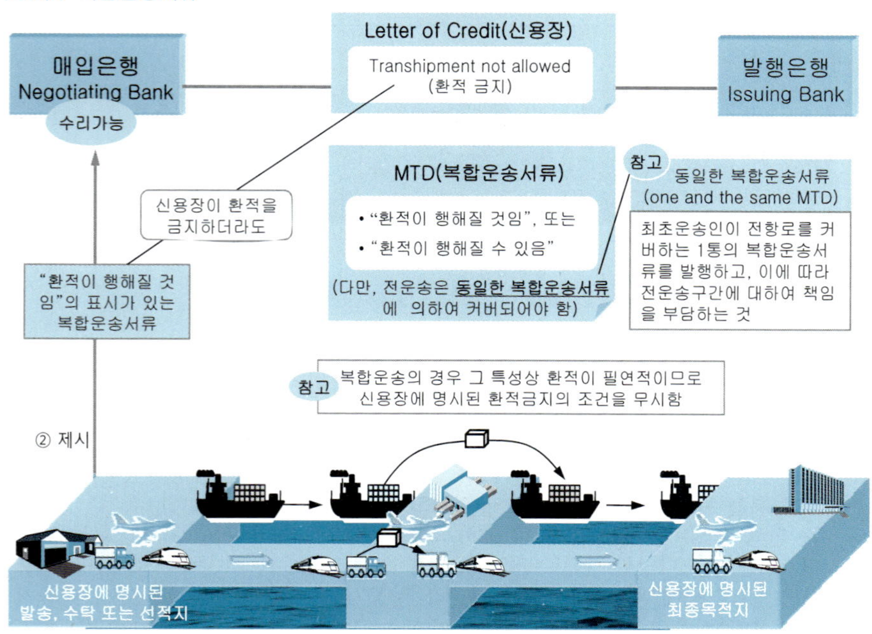

72) ICC한국국내위원회, 제5차 개정신용장통일규칙, 1993, p.79.

상기의 수리요건을 종합하여 볼 때, 신용장상에 운송서류로서 복합운송서류를 요구하는 경우 신용장상에 별도의 규정이 없는 한, ① 용선계약에 따르도록 명시한 서류(Charter-Party CT B/L)[73] ② 운송인의 지정대리인이 아닌 운송주선인에 의한 FIATA복합운송서류(FIATA CT B/L, RCT, FCR[74] 등) 등의 운송주선인의 이름으로 발행된 운송서류[75]는 거절되며 ④ 갑판적재를 명시한 서류 ⑤ 고장부서류 ⑥ 정당한 제시기한을 경과한 서류 ⑦ 일치하는 제시가 아닌 서류 등은 수리할 수 없는 복합운송서류라는 것에 유의하여야 할 것이다.

73) 용선계약운송서류를 거절하도록 규정한 것은 해당 서류가 유가증권 및 권리증권적 성질을 띠어 환어음에 담보적 기능을 발휘하고 있는 점을 고려한 것으로서, 즉 서류가 유통되는 과정에 있어 제3의 소지인은 운송계약 당사자가 아니므로 단지 서류상에 나타난 사항만으로 화물의 안전운송과 적기입수를 판단하게 된다. 그런데 개품운송에 비해 용선계약의 경우 공서양속에 반하지 않는 한 그 범위의 제한없이 운송조건을 자유롭게 약정할 수가 있으므로 그 조건에 따라 발행되는 용선계약운송서류는 일반 서류와는 그 성격을 달리 하게 된다. 그 결과 제3의 소지인은 이러한 서류를 선호하지 않게 되고, 그러면 마침내 그 유통성을 약화시키게 될 것이다.

74) FIATA가 제정한 FCT(forwarding agents certificate of transport), FCR(forwarding agents certificate of receipt)은 운송서류의 개념에 포함될 수 없는 단순한 화물수취증에 불과하므로 신용장에서 별도로 허용하지 않는 한 수리될 수 없다.

75) 운송주선인의 이름으로 발행된 운송서류가 수리 거절되는 이유는 운송주선인은 직접 화물의 운송에 관여하지 않고 단지 송화인이 제공하는 운임으로 선복을 획득하는 운송서비스만 제공하게 되므로 송화인과 운송인간에에는 직접적인 운송계약관계가 성립하지 않게 되는 바 그 결과 손해 발생시 화주는 운송인에 대해 직접적으로 손해배상을 청구할 수 없게 되며, 운송주선인은 다수의 송화인으로부터 화물을 수취하여 운송인에게 선적을 의뢰하고 운송서류를 발행하게 되므로 화물의 선적이 조속히 이루어지지 않을 가능성이 발생하기 때문이다.

제20조 선화증권(Bill of Lading)

Article 20 Bill of Lading
제 20 조 선화증권

a. A bill of lading, however named, must appear to:
선화증권은 그 명칭에 관계없이 다음과 같이 보여야 한다:

i. indicate the name of the carrier and be signed by:
운송인의 명칭을 표시하고 다음의 자에 의하여 서명되어 있는 것:

- the carrier or a named agent for or on behalf of the carrier, or
  운송인 또는 운송인을 대리하는 지정대리인, 또는
- the master or a named agent for or on behalf of the master.
  선장 또는 선장을 대리하는 지정대리인.

Any signature by the carrier, master or agent must be identified as that of the carrier, master or agent.
운송인, 선장 또는 대리인에 의한 모든 서명은 운송인, 선장 또는 대리인의 것이라는 것을 확인하고 있어야 한다.

Any signature by an agent must indicate whether the agent has signed for or on behalf of the carrier or for or on behalf of the master.
대리인에 의한 모든 서명은 그 대리인이 운송인을 대리하여 서명하였는지, 또는 선장을 대리하여 서명하였는지를 표시하여야 한다.

ii. indicate that the goods have been shipped on board a named vessel at the port of loading stated in the credit by:
다음에 의하여 물품이 신용장에 명기된 적재항에서 지정선박에 본선선적되었음을 표시하고 있는 것:

- pre-printed wording, or
  사전인쇄된 문언, 또는
- an on board notation indicating the date on which the goods have been shipped on board.
  물품이 본선선적된 일자를 표시하고 있는 본선적재표기

The date of issuance of the bill of lading will be deemed to be the date of shipment unless the bill of lading contains an on board notation indicating the date of shipment, in which case the date stated in the on board notation will be deemed to be the date of shipment.
선화증권의 발행일은 선적일로 본다. 다만, 선화증권이 선적일을 표시하고 있는 본선적재표기를 포함하고 있는 경우에는 그러하지 아니하며, 이 경우, 본선적재표기상에 명기된 일자는 선적일로 본다.

If the bill of lading contains the indication "intended vessel" or similar qualification in relation to the name of the vessel, an cn board notation indicating the date of shipment and the name of the actual vessel is required.
선화증권이 선박의 명칭에 관하여 "예정된 선박" 또는 이와 유사한 제한의 표시를 포함하고 있는 경우에는, 선적일 및 실제 선박의 명칭을 표시하고 있는 본선적재표기가 요구된다.

iii. indicate shipment from the port of loading to the port of discharge stated in the credit.
신용장에 명기된 적재항으로부터 양륙항까지의 선적을 표시하고 있는 것.

If the bill of lading does not indicate the port of loading stated in the credit as the port of loading, or if it contains the indication "intended" or similar qualification in relation to the port of loading, an on board notation indicating the port of loading as stated in the credit, the date of shipment and the name of the vessel is required. This provision applies even when loading on board or shipment on a named vessel is indicated by pre-printed wording on the bill of lading.
선화증권이 적재항으로서 신용장에 명기된 적재항을 표시하고 있지 아니한 경우에는, 또는 적재항에 관하여 "예정된" 또는 이와 유사한 제한의 표시를 포함하고 있는 경우에는, 신용장에 명기된 대로 적재항, 선적일 및 선박의 명칭을 표시하고 있는 본선적재표기가 요구된다. 이 규정은 비록 지정된 선박에의 본선적재 또는 선적이 선화증권상에 사전에 인쇄된 문언에 의하여 표시되어 있더라도 적용된다.

iv. be the sole original bill of lading or, if issued in more than one original, be the full set as indicated on the bill of lading.
단일의 선화증권 원본 또는, 2통 이상의 원본으로 발행된 경우에는, 선화증권상에 표시된 대로 전통인 것.

v. contain terms and conditions of carriage or make reference to another source containing the terms and conditions of carriage (short form or blank back bill of lading). Contents of terms and conditions of carriage will not be examined.
운송의 제조건을 포함하고 있거나, 또는 운송의 제조건을 포함하는 다른 자료를 참조하고 있는 것(약식/배면백지식 선화증권). 운송의 제조건의 내용은 심사되지 아니한다.

vi. contain no indication that it is subject to a charter party.
용선계약에 따른다는 어떠한 표시도 포함하고 있지 아니한 것

b. For the purpose of this article, transhipment means unloading from one vessel and reloading to another vessel during the carriage from the port of loading to the port of discharge stated in the credit.

b. 이 조에서, 환적이란 신용장에 명기된 적재항으로부터 양륙항까지의 운송과정 중에 한 선박으로부터의 양화 및 다른 선박으로의 재적재를 말한다.

c. i. A bill of lading may indicate that the goods will or may be transhipped provided that the entire carriage is covered by one and the same bill of lading.
선화증권은 물품이 환적될 것이라거나 또는 될 수 있다고 표시할 수 있다. 다만, 전운송이 동일한 선화증권에 의하여 커버되어야 한다.

ii. A bill of lading indicating that transhipment will or may take place is acceptable, even if the credit prohibits transhipment, if the goods have been shipped in a container, trailer or LASH barge as evidenced by the bill of lading.
신용장이 환적을 금지하고 있는 경우에도, 물품이 선화증권에 의하여 입증된 대로 컨테이너, 트레일러 또는 래쉬선에 선적된 경우에는, 환적이 행해질 것이라거나 또는 행해질 수 있다고 표시하고 있는 선화증권은 수리될 수 있다.

d. Clauses in a bill of lading stating that the carrier reserves the right to tranship will be disregarded.
운송인이 환적할 권리를 유보한다고 명기하고 있는 선화증권상의 조항은 무시된다.

해설 explanation

신용장통일규칙 제20조에서는 신용장이 선화증권을 요구할 경우에 수리될 수 있는 선화증권의 요건을 다음과 같이 명시적으로 규정하고 있다.

●●● UCP 600 제20조에 의한 선화증권의 수리요건

구분	선화증권	관련 조항
서류의 명칭	① 선화증권은 그 명칭에 관계없이 아래와 같이 보여야 한다.	제20조 a항 본문
운송인의 명칭표기 및 서명방법	㉮ 운송인의 명칭이 표시되고, 운송인, 선장 또는 이들 대리인에 의하여 서명되어 있어야 한다.	제20조 a항 i 호
선적의 표시	㉯ 신용장에 명기된 적재항에서 물품이 지정선박에 본선 선적되었음이 표시되어야 한다.	제20조 a항 ii 호
적재항 및 양륙항의 표시	㉰ 신용장에 명기된 적재항에서 양륙항까지의 선적이 표시되어야 한다	제20조 a항 iii호
서류의 제시통수	㉱ 선화증권상에 표시된 대로 전통이어야 한다.	제20조 a항 iv호
약식/배면백지식 서류	㉲ 운송의 제조건을 포함하고 있거나 운송의 제조건을 포함하는 다른 자료를 참조하도록 표시하는 약식/배면백지식 선화증권이어야 한다.	제20조 a항 v 호
용선계약의 금지	㉳ 용선계약에 따른다는 표시가 없어야 한다.	제20조 a항 vi호
환적의 정의	② 환적이란 신용장에 명기된 적재항으로부터 양륙항까지의 운송과정 중에 한 선박으로부터의 양화 및 다른 선박으로의 재적재를 말한다.	제20조 b항
환적의 허용여부	③ 신용장에서 환적을 금지하더라도, 물품이 선화증권에 의하여 입증된 대로 컨테이너, 트레일러 또는 래쉬선에 선적된 경우에는, 환적이 행해질 것이라거나 또는 행해질 수 있다고 표시하고 있는 선화증권은 수리된다. 다만, 전운송은 동일한 선화증권에 의하여 커버되어야 한다.	제20조 c항
환적유보조항 무시	④ 운송인이 환적할 권리를 유보한다고 명기하고 있는 조항이 있는 선화증권은 무시됨	제20조 d항

1. 선화증권의 명칭(제20조 a항 본문)

제20조

"해상선화증권(Marine B/L)"이라는 용어는 "해양선화증권(Ocean B/L)"과 동의어이며, 선화증권과 관련하여 "해양"이라는 단어의 통상적인 사용은 이를 "내륙수로" 선화증권과 구별하기 위한 것이다. 그러나, 선박회사가 그 서류상에 "해양"이라는 단어를 기재하는 것은 관례가 아니기 때문에,[76] UCP 600에서는 "해양(marine/ocean)"

이라는 단어를 사용하고 있지 않다.[77] 따라서, 신용장에서 운송서류로서 UCP 600 제20조가 적용될 수 있는 선화증권의 표현은 다음과 같다.

① Marine bill of lading(해상선화증권)
② ocean bill of lading(해양선화증권)
③ on board bill of lading(본선적재선화증권)
④ shipped bill of lading(선적선화증권)
⑤ Multimodal transport bill of lading(복합운송선화증권)
⑥ Combined transport bill of lading(복합운송선화증권)
⑦ 항구명 또는 항구소재지명을 운송출발지점으로 표시하고 있는 선화증권
⑧ 기타

즉, UCP 600 제20조 a항에서는 "신용장이 선화증권을 요구하는 경우에는, 그 명칭에 관계없이 제20조의 규정에 있는 요건을 충족하여야 한다"고 규정하고 있다. 이것은 "그 명칭에 관계없이(however named)"라는 단어가 의미하는 것처럼 제시된 서류의 표제가 아니라 그 내용이 중요하다는 것으로서, 신용장이 선화증권을 요구한 경우에는 선화증권의 명칭과 관계없이 선화증권의 요건(UCP 600 제20조의 요건)을 모두 충족한다면 수리된다는 것이다.

●●● 선화증권의 명칭

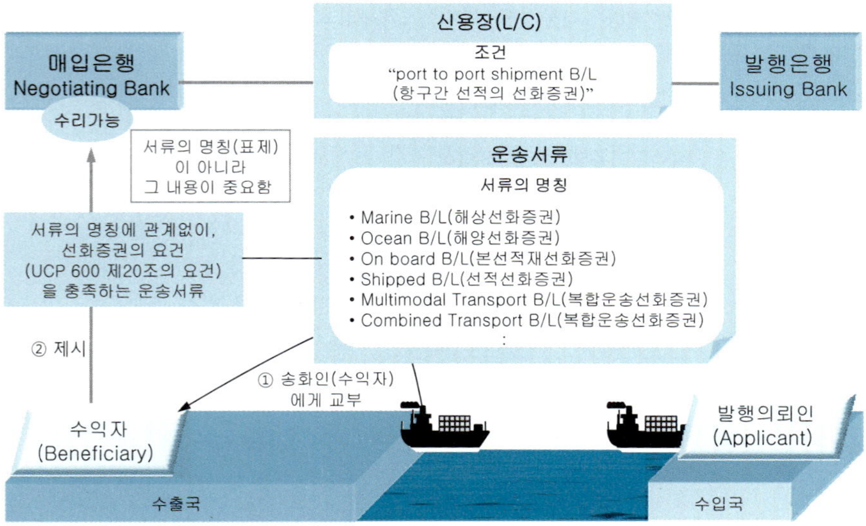

76) ICC Publication No. 459, Case 85.

77) UCP 500 제23조의 "Marine/Ocean Bill of Lading"의 표기를 UCP 600 제20조에서는 "Bill of Lading"으로만 그 표기를 변경한 것은 은행이 운송서류를 심사할 때 제목에 과도하게 집착하여 복합운송서류나 선화증권 등의 운송서류를 착각하는 오류를 방지하기 위한 것이다.

예를 들면, 신용장이 "본선적재선화증권(on board Bill of Lading)"을 요구하고 있는 경우에 "복합운송선화증권(Combined Transport Bill of Lading)"이라는 표제의 운송서류가 제시되더라도 제19조의 복합운송서류의 규정이 아니라, 제20조의 선화증권에 관한 규정이 적용된다는 것이다. 또한, "B/L for Combined Transport or Port-to-Port Shipment"라는 표제와 같이 이중목적선화증권(dual purpose B/L)이 제시되었더라도, 그 내용상 항구간, 즉 해상으로만 운송되었다는 것이 표시되어 있고, 해양선박, 적재항 및 양륙항의 명칭과 함께 본선적재표기 등의 표시와 같이 UCP 제20조의 수리요건이 충족되었다면 수리될 수 있다는 것이다.

2. 운송인명칭 표시 및 서명자(제20조 a항 i 호)

선화증권에는 운송인의 명칭이 그 서류의 표면[78]에 표시되고 운송인, 선장 또는 이들의 대리인이 서명하고 있어야 한다. 이것은 선화증권을 발행하고 서명할 수 있는 당사자의 범위를 지정된 운송인이나 그 대리인, 또는 선장이나 그 대리인으로 하고 있음을 의미하는 것이다. 선화증권에 있어서는, 비록 "운송인(carrier)"이라는 단어가 운송인으로서 행동하는 당사자를 확인하기 위하여 서류의 표면상에 이미 사용되었더라도, 운송인, 선장 또는 대리인에 의한 모든 서명은 운송인, 선장 또는 대리인에 의한 서명이라는 것이 확인되어야 하며, 이들의 지정대리인이 서명하는 경우에는 그 서명에는 운송인 또는 선장 중에서 누구를 위하여 서명하였는지를 표시하여야 한다.

●●● 운송인명칭 표시 및 서명자

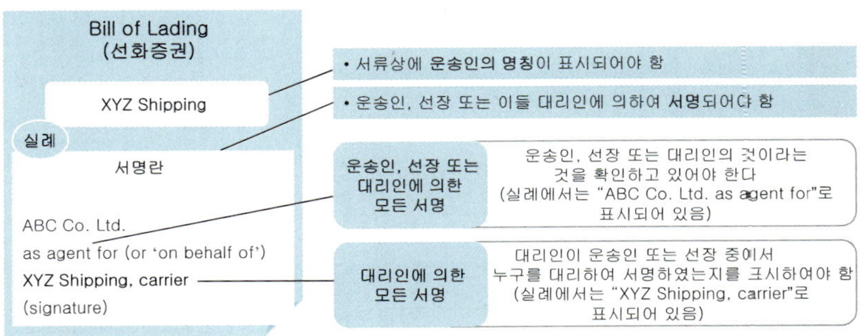

실무적으로는 서명자가 운송인, 선장 또는 이들의 대리인 경우에는 "as carrier (운송인으로서)", "as master(선장으로서)" 또는 "as agent for...(...의 대리인으로서)"

78) '서류의 표면'이라는 표현은 물품, 선박 및 항해의 명세를 표시하는 면을 말하고, '서류의 배면'이라는 표현은 운송계약의 명세를 표시하는 면을 말한다; ICC, UCP 500-Transport Documents Articles, Position Paper No.4, Paragraph 1.

로 각각 표시함으로써 운송인, 선장 또는 대리인의 것이라는 것을 확인하게 된다. 그러나 서명자가 운송인 또는 선장의 대리인인 경우로서, ① 운송인의 대리인인 경우에는 "as agent for XYZ Shipping, the carrier", 또는 ② 선장의 대리인인 경우에는 "as agent for the master"와 같이 그 대리인이 대리하는 자를 표시하고 서명한다.

UCP 600의 규정과 "ICC Position Paper No.4"의 규정을 종합하여 구체적으로 정리하면 다음과 같다.[79)]

실례

운송인이 서명하는 경우

운송인의 명칭이 운송서류의 표면상에 사용되지 않은 경우

XYZ Shipping, as carrier (signature)	번역 →	XYZ 선박회사, 운송인으로서 (서명)

서명자인 운송인은 **"운송인이라는 것(XYZ Shipping, as carrier)"**을 명시하고 서명한다.

운송인이 서명하는 경우

운송인의 명칭이 운송서류의 표면상에 사용된 경우

	또는	
XYZ Shipping, as carrier (signature)		XYZ Shipping, (signature)
↓ 번역		↓ 번역
XYZ 선박회사, 운송인으로서 (서명)		XYZ 선박회사, (서명)

서명자인 운송인은 **"운송인이라는 것(XYZ Shipping, as carrier)"** 을 명시하고 서명한다. 이 경우, "운송인(as carrier)"이라는 단어는 명시하지 않아도 관계없다.

운송인의 지정대리인이 서명하는 경우

운송인의 명칭이 운송서류의 표면상에 사용되지 않은 경우

ABC Co. Ltd. as agent for(or 'on behalf of') XYZ Shipping, carrier (signature)	번역 →	운송인, XYZ 선박회사를 위한(또는 '대리하는') 대리인으로서 ABC 회사 (서명)

서명자인 운송인의 대리인은 **"운송인의 대리인이라는 것(ABC Co. Ltd. as agent for...)"**과 **"그가 대리하는 자가 운송인이라는 것과 그 운송인의 명칭(XYZ Shipping, carrier)"**을 명시하고 서명한다.

운송인의 지정대리인이 서명하는 경우

운송인의 명칭이 운송서류의 표면상에 사용된 경우

ABC Co. Ltd.
as agent for(or 'on behalf of')
XYZ Shipping, carrier →
(signature)

↓ 번역

운송인, XYZ 선박회사를
위한(또는 '대리하는') 대리인으로서
ABC 회사
(서명)

운송인의 명칭에 관한 문언만 다음과 같이 명기할 수 있음
- **XYZ Shipping**(XYZ 선박회사)
- **the above named carrier** (상기 지정된 운송인)
- **the carrier**(그 운송인)

서명자인 운송인의 대리인은 **"운송인의 대리인이라는 것(ABC Co. Ltd. as agent for...)"**과 **"그가 대리하는 자가 운송인이라는 것(XYZ Shipping, carrier)"**을 명시하고 서명한다. 이 경우, 운송인의 명칭이 운송서류의 표면상에 사용되었기 때문에 운송인의 명칭이 운송서류의 표면상에 사용되지 않은 경우의 서명방법인 운송인의 명칭(XYZ Shipping)은 표시할 수도 있고 표시하지 않을 수도 있다.

선장이 서명하는 경우

as master (signature)	번역 →	선장으로서 (서명)

서명자인 선장은 **"선장이라는 것(as master)"**을 명시하고 서명한다(선장의 명칭, 즉 이름은 명시할 필요없음)

선장의 지정대리인이 서명하는 경우

ABC Co. Ltd. as agent for(or 'on behalf of') master (signature)	번역 →	선장 을 위한(또는 '대리하는') 대리인으로서 ABC 회사 (서명)

서명자인 선장의 대리인은 **"선장의 대리인이라는 것(ABC Co. Ltd. as agent for...)"**과 **"그가 대리하는 자가 선장이라는 것(master)"**이라는 것을 명시하고 서명한다.

---

79) 1994년 9월에 발행된 4가지 견해서는 UCP 500하에서 적용되는 것을 조건으로 발행되었기 때문에, 이들 견해서는 UCP 600하에서는 적용될 수 없을 것이라고 UCP 600 서문에서 밝히고 있다.

3. 지정선박에의 물품적재표시(제20조 a항 ii호)

이 조항에서는 선화증권상에 물품이 신용장에 명기된 적재항에서 지정선박에 본선선적되었음이 표시되어 있어야 한다고 규정하면서, ① 선적일의 증빙방법과 ② 예정된 선박의 표시가 있는 경우의 본선적재표기방법을 규정하고 있다.

첫째, 물품이 신용장에 명기된 적재항에서 지정선박에 본선선적되었음을 나타내는 방법으로서, ① 이러한 용어가 사전인쇄된 선적선화증권을 사용하는 경우의 선적일의 증빙방법과 ② 물품을 수취하였다는 사실만을 표시한 수취선화증권상에 물품이 실제로 지정선박에 선적되었음을 나타내는 본선적재표기(on board notation)를 표시함으로써 선적선화증권으로 간주된 경우의 선적일의 증빙방법을 규정하고 있다. 즉, 이 규정은 선화증권의 발행일을 선적일로 보는 것이 원칙이지만, 예외적으로 그 선화증권상에 본선적재표기(on board notation)가 있는 경우에는 본선적재표기상에 명기된 일자를 선적일로 본다는 것이다.

둘째, 수취선화증권에 본선적재표기를 표시함으로써 선적선화증권으로 간주된 경우로서, 예정된 선박의 표시가 있는 경우의 본선적재표기방법을 규정하고 있다. 즉, 이 규정은 "예정된" 선박과 같이 선박에 관하여 "예정된" 또는 이와 유사한 제한의 표현이 있는 경우에는, 그 선화증권상의 본선적재표기에는 선적일 및 실제 선박의 명칭을 표시하고 있어야 한다는 것이다.

이 규정을 구체적으로 설명하면 다음과 같다.

(1) 선적일의 증빙방법

선적선화증권을 요구하는 관습은 해상운송에 관한 국제조약에 근거한 것으로서, 해상운송에 있어 운송인, 선장 또는 이들 대리인이 송화인의 요구에 따라 발행하는 선화증권은 화물을 본선에 선적한 후의 "선적"선화증권("Shipped" bill of lading)이어야 한다고 규정하고[80], 선적선화증권의 경우에는 지정선박에 적재되었음을 표시하는 조항을 사전인쇄된 문언으로 표시할 수 있으며, 이 경우 선화증권의 발행일을 선적일(date of shipment)로 본다. 이것은 선화증권상에 물품이 지정선박에 본선선적되었다는 문언은 표시되어 있으나, 선적일이 표시되지 않고 발행일만 표시된 경우에 적용될 수 있도록 규정한 조항이다.

그러나, 수취선화증권상에 실제로 물품이 지정선박에 본선선적되었음을 나타내는 본선적재표기가 표시됨으로써 선적선화증권으로 간주되는 경우에는, 선화증권상의

80) 헤이그규칙 제3조 제7항, 함부르크규칙 제15조 제2항 및 우리 상법 제813조 제2항 참조.

발행일의 표시여부와 관계없이, 그 본선적재표기(on board notation)상에 명기된 일자를 선적일로 본다. 여기에서, 본선적재표기(on board notation)란 물품이 본선에 적재되었다는 사실과 그 적재된 일자를 표시한 것으로서, 선적일자를 표시하는 것은 서류를 심사하는 은행으로 하여금 신용장에서 허용하는 최종선적일 이내에 물품의 선적이 이루어졌는지 여부를 확인할 수 있도록 하기 위한 것이다.

●●● 선화증권의 선적일의 증빙방법

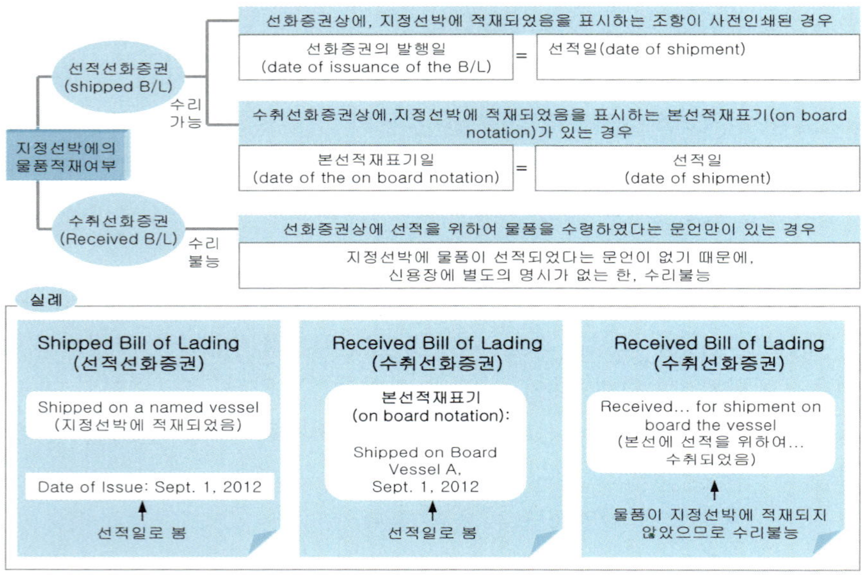

(2) 예정된 선박의 표시가 있는 경우의 본선적재표기방법

선화증권에 "예정된 선박(intended vessel)" 및 이와 유사한 단서가 기재된 경우, 즉 선화증권의 선박명란에 "예정된(intended)"이라는 단어가 인쇄되어 있는 경우에는, 본선적재표기(on board notation)에는 예정된 선박에 적재되었음을 입증하기 위하여 선적일 및 실제 선박의 명칭이 표시되어야 한다. 이는 선화증권의 선박명란에 기재된 예정된 선박에 실제로 물품을 적재하였다고 하더라도, 은행의 입장에서는 물품이 예정된 선박에 실제로 적재되었는지를 확인하여야 하기 때문에, 본선적재표기에 한번 더 그 선박의 명칭을 기재하여야 한다는 것을 의미한다. 즉, 은행으로서는 본선적재표시가 물품이 "예정된 선박"에 적재된 것에 관한 것인지 또는 적재항으로부터 양륙항까지의 실제운송된 다른 선박에 적재된 것에 관한 것인지에 대한 판단을 할 수 없기 때문에 이러한 경우, 선화증권의 본선적재표기에는 한번 더 그 선박의 명칭이 기재되어야 한다.

●●● 예정된 선박의 표시가 있는 경우의 본선적재표기방법

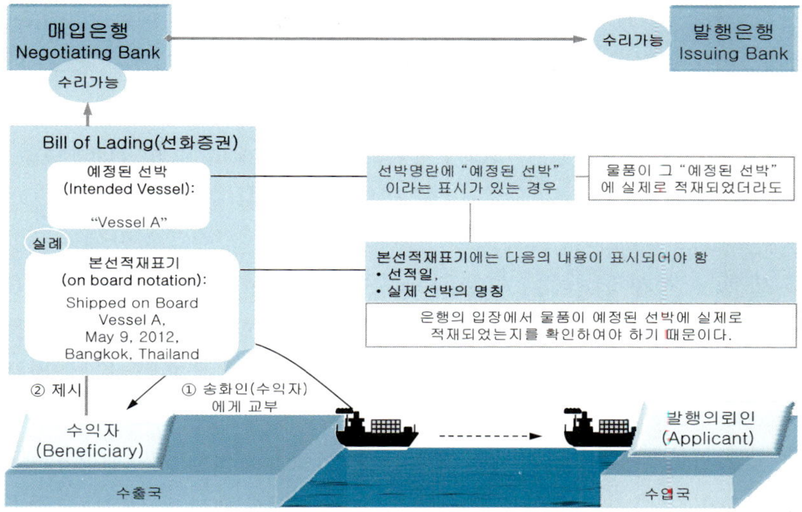

4. 신용장에 명기된 적재항과 양륙항의 표시(제20조 a항 iii호)

선화증권상에는 신용장에 명기된 적재항으로부터 양륙항까지의 선적이 표시되어 있어야 하는 것이 원칙이지만, 예외적으로 선화증권상에 지정된 선박에의 본선적재 또는 선적이 사전에 인쇄된 문언에 의하여 표시되어 있더라도, ① 적재항으로서 신용장에 명기된 적재항이 표시되어 있지 않은 경우, 또는 ② 적재항에 관하여 "예정된(intended)" 또는 이와 유사한 제한이 표시되어 있는 경우에는, 본선적재표기가 요구되며, 이 경우 그 선화증권상의 본선적재표기에는 신용장에 명기된 대로 적재항, 선적일 및 선박의 명칭이 표시되어야 한다.

①의 경우, 선화증권이 적재항으로서 신용장에 명기된 적재항을 표시하지 않은 경우란 선화증권의 수령지란에는 신용장에 명기된 적재항을, 적재항란에는 환적이 발생할 예정인 항구를 표시하는 경우를 들 수 있다.

②의 경우, 예정표시선화증권(intended clause B/L)은 선화증권의 발급당시에 운송선박(Carrying vessel), 선적항(port of loading) 또는 양륙항(port of discharge)이 확정되지 않은 채 선박이나 선적항 앞에 "intended(예정된)"가 표시되어 있는 선화증권을 말한다. 이와 같이, 선박이나 선적항 앞에 "intended"가 있으면 물품이 본선에 적재되지 않고 수취된 상태에서 발급된 것이므로 수리거절되는 것은 당연하며, 선화증권을 발행할 때에는 양륙항은 예정일 수 밖에 없기 때문에 양륙항과 관련하여 "예정된(intended)"의 표현을 삭제되었다. 그러나 선박(vessel)이나 적재항(port of loading)

앞에 "intended"가 있더라도, 본선적재표기(on board notation)상에 신용장에 명기된 대로 적재항, 선적일 및 선박의 명칭이 표시되어 있는 경우에는 수리가능하다. 이러한 조치로 선화증권이 선적선화증권(on board B/L)이 되고 선적항도 확정되기 때문에 수리가능하게 되는 것이다.

예를 들면, 신용장에서 "함부르크에서의 선적(shipment from Hamburg)"을 명시하는 해상선화증권을 요구하는 경우, ① 선화증권상의 수탁지란에는 "Copenhagen", 적재항란에는 "Hamburg"가 기재되어 있거나, 또는 ② 수탁지란에는 "Odense(덴마크의 내륙지점)", 적재항란에는 "Hamburg"가 기재되어 있다면, 이들은 UCP 600 제20조 a항 iii호의 규정에 따라 신용장에 명기된 적재항으로부터의 선적을 명기하고 있기 때문에 일치하는 것으로 본다. 왜냐하면, 여기에서, "수탁지"는 적재항과 다른 지선항구(feeder vessel port), 또는 내륙지점일 수 있기 때문이다.[81]

결과적으로, 선화증권상의 본선적재표기에 선박, 선적일 및 신용장에 명기된 적재항이 명기되어 있다면, 선화증권의 적재항란에 신용장상에 명기된 적재항이 표시되어 있지 않아도 되며, 적재항 앞에 "예정된"의 표시가 있어도 아무런 문제가 없이 수리된다.

●●● 신용장에 명기된 적재항과 양륙항의 표시

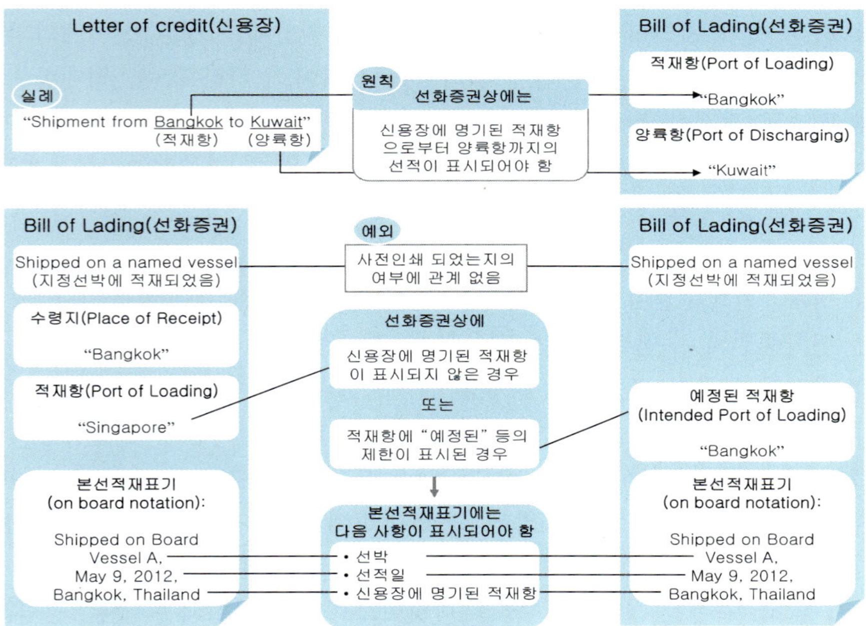

81) ICC Publication No. 632, R 280, Ref 167. 참조.

한편, 신용장에 명기된 적재항과 선화증권에 명기된 적재항이 서로 다르거나, 또는 선화증권의 적재항란에 "Intended(예정된)"이라는 단어가 명기되어 있는 경우에는 수리될 수 있는지의 문제가 발생할 수 있다. 예를 들면, 적재항으로서 신용장에 명기된 적재항이 선화증권에 명기되어 있지 않은 경우, 즉 선화증권상에 환적항을 표시하기 위하여 환적이 발생하는 항구를 선화증권의 "적재항(Port of Loading)"란에 표시함으로써 신용장에 명기된 적재항이 선화증권의 "적재항(Port of Loading)"란이 아니라 "수령지(Place of Receipt)"란에 표시되어 있는 경우에는, 신용장상의 적재항과 선화증권상의 적재항이 다르게 표시됨으로써 이 선화증권은 수리될 수 없는 것이 원칙이다. 하지만, 이와 같이 신용장상의 적재항과 선화증권상의 적재항이 다르게 표시되어 있다고 하더라도, 물품이 실제로 특정일자에 적재항에서 특정선박에 적재되었음을 표시하고 있는 선화증권상의 "본선적재표시(On Board Notation)"란에 신용장상의 적재항에서의 특정선박에 의한 적재가 표시되어 있다면, 이 선화증권은 수리가능하게 되는 것이다. 즉, 신용장상의 적재항이 선화증권상의 "수령지(Place of Receipt)"란에 표시되고 "적재항(Port of Loading"란에는 환적이 이루어지는 환적항이 표시됨과 동시에 본선적재표기에서 신용장상의 적재항이 표시되는 것은 환적이 이루어지는 환적항을 표시하기 위하여 실무적으로 행해지는 관행인 것이다.

●●● 환적이 행해지는 경우의 선화증권의 적재항 및 양륙항의 표시

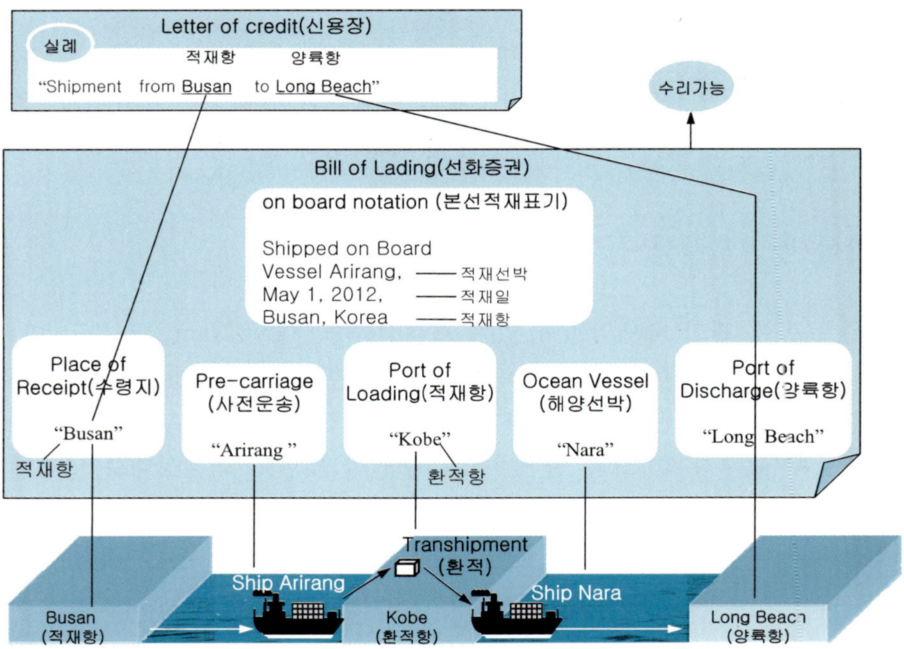

제20조

5. 선화증권의 발행통수(제20조 a항 iv호)

선화증권이 단일의 원본 또는 2통 이상의 원본으로 발행된 경우에는 그 선화증권상에 표시된 대로 전통이 제시되어야 한다. 즉, 단일의 원본이나 수통의 원본으로 발행된 선화증권은 그 선화증권상에 표시된 대로 전통이어야 한다.

●●● 선화증권의 발행통수

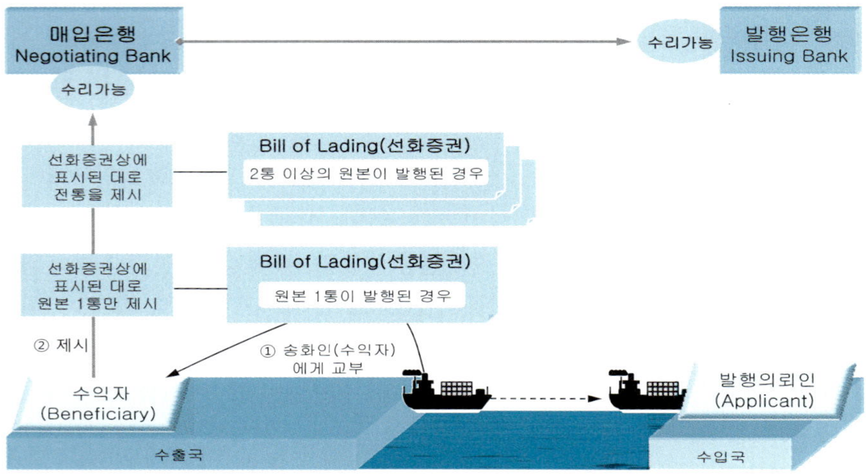

이는 다수의 복본의 원본으로 발행된 서류의 전통을 제시하거나, 또는 원본이 한 통만 발행될 수도 있다고 규정한 것으로 선화증권의 발행통수를 규정함으로써, 한 통의 선화증권 원본[82]을 발행할 수 있는 근거를 명확하게 제시하고 있다.

6. 약식/배면백지식 선화증권(제20조 a항 v호)

은행은 운송에 관한 배면약관이 있는 정식선화증권(long form B/L)뿐만 아니라 그 약관이 없는 약식선화증권(short form B/L)도 수리한다. 즉, 은행은 운송약관의 전부를 기재한 정식선화증권뿐만 아니라 운송약관의 전부 또는 일부를 선화증권이외의 근거 또는 서류를 참조하도록 하거나 선화증권의 뒷면이 백지상태로 발행된 "약식(short form)" 또는 "배면백지식(blank back)" 선화증권도 수리하며, 이 경우, 운송의 제조건은 심사되지 않는다.

82) 원본의 선화증권이란 작성자가 일정한 내용을 표시하기 위하여 확정적인 것으로 작성한 서류를 말한다.

●●● 약식/배면백지식 선화증권

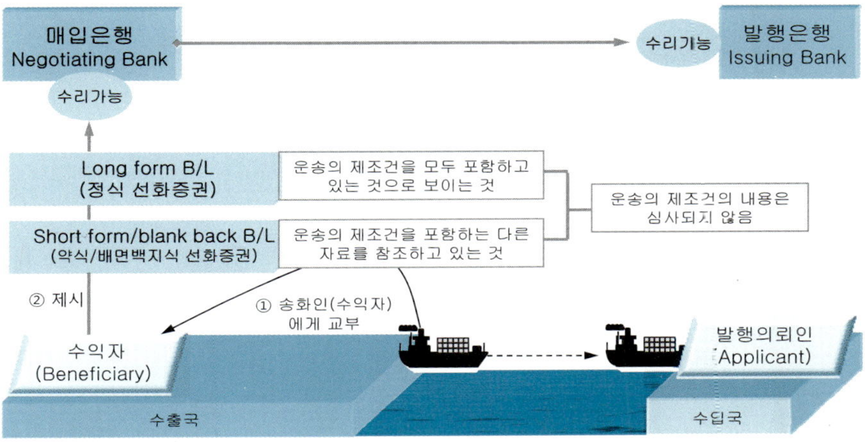

이러한 약식선화증권은 운송에 관한 일반조건의 전부를 기재하지 아니하고 조건중 일부를 생략하여 필요사항만 발췌하여 기재하고 있는 것으로서, 간단한 양식의 선화증권을 발행할 수 있으므로 운송인의 사무간소화에 기여할 수 있다. 만일 분쟁이 발생하면 정식선화증권의 운송인과 화주간의 권리와 의무에 따르도록 하고 있다.

7. 용선계약의 표시(제20조 a항 vi호)

선화증권상에는 용선계약에 따른다는 표시가 없어야 한다. 즉, 용선계약에 의한 운송이라는 어떠한 명시도 없는 서류나 신용장상에서 용선계약선화증권을 요구하고 있거나 허용한 경우에는 수리한다. 즉, 신용장상에서 용선계약선화증권을 요구하고 있거나 허용한 경우를 제외하고는, 용선계약선화증권은 수리거절된다.

은행이 용선계약선화증권을 수리거절하는 이유는 항해용선이나 기간용선인 경우에 용선계약선화증권의 소지인에 대해서 운송계약 당사자의 구분도 때로는 어려울 뿐만 아니라 만일 용선자가 용선료를 지급하지 못하였을 경우에 선주는 용선계약서를 근거로 적재된 화물에 대한 유치권을 행사할 수 있기 때문에 용선계약선화증권을 소지한 은행으로서는 화물에 대한 완전한 담보권을 행사하지 못하기 때문이다.[83]

83) 오원석, 국제운송론, 박영사, 1997, p.213.

●●● 용선계약의 표시

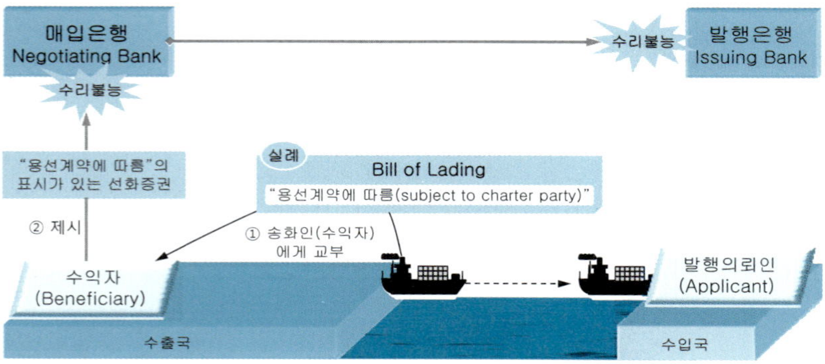

8. 환적의 정의(제20조 b항)

환적(Transhipment)이란 신용장에 명기된 적재항으로부터 양륙항까지의 운송과정 중에 한 선박으로부터의 양화(unloading) 및 다른 선박으로의 재적재(reloading)를 말한다.[84]

●●● 환적의 정의

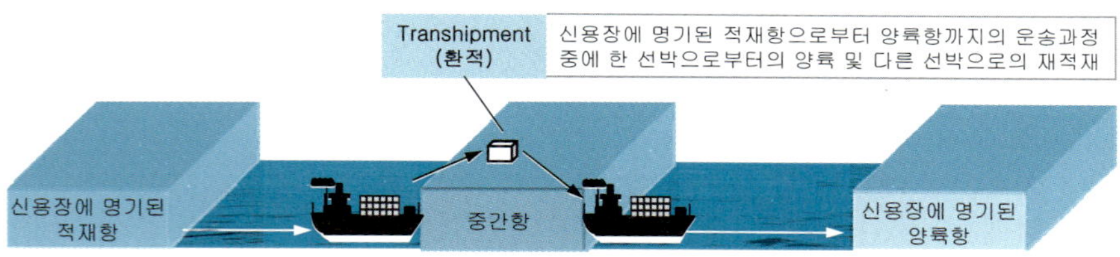

9. 환적금지부 선화증권(제20조 c항)

전운송이 동일한 선화증권에 의하여 커버되는 한, 선화증권에는 "물품이 환적될 것이다(the goods will be transhipped)" 또는 "물품이 환적될 수 있다(the goods may be transhipped)"고 표시될 수 있으며, 신용장에 환적이 금지되었더라도, 물품이 선화증권에 의하여 입증된 대로 컨테이너, 트레일러 또는 래쉬선에 선적된 경우에는, "환적이 행해질 것이다(transhipment will take place)" 또는 "환적이 행해질 수 있다(transhipment may take place)"라고 표시된 선화증권은 수리될 수 있다.

환적이 금지되더라도, 물품이 컨테이너, 트레일러 및 래쉬선에 선적되면서 환적

84) 신용장통일규칙 제20조 b항.

될 것이라는 표시가 있는 선화증권은 수리된다고 하는 것은 컨테이너선이 대부분 대형선박이어서 실제로는 선적항에서 양륙항까지 직송하거나 feeder선을 이용하는 사례가 많은데 운송업계에서는 이것을 환적으로 간주하지 않는다는 관행을 반영한 것이다. 즉, 신용장에서 환적을 금지하더라도 컨테이너, 트레일러 및 래쉬선에 선적되는 경우에는 "환적될 것이다" 또는 "환적될 수 있다"라고 명시된 선화증권은 수리되기 때문에 해상운송구간에서 선적항과 양륙항간에 운항하는 직항선에 의한 운송을 위하여 해상운송 중에 타선박으로의 환적을 금지하려는 경우에는, 신용장상에 "UCP 600 제20조 c항의 적용을 배제하여야 한다는 규정"을 명시해야 한다.

●●● 환적금지부 선화증권

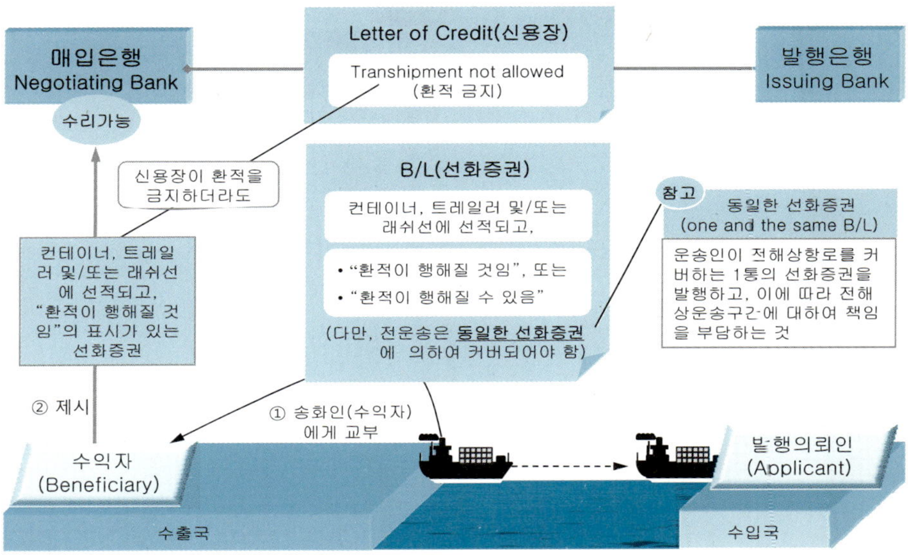

10. 환적권리유보부 선화증권(제20조 d항)

선화증권상에 운송인이 환적할 권리를 유보한다고 표기한 조항[85]이 표시되어 있는 경우에는, 이 조항은 무시된다. 즉, 이러한 조항은 무시되기 때문에 선화증권상에 이러한 조항이 어떠한 방법(인쇄, 스탬프, 타자 등)으로 표시되어 있더라도 그 선화증권은 수리된다.

제20조

85) 예를들면 "The carrier reserves the right of forwarding the goods to their destination by any other ship or conveyance belonging either to this or any other carrier or individual"과 동일한 것이다.

●●● 환적권리유보부 선화증권

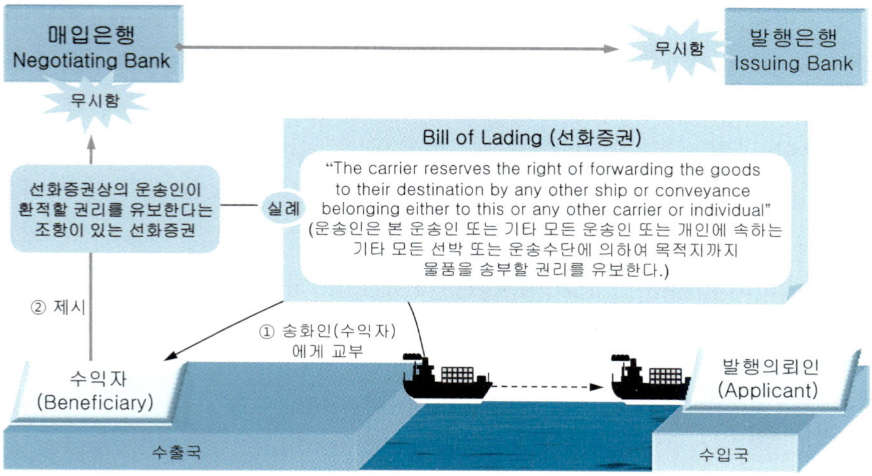

제21조 비유통성 해상화물운송장(Non-Negotiable Sea Waybill)

Article 21 Non-Negotiable Sea Waybill
제21조 비유통성 해상화물운송장

a. A non-negotiable sea waybill, however named, must appear to:
비유통성 해상화물운송장은 그 명칭에 관계없이 다음과 같이 보여야 한다:

i. indicate the name of the carrier and be signed by:
운송인의 명칭을 표시하고 다음의 자에 의하여 서명되어 있는 것:

- the carrier or a named agent for or on behalf of the carrier, or
  운송인 또는 운송인을 대리하는 지정대리인, 또는
- the master or a named agent for or on behalf of the master.
  선장 또는 선장을 대리하는 지정대리인.

Any signature by the carrier, master or agent must be identified as that of the carrier, master or agent.
운송인, 선장 또는 대리인에 의한 모든 서명은 운송인, 선장 또는 대리인의 것이라는 것을 확인하고 있어야 한다.

Any signature by an agent must indicate whether the agent has signed for or on behalf of the carrier or for or on behalf of the master.
대리인에 의한 모든 서명은 그 대리인이 운송인을 대리하여 서명하였는지, 또는 선장을 대리하여 서명하였는지를 표시하여야 한다.

ii. indicate that the goods have been shipped on board a named vessel at the port of loading stated in the credit by:
다음에 의하여 물품이 신용장에 명기된 적재항에서 지정선박에 본선선적되었음을 표시하고 있는 것:

- pre-printed wording, or
  사전인쇄된 문언, 또는
- an on board notation indicating the date on which the goods have been shipped on board.
  물품이 본선선적된 일자를 표시하고 있는 본선적재표기

The date of issuance of the non-negotiable sea waybill will be deemed to be the date of shipment unless the non-negotiable sea waybill contains an on board notation indicating the date of shipment, in which case the date stated in the on board notation will be deemed to be the date of shipment.
비유통성 해상화물운송장의 발행일은 선적일로 본다. 다만, 비유통성 해상화물운송장이 선적일을 표시하고 있는 본선적재표기를 포함하고 있는 경우에는 그러하지 아니하며, 이 경우, 본선적재표기상에 명기된 일자는 선적일로 본다.

If the non-negotiable sea waybill contains the indication "intended vessel" or similar qualification in relation to the name of the vessel, an on board notation indicating the date of shipment and the name of the actual vessel is required.
비유통성 해상화물운송장이 선박의 명칭에 관하여 "예정된 선박" 또는 이와 유사한 제한의 표시를 포함하고 있는 경우에는, 선적일 및 실제 선박의 명칭을 표시하고 있는 본선적재표기가 요구된다.

iii. indicate shipment from the port of loading to the port of discharge stated in the credit.
신용장에 명기된 적재항으로부터 양륙항까지의 선적을 표시하고 있는 것.

If the non-negotiable sea waybill does not indicate the port of loading stated in the credit as the port of loading, or if it contains the indication "intended" or similar qualification in relation to the port of loading, an on board notation indicating the port of loading as stated in the credit, the date of shipment and the name of the vessel is required. This provision applies even when loading on board or shipment on a named vessel is indicated by pre-printed wording on the non-negotiable sea waybill.

비유통성 해상화물운송장이 적재항으로서 신용장에 명기된 적재항을 표시하고 있지 아니한 경우에는, 또는 적재항에 관하여 "예정된" 또는 이와 유사한 제한의 표시를 포함하고 있는 경우에는, 신용장에 명기된 대로 적재항, 선적일 및 선박의 명칭을 표시하고 있는 본선적재표기가 요구된다. 이 규정은 비록 지정된 선박에의 본선적재 또는 선적이 비유통성 해상화물운송장상에 사전에 인쇄된 문언에 의하여 표시되어 있더라도 적용된다.

iv. be the sole original non-negotiable sea waybill or, if issued in more than one original, be the full set as indicated on the non-negotiable sea waybill.
단일의 비유통성 해상화물운송장 원본 또는, 2통 이상의 원본으로 발행된 경우에는, 비유통성 해상화물운송장상에 표시된 대로 전통인 것.

v. contain terms and conditions of carriage or make reference to another source containing the terms and conditions of carriage (short form or blank back non-negotiable sea waybill). Contents of terms and conditions of carriage will not be examined.
운송의 제조건을 포함하고 있거나, 또는 운송의 제조건을 포함하는 다른 자료를 참조하고 있는 것(약식/배면백지식 비유통성 해상화물운송장). 운송의 제조건의 내용은 심사되지 아니한다.

vi. contain no indication that it is subject to a charter party.
용선계약에 따른다는 어떠한 표시도 포함하고 있지 아니한 것

b. For the purpose of this article, transhipment means unloading from one vessel and reloading to another vessel during the carriage from the port of loading to the port of discharge stated in the credit.
이 조에서, 환적이란 신용장에 명기된 적재항으로부터 양륙항까지의 운송과정 중에 한 선박으로부터의 양화 및 다른 선박으로의 재적재를 말한다.

c. i. A non-negotiable sea waybill may indicate that the goods will or may be transhipped provided that the entire carriage is covered by one and the same non-negotiable sea waybill.
비유통성 해상화물운송장은 물품이 환적될 것이라거나 또는 될 수 있다고 표시할 수 있다. 다만, 전운송이 동일한 비유통성 해상화물운송장에 의하여 커버되어야 한다.

제21조

ii. A non-negotiable sea waybill indicating that transhipment will or may take place is acceptable, even if the credit prohibits transhipment, if the goods have been shipped in a container, trailer or LASH barge as evidenced by the non-negotiable sea waybill.

신용장이 환적을 금지하고 있는 경우에도, 물품이 비유통성 해상화물운송장에 의하여 입증된 대로 컨테이너, 트레일러 또는 래쉬선에 선적된 경우에는, 환적이 행해질 것이라거나 또는 행해질 수 있다고 표시하고 있는 비유통성 해상화물운송장은 수리될 수 있다.

d. Clauses in a non-negotiable sea waybill stating that the carrier reserves the right to tranship will be disregarded.

운송인이 환적할 권리를 유보한다고 명기하고 있는 비유통성 해상화물운송장 상의 조항은 무시된다.

해설 explanation

신용장통일규칙 제21조에서는 신용장이 비유통성 해상화물운송장을 요구할 경우에 수리될 수 있는 비유통성 해상화물운송장의 요건을 다음과 같이 명시적으로 규정하고 있다.[86]

●●● UCP 600 제21조에 의한 비유통성 해상화물운송장의 수리요건

구분	비유통성 해상화물운송장	관련 조항
서류의 명칭	① 해상화물운송장은 그 명칭에 관계없이 아래와 같이 보여야 한다.	제21조 a항 본문
운송인의 명칭표기 및 서명방법	㉮ 운송인의 명칭이 표시되고, 운송인, 선장 또는 이들 대리인에 의하여 서명되어 있어야 한다.	제21조 a항 ⅰ호
선적의 표시	㉯ 신용장에 명기된 적재항에서 물품이 지정선박에 본선 선적되었음이 표시되어야 한다.	제21조 a항 ⅱ호
적재항 및 양륙항의 표시	㉰ 신용장에 명기된 적재항에서 양륙항까지의 선적이 표시되어야 한다.	제21조 a항 ⅲ호

86) 비유통성 해상화물운송장에 관한 조항은 1993년 제5차 개정인 UCP 500에서 신설된 조항이다.

구분	비유통성 해상화물운송장	관련 조항
서류의 제시통수	㉣ 해상화물운송장상에 표시된 대로 전통이어야 한다.	제21조 a항 ⅳ호
약식/배면백지식 서류	㉤ 운송의 제조건을 포함하고 있거나 운송의 제조건을 포함하는 다른 자료를 참조하도록 표시하는 약식/배면백지식 해상화물운송장이어야 한다.	제21조 a항 ⅴ호
용선계약의 금지	㉥ 용선계약에 따른다는 표시가 없어야 한다.	제21조 a항 ⅵ호
환적의 정의	② 환적이란 신용장에 명기된 적재항으로부터 양륙항까지의 운송과정 중에 한 선박으로부터의 양화 및 다른 선박으로의 재적재를 말한다.	제21조 b항
환적의 허용여부	③ 신용장에서 환적을 금지하더라도, 물품이 해상화물운송장에 의하여 입증된 대로 컨테이너, 트레일러 또는 래쉬선에 선적된 경우에는, 환적이 행해질 것이라거나 또는 행해질 수 있다고 표시하고 있는 해상화물운송장은 수리된다. 다만, 전운송은 동일한 해상화물운송장에 의하여 커버되어야 한다.	제20조 c항
환적유보조항 무시	④ 운송인이 환적할 권리를 유보한다고 명기하고 있는 조항이 있는 해상화물운송장은 무시됨	제20조 d항

UCP 600 제21조의 비유통성 해상화물운송장에 관한 규정은 "선화증권"이라는 단어가 "비유통성 해상화물운송장"으로 대체된 것을 제외하고는, 제20조(선화증권)의 규정과 완전히 동일하다. 따라서, UCP 600 제21조의 비유통성 해상화물운송장에 관하여는 제20조의 규정을 준용하면 된다.

●●● 비유통성 해상화물운송장의 명칭

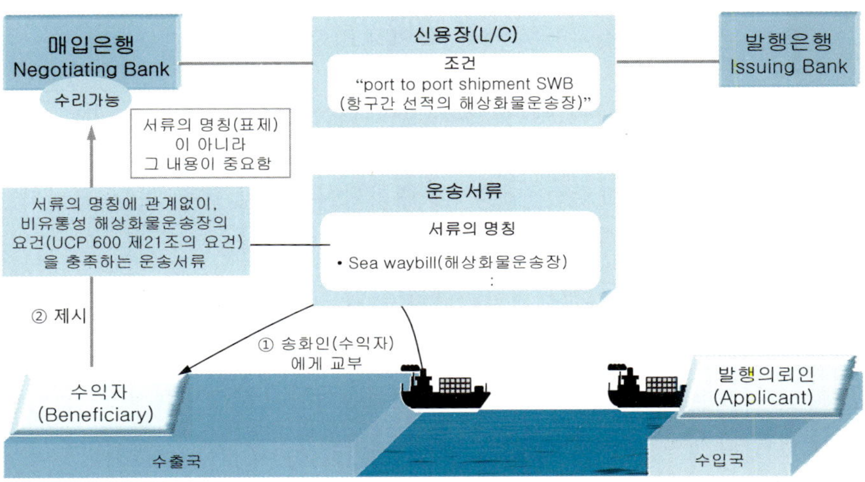

제21조

제22조 용선계약선화증권(Charter Party Bill of Lading)

Article 22 Charter Party Bill of Lading
제 22 조 용선계약선화증권

a. A bill of lading, however named, containing an indication that it is subject to a charter party (charter party bill of lading), must appear to:
용선계약에 따른다는 표시를 포함하고 있는 선화증권(용선계약선화증권)은 그 명칭에 관계없이 다음과 같이 보여야 한다:

i. be signed by:
다음의 자에 의하여 서명되어 있는 것:

- the master or a named agent for or on behalf of the master, or
  선장 또는 선장을 대리하는 지정대리인, 또는
- the owner or a named agent for or on behalf of the owner, or
  선주 또는 선주를 대리하는 지정대리인, 또는
- the charterer or a named agent for or on behalf of the charterer.
  용선자 또는 용선자를 대리하는 지정대리인

Any signature by the master, owner, charterer or agent must be identified as that of the master, owner, charterer or agent.
선장, 선주, 용선자 또는 대리인에 의한 모든 서명은 선장, 선주, 용선자 또는 대리인의 것이라는 것을 확인하고 있어야 한다.

Any signature by an agent must indicate whether the agent has signed for or on behalf of the master, owner or charterer.
대리인에 의한 모든 서명은 그 대리인이 선장, 선주 또는 용선자 중 누구를 대리하여 서명하였는지를 표시하여야 한다.

An agent signing for or on behalf of the owner or charterer must indicate the name of the owner or charterer.
선주 또는 용선자를 대리하여 서명하는 대리인은 선주 또는 용선자의 명칭을 표시하여야 한다.

ii. indicate that the goods have been shipped on board a named vessel at the port of loading stated in the credit by:

ii. 다음에 의하여 물품이 신용장에 명기된 적재항에서 지정선박에 본선선적 되었음을 표시하고 있는 것:

- pre-printed wording, or
  사전인쇄된 문언, 또는
- an on board notation indicating the date on which the goods have been shipped on board.
  물품이 본선선적된 일자를 표시하고 있는 본선적재표기

The date of issuance of the charter party bill of lading will be deemed to be the date of shipment unless the charter party bill of lading contains an on board notation indicating the date of shipment, in which case the date stated in the on board notation will be deemed to be the date of shipment.
용선계약선화증권의 발행일은 선적일로 본다. 다만, 용선계약선화증권이 선적일을 표시하고 있는 본선적재표기를 포함하고 있는 경우에는 그러하지 아니하며, 이 경우, 본선적재표기상에 명기된 일자는 선적일로 본다.

iii. indicate shipment from the port of loading to the port of discharge stated in the credit. The port of discharge may also be shown as a range of ports or a geographical area, as stated in the credit.
신용장에 명기된 적재항으로부터 양륙항까지의 선적을 표시하고 있는 것. 또한 양륙항은 신용장에 명기된 대로 항구의 구역 또는 지리적 지역으로 표시될 수 있다.

iv. be the sole original charter party bill of lading or, if issued in more than one original, be the full set as indicated on the charter party bill of lading.
단일의 용선계약선화증권 원본 또는, 2통 이상의 원본으로 발행된 경우에는, 용선계약선화증권상에 표시된 대로 전통인 것.

b. A bank will not examine charter party contracts, even if they are required to be presented by the terms of the credit.
용선계약서가 신용장의 조건(terms)에 따라 제시되도록 요구되더라도, 은행은 그 용선계약서를 심사하지 아니한다.

해설 explanation

신용장통일규칙 제22조에서는 신용장이 용선계약선화증권(용선계약에 따른다는 표시를 포함하고 있는 선화증권)을 요구할 경우에 수리될 수 있는 용선계약선화증권의 요건을 다음과 같이 명시적으로 규정하고 있다.87)

●●● UCP 600 제22조에 의한 용선계약선화증권의 수리요건

구분	용선계약선화증권	관련 조항
서류의 명칭	① 용선계약선화증권(용선계약에 따른다는 표시를 포함하고 있는 선화증권은 그 명칭에 관계없이 아래와 같이 보여야 한다.	제22조 a항 본문
운송인의 명칭표기 및 서명방법	㉮ 선장, 선주, 용선자 또는 이들 대리인에 의하여 서명되어 있어야 한다.	제22조 a항 i호
선적의 표시	㉯ 물품이 신용장에 명기된 적재항에서 지정선박에 본선 선적되었음이 표시되어야 한다.	제22조 a항 ii호
적재항 및 양륙항의 표시	㉰ 신용장에 명기된 선적항에서 양륙항까지의 선적이 표시되어야 한다(양륙항의 경우 신용장에 명기된 대로 항구의 구역 또는 지리적 지역으로 표시가능)	제22조 a항 iii호
서류의 제시통수	㉱ 용선계약선화증권상에 표시된 대로 전통이어야 한다.	제22조 a항 iv호
용선계약서의 심사여부	② 용선계약서가 신용장의 조건에 따라 제시되도록 요구되더라도, 은행은 용선계약서를 심사하지 않는다.	제22조 b항

1. 용선계약선화증권의 명칭(제22조 a항 본문)

신용장에서 운송서류로서 UCP 600 제22조가 적용될 수 있는 용선계약선화증권(용선계약에 따른다는 표시를 포함하고 있는 선화증권)은 "Charter Party Bill of Lading" 등으로 표현된다. 용선계약선화증권은 용선계약에 의하여 발행된 선화증권으로서, 용선계약선화증권에는 "pursuant and subject to all terms and conditions, liberties and exceptions as per voyage charter party indicated hereunder(아래에 표시된 항해용선계약에 의한 모든 조건, 면책에 따름)" 등과 같이 용선계약에 따른다는 표시를 포함한다. 또한, "the charter party dated May, 10, 2005 are herewith incorporated(2005년 5월 10일자 용선계약서는 이것과 함께 삽입된다)"고 기재하면서

87) 용선계약선화증권에 관한 조항은 1993년 제5차 개정인 UCP 500에서 신설된 조항이다.

매도인은 선화증권에 용선계약서를 첨부하여 매수인에게 제공하게 된다. 이와 같이 신용장에서 용선계약선화증권을 요구하거나 허용하는 경우에는 용선계약에 따른다는 표시를 포함하고 있는 용선계약선화증권은 수리된다.

즉, UCP 600 제22조 a항에서는 "신용장이 용선계약선화증권(용선계약에 따른다는 표시를 포함하고 있는 선화증권)을 요구하거나 허용하는 경우에는, 그 명칭에 관계없이 제22조의 규정에 있는 요건을 충족하여야 한다"고 규정하고 있다. 이것은 "그 명칭에 관계없이(however named)"라는 단어가 의미하는 것처럼 제시된 서류의 표제가 아니라 그 내용이 중요하다는 것으로서, 신용장이 용선계약선화증권을 요구한 경우에는 용선계약선화증권의 명칭과 관계없이 용선계약에 따른다는 표시를 포함하고 있는 용선계약선화증권의 요건(UCP 500 제22조의 요건)을 모두 충족한다면 수리된다는 것이다. 즉, 신용장에서 용선계약선화증권의 제시를 요구하더라도, 용선계약선화증권(charter party B/L)뿐만 아니라 해양선화증권(ocean B/L) 또는 해상선화증권(marine B/L) 등이 제시되더라도 이러한 선화증권상에 용선계약에 따른다는 표시가 있으면 수리될 수 있다.

이 규정은 신용장에서 용선계약선화증권을 요구하거나 허용하는 경우에 수리된다는 것을 의미하기 때문에 신용장에서 특별히 명시하지 않는 경우에는 용선계약선화증권은 수리되지 않는다. 제21조의 비유통성 해상화물운송장이나 제19조의 복합운송서류의 경우에도 이와 동일하게 신용장에서 특별히 명시하지 않는 경우에는 용선계약선화증권은 수리되지 않는다.

●●● 용선계약선화증권의 명칭

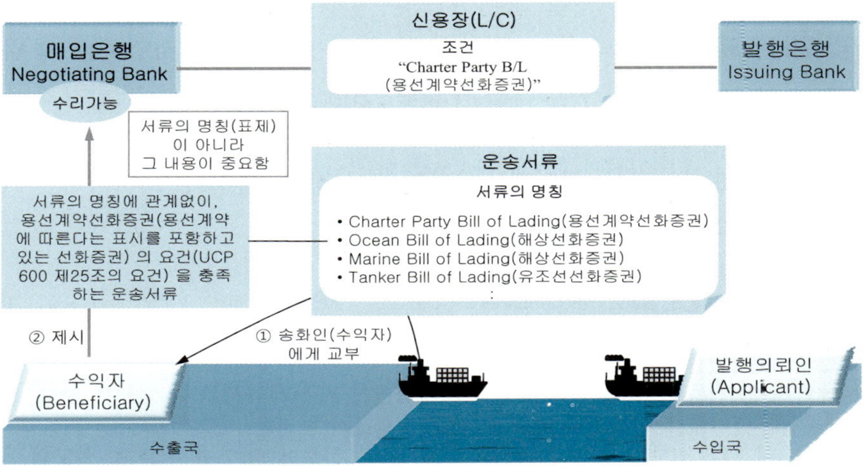

예를 들면, 신용장에서 용선계약선화증권을 허용하고 있는 경우에 제22조의 요건을 충족하고 있는 유조선선화증권(tanker bill of lading)이 제시되었다면, 이는 불일

제22조

치로 되지 않는다. 즉, 유조선선화증권은 용선계약선화증권의 양식이며, 용선계약서에 다양한 참조를 포함한 조회의 내용에 근거한다. 또한, "명칭에 관계없이(however named)" 제22조의 내용에 일치하는 서류의 수리가능성을 규정하고 있는 제22조 a항에 따라, 제22조의 요건을 충족한다면 불일치로 되지 않는다.[88)]

2. 서명자(제22조 a항 i 호)

용선계약의 경우에는 용선계약서 이외에 선화증권도 발행되며, 선화증권의 본래의 발행자는 선장이지만, 이를 작성하는 자는 선장, 선주 또는 용선자이다.[89)] 즉, 용선계약에 의한 용선계약선화증권은 ① 화주가 선주(owner)로부터 직접 용선하는 경우, 또는 ② 화주가 선주의 선박을 용선한 용선자(charterer)인 운송인으로부터 용선하는 경우에, 선장(master)에 의하여 발행된다.[90)] 이러한 용선계약선화증권은 정기선선화증권(liner B/L)과 동일한 방법으로 유통된다. 이와 같이 용선계약선화증권이 발행되는 경우 신용장거래에서 수리될 수 있는 선화증권은 선장, 선주, 용선자 또는 이들 대리인이 서명한 것으로서 UCP 600 제22조의 규정을 충족하여야 한다.

즉, 은행은 선장, 선주, 용선자 또는 이들의 지정대리인이 서명한 서류를 수리한다. 이것은 용선계약선화증권을 발행하고 서명할 수 있는 당사자의 범위를 지정된 선장뿐만 아니라 선장의 지정대리인, 선주 또는 그 지정대리인, 용선자 또는 그 지정대리인으로 하고 있음을 의미하는 것이다. 용선계약선화증권에 있어서, 선장, 선주, 용선자 또는 대리인에 의한 모든 서명은 선장, 선주, 용선자 또는 대리인에 의한 서명이라는 것이 확인되어야 하며, 이들의 지정대리인이 서명하는 경우에는 그 서명에는 선장, 선주, 용선자 중에는 누구를 위하여 서명하였는지를 표시하여야 한다. 또한, 대리인이 선주 또는 용선자를 대리하여 서명하는 경우에는 선주 또는 용선자의 명칭을 표시하여야 하지만, 대리인이 선장을 대리하여 서명하는 경우에는 선장의 명칭을 표시할 필요가 없다.

---

88) Gary Collyer & Ron Katz, Unpublished Opinions 1995-2004, ICC Publishing S.A., Publication No.660, 2005, p.137. 참조.

89) 浜谷源藏, 船荷證券と傭船契約書, 同文舘, 1976, p.94.

90) 용선계약서에는 선장, 용선자 및/또는 그 대리인이 용선계약서를 손상하지 않고 본선수취증에 따라 제시된 대로 선장이나 선주를 대신하여 선화증권을 서명하도록 선주에 의하여 수권되었다는 취지의 조항이 있거나, 또는 선장 또는 선주에 의하여 서명된 별도의 증서 또는 이와 유사한 취지의 수권서가 있을 것이다(Alan Mitchelhill, Bills of Lading Law and Practice, Chapman and Hall, 1990, p.42). 여기에서, 용선계약서를 손상하지 않고(without prejudice to C/P)라는 의미는 선화증권의 기재사항 중 용선계약서와 일치하지 않는 점이 있더라도 용선계약서상의 선주의 권리가 손상되지 않는 것을 나타낸다.

●●● 용선계약선화증권의 서명자

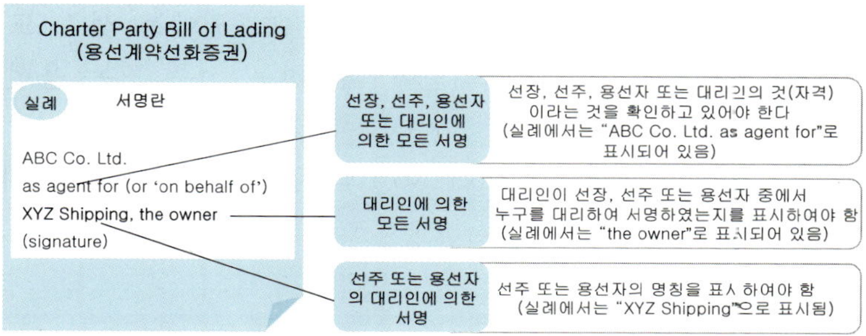

첫째, 화주가 선주로부터 직접 용선하는 경우에는, 선장 또는 그 지정대리인은 선주와의 용선계약서를 표시하고 있는 선화증권에 서명한다. 이것은 제3자가 용선계약의 조건을 잘 알지 못한다면 선주와 선화증권의 소지인간에 독립된 확약이 발생할 것이기 때문에 중요하다.

둘째, 화주가 선주의 선박을 용선한 용선자(charterer)인 운송인으로부터 용선하는 경우에는, 용선계약선화증권은 운송인자격이 있는 용선자가 작성하고 선장이 서명하는 것이 관습으로 되어 있다. 이 경우, 선장은 선주가 아니라 그 용선자를 대신하여 서명한다. 그 용선자가 선화증권을 작성하여 선장에게 서명을 요구하는 경우 용선계약서의 내용과 다른 것을 작성해서는 안된다. 또한, 그 용선자가 선화증권에 서명할 수 있을지라도, 그 용선자의 서명은 선장 또는 선주를 대리하여 명시적으로 행해졌을 경우에만 신용장거래에서 수리될 수 있다.[91)]

실무적으로는 서명자가 선장, 선주, 용선자 또는 이들의 대리인인 경우에는 "as master(선장로서)", "as owner(선주로서)", "as charterer(용선자로서)" 또는 "as agent for...(...의 대리인으로서)"로 각각 표시함으로써 선장, 선주, 용선자 또는 대리인의 것이라는 것을 확인하게 된다. 그러나 서명자가 선장, 선주 또는 용선자의 대리인인 경우로서, ① 선장의 대리인인 경우에는 "as agent for the master"와 같이 표시하고 서명함으로써 그 자신이 대리하는 자를 표시하고 서명하고, ② 선주의 대리인인 경우에는 "as agent for XYZ Shipping, the owner", 또는 용선자의 대리인인 경우에는 "as agent for AAA Shipping, the charterer"와 같이 그 자신이 대리하는 자(the owner 또는 the charterer) 및 그 대리하는 자의 명칭(XYZ Shipping 또는 AAA Shipping)을 표시하고 서명한다.

이와 같이, 선주 또는 용선자의 대리인이 서명하는 경우에만 그 서명에 선주 또

제22조

91) Richard King, Gutteridge &Megrah's Law of Bankers' Commercial Credits, 8th ed., Europa Publication Limited, 2001, p.221.

는 용선자의 명칭이 표시될 것이 요구된다. 이것은 용선계약서상에 선주 또는 용선자의 명칭이 표시되는 경우가 많아서 용선계약선화증권에는 선주 또는 용선자의 명칭이 표시되지 않기 때문에 그 대리인이 대리하는 선주 또는 용선자의 명칭을 기재하도록 규정한 것이다.

UCP 600의 규정과 "ICC Position Paper No.4"의 규정을 종합하여 구체적으로 정리하면 다음과 같다.[92]

실례

		번역
선장이 서명하는 경우	as master (signature)	선장으로서 (서명)
서명자인 선장은 **"선장이라는 것(as master)"**을 명시하고 서명한다(선장의 명칭, 즉 이름은 명시할 필요없음)		
선장의 지정대리인이 서명하는 경우	ABC Co. Ltd. as agent for(or 'on behalf of') the master (signature)	선장 을 위한(또는 '대리하는') 대리인으로서 ABC 회사 (서명)
서명자인 선장의 대리인은 **"선장의 대리인이라는 것(ABC Co. Ltd. as agent for...)"**과 **"그가 대리하는 자가 선장(the master)"**이라는 것을 명시하고 서명한다		
선주가 서명하는 경우	XYZ Shipping as owner (signature)	XYZ 선박회사 선주로서 (서명)
서명자인 선주는 **"선주라는 것(XYZ Shipping as owner)"**을 명시하고 서명한다.		
선주의 지정대리인이 서명하는 경우	ABC Co. Ltd. as agent for(or 'on behalf of') XYZ Shipping, the owner (signature)	선주, XYZ 선박회사 를 위한(또는 '대리하는') 대리인으로서 ABC 회사 (서명)
서명자인 선주의 대리인은 **"선주의 대리인이라는 것(ABC Co. Ltd. as agent for...)"**과 **"그가 대리하는 자가 선주라는 것과 그 선주의 명칭(XYZ Shipping, the owner)"**을 명시하고 서명한다.		
용선자가 서명하는 경우	AAA Shipping as charterer (signature)	AAA 선박회사 용선자로서 (서명)
서명자인 용선자는 **"용선자라는 것(AAA Shipping as charterer)"**을 명시하고 서명한다.		
용선자의 지정대리인이 서명하는 경우	ABC Co. Ltd. as agent for(or 'on behalf of') AAA Shipping, the charterer (signature)	용선자, AAA 선박회사 를 위한(또는 '대리하는') 대리인으로서 ABC 회사 (서명)
서명자인 용선자의 대리인은 **"용선자의 대리인이라는 것(ABC Co. Ltd. as agent for...)"**과 **"그가 대리하는 자가 용선자라는 것과 그 용선자의 명칭(AAA Shipping, the charterer)"**을 명시하고 서명한다.		

92) 1994년 9월에 발행된 4가지 견해서는 UCP 500하에서 적용되는 것을 조건으로 발행되었기 때문에, 이들 견해서는 UCP 600하에서는 적용될 수 없을 것이라고 UCP 600의 서문에서 밝히고 있다.

참고로, 용선계약선화증권이 아닌 다른 운송서류(해상선화증권, 해상화물운송장, 복합운송서류, 항공운송서류, 도로·철도·내륙수로운송서류 등)에서는 운송인, 선장 또는 이들의 대리인에 의한 서명을 요구하고 있지만, 용선계약선화증권에서는 선장, 선주, 용선자 또는 이들의 대리인에 의한 서명을 요구하고 있다. 그 이유는 용선계약에 의하여 물품이 운송되는 경우에 물품에 어떤 문제가 발생한다면 선장, 선주 또는 용선자가 그 책임을 부담하기 때문에 선장, 선주, 용선자 또는 이들의 대리인에 의한 서명을 확보해 두는 것이 제3의 화주입장에서는 안전하기 때문이다.

용선계약운송서류 이외의 운송서류에서는 "운송인" 또는 "그 지정대리인"에 의하여 서명될 것을 요구하고 있는 반면, 용선계약운송서류에서는 "선주", "용선자" 또는 "이들의 지정대리인"에 의하여 서명될 것을 요구하고 있다. 즉, "운송인" 대신에 "선주 또는 용선자"라는 표현을 사용하고 있다. 왜냐하면, 용선운송이 아닌 경우에는 선주가 운송인이지만, 용선운송에서는 선주뿐만 아니라 선주로부터 용선하여 운송인으로서 행동하는 용선자(charterer)도 운송인이기 때문이다.

3. 지정선박에의 물품적재의 표시(제22조 a항 ii 호)

이 조항에서는 용선계약선화증권상에 물품이 신용장에 명기된 적재항에서 지정선박에 본선선적되었음이 표시되어 있어야 한다고 규정하면서, 선적일의 증빙방법을 규정하고 있다.

즉, 물품이 신용장에 명기된 적재항에서 지정선박에 본선선적되었음을 나타내는 방법으로서, ① 이러한 용어가 사전인쇄된 선적용선계약선화증권을 사용하는 경우의 선적일의 증빙방법과 ② 물품을 수취하였다는 사실만을 표시한 수취용선계약선화증권상에 물품이 실제로 지정선박에 선적되었음을 나타내는 본선적재표기(on board notation)를 표시함으로써 선적용선계약선화증권으로 간주된 경우의 선적일의 증빙방법을 규정하고 있다. 즉, 이 규정은 용선계약선화증권의 발행일을 선적일로 보는 것이 원칙이지만, 예외적으로 그 용선계약선화증권상에 본선적재표기(on board notation)가 있는 경우에는 본선적재표기상에 명기된 일자를 선적일로 본다는 것이다. 이 규정을 구체적으로 설명하면 다음과 같다.

첫째, 선적선화증권을 요구하는 관습은 해상운송에 관한 국제조약에 근거한 것으로서, 해상운송에 있어 운송인, 선장 또는 이들 대리인이 송화인의 요구에 따라 발행하는 선화증권은 화물을 본선에 선적한 후의 "선적"선화증권("Shipped" bill of lading)이어야 한다고 규정하고[93], 선적용선계약선화증권의 경우에는 지정선박에 적

제22조

93) 헤이그규칙 제3조 제7항, 함부르크규칙 제15조 제2항 및 우리 상법 제813조 제2항 참조.

재되었음을 표시하는 조항을 사전인쇄된 문언으로 표시할 수 있으며, 이 경우 용선계약선화증권의 발행일을 선적일(date of shipment)로 본다. 이것은 용선계약선화증권상에 물품이 지정선박에 본선선적되었다는 문언은 표시되어 있으나, 선적일이 표시되지 않고 발행일만 표시된 경우에 적용될 수 있도록 규정한 조항이다.

둘째, 수취용선계약선화증권상에 실제로 물품이 지정선박에 본선선적되었음을 나타내는 본선적재표기가 표시됨으로써 선적용선계약선화증권으로 간주되는 경우에는, 용선계약선화증권상의 발행일의 표시여부와 관계없이, 그 본선적재표기(on board notation)상에 명기된 일자를 선적일로 본다. 여기에서, 본선적재표기(on board notation)란 물품이 본선에 적재되었다는 사실과 그 적재된 일자를 표시한 것으로서, 선적일자를 표시하는 것은 서류를 심사하는 은행으로 하여금 신용장에서 허용하는 최종선적일 이내에 물품의 선적이 이루어졌는지 여부를 확인할 수 있도록 하기 위한 것이다.

●●● 지정선박에의 물품적재의 표시

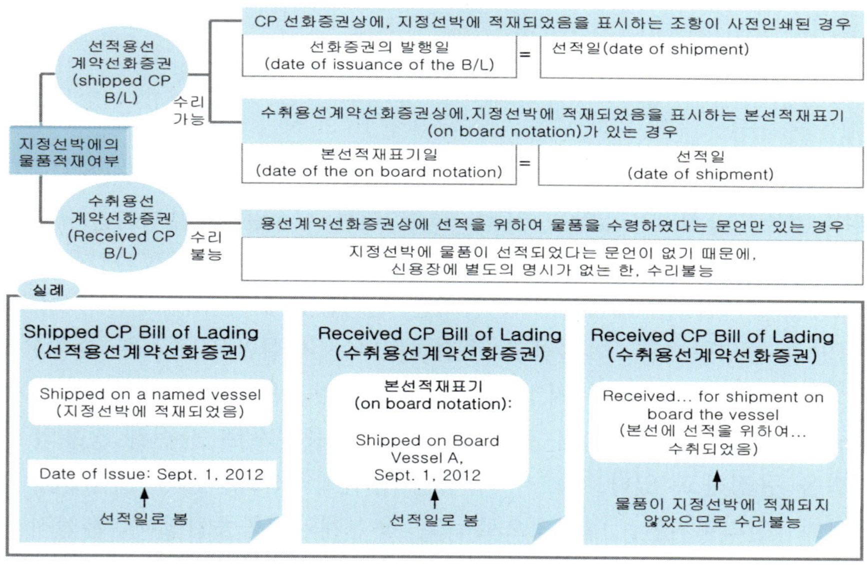

참고로, UCP 600 제20조 a항 ⅱ호 제3문에서는 예정된 선박의 표시가 있는 경우의 본선적재표기방법으로서, 선화증권에 "예정된 선박(intended vessel)" 및 이와 유사한 단서가 기재된 경우, 즉 선화증권의 선박명란에 "예정된(intended)"이라는 단어가 인쇄되어 있는 경우에는, 본선적재표기(on board notation)에는 예정된 선박에 적재되었음을 입증하기 위하여 선적일 및 실제 선박의 명칭을 기재하여야 한다. 그러나, 용선계약선화증권에 관한 규정인 UCP 600 제22조에서는, 이 조항을 삭제함으로써 선박명에 "예정된(intended)"라는 용어가 명기되는 것을 허용하지 않는다. 즉,

용선운송의 경우에는 용선계약에 의하여 이미 선박명과 선적항이 확정된 후에 운송이 이루어지기 때문에 선박명을 변경한다는 의미를 가지고 있는 "예정된(intended)"이라는 용어가 선박명에 명기된다면 이는 용선계약을 변경하는 것으로 간주될 수 있기 때문에 이를 허용하지 않는 것으로 생각된다.

4. 신용장에 명기된 적재항과 양륙항의 표시(제22조 a항 iii호)

용선계약선화증권상에는 신용장에 명기된 적재항으로부터 양륙항까지의 선적이 표시되어 있어야 하는 것이 원칙이지만, 예외적으로 2002년 ISBP 제106항[94]의 내용을 반영하여 양륙항의 경우에는 신용장에 명기된 대로 항구의 구역 또는 지리적 지역으로 표시될 수 있다는 규정을 추가하였다.

●●● 신용장에 명기된 적재항과 양륙항의 표시

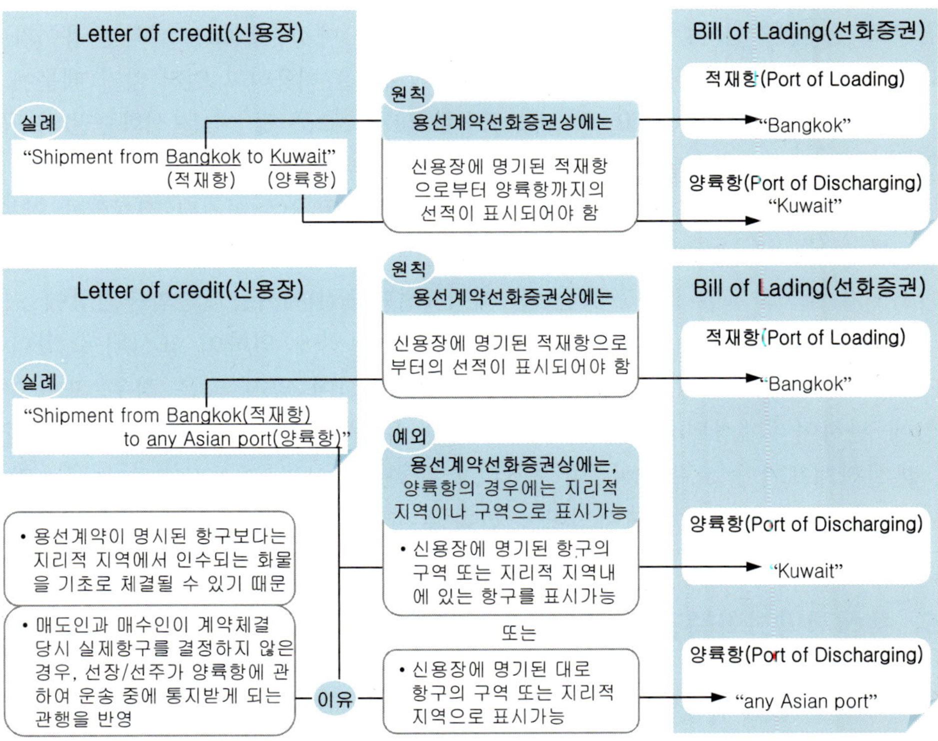

94) 2002년 ISBP 제106항에서는 "신용장이 적재 및/또는 양륙항의 지리적 지역 또는 구역(예를 들면, 'Any European Port')을 표시하고 있는 경우에는, 용선계약선화증권은 실제의 적재항을 표시하고 있어야 하고, 그 실제의 적재항은 표시된 지리적 지역 또는 구역내에 존재하여야 하지만 항구의 지리적 지역 또는 구역을 양륙항으로서 나타낼 수 있다"고 규정하고 있다.

예를 들면, ICC의 이전의 의견(ICC Publication No. 489, Case 240)에서 볼 수 있는 것처럼, 신용장에서 양륙항으로서 "any Japanese port"를 요구한 경우, 해상선화증권상의 양륙항란에는 실제의 항구가 아닌 "any Japanese port"라고 명기할 수 없다. 그러나, 신용장이 용선계약선화증권의 제시를 허용하면서 양륙항을 "South China port"로 명기하고 있는 경우, 실제의 항구가 아닌 "one South China port"와 같이 지리적 지역이나 구역으로 양륙항을 표시한 용선계약선화증권이 제시되었더라도 수리될 수 있다는 것이다. 이것은 용선계약이 명시된 항구보다는 오히려 지리적 지역에서 인수되고 있는 화물을 기초로 하여 체결될 수 있다는 것이 알려져 있으며, 매도인과 매수인이 계약체결당시에 실제의 항구를 결정하지 않은 경우, 선장/선주는 인도가 행해져야 하는 항구에 관하여 운송 중에 통지받게 된다는 특성을 반영한 것이라고 생각된다.[95]

결론적으로, 양륙항에 관하여 실제의 항구 대신에 지리적 지역이나 구역으로 표시될 수 없는 해상선화증권과 달리, 용선계약선화증권상의 양륙항은 실제의 항구 대신에 지리적 지역이나 구역으로 표시될 수 있다는 것이다.

참고로, 용선계약선화증권의 경우에는 ① 선박명에 "예정된(intended)"라는 용어가 명기되는 것과 ② 신용장에 명기된 적재항과 다른 적재항을 허용하고 있지 않기 때문에 이러한 내용을 허용하고 있는 UCP 600 제20조 a항 iii호 제2문 및 제3문(선화증권)의 규정과 동일한 내용을 포함하지 않고 있다. 왜냐하면, 용선계약선화증권의 경우에는 물품이 적재항에서 특정선박에 적재되었을 때 발행되기 때문에 신용장에 명기된 적재항이 기재되어야 할 뿐만 아니라 선박명 앞에 "예정된"이라는 용어가 사용되어서는 안되기 때문이다.

UCP 600 제20조 a항 iii호 제2문 및 제3문(선화증권)에서는 "선화증권상에 지정된 선박에의 본선적재 또는 선적이 사전에 인쇄된 문언에 의하여 표시되어 있더라도, ① 적재항으로서 신용장에 명기된 적재항이 표시되어 있지 않은 경우, 또는 ② 적재항에 관하여 "예정된(intended)" 또는 이와 유사한 제한이 표시되어 있는 경우에는, 본선적재표기가 요구되며, 이 경우 그 선화증권상의 본선적재표기에는 적재항, 선적일 및 선박의 명칭이 표시되어야 한다"는 취지의 내용을 규정하고 있다.

5. 용선계약선화증권의 발행통수(제22조 a항 iv호)

용선계약선화증권이 단일의 원본 또는 2통 이상의 원본으로 발행된 경우에는 그 용선계약선화증권상에 표시된 대로 전통이 제시되어야 한다. 즉, 단일의 원본이나 수통의 원본으로 발행된 용선계약선화증권은 그 용선계약선화증권상에 표시된 대로 전통이어야 한다.

---

95) ICC Publication No. 632, R 281, Ref 168.

●●● 용선계약선화증권의 발행통수

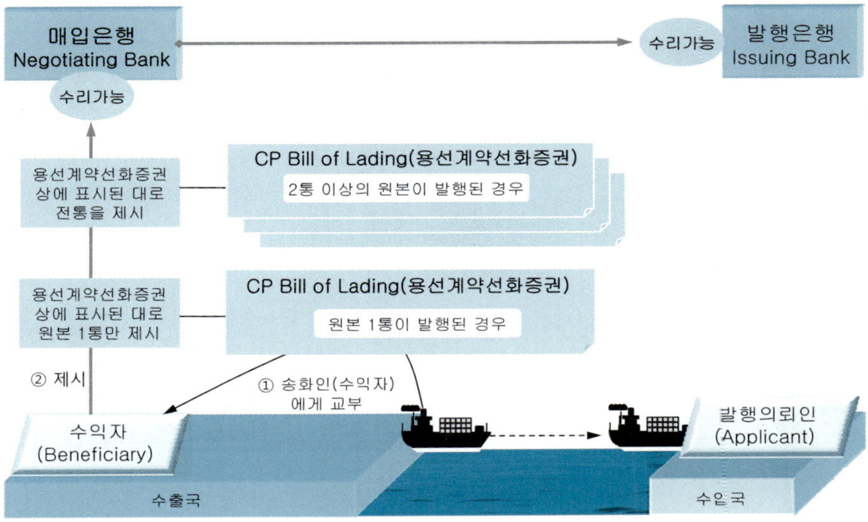

이는 다수의 복본의 원본으로 발행된 서류의 전통을 제시하거나, 또는 원본이 한 통만 발행될 수도 있다고 규정한 것으로 용선계약선화증권의 발행통수를 규정함으로써, 한통의 용선계약선화증권 원본[96]을 발행할 수 있는 근거를 명확하게 제시하고 있다.

6. 용선계약서의 심사여부(제22조 b항)

신용장의 조건(terms)에서 용선계약선화증권의 수리를 위하여 용선계약서(charter oarty contract)의 제시를 요구하더라도, 은행은 그러한 용선계약서를 심사하지 않는다. 즉, 이 조항에서는 은행에게 그러한 용선계약서를 자세히 조사하도록 강제하는 것은 불공정하고 부담을 지우게 될 것이기 때문에, 용선계약서가 제시된다면 은행은 용선계약서를 심사할 책임이 없다고 규정하고 있는 것이다. 이 조항에서는 용선계약서의 제시를 요구할 때, 신용장의 조건(terms)이라고 명기함으로써 비서류조건이 아님을 분명히 하였으며, 은행의 용선계약서 송달의무는 삭제하였다.

제22조

96) 원본의 용선계약선화증권이란 작성자가 일정한 내용을 표시하기 위하여 확정적인 것으로 작성한 서류를 말한다.

●●● 용선계약서의 심사여부

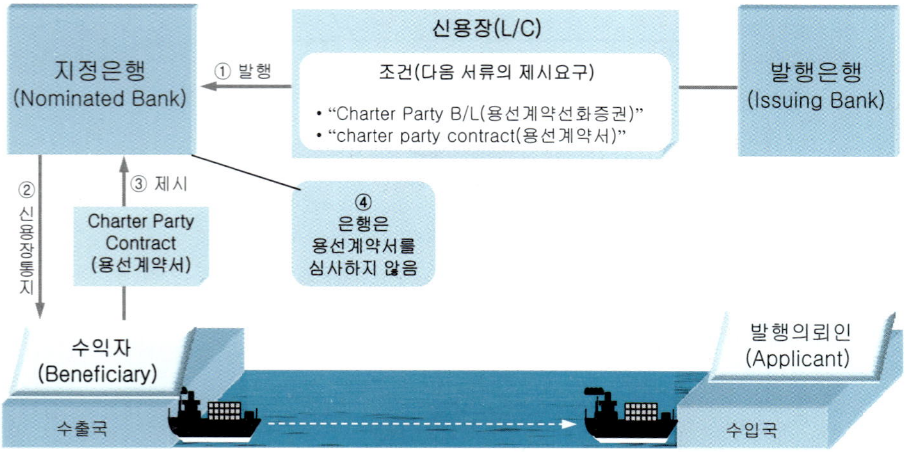

신용장(L/C)
조건(다음 서류의 제시요구)
• "Charter Party B/L(용선계약선화증권)"
• "charter party contract(용선계약서)"
지정은행
(Nominated Bank)
① 발행
발행은행
(Issuing Bank)
② 신용장통지
③ 제시
Charter Party Contract (용선계약서)
④ 은행은 용선계약서를 심사하지 않음
수익자
(Beneficiary)
발행의뢰인
(Applicant)
수출국
수입국

제23조 항공운송서류(Air Transport Document)

Article 23 Air Transport Document
제 23 조 항공운송서류

a. An air transport document, however named, must appear to:
항공운송서류는 그 명칭에 관계없이 다음과 같이 보여야 한다:

i. indicate the name of the carrier and be signed by:
운송인의 명칭을 표시하고 다음의 자에 의하여 서명되어 있는 것:

- the carrier, or
  운송인, 또는
- a named agent for or on behalf of the carrier.
  운송인을 대리하는 지정대리인.

Any signature by the carrier or agent must be identified as that of the carrier or agent.
운송인 또는 대리인에 의한 모든 서명은 운송인 또는 대리인의 것이라는 것을 확인하고 있어야 한다.

Any signature by an agent must indicate that the agent has signed for or on behalf of the carrier.
대리인에 의한 모든 서명은 그 대리인이 운송인을 대리하여 서명하였음을 표시하여야 한다.

ii. indicate that the goods have been accepted for carriage.
물품이 운송을 위하여 수취되었음을 표시하고 있는 것.

iii. indicate the date of issuance. This date will be deemed to be the date of shipment unless the air transport document contains a specific notation of the actual date of shipment, in which case the date stated in the notation will be deemed to be the date of shipment.

제23조

발행일을 표시하고 있는 것. 이 일자는 선적일로 본다. 다만, 항공운송서류가 실제의 선적일에 관한 특정표기를 포함하고 있는 경우에는 그러하지 아니하며, 이 경우, 그 표기에 명기된 일자는 선적일로 본다.

Any other information appearing on the air transport document relative to the flight number and date will not be considered in determining the date of shipment.
운항번호 및 일자에 관하여 항공운송서류상에 보이는 기타 모든 정보는 선적일을 결정하는데 고려되지 아니한다.

iv. indicate the airport of departure and the airport of destination stated in the credit.
신용장에 명기된 출발공항과 목적공항을 표시하고 있는 것.

v. be the original for consignor or shipper, even if the credit stipulates a full set of originals.
신용장이 원본의 전통을 명시하고 있는 경우에도, 탁송인 또는 송화인용 원본인 것.

vi. contain terms and conditions of carriage or make reference to another source containing the terms and conditions of carriage. Contents of terms and conditions of carriage will not be examined.
운송의 제조건을 포함하고 있거나, 또는 운송의 제조건을 포함하는 다른 자료를 참조하고 있는 것. 운송의 제조건의 내용은 심사되지 아니한다.

b. For the purpose of this article, transhipment means unloading from one aircraft and reloading to another aircraft during the carriage from the airport of departure to the airport of destination stated in the credit.
이 조에서, 환적이란 신용장에 명기된 출발공항으로부터 목적공항까지의 운송과정 중에 한 항공기로부터의 양화 및 다른 항공기로의 재적재를 말한다.

c. i. An air transport document may indicate that the goods will or may be transhipped, provided that the entire carriage is covered by one and the same air transport document.
항공운송서류는 물품이 환적될 것이라거나 또는 될 수 있다고 표시할 수 있다. 다만, 전운송은 동일한 항공운송서류에 의하여 커버되어야 한다.

ii. An air transport document indicating that transhipment will or may take place is acceptable, even if the credit prohibits transhipment.
신용장이 환적을 금지하고 있는 경우에도, 환적이 행해질 것이라거나 또는 행해질 수 있다고 표시하고 있는 항공운송서류는 수리될 수 있다.

해설 explanation

신용장통일규칙 제23조에서는 신용장이 항공운송서류를 요구할 경우에 수리될 수 있는 항공운송서류의 요건을 다음과 같이 명시적으로 규정하고 있다.97)

●●● UCP 600 제23조에 의한 항공운송서류의 수리요건

구분	항공운송서류	관련 조항
서류의 명칭	① 항공운송서류는 그 명칭에 관계없이 아래와 같이 보여야 한다.	제23조 a항 본문
운송인의 명칭표기 및 서명방법	㉮ 운송인의 명칭이 표시되고, 운송인 또는 그 대리인에 의하여 서명되어 있어야 한다.	제23조 a항 i 호
선적의 표시	㉯ 물품이 운송을 위하여 인수되었음이 표시되어야 한다.	제23조 a항 ii 호
발행일의 표시	㉰ 발행일이 표시되어야 한다.	제23조 a항 iii호
출발공항 및 양륙공항의 표시	㉱ 신용장에 명기된 출발공항과 목적공항이 표시되어야 한다.	제23조 a항 iv호
서류의 제시통수	㉲ 신용장에서 전통이 요구되더라도, 송화인용 원본이 제시되어야 한다.	제23조 a항 v 호
약식/배면백지식 서류	㉳ 운송의 제조건을 포함하고 있거나 운송의 제조건을 포함하는 다른 자료를 참조하도록 표시하는 항공운송서류이어야 한다.	제23조 a항 vi호
환적의 정의	② 환적이란 신용장에 명기된 출발공항으로부터 목적공항까지의 운송과정 중에 한 항공기로부터의 양화 및 다른 항공기로의 재적재를 말한다.	제23조 b항
환적의 허용여부	③ 신용장에서 환적을 금지하더라도, 은행은 환적이 행해질 것이라거나 또는 행해질 수 있다고 표시하고 있는 항공운송서류를 수리하여야 한다. 다만, 전운송은 동일한 항공운송서류에 의하여 커버되어야 한다.	제23조 c항

97) 항공운송서류에 관한 조항은 1993년 제5차 개정인 UCP 500에서 신설된 조항이다.

1. 항공운송서류의 명칭(제23조 a항 본문)

신용장에서 항공운송서류를 요구하는 경우에, UCP 600 제23조가 적용될 수 있는 운송서류의 표현은 다음과 같다.

① Air Waybill(항공화물운송장)

② Air Consignment Note(항공화물수취증; 항공화물수탁서; 항공화물상환증)

즉, UCP 600 제23조 a항에서는 "신용장이 항공운송서류를 요구하는 경우에는, 그 명칭에 관계없이 제23조의 규정에 있는 요건을 충족하여야 한다"고 규정하고 있다. 이것은 "그 명칭에 관계없이(however named)"라는 단어가 의미하는 것처럼 서류의 표제가 아니라 그 내용이 중요하다는 것으로서, 신용장이 항공운송서류를 요구한 경우에는 항공운송서류의 명칭과 관계없이 항공운송서류의 요건(UCP 600 제23조의 요건)을 모두 충족한다면 수리된다는 것이다.

●●● 항공운송서류의 명칭

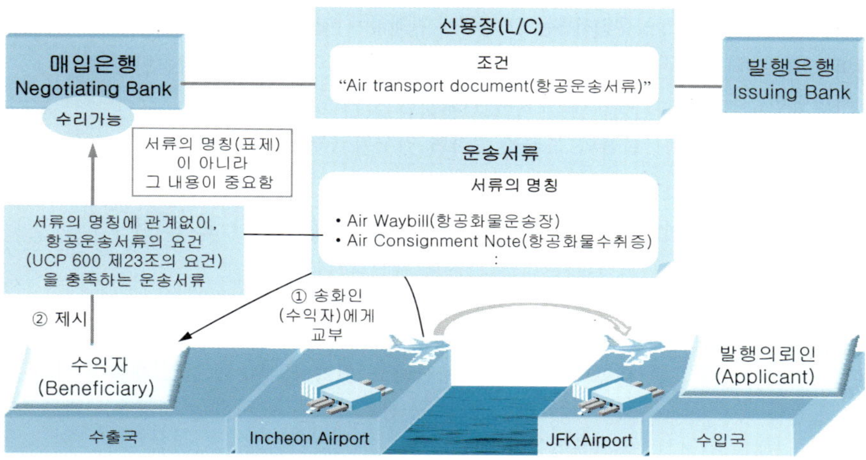

2. 운송인명칭 표시 및 서명자(제23조 a항 i 호)

항공운송서류에는 운송인의 명칭이 그 서류의 표면[98]에 표시되고 운송인 또는 그 대리인이 서명하고 있어야 한다. 이것은 항공운송서류를 발행하고 서명할 수 있는 당사자의 범위를 지정된 운송인이나 그 대리인으로 하고 있음을 의미하는 것이

98) '서류의 표면'이라는 표현은 물품, 선박 및 항해의 명세를 표시하는 면을 말하고, '서류의 배면'이라는 표현은 운송계약의 명세를 표시하는 면을 말한다; ICC, UCP 500-Transport Documents Articles, Position Paper No.4, Paragraph 1.

다. 항공운송서류에 있어서는, 비록 "운송인(carrier)"이라는 단어가 운송인으로서 행동하는 당사자를 확인하기 위하여 서류의 표면상에 이미 사용되었더라도, 운송인 또는 그 대리인에 의한 모든 서명은 운송인 또는 대리인에 의한 서명이라는 것이 확인되어야 하며, 그 지정대리인이 서명하는 경우에는 그 서명에는 운송인을 위하여 서명하였음이 표시되어야 한다.

●●● 운송인명칭 표시 및 서명자

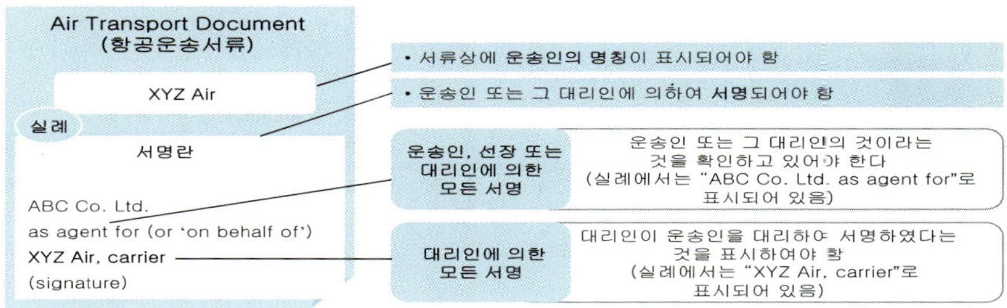

실무적으로는 서명자가 운송인 또는 그 대리인 경우에는 "as carrier(운송인으로서)" 또는 "as agent for...(...의 대리인으로서)"로 각각 표시함으로써 운송인 또는 그 대리인의 것이라는 것을 확인하게 된다. 그러나 서명자가 운송인의 대리인인 경우에는 "as agent for XYZ Air, the carrier"와 같이 표시하고 서명함으로써 그 자신이 대리하는 자를 표시하고 서명한다.

UCP 600의 규정과 "ICC Position Paper No.4"의 규정을 종합하여 구체적으로 정리하면 다음과 같다.[99]

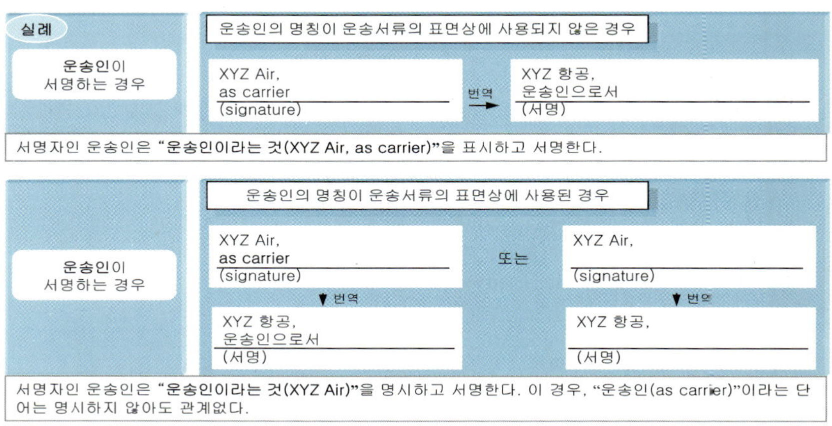

99) 1994년 9월에 발행된 4가지 견해서는 UCP 500하에서 적용되는 것을 조건으로 발행되었기 때문에, 이들 견해서는 UCP 600하에서는 적용될 수 없을 것이라고 UCP 600의 서문에서 밝히고 있다.

제23조

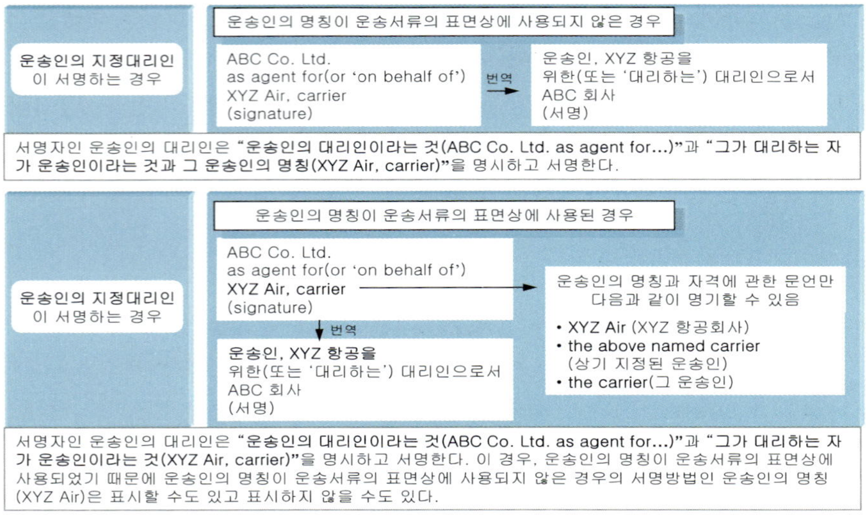

3. 운송을 위한 물품수취의 표시(제23조 a항 ii호)

항공운송서류상에는 물품이 "운송을 위하여 수취되었음(accepted for carriage)"이 표시되어야 한다. 이 경우 항공운송서류는 선화증권과 달리 수취식으로만 발행된다. 즉, 항공운송에서는 적재(탑재) 항공운송서류를 발행하지 않는 것이 원칙이기 때문에 물품이 운송을 위하여 수취되었음이라는 표시가 있는 항공운송서류는 수리된다. 따라서 항공운송서류의 경우에는 적재사실을 명확하게 표시할 수 있는 방법이 없기 때문에 가능한 한 적재(탑재) 항공운송서류를 요구하지 않는 것이 바람직하다.

●●● 운송을 위한 물품수취의 표시

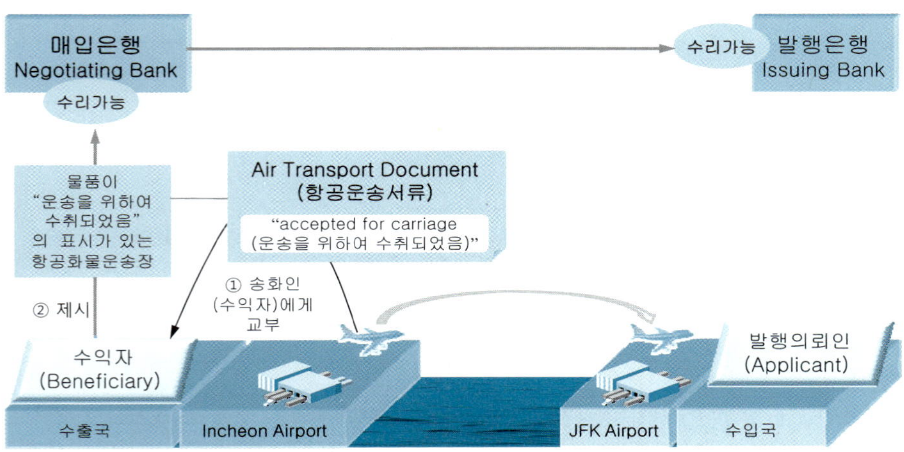

그러나, 신용장에서 탑재 항공운송서류를 요구하는 경우에는 수익자는 항공운송인으로부터 적화목록(Manifest)의 사본이나 항공화물운송장의 해당란에 운항일자와 운항번호가 기재된 항공화물운송장을 제시하여야 할 것으로 보이나, 이와 같은 기재만으로는 적재사실을 명확하게 표시한 것으로 볼 수 없어 문제이다. 즉, 항공운송서류는 이른바 수취선화증권(received B/L)과 유사한 것으로 수취선화증권이 선적선화증권(shipped B/L)과 동등한 효력을 갖기 위해서는 본선적재표기(on board notation)가 있어야 하는 것과 마찬가지로 특정 항공기에 운송품이 적재되었다는 것을 보증하기 위해서는 항공운송서류에도 "탑재확인의 표기" 또는 이와 동등한 증명서가 필요하다. 이러한 경우에는 신용장에 탑재증명서가 필요하다는 특별한 조건을 달아야 한다. 탑재증명서의 예를 제시하면 다음과 같다.[100]

(서식) 탑재증명서

Date
Place

Certificate of Shipment on Board the Aircraft

This is to certify that the undermentioned shipment was duly loaded on board the carrying aircraft as stated below:

(1) Airwaybill No.:
(2) Airport of Origin:
(3) Airport of Destination:
(4) Flight No.:
(5) On board Date:
(6) Shipper:
(7) Consignee:

INTERNATIONAL AIR LINES, INC.
Authorized Signature

100) 유중원, 항공화물운송장(Airwaybill)에 관한 실무적인 고찰, 인권과 정의, 1998.6, p.19.

4. 선적일의 증빙(제23조 a항 iii호)

항공운송에서는 수취항공운송서류를 발행하는 것이 원칙이기 때문에 물품의 수취일(date of accept)이나 발송일(date of dispatch), 항공기의 운항일(flight date), 항공운송서류의 발행일(date of issuance) 중에서 어느 일자를 선적일(date of shipment)로 볼 것인가의 문제가 발생한다.

이에 관하여, 제23조 a항 iii호에서는 ① "원칙적으로 항공운송서류상에 명기된 발행일(date of issuance)이 선적일로 되지만 예외적으로 항공운송서류상에 실제의 선적일에 관한 특정표기가 있는 경우에는 그 특정표기의 일자가 선적일로 되고(제23조 a항 iii호 제1문)", ② "항공운송서류상에 보이는 운항번호 및 일자에 관한 기타 모든 정보는 선적일의 결정에 고려되지 않는다(제23조 a항 iii호 제2문)"고 규정하고 있다.

첫째, 원칙적으로 항공운송서류의 발행일을 선적일로 보지만, 예외적으로 선적일에 관한 특정표기가 있는 경우에는 그 특정표기의 일자를 선적일로 본다.

둘째, 운항번호 및 일자는 항공운송서류상의 "운송인전용(For Carrier Use Only)" 또는 이와 유사한 표현이 있는 해당란에 표시된다. 이러한 운항번호 및 일자에 관한 항공운송서류상의 기타 모든 정보는 선적일을 결정하는데 고려되지 않는다. 왜냐하면, 이러한 해당란에 표시된 운항일자는 운송인의 내부업무수행을 위하여 이용되는 것으로서, 운송서류에 표시된 어떤 사항을 변경하거나 추가하는 것이 아니기 때문이다.

●●● 선적일의 증빙

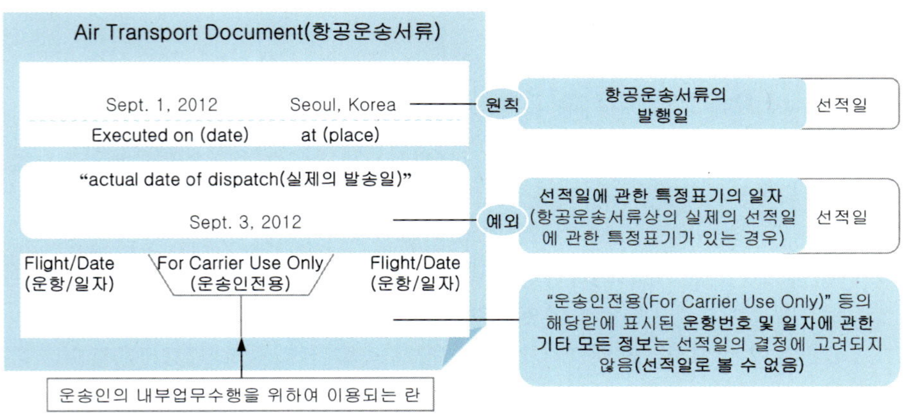

5. 신용장에 명기된 출발공항과 목적공항의 표시(제23조 a항 iv호)

항공운송서류상에는 신용장에 명기된 출발공항(airport of departure)과 목적공항(airport of destination)이 표시되어야 한다. 즉, 항공운송서류상에 표시된 출발공항 및 목적공항이 신용장에 명기된 출발공항 및 목적공항과 일치한다면 이러한 항공운송서류는 수리된다.

●●● 신용장에 명기된 출발공항과 목적공항의 표시

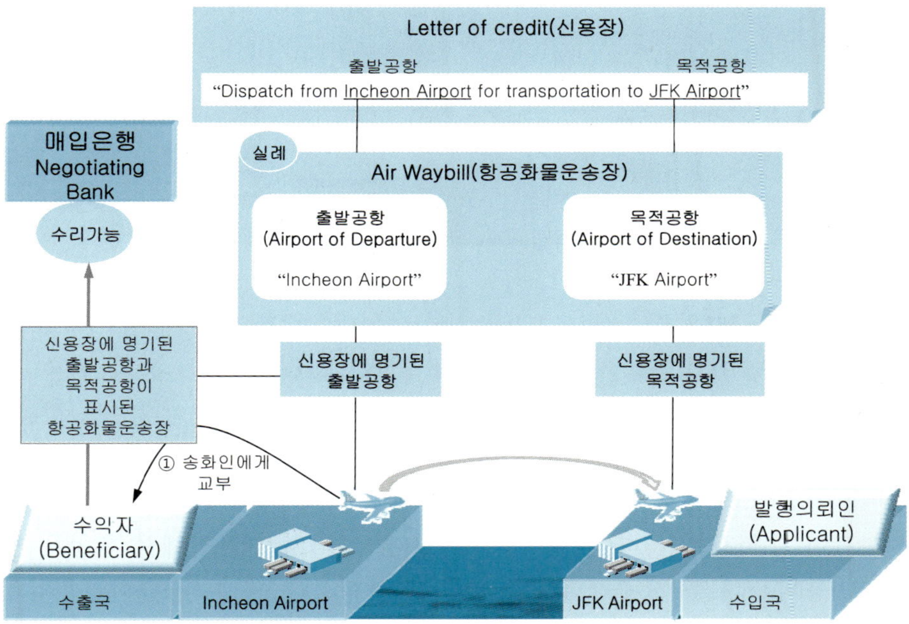

6. 항공운송서류의 발행통수(제23조 a항 v호)

신용장에서 전통의 원본[101] 또는 이와 유사한 표현을 명시하고 있더라도, 송화인용 원본(original for consignor/shipper)으로 보이는 항공운송서류를 수리한다. 즉, 신용장에서 항공운송서류 원본의 전통의 제시를 요구하더라도, 송화인용 원본 1통만 제시하면 원본 전통을 제시한 것으로 보아 이를 수리한다.

제23조

101) 원본의 항공운송서류란 작성자가 일정한 내용을 표시하기 위하여 확정적인 것으로 작성한 서류를 말한다.

●●● 항공운송서류의 발행통수

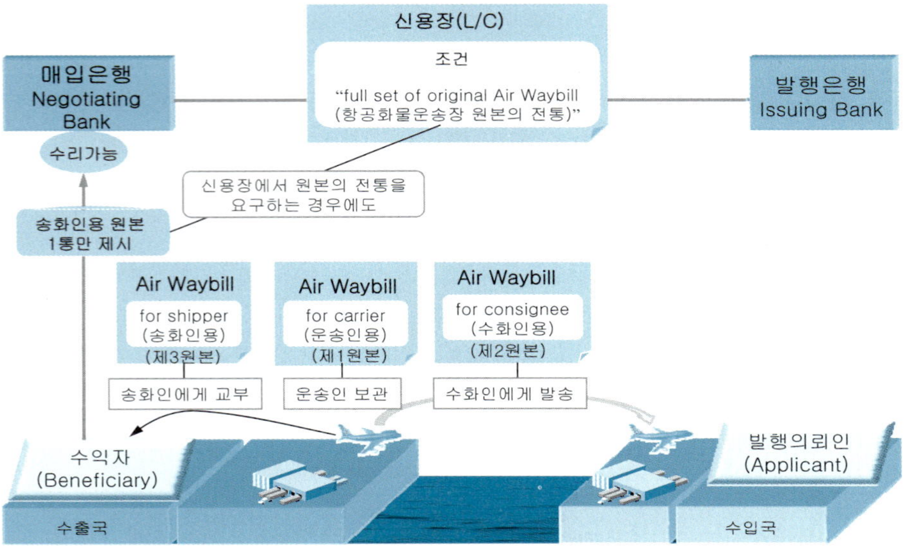

이는 운송인용 제1원본(original 1 for carrier; 녹색), 수화인용 제2원본(original 1 for consignee; 적색), 송화인용 제3원본(original 1 for shipper; 청색) 등의 원본 3통과 6통의 사본(백색)이 발행되는 항공운송서류의 관행을 반영한 것이다. 즉, 항공운송서류의 원본 3통 중에서 운송인용은 운송인이 보관하고, 수화인용은 화물과 함께 수화인에게 발송되고, 송화인용만 송화인에게 교부되기 때문에 현실적으로 송화인용의 원본만이 수익자에 의하여 제시될 수 있다. 따라서 신용장에서 항공운송서류의 원본의 전통의 제시를 요구하더라도, 수익자는 항공운송서류의 송화인용의 원본 1통만 제시하면 수리가능하게 된다.

7. 약식/배면백지식 항공운송서류(제23조 a항 vi호)

은행은 운송에 관한 배면약관이 있는 정식항공운송서류(long form ATD)뿐만 아니라 그 약관이 없는 약식항공운송서류(short form ATD)도 수리한다. 즉, 은행은 운송약관의 전부를 기재한 정식항공운송서류뿐만 아니라 운송약관의 전부 또는 일부를 항공운송서류이외의 근거 또는 서류를 참조하도록 하거나 항공운송서류의 뒷면이 백지상태로 발행된 "약식(short form)" 또는 "배면백지식(blank back)" 항공운송서류도 수리하며, 이 경우, 운송의 제조건은 심사되지 않는다.

●●● 약식/배면백지식 항공운송서류

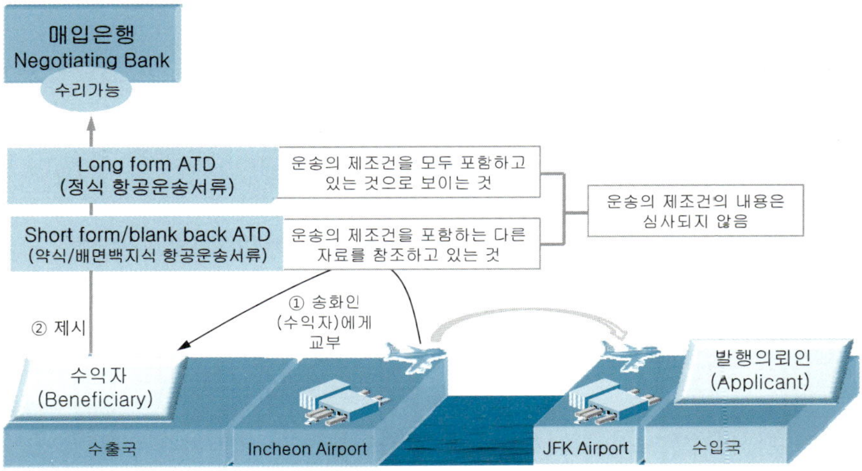

이러한 약식항공운송서류는 문면상 운송에 관한 일반조건의 전부를 기재하지 아니하고 조건중 일부를 생략하여 필요사항만 발췌하여 기재하고 있는 것으로서, 간단한 양식의 항공운송서류를 발행할 수 있으므로 운송인의 사무간소화에 기여할 수 있다. 만일 분쟁이 발생하면 정식항공운송서류의 운송인과 화주간의 권리와 의무에 따르도록 하고 있다.

8. 환적의 정의(제23조 b항)

환적(Transhipment)이란 신용장에 명기된 출발공항으로부터 목적공항까지의 운송과정 중에 한 항공기로부터 양화(unloading) 및 다른 항공기로의 재적재(reloading)를 말한다.[102)]

●●● 환적의 정의

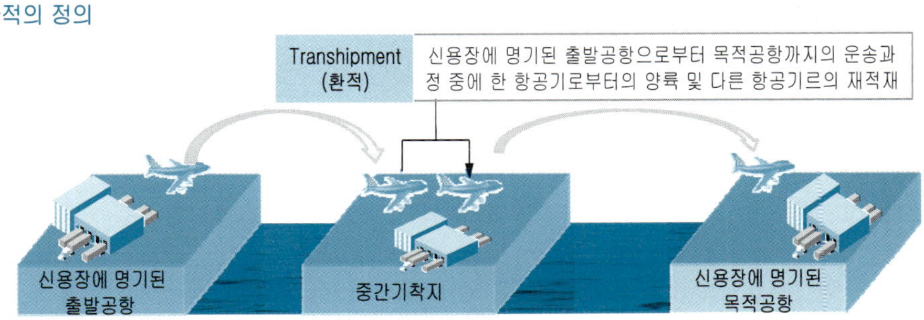

102) 신용장통일규칙 제23조 b항.

9. 환적금지부 항공운송서류(제23조 c항)

전운송이 동일한 항공운송서류[103]에 의하여 커버되는 한, 그 항공운송서류에는 "물품이 환적될 것이다(the goods will be transhipped)" 또는 "물품이 환적될 수 있다(the goods may be transhipped)"고 표시될 수 있으며, 신용장에 환적이 금지되었더라도, 운송서류상에 "환적이 행해질 것이다(transhipment will take place)" 또는 "환적이 행해질 수 있다(transhipment may take place)"라고 명시된 항공운송서류를 수리할 수 있다.

●●● 환적금지부 항공운송서류

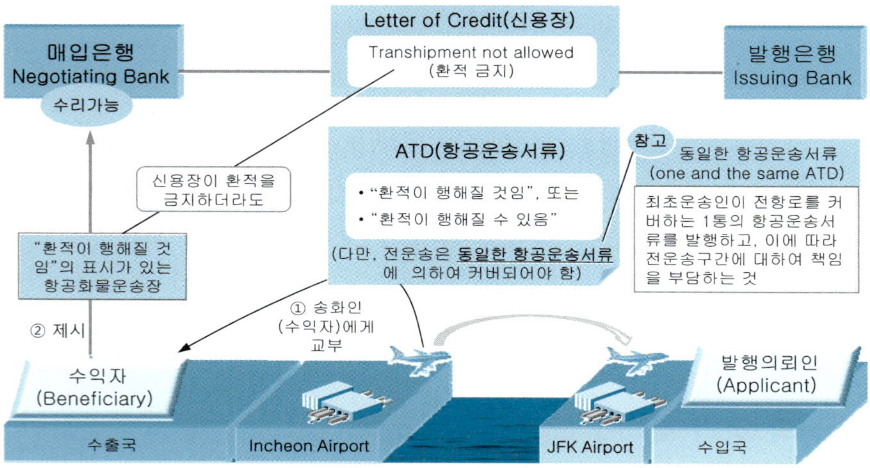

항공운송산업에 있어서 한 국내공항으로부터 다른 국내공항으로의 국제항로를 필요로 하는 직항은 환적 없이 일어날 가능성은 없을 것 같다. 예를 들면, 스페인 마드리드로부터 미국 텍사스의 휴스턴까지의 운항의 경우, 이베리아항공이 마드리드로부터 뉴욕까지 운송한 후 뉴욕에서 환적하여 다른 운송인으로 하여금 휴스턴까지 운항하도록 충분히 요구할 수 있을 것 같다. 마찬가지로 미국으로부터 중동까지 운항하는 경우, 뉴욕으로부터 독일 프랑크푸르트까지 운송한 후 프랑크푸르트에서 다른 항공기에 이적하여 어쩌면 루프단사항공으로 하여금 중동목적지까지의 운송하도록 요구할 수 있다.[104] 이러한 관행에서 보는 것처럼, 항공운송의 경우에는

103) "동일한 항공운송서류(one and the same ATD)"란 최초의 운송인이 발행한 한통의 항공운송서류가 전항로를 커버하는 경우로서, 최초의 운송인이 하나의 항공운송서류를 발행하고 이에 따라 전항공운송구간에 대한 책임을 부담한다는 것을 의미한다.

104) Charles del Busto, Documentary Credits-UCP 500 & 400 Compared-, ICC Publishing S.A., 1993,

환적이 일어날 가능성이 높기 때문에 전항공운송과정이 하나의 동일한 항공운송서류에 의하여 운송될 것이라고 표시되어 있다면, 환적이 신용장에 의하여 금지되어 있는 경우라도, 은행은 환적이 행해질 것이라거나 또는 행해질 수 있다고 명시한 항공운송서류를 수리하여야 한다고 규정하고 있는 것이다. 따라서, 동일한 하나의 항공운송서류에 의하여 운송될 것이라는 표시와 함께 환적이 행해질 것이라거나 또는 행해질 수 있다고 명시한 항공운송서류는 환적금지의 규정이 있더라도 수리될 수 있기 때문에, 발행의뢰인이 이러한 유형의 환적을 금지하려는 경우에는, 신용장으로부터 이를 명시적으로 배제하여야만 제23조 c항의 규정을 무시할 수 있다.

상기의 수리요건을 종합하여 볼 때, 신용장상에 운송서류로서 항공운송서류를 요구하는 경우, ① 운송인의 지정대리인이 아닌 운송주선인에 의하여 발행된 운송서류[105]는 거절되며 ② 고장부서류 ③ 정당한 제시기한을 경과한 서류 ④ 일치하는 제시가 아닌 서류 등은 수리할 수 없는 항공운송서류라는 것에 유의하여야 할 것이다.

p.81.

105) 운송주선인의 이름으로 발행된 운송서류가 수리 거절되는 이유는 운송주선인은 직접 화물의 운송에 관여하지 않고 단지 송화인이 제공하는 운임으로 선복을 획득하는 운송서비스만 제공하게 되므로 송화인과 운송인간에는 직접적인 운송계약관계가 성립하지 않게 되는 바 그 결과 손해 발생시 화주는 운송인에 대해 직접적으로 손해배상을 청구할 수 없게 되며, 운송주선인은 다수의 송화인으로부터 화물을 수취하여 운송인에게 선적을 의뢰하고 운송서류를 발행하게 되므로 화물의 선적이 조속히 이루어지지 않을 가능성이 발생하기 때문이다.

제24조 도로, 철도 또는 내륙수로운송서류(Road, Rail or Inland Waterway Transport Documents)

Article 24 Road, Rail or Inland Waterway Transport Documents
제 24 조 도로, 철도 또는 내륙수로운송서류

a. A road, rail or inland waterway transport document, however named, must appear to:
도로, 철도 또는 내륙수로운송서류는 그 명칭에 관계없이 다음과 같이 보여야 한다:

i. indicate the name of the carrier and:
운송인의 명칭을 표시하고 있는 것 그리고:

- be signed by the carrier or a named agent for or on behalf of the carrier, or
운송인 또는 운송인을 대리하는 지정대리인에 의하여 서명되어 있는 것, 또는
- indicate receipt of the goods by signature, stamp or notation by the carrier or a named agent for or on behalf of the carrier.
운송인 또는 운송인을 대리하는 지정대리인에 의하여 행해진 서명, 스탬프 또는 표기에 의하여 물품의 수령을 표시하고 있는 것.

Any signature, stamp or notation of receipt of the goods by the carrier or agent must be identified as that of the carrier or agent.
물품의 수령에 관한 운송인 또는 대리인에 의한 모든 서명, 스탬프 또는 표기는 운송인 또는 대리인의 것이라는 것을 확인하고 있어야 한다.

Any signature, stamp or notation of receipt of the goods by the agent must indicate that the agent has signed or acted for or on behalf of the carrier.
물품의 수령에 관한 대리인에 의한 모든 서명, 스탬프 또는 표기는 그 대리인이 운송인을 대리하여 서명 또는 행동하였음을 표시하여야 한다.

If a rail transport document does not identify the carrier, any signature or stamp of the railway company will be accepted as evidence of the document being signed by the carrier.
철도운송서류가 운송인을 확인하지 아니한 경우에는, 철도회사의 모든 서명 또는 스탬프는 운송인에 의하여 서명되어 있는 서류의 증거로서 수리되어야 한다.

ii. indicate the date of shipment or the date the goods have been received for shipment, dispatch or carriage at the place stated in the credit. Unless the transport document contains a dated reception stamp, an indication of the date of receipt or a date of shipment, the date of issuance of the transport document will be deemed to be the date of shipment.
선적일 또는 물품이 신용장에 명기된 장소에서 선적, 발송 또는 운송을 위하여 수령된 일자를 표시하고 있는 것. 운송서류가 일자기재의 수령스탬프, 수령일의 표시 또는 선적일을 포함하고 있지 아니하는 한, 운송서류의 발행일은 선적일로 본다.

iii. indicate the place of shipment and the place of destination stated in the credit.
신용장에 명기된 선적지 및 목적지를 표시하고 있는 것.

b. i. A road transport document must appear to be the original for consignor or shipper or bear no marking indicating for whom the document has been prepared.
도로운송서류는 탁송인 또는 송화인용 원본인 것으로 보여야 하거나 또는 그 서류가 누구를 위하여 작성되었는지를 표시하는 어떠한 표시도 기재하지 아니한 것으로 보여야 한다.

ii. A rail transport document marked "duplicate" will be accepted as an original.
"부본(duplicate)"이 표시된 철도운송서류는 원본으로서 수리된다.

iii. A rail or inland waterway transport document will be accepted as an original whether marked as an original or not.
철도 또는 내륙수로운송서류는 원본이라는 표시의 유무에 관계없이 원본으로서 수리된다.

c. In the absence of an indication on the transport document as to the number of originals issued, the number presented will be deemed to constitute a full set.
발행된 원본의 통수에 관하여 운송서류상에 표시가 없는 경우에는, 제시된 통수는 전통을 구성하는 것으로 본다.

d. For the purpose of this article, transhipment means unloading from one means of conveyance and reloading to another means of conveyance, within the same mode of transport, during the carriage from the place of shipment, dispatch or carriage to the place of destination stated in the credit.
이 조에서, 환적이란 신용장에 명기된 선적, 발송 또는 운송지로부터 목적지까지의 운송과정 중에, 동일한 운송방식내에서, 한 운송수단으로부터의 양화 및 다른 운송수단으로의 재적재를 말한다.

e. i. A road, rail or inland waterway transport document may indicate that the goods will or may be transhipped provided that the entire carriage is covered by one and the same transport document.
도로, 철도 또는 내륙수로운송서류는 물품이 환적될 것이라거나 또는 될 수 있다고 표시할 수 있다. 다만, 전운송은 동일한 운송서류에 의하여 커버되어야 한다.

ii. A road, rail or inland waterway transport document indicating that transhipment will or may take place is acceptable, even if the credit prohibits transhipment.
신용장이 환적을 금지하고 있는 경우에도, 환적이 행해질 것이라거나 또는 행해질 수 있다고 표시하고 있는 도로, 철도 또는 내륙수로운송서류는 수리될 수 있다.

해설 explanation

신용장통일규칙 제24조에서는 신용장이 도로, 철도 또는 내륙수로운송서류를 요구할 경우에 수리될 수 있는 도로, 철도 또는 내륙수로운송서류의 요건을 다음과 같이 명시적으로 규정하고 있다.[106]

●●● UCP 600 제24조에 의한 도로, 철도 또는 내륙수로운송서류의 수리요건

구분	도로, 철도 또는 내륙수로운송서류	관련 조항
서류의 명칭	① 도로, 철도 또는 내륙수로운송서류는 그 명칭에 관계없이 아래와 같이 보여야 한다.	제24조 a항 본문
운송인의 명칭표기 및 서명방법	㉮ 운송인의 명칭이 표시되고, 운송인 또는 그 대리인에 의하여 서명되어 있거나, 또는 운송인 또는 그 대리인에 의하여 행해진 서명, 스탬프 또는 표기에 의하여 물품의 수령이 표시되어 있어야 한다.	제24조 a항 i 호
물품수취의 표시	㉯ 선적일, 또는 신용장에 명기된 장소에서 선적, 발송 또는 운송을 위하여 수령된 일자가 표시되어야 한다.	제24조 a항 ii 호
선적지 및 목적지의 표시	㉰ 신용장에 명기된 선적지 및 목적지가 표시되어야 한다.	제24조 a항 iii 호
도로운송서류의 원본	② 도로운송서류상에는 송화인용 원본이라는 것이 표시되어야 한다.	제24조 b항 i 호
부본표시 철도운송서류	③ "부본" 표시의 철도운송서류는 원본으로서 수리된다.	제24조 b항 ii 호
철도/내륙수로운송서류의 원본	④ 철도 또는 내륙운송서류는 원본의 표시유무에 관계없이 원본으로서 수리된다.	제24조 b항 iii 호
서류의 제시통수	⑤ 운송서류상에 발행된 원본의 통수에 관한 명기가 없는 경우, 제시된 통수는 전통을 구성하는 것으로 본다.	제24조 c항
환적의 정의	⑥ 환적이란 신용장에 명기된 선적, 발송 또는 운송지로부터 목적지까지의 운송과정 중에, 동일한 운송방식내에서, 한 운송수단으로부터의 양화 및 다른 운송수단으로의 재적재를 말한다.	제24조 d항
환적의 허용여부	⑦ 신용장에서 환적을 금지하더라도, 환적이 행해질 것이라거나 또는 행해질 수 있다고 표시하고 있는 도로, 철도 또는 내륙수로운송서류는 수리된다. 다만, 전운송은 동일한 운송서류에 의하여 커버되어야 한다.	제24조 e항

제24조

1. 도로·철도 또는 내륙수로운송서류의 명칭(제24조 a항 본문)

신용장에서 도로·철도 또는 내륙수로운송서류를 요구하는 경우에, UCP 600 제24조가 적용될 수 있는 운송서류의 표현은 다음과 같다.

① Road Waybill(도로화물운송장)

106) 도로, 철도 또는 내륙수로운송서류에 관한 조항은 1993년 제5차 개정인 UCP 500에서 신설된 조항이다.

② Road Consignment Note(도로화물수취증; 도로화물수탁서; 도로화물상환증)
③ CMR Truck Consignment Note(CMR 트럭화물수취증)
④ Rail Waybill(철도화물운송장)
⑤ Railway Consignment Note(철도화물수취증; 철도화물수탁서; 철도화물상환증)
⑥ CIM Railway Consignment Note(CIM 철도화물수취증)
⑦ 내륙수로운송서류(Inland Waterway Document)

●●● 도로·철도 또는 내륙수로운송서류의 명칭

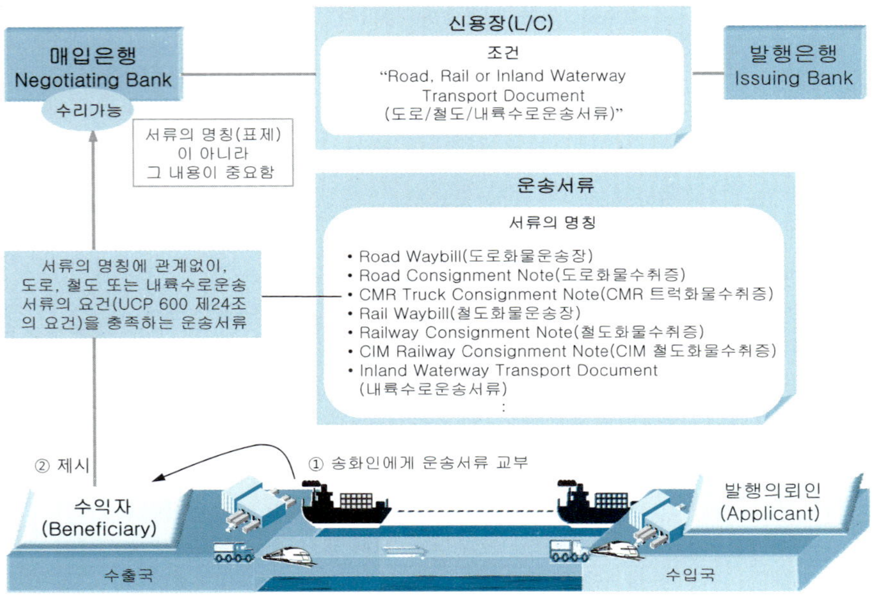

즉, UCP 600 제24조 a항에서는 "신용장이 도로·철도 또는 내륙수로운송서류를 요구하는 경우에는, 그 명칭에 관계없이 제24조의 규정에 있는 요건을 충족하여야 한다"고 규정하고 있다. 이것은 "그 명칭에 관계없이(however named)"라는 단어가 의미하는 것처럼 제시된 서류의 표제가 아니라 그 내용이 중요하다는 것으로서, 신용장이 도로, 철도, 내륙수로운송서류를 요구한 경우에는 도로·철도 또는 내륙수로운송서류의 명칭과 관계없이 도로·철도 또는 내륙수로운송서류의 요건(UCP 600 제24조의 요건)을 모두 충족한다면 수리된다는 것이다.

2. 운송인의 명칭표시 및 서명자(제24조 a항 i 호)

도로, 철도 또는 내륙수로운송서류에는 운송인의 명칭이 그 서류의 표면[107]에 표시되고 운송인 또는 그 대리인이 서명하고 있거나, 또는 운송인 또는 그 대리인이 서명, 스탬프 또는 표기에 의하여 물품수령을 표시하고 있어야 한다. 도로, 철도 또는 내륙수로운송서류에 있어서는, 비록 "운송인(carrier)"이라는 단어가 운송인으로서 행동하는 당사자를 확인하기 위하여 서류의 표면상에 이미 사용되었더라도, 물품수령에 관한 운송인 또는 대리인에 의한 모든 서명, 스탬프 또는 표기는 운송인 또는 그 대리인에 의한 것이라는 것이 확인되어야 하며, 그 대리인이 서명, 스탬프 또는 표기를 행하는 경우에는 그 서명, 스탬프 또는 표기에는 운송인을 대리하여 서명 또는 행동하였음을 표시하여야 한다.

그러나, 예외적으로 UCP 600 제24조 a항 i 호 제5문은 2002년 ISBP 제172항[108]을 반영하여 "철도운송서류상에 운송인의 확인이 없이, 철도회사에 의하여 서명 또는 스탬프가 행해진 경우에는, 그 철도회사의 모든 서명 또는 스탬프는 운송인이 서명하였다는 것을 입증한 서류로서 수리된다"는 취지의 규정을 신설하였다.

●●● 운송인의 명칭표시 및 서명자

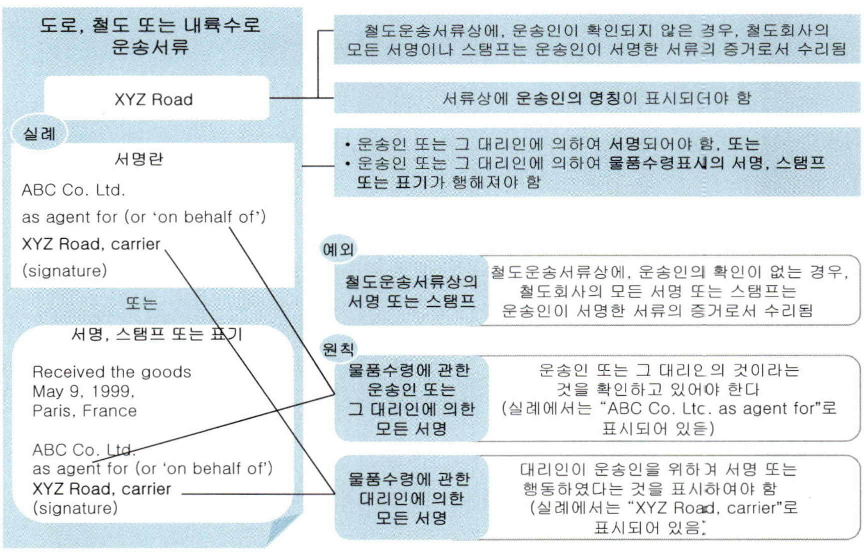

107) '서류의 표면'이라는 표현은 물품, 선박 및 항해의 명세를 표시하는 면을 말하고, '서류의 배면'이라는 표현은 운송계약의 명세를 표시하는 면을 말한다; ICC, UCP 500-Transport Documents Articles, Position Paper No.4, Paragraph 1.

108) 2002년 ISBP 제172항에서는 "운송인이 운송서류의 표면상에 '운송인(carrier)'이라는 것을 기타의 방법으로 확인하고 있는 경우에는, 운송서류가 운송인 또는 운송인을 대리하는 대리인에 의하여 서명된 것으로 보인다면, "운송인"이라는 용어는 서명선(signature line)에 보일 필요가 없다. 국제표준은행관행은 운송인의 명칭 또는 운송인을 위하거나 대리하여 서명하는 지정대리인의 명칭을 나타냄이 없이 출발철도역에 의한 일자 스탬프를 입증하고 있는 철도화물운송장을 수리하는 것이다.(UCP 제28조 a항 i 호)"라고 규정하고 있다.

제24조

●●● 철도회사에 의하여 서명 또는 스탬프가 행해진 철도운송서류의 수리

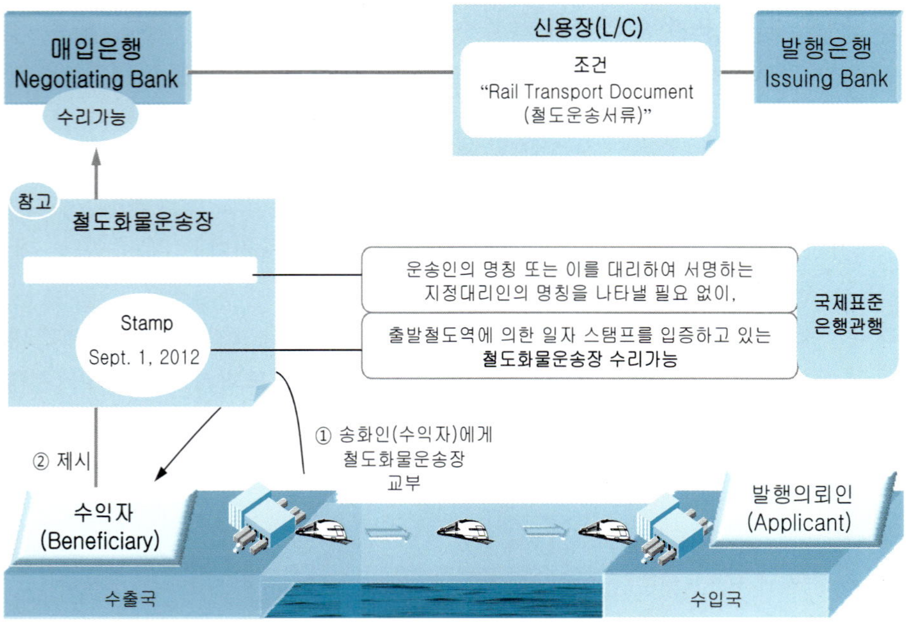

실무적으로는 도로, 철도 또는 내륙수로운송서류의 발행인이 운송인 또는 그 대리인인 경우에는 "as carrier(운송인으로서)", 또는 "as agent for...(...의 대리인으로서)"로 각각 표시함으로써 운송인 또는 그 대리인의 것이라는 것을 확인하게 된다. 즉, 서류의 발행인이 운송인인 경우에는 "XYZ Road, as carrier", 발행인이 운송인의 대리인인 경우에는 "as agent for XYZ Road, the carrier"와 같이 그 대리인이 대리하는 자를 표시하고 서명, 스탬프 또는 표기를 행한다. 그러나 철도운송서류의 경우에는 운송인의 표시가 없더라도 철도운송인이 서명 또는 스탬프를 행한 것으로서 수리된다.

UCP 600의 규정과 "ICC Position Paper No.4"의 규정을 종합하여 구체적으로 정리하면 다음과 같다.[109]

109) 1994년 9월에 발행된 4가지 견해서는 UCP 500하에서 적용되는 것을 조건으로 발행되었기 때문에, 이들 견해서는 UCP 600하에서는 적용될 수 없을 것이라고 UCP 600의 서문에서 밝히고 있다.

실례

운송인이 서명하는 경우 도로, 철도 또는 내륙수로운송서류	운송인의 명칭이 운송서류의 표면상에 사용되지 않은 경우		
	XYZ Road, as carrier (signature)	번역 →	XYZ Road, 운송인으로서 (서명)

서명자인 운송인은 **"운송인이라는 것(XYZ Road, as carrier)"**을 표시하고 서명한다.

운송인이 서명하는 경우 도로, 철도 또는 내륙수로운송서류	운송인의 명칭이 운송서류의 표면상에 사용된 경우		
	XYZ Road, as carrier (signature)	또는	XYZ Road, (signature)
	↓ 번역		↓ 번역
	XYZ 도로회사, 운송인으로서 (서명)		XYZ 도로회사, (서명)

서명자인 운송인은 **"운송인이라는 것(XYZ Road)"**을 명시하고 서명한다. 이 경우, "운송인(as carrier)"이라는 단어는 명시하지 않아도 관계없다.

운송인의 지정대리인이 서명하는 경우 도로, 철도 또는 내륙수로운송서류	운송인의 명칭이 운송서류의 표면상에 사용되지 않은 경우		
	ABC Co. Ltd. as agent for(or 'on behalf of') XYZ Road, carrier (signature)	번역 →	운송인, XYZ 도로회사를 위한(또는 '대리하는') 대리인으로서 ABC 회사 (서명)

서명자인 운송인의 대리인은 **"운송인의 대리인이라는 것(ABC Co. Ltd. as agent for...)"**과 **"그가 대리하는 자가 운송인이라는 것과 그 운송인의 명칭(XYZ Road, carrier)"**을 명시하고 서명한다.

운송인의 지정대리인이 서명하는 경우 도로, 철도 또는 내륙수로운송서류	운송인의 명칭이 운송서류의 표면상에 사용된 경우	
	ABC Co. Ltd. as agent for(or 'on behalf of') XYZ Road, carrier (signature)	→ 운송인의 명칭과 자격에 관한 문언만 다음과 같이 명기할 수 있음 • XYZ Road (XYZ 도로회사) • the above named carrier (상기 지정된 운송인) • the carrier(그 운송인)
	↓ 번역	
	운송인, XYZ 도로회사를 위한(또는 '대리하는') 대리인으로서 ABC 회사 (서명)	

서명자인 운송인의 대리인은 **"운송인의 대리인이라는 것(ABC Co. Ltd. as agent for...)"**과 **"그가 대리하는 자가 운송인이라는 것(XYZ Road, carrier)"**을 명시하고 서명한다. 이 경우, 운송인의 명칭이 운송서류의 표면상에 사용되었기 때문에 운송인의 명칭이 운송서류의 표면상에 사용되지 않은 경우의 서명방법인 운송인의 명칭(XYZ Road)은 표시할 수도 있고 표시하지 않을 수도 있다.

운송인이 서명하는 경우 철도운송서류	운송인의 명칭이 철도운송서류의 표면상에 사용되지 않고, 서명 또는 스탬프에도 확인되지 않은 경우		
	(signature)	번역 →	(서명)

서명자인 철도운송인은 운송인이라는 것을 확인하지 않고 서명하거나 또는 스탬프를 찍을 수 있음

3. 선적일의 증빙(제24조 a항 ii호)

도로, 철도 또는 내륙수로운송서류상에는 "선적일"이 표시되거나, 또는 "선적, 발송 또는 운송을 위하여 수령된 일자"가 표시되어야 하며, 원칙적으로는 ① 도로, 철도 내륙수로운송서류상에 명기된 발행일(date of issuance)이 선적일로 되지만, 예외적으로는 ② 이들 운송서류상에 일자기재의 수령스탬프, 수령일의 표시 또는 선적일이 있는 경우에는 그 기재된 일자가 선적일로 된다.

즉, 도로·철도 또는 내륙수로운송서류는 선화증권과 달리 수취식으로만 발행되기 때문에 물품이 선적, 발송 또는 운송을 위하여 수령되었음이라는 표시가 있는 서류를 수리한다는 것이다. 따라서 도로·철도 또는 내륙수로운송서류의 경우에는 적재사실을 명확하게 표시할 수 있는 방법이 없기 때문에 가능한 한 적재운송서류를 요구하지 않는 것이 바람직하다.

●●● 선적일의 증빙

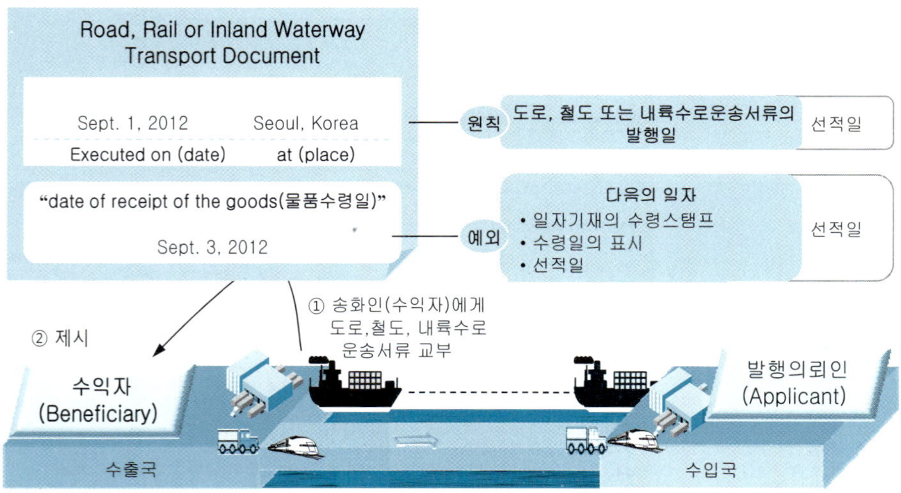

4. 신용장에 명기된 선적지와 목적지의 표시(제24조 a항 iii호)

도로, 철도 또는 내륙수로운송서류상에는 선적지(place of shipment)와 목적지(place of destination)가 표시되어야 한다. 즉, 도로, 철도 또는 내륙수로운송서류상에 표시된 선적지 및 목적지가 신용장에 명기된 선적지 및 목적지와 일치한다면 이러한 도로, 철도 또는 내륙수로운송서류는 수리된다.

●●● 신용장에 명기된 선적지와 목적지의 표시

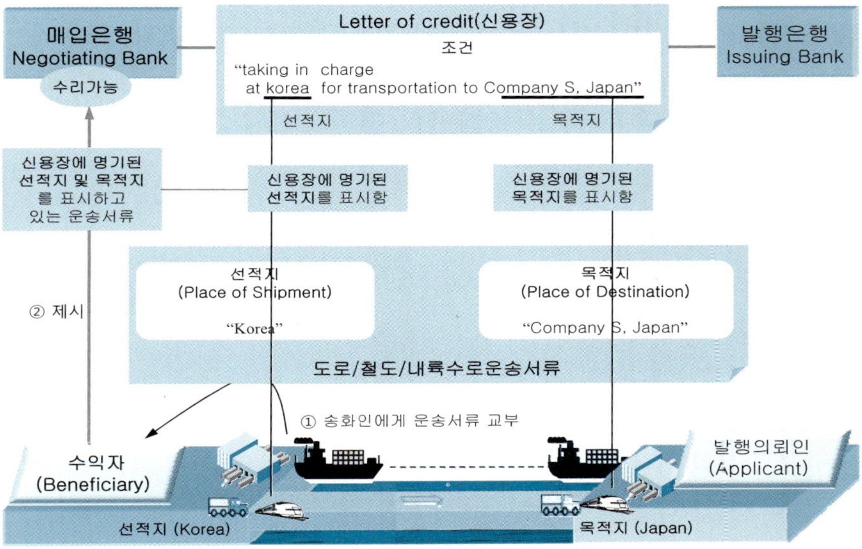

5. 서류의 원본성(제24조 b항; 신설)

UCP 600 제24조 b항은 UCP 500 제28조 b항 제2문 및 2002년 ISBP 제171항[110]을 반영하여, ① 도로운송서류의 원본성(b항 i호), ② 철도운송서류의 원본성(b항 ii호), 그리고 ③ 철도 또는 내륙수로운송서류의 원본성(b항 iii호)에 관한 규정을 신설하였다.

여기에서 2002년 ISBP의 규정과 차이점은 첫째, 2002년 ISBP상의 도로운송서류의 경우에 있어서 "송화인용 사본이라고 표시되어야 한다"는 규정이 UCP 600에서는 "송화인용 원본인 것으로 보여야 한다"는 규정으로 변경되었으며, 둘째, 원본이라는 표시의 유무에 관계없이 원본으로서 수리되는 운송서류는 UCP 500과 2002년 ISBP에서는 "도로, 철도 또는 내륙수로운송서류"라고 규정하였으나, UCP 600에서는 "철도 또는 내륙수로운송서류"라고만 규정하고 있다.

제24조

110) 2002년 ISBP 제171항에서는 "신용장이 도로, 철도 또는 내륙수로운송서류를 요구하는 경우에는, 제시된 운송서류는 원본이라고 표시되어 있는지의 여부를 불문하고 원본으로서 수리된다. 도로운송서류는 그 서류가 송화인용 또는 탁송인용을 의미하는 사본이라는 것을 나타내고 있어야 하거나, 또는 그 서류가 누구를 위하여 작성되었는지를 나타내는 표시가 없어야 한다. 철도화물운송장에 관하여는, 다수의 철도회사의 관행은 송화인 또는 탁송인에게 철도회사의 스탬프에 의하여 정히 인증된 철도화물운송장의 부본(자주 탄소복사본(carbon copy))만을 제공하는 것이다. 이러한 부본(duplicate)은 원본으로서 수리된다"고 규정하고 있다.

(1) 도로운송서류의 원본성(제24조 b항 ⅰ호; 신설)

도로운송서류상에는 ① 송화인용 원본인 것으로 보여야 하거나, 또는 ② 그 서류가 누구를 위하여 작성되었는지를 표시하는 어떠한 표시도 기재되지 않은 것으로 보여야 한다. 즉, 도로운송서류는 송화인용 원본의 표시가 있어야 하거나, 또는 서류작성대상자의 표시(예: 운송인용, 수화인용 또는 송화인용)가 없어야 한다.

●●● 도로운송서류의 원본성

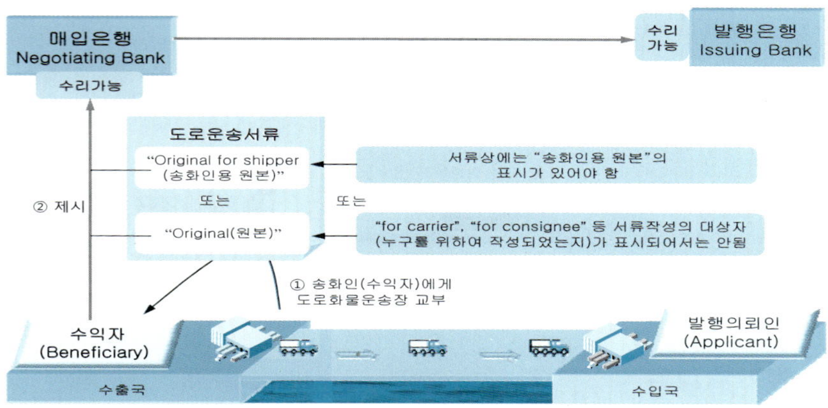

(2) 철도운송서류의 원본성(제24조 b항 ⅱ호; 신설)

철도운송서류상에 "부본(duplicate)"이라는 용어가 표시된 경우에는, 그 철도운송서류는 원본으로서 수리된다. 즉, 철도회사가 스탬프로 인증한 철도화물운송장의 "부본(duplicate)"만이 송화인에게 제공되는 다수의 철도회사의 관행에 따라 이러한 부본은 원본으로서 수리된다.

●●● 철도운송서류의 원본성

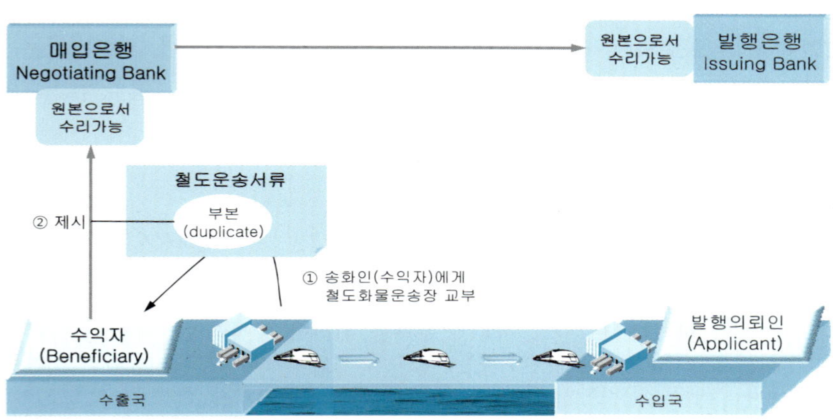

(3) 철도 또는 내륙수로운송서류의 원본성(제24조 b항 iii호)

철도 또는 내륙수로운송서류는 원본표시의 유무에 관계없이 원본으로서 수리된다. 즉, 철도 또는 내륙수로운송서류는 원본의 표시가 없더라도 원본으로서 수리되지만, 도로운송서류는 원본의 표시가 있어야만 수리된다.

●●● 철도 또는 내륙수로운송서류의 원본성

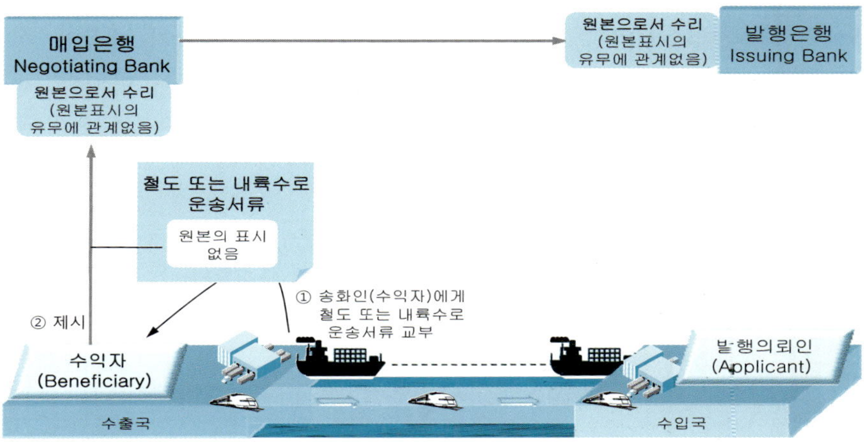

6. 도로, 철도 또는 내륙수로운송서류 제시통수(제24조 c항)

도로, 철도 또는 내륙수로운송서류상에 발행된 통수에 관하여 표시가 있다면 그 표시된 통수를 전통으로 하여 수리하지만, 발행된 통수에 관하여 아무런 표시가 없는 경우에는 제시된 것을 전통으로 구성된 것으로 하여 수리하여야 한다.

●●● 도로, 철도 또는 내륙수로운송서류 제시통수

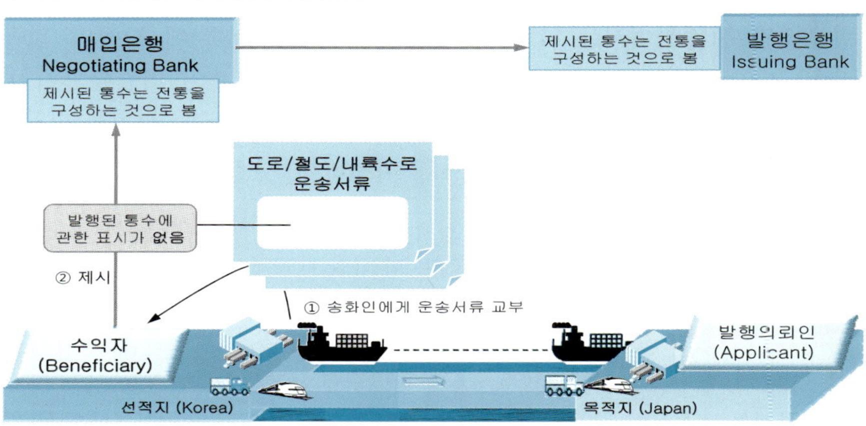

제24조

7. 환적의 정의(제24조 d항)

환적은 신용장에 명기된 선적, 발송 또는 운송지로부터 목적지까지의 운송과정 중에, 동일한 운송방식내에서, 한 운송수단[111]으로부터의 양화 및 다른 운송수단으로의 재적재를 말한다. 이 조문에서는 도로운송, 철도운송, 내륙수로운송의 3가지 각각의 운송방식에 따른 운송서류를 통합하여 규정하고 있지만, 그 내용은 각각의 운송방식에 따른 운송서류를 개별적으로 설명하고 있는 것이기 때문에 이 조문상의 환적의 정의는 각 운송방식간의 환적을 규정하고 있는 것이 아니라, 동일한 운송방식에서 한 운송수단으로부터 다른 운송수단으로의 환적을 규정하고 있는 것이다.

●●● 환적의 정의

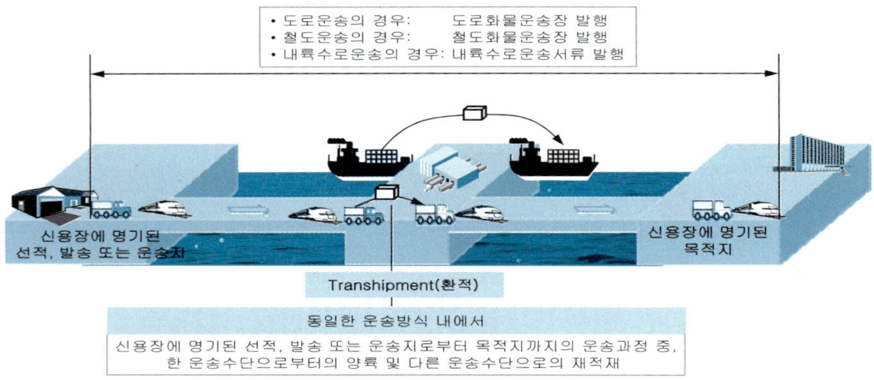

즉, 이 조문은 도로운송서류, 철도운송서류, 내륙수로운송서류의 각각에 대하여 개별적으로 설명하고 있는 것이다. 예를 들면, 도로운송방식에 의한 트럭이라는 운송수단으로부터 철도운송방식에 의한 철도차량이라는 운송수단으로 이적(transfer)하는 것과 같이 상이한 운송수단이 2개 이상 결합된 것은 복합운송을 의미하는 것이며, 복합운송과 관련하여서는 UCP 600 제19조(복합운송서류)에서 이미 취급되었다. 따라서, 이 조문에서의 환적은 예를 들면, 도로운송의 경우 트럭으로부터 트럭으로 이적하거나, 철도운송의 경우 철도차량으로부터 철도차량으로 이적하거나, 또는 내륙수로운송의 경우 선박으로부터 선박으로 이적하는 것을 말한다.

111) "운송수단(means of conveyance)"이라는 용어는 선박, 항공기, 트럭 등과 같은 단일의 운송수단(single vehicle)의 의미를 가지고 있고, "운송방식(mode of transport)"이라는 용어는 해상운송, 항공운송, 도로운송 등과 같은 운송의 형태/성질(type/nature of the transport)을 의미한다(Gary Collyer & Ron Katz, Collected Opinions 1995-2001, Publication No. 632, ICC Publishing S.A., 2002, R 240, Ref 241, p.398); 참고로, "운송수단(means of conveyance)"이라는 용어는 UCP 600 제19조 b항, 제24조 d항 및 제31조 b항에서 사용되고 있으며, "운송방식(modes of transport)"이라는 용어는 UCP 600 제19조 a항 및 b항, 제24조 d항, 제31조 b항에서 사용되고 있다.

8. 환적금지부 도로, 철도 또는 내륙수로운송서류(제24조 e항)

신용장에서 명백히 환적을 금지하고 있는 경우에도, 전운송구간이 동일한 운송방식 내에서 하나의 동일한 도로, 철도 또는 내륙수로운송서류로 커버될 때, 은행은 "환적이 행해질 것이라거나 또는 행해질 수 있다(transhipment will or may take place)"고 표시하고 있는 도로, 철도 또는 내륙수로운송서류를 수리한다. 즉, 환적이 신용장에 의하여 금지되어 있는 경우라도, 은행은 환적이 행해질 것이라거나 또는 행해질 수 있다고 명시한 도로, 철도 또는 내륙수로운송서류를 수리하여야 한다. 다만, 이 서류는 전운송이 동일한 운송방식 내에서 하나의 동일한(one and the same) 운송서류에 의하여 운송될 것이라는 것이 표시되어 있을 경우에만 가능하다.[112)]

●●● 환적금지부 도로, 철도 또는 내륙수로운송서류

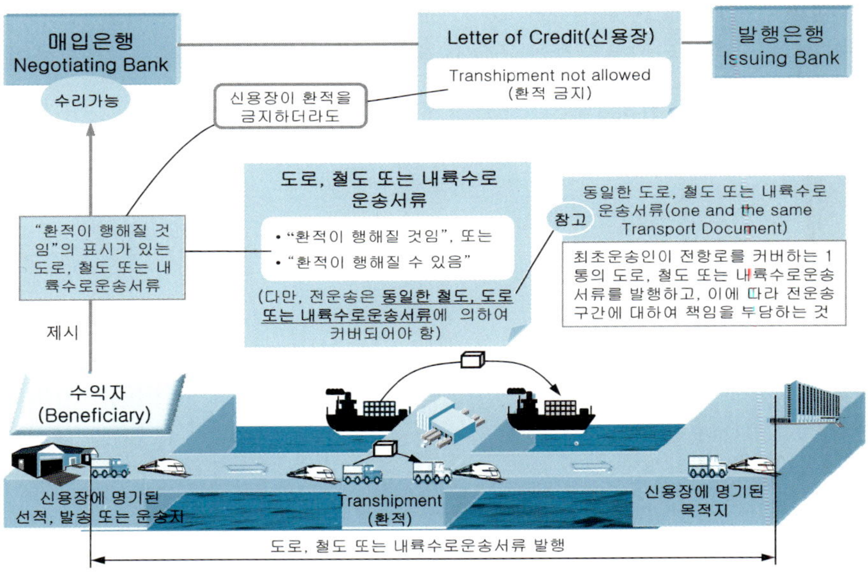

도로 또는 철도운송산업에 있어서 선적지로부터 목적지까지 동일한 운송방식 내에서 환적이 일어날 가능성이 있다. 예를 들면, 물품이 트럭에 의하여 한 국가로부터 다른 국가로 운송되는 경우, 수입국당국이 수출국으로부터 물품을 운송하는 트럭의 입국을 금지하면서 수입국의 허가를 받은 운송인으로 하여금 그 트럭의 승강판(platform) 또는 평판(flatbed)으로부터 "트레일러(trailer)"를 양륙하여 다른 트럭의 승

112) "동일한 운송서류(one and the same document)"란 최초의 운송인이 발행한 한통의 운송서류가 전운송을 커버하는 경우로서, 최초의 운송인이 하나의 운송서류를 발행하고 이에 따라 전운송구간에 대한 책임을 부담한다는 것을 의미한다.

제24조

강판 또는 평판상에 재적재되도록 요구할 수 있는 관행을 수용한 것이다. 마찬가지로, 물품이 철도에 의하여 한 국가로부터 다른 국가로 운송되는 경우, 두 국가간의 철도시스템의 철도궤간이 맞지 않기 때문에 국경교차지점에서 물품이 한 철도차량으로부터 다른 철도차량으로 양륙되어야 한다고 요구할 수 있는 관행을 수용한 것이다.[113] 이러한 관행에서 보는 것처럼, 도로 또는 철도운송의 경우에는 환적이 일어날 가능성이 있기 때문에 전운송과정이 동일한 운송방식 내에서 하나의 동일한 운송서류에 의하여 운송될 것이라고 표시되어 있다면, 환적이 신용장에 의하여 금지되어 있는 경우라도, 은행은 환적이 행해질 것이라거나 또는 행해질 수 있다고 명시한 운송서류를 수리하여야 한다고 규정하고 있는 것이다. 따라서, 발행의뢰인이 동일한 하나의 운송서류에 의하여 운송될 것이라는 표시와 함께 환적이 행해질 것이라거나 또는 행해질 수 있다고 명시한 도로, 철도 또는 내륙수로운송서류는 환적금지의 규정이 있더라도 수리될 수 있기 때문에, 발행의뢰인이 이러한 유형의 환적을 금지하려는 경우에는, 신용장상에 "UCP 600 제24조 e항의 적용을 배제하여야 한다는 규정"을 명시해야 한다.

113) Charles del Busto, Documentary Credits-UCP 500 & 400 Compared-, ICC Publishing S.A., 1993, p.83.

제25조 특송화물수령증, 우편수령증 또는 우송증명서 (Courier Receipt, Post Receipt or Certificate of Posting)

Article 25 Courier Receipt, Post Receipt or Certificate of Posting
제 25 조 특송화물수령증, 우편수령증 또는 우송증명서

a. A courier receipt, however named, evidencing receipt of goods for transport, must appear to:
운송물품의 수령을 입증하는 특송화물수령증은 그 명칭에 관계없이 다음과 같이 보여야 한다:

i. indicate the name of the courier service and be stamped or signed by the named courier service at the place from which the credit states the goods are to be shipped; and
특송업자의 명칭을 표시하고, 신용장에서 물품이 선적되어야 한다고 명기하고 있는 장소에서 지정된 특송업자에 의하여 스탬프 또는 서명된 것; 그리고

ii. indicate a date of pick-up or of receipt or wording to this effect. This date will be deemed to be the date of shipment.
접수일 또는 수령일 또는 이러한 취지의 문언을 표시하고 있는 것. 이 일자는 선적일로 본다.

b. A requirement that courier charges are to be paid or prepaid may be satisfied by a transport document issued by a courier service evidencing that courier charges are for the account of a party other than the consignee.
특송요금이 지급 또는 선지급되어야 한다는 요건은 특송요금이 수화인 이외의 당사자의 부담이라는 것을 입증하는 특송업자에 의하여 발행된 운송서류에 의하여 충족될 수 있다.

c. A post receipt or certificate of posting, however named, evidencing receipt of goods for transport, must appear to be stamped or signed and dated at the place from which the credit states the goods are to be shipped. This date will be deemed to be the date of shipment.

운송물품의 수령을 입증하는 우편수령증 또는 우송증명서는 그 명칭에 관계없이 신용장에서 물품이 선적되어야 한다고 명기하고 있는 장소에서 스탬프 또는 서명되고 일자가 기재된 것으로 보여야 한다. 이 일자는 선적일로 본다.

해설 explanation

신용장통일규칙 제25조에서는 신용장이 특송화물수령증, 우편수령증 또는 우송증명서를 요구할 경우에 수리될 수 있는 특송화물수령증, 우편수령증 또는 우송증명서의 요건을 다음과 같이 명시적으로 규정하고 있다. 이러한 서류들은 주로 견본이나 서류 등을 발송하는데 주로 사용되며, 운송서류로서 인정되고 있다.

●●● UCP 600 제25조에 의한 특송화물수령증, 우편수령증 또는 우송증명서의 수리요건

구분	특송화물수령증, 우편수령증 또는 우송증명서	관련 조항 (UCP 600)
	특송화물수령증	제25조 a항
서류의 명칭	① 운송물품의 수령을 증명하는 특송화물수령증은 그 명칭에 관계없이 아래와 같이 보여야 한다.	제25조 a항 본문
운송인명칭 표시 및 서명자	㉮ 특송업자의 명칭이 표시되고, 신용장에서 선적되어야 한다고 명기된 장소에서 지정된 특송업자에 의하여 스탬프 또는 서명되어야 한다.	제25조 a항 i 호
선적일의 증빙	㉯ 접수일 또는 수령일이 표시되어야 한다.	제25조 a항 ii 호
특송비용의 지급	② 특송비용의 지급 또는 선지급요건은 수화인 이외의 당사자의 부담이라는 운송서류에 의하여 충족된다.	제25조 b항
	우편수령증 또는 우송증명서	
서류명칭, 서명자 및 선적일증빙	① 운송물품의 수령을 증명하는 우편수령증 또는 우송증명서는 그 명칭에 관계없이 신용장에서 선적되어야 한다고 명기하고 있는 장소에서 스탬프 또는 서명되고 일자가 기재되어야 한다.	제25조 c항

1. 특송화물수령증의 명칭(제25조 a항 본문)

신용장에서 운송물품의 수령을 입증하는 특송업자(courier)[114]에 의하여 발행된 서류를 요구하는 경우에, UCP 600 제25조가 적용될 수 있는 운송서류의 표현은 다음과 같다.

① Courier Receipt(특송화물수령증)

② Expedited Delivery Service Receipt(속달화물수령증)

③ Courier's Receipt(특송업자의 수령증)

④ Expedited Delivery Service's Receipt(속달업자의 수령증)

⑤ Courier's Dispatch Note(특송업자의 발송장)

⑥ Expedited Delivery Service's dispatch note(속달업자의 발송장)

●●● 특송화물수령증의 명칭

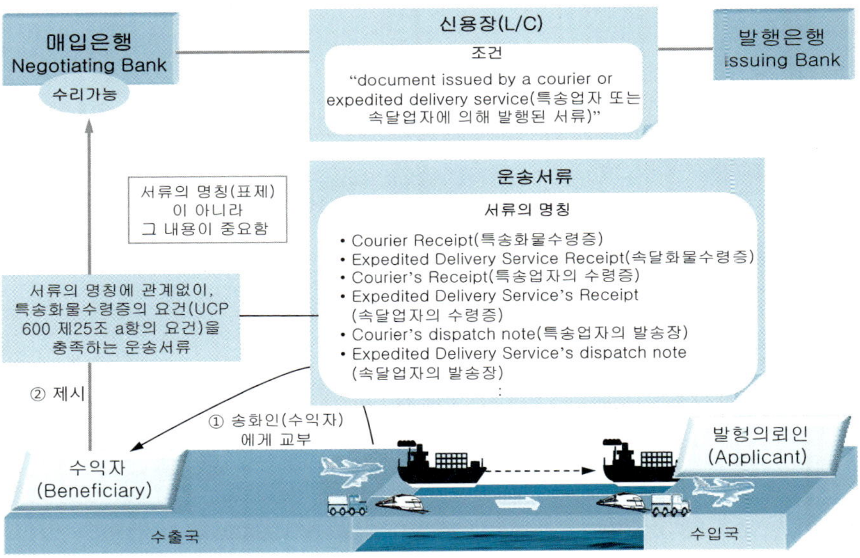

즉, UCP 600 제25조 a항에서는 "신용장이 특송화물수령증(courier receipt)를 요구하는 경우에는, 그 명칭에 관계없이 제25조 a항의 규정에 있는 요건을 충족하여야 한다"고 규정하고 있다. 이것은 "그 명칭에 관계없이(however named)"라는 단어가 의미하는 것처럼 서류의 표제가 아니라 그 내용이 중요하다는 것으로서, 신용장이

114) 특송업자(courier)는 특급탁송화물(특송화물)을 운송하는 업자로서, "상업서류송달업자", "국제택배편" 등으로 번역되는 경우도 있으며, 대한상공회의소에서 출판된 제5차 개정신용장통일규칙에는 "특사"로 번역되어 있다.

제25조

특송화물수령증을 요구한 경우에는 특송화물수령증의 명칭과 관계없이 특송화물수령증의 요건(UCP 600 제25조 a항의 요건)을 모두 충족한다면 수리된다는 것이다.

2. 특송화물수령증의 운송인명칭 표시 및 서명자(제25조 a항 i 호)

특송화물수령증에는 특송업자(courier)의 명칭이 서류의 표면[115]에 표시되고, 그 지정된 특송업자에 의하여 신용장에서 물품이 선적되어야 한다고 명기하고 있는 장소에서 스탬프 또는 서명되어야 한다.

특송화물수령증이 서명되어야 하는 것은 발행의뢰인의 입장에서 그 서류가 특송업자에 의하여 수령되어야 한다는 것이다. 즉 특송회사가 그 서류를 수령하였다는 증거가 있어야 하기 때문이 서명이 있어야 한다. 2002년 ISBP 제39조에 따라 이러한 서명은 반드시 수기(be handwritten)로 행해질 필요는 없다. 모사서명, 천공서명, 스탬프, 상징(이를테면 관인) 또는 모든 전자적 또는 기계적 인증방법은 충분하다.

●●● 특송화물수령증의 운송인명칭 표시 및 서명자

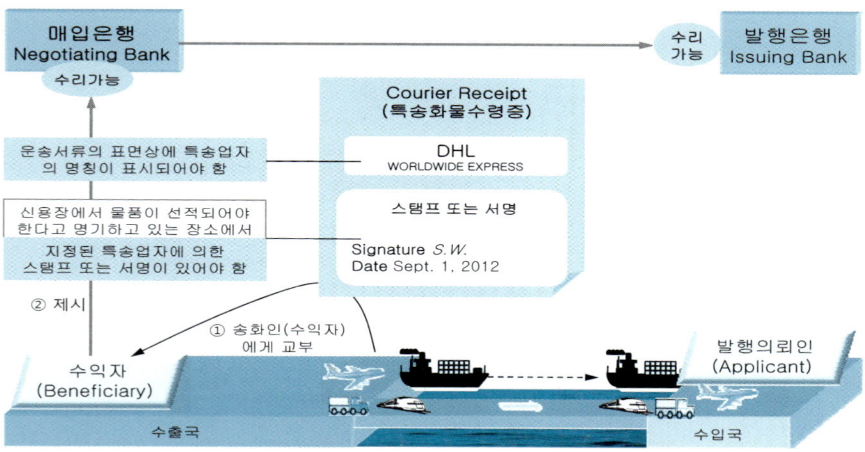

3. 특송화물수령증의 선적일의 증빙(제25조 a항 ii 호)

특송화물수령증에는 접수일(date of pick-up) 또는 수령일(date of receipt) 또는 이러한 취지의 문언이 표시되어 있어야 하며, 이러한 접수일 또는 수령일을 선적일로

115) '서류의 표면'이라는 표현은 물품, 선박 및 항해의 명세를 표시하는 면을 말하고, '서류의 배면'이라는 표현은 운송계약의 명세를 표시하는 면을 말한다; ICC, UCP 500-Transport Documents Articles, Position Paper No.4, Paragraph 1.

본다. 여기에서, 접수(pick-up)는 특송업자가 송신자로부터 물품을 받아 오는 경우를 말하고, 수령(receipt)은 송신자가 가지고 온 물품을 특송업자가 받는 경우를 말한다.

특송화물수령증이 접수일 또는 수령일이 표시되어야 하는 것은 발행의뢰인의 입장에서 그 서류가 신용장에서 요구하는 일자(예를 들면, 선적 후 10일 이내) 이내에 송부되어야 한다는 것이다. 따라서, 특송회사에 의한 특송화물수령증의 수령일은 서류가 선적 후 10일 이내에 발행의뢰인에게 송부되었다는 것을 서류심사가가 결정하는 것을 가능하게 하도록 특송화물운송장(courier waybill) 상에 보여야 한다.[116)]

●●● 특송화물수령증의 선적일의 증빙

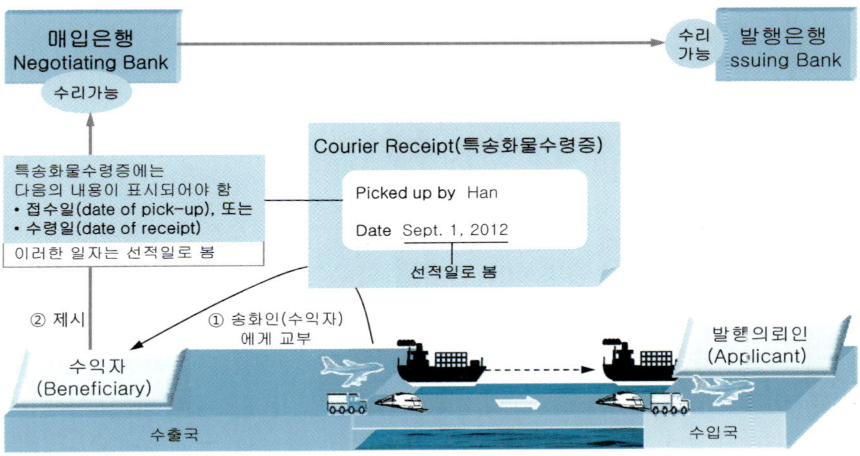

4. 특송요금선지급의 특송화물수령증(제25조 b항)

신용장에서 특송요금이 지급 또는 선지급되었음을 표시한 운송서류를 요구하고 있는 경우에는, 은행은 운임선지급의 표시 없이, 특송요금이 수화인 이외의 당사자의 부담이라고 명기하고 있는 특송화물수령증(courier receipt) 등과 같이 특송업자가 발행한 운송서류를 수리한다. 왜냐하면, 송화인이 월별로 일괄 정산하는 것이 관행으로 되어 있는 특송요금의 경우에는 개별운송서류에 운임선지급을 표시하는 것이 곤란하기 때문에, 신용장에서 선지급(freight prepaid)의 특송화물수령증을 요구하더라도, 제시된 특송화물수령증상에는 전통적인 "운임선지급(freight prepaid)"의 표기가 기재될 필요가 없는 것이며, 따라서 이러한 운임선지급의 표기가 없는 특송화물수령증은 수리된다.

116) Helena Kwok, Correspondents from Bulgaria and Canada, 「DCINSIGHT」, Vol.12 No.4, ICC, October-December 2006.

●●● 특송요금선지급의 특송화물수령증

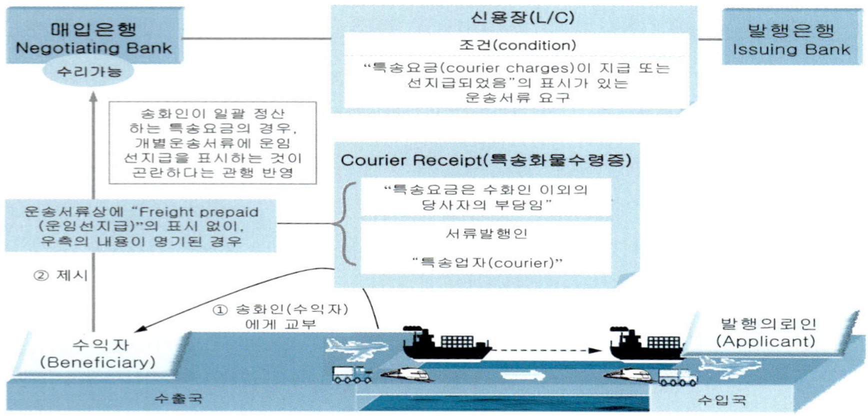

5. 우편수령증 또는 우송증명서(제25조 c항)

신용장통일규칙 제25조 c항은 우체국에 의하여 발행되고 운송물품의 수령을 입증하는 우편수령증 또는 우송증명서에 관하여 다음과 같이 규정하고 있다.

첫째, 우편수령증 또는 우송증명서의 명칭에 관한 규정으로서, 신용장에서 운송물품의 수령을 입증하는 우편수령증(post receipt) 또는 우송증명서(certificate of posting)를 요구하는 경우에는, 그 명칭에 관계없이 제25조 b항의 규정에 있는 요건을 충족하여야 한다고 규정하고 있다. 이것은 "그 명칭에 관계없이(however named)"라는 단어가 의미하는 것처럼 서류의 표제가 아니라 그 내용이 중요하다는 것으로서, 신용장이 우편수령증 또는 우송증명서를 요구한 경우에는 우편수령증 또는 우송증명서의 명칭과 관계없이 우편수령증 또는 우송증명서의 요건(UCP 600 제25조 b항의 요건)을 모두 충족한다면 수리된다는 것이다.

●●● 우편수령증 또는 우송증명서의 명칭

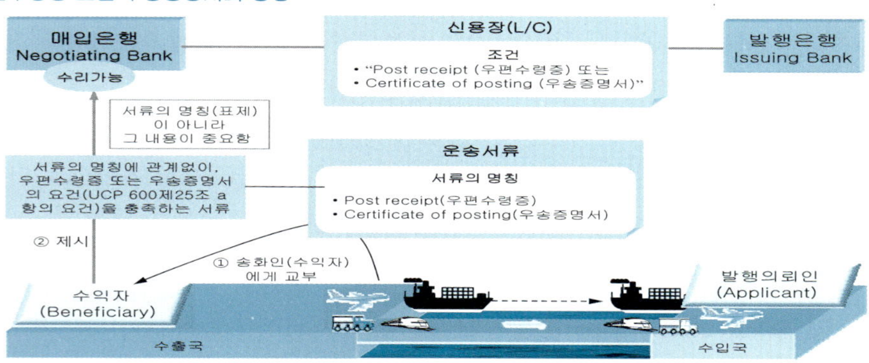

둘째, 우편수령증 또는 우송증명서의 서명자 및 선적일의 증빙에 관한 규정으로서, 우편수령증 또는 우송증명서상에 신용장에서 물품이 선적되어야 한다고 명기하고 있는 장소에서 스탬프 또는 서명되고 일자가 기재되어 있어야 하며, 그 기재된 일자를 선적일로 본다.

●●● 우편수령증 또는 우송증명서의 서명자 및 선적일의 증빙

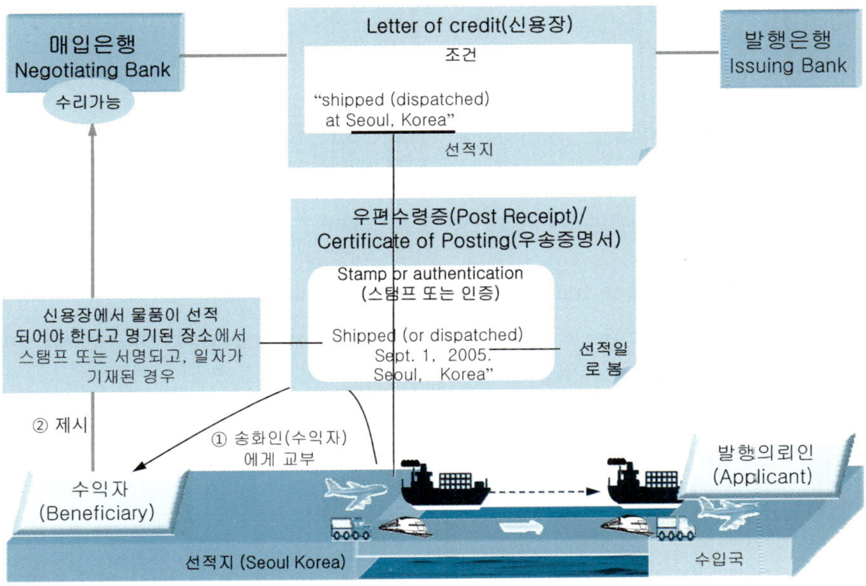

제25조

제26조 "갑판적", "송화인의 적재 및 수량확인" 및 운임의 추가비용("On Deck", "Shipper's Load and Count", "Said by Shipper to Contain" and Charges Additional to Freight)

Article 26 "On Deck", "Shipper's Load and Count", "Said by Shipper to Contain" and Charges Additional to Freight

제 26 조 "갑판적", "송화인의 적재 및 수량확인" 및 운임의 추가비용

a. A transport document must not indicate that the goods are or will be loaded on deck. A clause on a transport document stating that the goods may be loaded on deck is acceptable.
운송서류는 물품이 갑판에 적재되었거나 또는 될 것이라고 표시해서는 아니 된다. 물품이 갑판에 적재될 수 있다고 명기하고 있는 운송서류상의 조항은 수리될 수 있다.

b. A transport document bearing a clause such as "shipper's load and count" and "said by shipper to contain" is acceptable.
"송화인의 적재 및 수량확인(shipper's load and count)" 및 "송화인의 신고내용에 따름(said by shipper to contain)" 과 같은 조항을 기재하고 있는 운송서류는 수리될 수 있다.

c. A transport document may bear a reference, by stamp or otherwise, to charges additional to the freight.
운송서류는 스탬프 또는 기타의 방법으로 운임에 추가된 비용에 대한 참조를 기재할 수 있다.

해설 explanation

이 조문은 ① 갑판적재 운송서류를 제외한 갑판적재유보문언 운송서류, ② 부지약관 운송서류 및 ③ 추가비용표시의 운송서류를 수리한다고 규정하고 있다.

1. 갑판적재 운송서류(제26조 a항)

운송서류상에, ① "물품이 갑판에 적재되었음(the goods are loaded on deck)" 또는 "물품이 갑판에 적재될 것임(the goods will be loaded on deck)"이라는 문언이 있는 경우에는, 은행은 이러한 문언이 있는 서류를 수리하지 않지만, ② "물품이 갑판에 적재될 수 있음(the goods may be loaded on deck)"이라는 문언이 명기되어 있는 경우에는 은행은 이를 수리한다.

①의 경우와 같이, 재래선의 갑판위에 물품을 적재한 후 발행하는 "본선적재(on board)"의 표시가 있는 본선적재운송서류에는 "물품이 갑판에 적재되었음(the goods are loaded on deck)"이라고 명기되고, 물품을 적재하기 전에 발행하는 "수탁(taken in charge)" 또는 "선적을 위한 수취(received for shipment)"의 표시가 있는 수취운송서류에는 "물품이 갑판에 적재될 것임(the goods will be loaded on deck)"이라고 명기된다. 즉, 재래선의 갑판에 재래화물을 적재하는 것은 파도에 휩쓸려 갑판유실이 발생할 위험이 높기 때문에, 갑판위에 물품을 적재하고 발행하는 본선적재운송서류나 갑판위에 물품을 적재할 것이라고 명기하고 발행하는 수취운송서류는 수리거절 된다.

●●● 갑판적재 운송서류

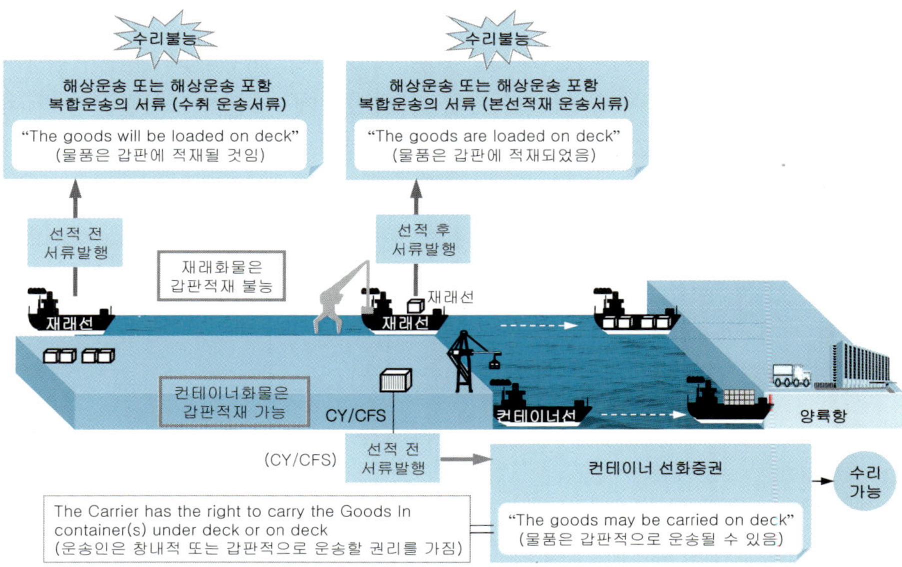

또한, ②의 경우와 같이, 컨테이너화물의 해상운송 또는 해상운송을 포함하는 복합운송에 이용되는 컨테이너전용선은 선창 및 갑판 위에까지 컨테이너화물을 적재하는 구조로 되어 있기 때문에 컨테이너화물의 일부는 갑판에 적재된다. 따라서,

제26조

컨테이너 선화증권의 표면약관에는 "운송인은 창내적 또는 갑판적으로 운송할 권리를 가진다(The Carrier has the right to carry the Goods in container(s) under deck or on deck)"고 하는 규정이 있다. 즉, 컨테이너선의 갑판에 적재하는 것은 재래선의 경우보다 비교적 안전하기 때문에, 컨테이너 선화증권상에 "물품이 갑판에 적재될 수 있음(the goods may be loaded on deck)"이라는 문언이 명기되어 있는 경우에는 은행은 이러한 문언이 있는 서류를 수리한다.

2. 부지약관 운송서류(제26조 b항)

운송서류상에 "Shipper's load and count(송화인의 적재 및 수량확인; STC)", "said by shipper to contain(송화인의 신고내용에 따름; SLC)"과 같은 유보문언이 표시되어 있는 부지약관(unknown Clauses)이 있더라도 이는 수리될 수 있다는 것이다.

부지약관(unknown clause)은 운송인이 운송을 인수할 때 화물의 내용까지는 확인할 수 없기 때문에 책임을 부담하지 않는다는 취지의 문언으로서, 통상적으로 선화증권에 운송약관으로서 인쇄되어 있다. 이러한 부지약관은 컨테이너선화증권에 사용된다. 컨테이너선화증권은 화물이 CFS 또는 CY[117]에서 선박회사에 의하여 수령되었을 때에 선박회사에 의하여 발행되는 선화증권으로서, 컨테이너화물이 CFS 또는 CY에 반입된다면 부두수취증(Dock Receipt: D/R)이 교부되고 부두수취증과 상환으로 컨테이너 선화증권이 발행된다. 즉, 컨테이너에 의한 FCL화물운송의 경우 화주는 생산공장 또는 창고에서 CY까지 자기 책임하에 운송하여 선박회사에 인도한다. 따라서 선박회사는 인수받은 화물이 화주가 포장하고 봉인한 것(shipper's pack)[118]이기 때문에 그 내용을 알 수 없다는 뜻으로 "shipper's load and count(송화인의 적재 및 수량확인)" 또는 "said by shipper to contain(송화인의 신고내용에 따름)"이라는 문언의 부지약관(unknown Clauses)을 Container B/L상에 기재하고 있다. 선화증권상의 부지약관의 예를 보면 다음과 같다.

---

117) 컨테이너장치장(컨테이너야적장; Container Yard; CY)은 컨테이너 한 개를 가득 채운 만재화물(FCL; Full Container Load)을 인수, 인도하고 보관하는 장소를 말하고, 컨테이너조작장(컨테이너화물집화소; Container Freight Station; CFS)은 화주의 의뢰를 받은 선사가 컨테이너 한 개를 채울 수 없는 소량화물(LCL; Less than Container Load)을 인수, 인도하고 보관하거나 컨테이너에 적입(stuffing; vanning) 또는 적출(unstuffing; devanning)작업을 행하는 장소를 말한다.

118) LCL화물의 경우에는 선박회사의 대리인인 CFS 운영인이 컨테이너 내부적부도(Container Load Plan; CLP)에 따라, 화주별·목적지별로 화물을 혼재한 후 컨테이너에 적입(carrier's pack)하기 때문에 부지약관의 내용이 필요 없다.

"[Unknown Clause] Any reference on the face hereof to marks, numbers, description, quality, quantity, gauge, weight, measure, nature, kind, value and any other particulars of the Goods is as furnished by the Merchant, and the Carrier shall not be responsible for the accuracy thereof. The Merchant warrants to the Carrier that the particulars of furnished by him are correct and shall indemnify the Carrier against all loss, damage, expenses, liability, penalties and fines arising or resulting from inaccuracy thereof.([부지약관] 본 증권 표면상의 기호, 번호, 명세, 품질, 수량, 계량, 중량, 용적, 성질, 종류, 가격 및 기타 물품의 명세에 대한 기재는 화주에 의하여 신고된 대로이고, 운송인은 이들의 정확성에 대하여는 책임을 부담하지 않는다. 화주는 그 신고한 명세가 정확하다는 것을 운송인에게 담보하고 그 부정확으로부터 발생하는 멸실, 손상, 비용, 책임, 위약금 및 벌금에 대하여 운송인에게 보상하여야 한다.)"

●●● 부지약관 운송서류

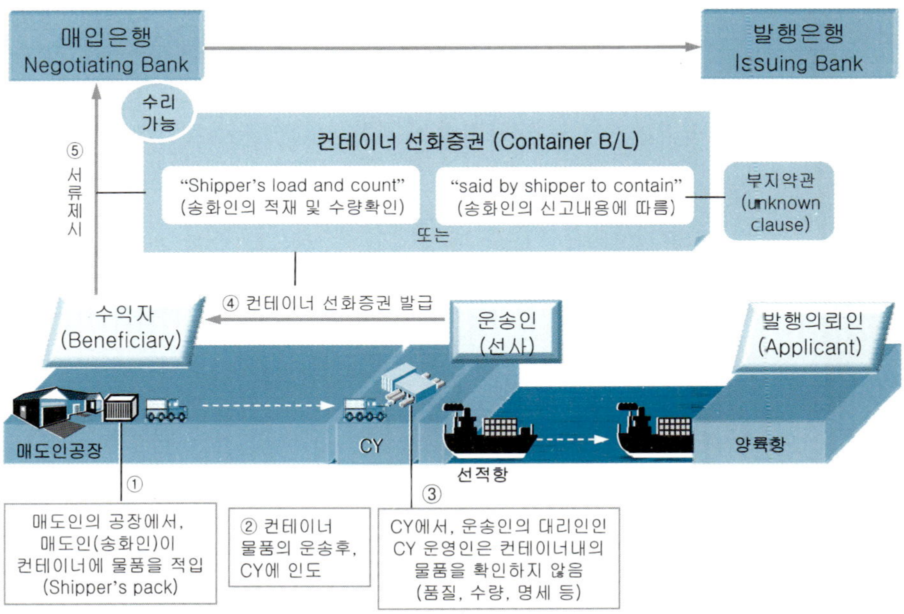

3. 운임추가비용표시의 운송서류(제26조 c항)

운송서류상에는 스탬프 또는 기타의 방법으로 운임에 추가된 비용에 대한 참조가 기재될 수 있다. 여기에서, 운임에 추가된 비용은 적재, 양화 또는 이와 유사한 작업의 비용, 또는 이와 관련하여 발생한 지급금 등이다. 즉, 운임에 대한 추가비용

제26조

으로 인정되는 것은 적재·양륙과 관련된 비용인 FI, FO, FIO, FIOS 등이며, 물품의 양륙지연이나 양륙후의 지연(컨테이너반송지연 등)에 의한 추가비용, 양륙항에서의 체선료(demurrage) 등은 추가비용으로 보지 않는다.[119]

●●● 운임추가비용표시의 운송서류

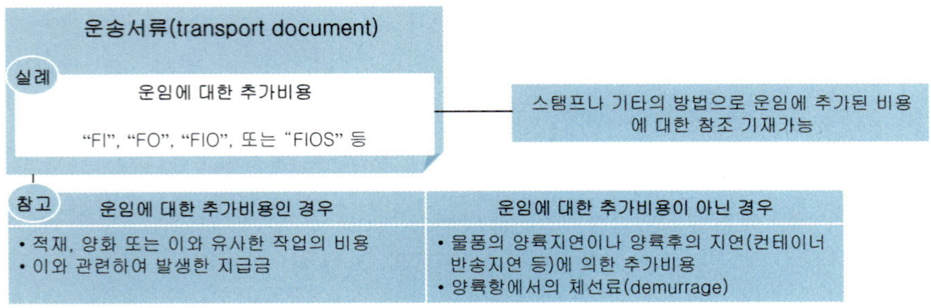

119) ICC Publication No. 459, Case 117 및 2002년 ISBP 98.

제27조 무고장 운송서류(Clean Transport Document)

Article 27 Clean Transport Document
제 27 조 무고장 운송서류

A bank will only accept a clean transport document. A clean transport document is one bearing no clause or notation expressly declaring a defective condition of the goods or their packaging. The word "clean" need not appear on a transport document, even if a credit has a requirement for that transport document to be "clean on board".

은행은 무고장 운송서류만을 수리한다. 무고장 운송서류는 물품 또는 그 포장에 하자 있는 상태를 명시적으로 표시하는 조항 또는 단서를 기재하고 있지 아니한 것을 말한다. 신용장에서 그 운송서류가 "무고장본선적재(clean on board)"이어야 한다는 요건을 가지는 경우에도, "무고장(clean)"이라는 단어는 운송서류상에 보일 필요가 없다.

해설 explanation

UCP 600 제27조에서는 ① 은행은 무고장운송서류만을 수리하며, ② 무고장 운송서류는 물품 또는 그 포장에 하자 있는 상태를 명시적으로 표시하는 조항 또는 단서의 기재가 없는 것을 말한다. ③ 신용장에서 "무고장본선적재(clean on board)"의 요건을 가지고 있는 운송서류를 요구하는 경우에도, 그 운송서류상에는 "무고장(clean)"이라는 단어가 표시될 필요가 없다는 취지를 규정하고 있다.

(1) 무고장운송서류만의 수리(제27조 제1문)

이 조항에서는 "은행은 무고장운송서류만을 수리한다"고 규정하고 있기 때문에, 고장부운송서류는 수리되지 않는다.

은행은 "무고장운송서류(clean transport document)만"을 수리한다

참고

고장부운송서류(foul transport documents)

물품 또는 포장에 하자(결함)를 표시하는 조항이나 단서가 있는 운송서류 — 수리불능

비고란(Remarks)

- Goods damaged(물품손상)
- Goods scratched(물품긁힘)
- Goods chafed(물품찰상)
- Goods deformed(물품변형)
- contents leaking(내용물 누출)
- Packaging contaminated(포장오염)
- 10 packages short in dispute(10개 부족 논의중)
- insufficient packaging(불충분한 포장)
- Packaging soiled by contents(내용물에 의해 오염된 포장)
- packaging damage-contents exposed(포장손상-내용물 노출)
- the packaging is not sufficient for the sea journey(포장이 해상운송을 위해서는 충분하지 않다)
- 10 bags torn(10자루 찢김)
- 10 case broken(10상자 파손)
- packaging damaged(포장손상)
- packaging holed(포장 구멍남)
- packaging badly dented(포장눌림)

참고로, 고장부운송서류는 물품 또는 포장에 하자(결함)를 표시하는 조항이나 단서가 있는 운송서류를 말하고, 고장부선화증권 또는 조항부선화증권(foul, dirty, unclean, or claused B/L)은 선박회사가 물품을 인수할 당시 파손, 유손 등 포장상태가 불완전하거나 수량이 부족하여 이러한 사실을 비고란(remarks)에 기재한 선화증권을 말한다.

예를 들면, 증권면의 비고란에 "10 bags torn"(10자루 찢김), "10 cases broken"(10상자 파손), "10 packages short in dispute"(10개 부족 논의중), "contents leaking(내용물 누출)", "packaging soiled by contents(포장이 내용물에 의하여 오염됨)", "packaging damaged(포장손상)", "packaging holed(포장 구멍남)", "packaging contaminated(포장오염)", "goods damaged(물품손상)", "goods scratched(물품긁힘)", "goods chafed(물품찰상)", "goods deformed(물품변형)", "packaging badly dented(포장 눌림)", "packaging damage-contents exposed(포장손상-내용물 노출)", "insufficient packaging(불충분한 포장)", "the packaging is not sufficient for the sea journey(포장이 해상운송을 위해서는 충분하지 않다)" 등과 같이 운송물의 외관과 수량에 이상이 있음을 특별히 기재하고 있는 선화증권을 말한다.[120)]

고장부선화증권은 신용장거래에서 수리되지 않기 때문에 송화인인 수출업자는 지적된 고장물품을 대체시키거나 재포장하여야 하지만, 시간적으로 여유가 없을 경우에는 운송인인 선박회사에 수출업자와 은행을 연대보증인으로 한 소정양식의 파손화물보상장(letter of indemnity; L/I)을 제출하고 무고장선화증권을 발급받는 것이 실무적인 관행으로 되어 있다. 파손화물보상장은 송화인이 본선수취증상의 비고(remark)란에 기재된

120) 면책을 강조하는 소위 "General Remarks"가 비고(Remarks)란에 기재되어 있는 경우에는 물품 또는 포장에 하자가 있다는 것을 명확하게 표시한 것이 아니므로 고장부선화증권이 아니다.

하자로 인하여 운송중의 물품이 손상되어 운송인이 수화인에게 손해배상을 하게 된다면 송화인이 책임지고 운송인에게 손해배상액을 보상하겠다는 것을 약속하는 것이다. 즉, 차후에 파손화물에 대하여 문제가 제기된다면 수출업자(송화인)는 L/I에 근거하여 선박회사에 보상책임을 져야 한다.[121] 한편 L/I는 선박회사와 송화인간의 보상약속이므로 선박회사는 수화인이나 선화증권의 소지인에게 대항할 수 없다. 따라서 L/I를 제출하고 무고장선화증권(Clean B/L)을 발급받은 송화인은 수화인에게 이러한 사실을 통보하고 파손화물에 대해서는 차후 추가선적이나 가격공제 또는 할인 등의 양해를 구해야 한다. 또한 보험회사도 선박회사와 마찬가지로 L/I에 대해서 보상책임이 없기 때문에 수출업자는 이를 보험회사에 고지해야 한다. 이를 위반하면 사기로 간주된다.

(2) 무고장운송서류의 정의(제27조 제2문)

무고장운송서류(clean transport document)는 물품 또는 포장에 하자(결함)를 표시하는 조항이나 단서가 없는 운송서류를 말한다. 즉, 무고장선화증권(clean or unclaused B/L)은 물품의 본선적재시에 물품의 상태가 양호하고 신고수량대로 선적되어 선화증권의 비고란(remarks)에 운송물의 수량이나 포장상태 등에 관하여 이상이 있음을 나타내는 단서나 유보사항을 기재하지 않고 발행한 것으로서 완전 또는 무담보선화증권이라고도 한다. 이는 증권면에 "Shipped on board in apparent good order and condition(외관상 양호한 상태로 본선에 선적되었음)"과 같이 양호한 상태로 선적했다는 취지가 기재되어 있다.

●●● 무고장운송서류의 정의

무고장운송서류(clean transport documents)
물품 또는 그 포장에 하자(결함) 있는 상태를 명시적으로 표시하는 조항 또는 단서가 없는 운송서류

선화증권상에 물품 및/또는 포장의 하자 있는 상태를 명시적으로 표시하고 있지 않기 때문에 고장부로 보지 않는 예를 들면 다음과 같다.[122]

① 무포장화물의 경우로서 "unprotected", "unboxed", "partly protected" 등과 같이 상품이 포장되지 않았다는 문언

② "repaired", "mended", "renewed", "repacked", "coopered" 등과 같이 외관상의 하자가 수선되었다는 문언,

③ 포장과 관련하여 다음과 같은 문언이 있는 경우

121) 1978년에 제정된 UN국제물품운송조약(일명, 함부르크규칙) 제17조에서는 보상장이 수화인을 포함하는 제3자를 속일 의도로 발행되지 않는 한, 운송인이 수화인에게 배상한 금액을 송화인으로부터 보상받을 수 있다고 규정하고 있다.

122) ICC Publication No. 473, Incoterms 1980, 2002년 ISBP 90 및 ICC Publication No. 459, Case 121부터 126까지.

㉮ Second-hand packaging materials used(중고 포장재료의 사용)

㉯ Old packaging materials used(낡은 포장재료의 사용)

㉰ Reconditioned packaging materials used(수리된 포장재료의 사용)

㉱ packing may not be sufficient for the sea journey(포장은 해상운송을 위해서는 충분하지 않을 수 있다)

㉲ 종이포대에 포장되었다는 것을 의미하는 "paper bag clause(종이포대조항)"가 기재된 경우

㉳ "천정개방형 컨테이너(open top container)에 포장되었다"는 문언이 기재된 경우

④ "clean"이라는 단어가 서류의 발행인에 의하여 삭제된 경우

⑤ 컨테이너화물임을 표시하는 "said to contain(신고내용에 따름)"이라는 문언이 기재된 경우

⑥ 신용장에 명시된 대로의 물품의 명세에 추가하여 위험물조항으로서 "Corrosive liquid Nos.(부식성 액체)"라는 문언이 기재된 경우

(3) 운송서류상에 "무고장" 표시의 불필요(제27조 제3문: 신설)

UCP 600 제27조 제3문은 UCP 500 제32조 c항을 변경함과 동시에 2002년 ISBP 제91항, 제112항, 제135항, 제161항[123]을 반영하여, "신용장에서 "무고장본선적재(clean on board)"의 운송서류를 요구하더라도, 그 운송서류상에는 "무고장(clean)"이라는 단어가 표시될 필요가 없다고 규정하고 있다.

●●● 운송서류상에 "무고장" 표시의 불필요

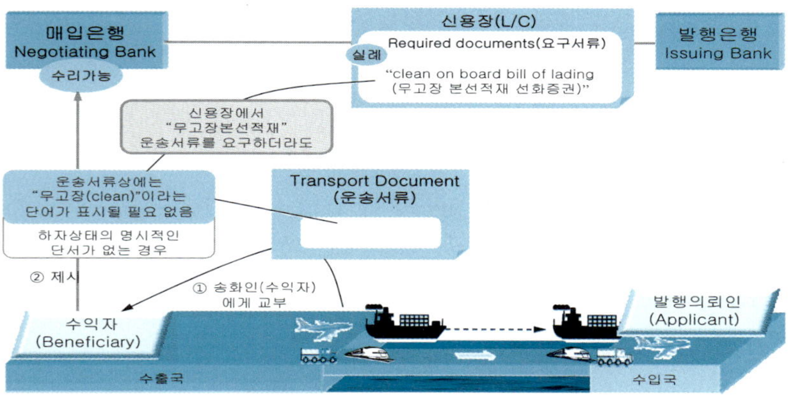

---

123) 2002년 ISBP 제91항(선화증권), 제112항(용선계약선화증권), 제131항(복합운송서류), 제161항(항공운송서류)에서는 신용장이 "무고장 본선적재의 선화증권, 용선계약선화증권, 복합운송서류 또는 항공운송서류"를 요구할 수 있더라도, 'clean(무고장)'이라는 단어는 이들 운송서류상에 표시될 필요가 없다고 규정하고 있다.

제28조 보험서류 및 담보(Insurance Document and Coverage)

Article 28 Insurance Document and Coverage
제 28 조 보험서류 및 담보

a. An insurance document, such as an insurance policy, an insurance certificate or a declaration under an open cover, must appear to be issued and signed by an insurance company, an underwriter or their agents or their proxies.
보험증권, 포괄예정보험에 의한 보험증명서 또는 통지서와 같은 보험서류는 보험회사, 보험업자 또는 이들 대리인 또는 이들 대리업자에 의하여 발행되고 서명된 것으로 보여야 한다.

Any signature by an agent or proxy must indicate whether the agent or proxy has signed for or on behalf of the insurance company or underwriter.
대리인 또는 대리업자에 의한 모든 서명은 그 대리인 또는 대리업자가 보험회사를 대리하여 서명하였는지 또는 보험업자를 대리하여 서명하였는지를 표시하여야 한다.

b. When the insurance document indicates that it has been issued in more than one original, all originals must be presented.
보험서류가 2통 이상의 원본으로 발행되었다고 표시하고 있는 경우에는, 모든 원본은 제시되어야 한다.

c. Cover notes will not be accepted.
보험인수증은 수리되지 아니한다.

d. An insurance policy is acceptable in lieu of an insurance certificate or a declaration under an open cover.
보험증권은 포괄예정보험에 의한 보험증명서 또는 통지서를 대신하여 수리될 수 있다.

e. The date of the insurance document must be no later than the date of shipment, unless it appears from the insurance document that the cover is effective from a date not later than the date of shipment.
보험서류에서 담보가 선적일보다 늦지 않은 일자로부터 유효하다고 보이지 아니하는 한, 보험서류의 일자는 선적일보다 늦어서는 아니된다.

f. i. The insurance document must indicate the amount of insurance coverage and be in the same currency as the credit.
보험서류는 보험담보의 금액을 표시하여야 하고 신용장과 동일한 통화이어야 한다.

ii. A requirement in the credit for insurance coverage to be for a percentage of the value of the goods, of the invoice value or similar is deemed to be the minimum amount of coverage required.
보험담보가 물품가액 또는 송장가액 등의 비율이어야 한다는 신용장상의 요건은 최소담보금액이 요구된 것으로 본다.

If there is no indication in the credit of the insurance coverage required, the amount of insurance coverage must be at least 110% of the CIF or CIP value of the goods.
요구된 보험담보에 관하여 신용장에 아무런 표시가 없는 경우에는, 보험담보의 금액은 적어도 물품의 CIF 또는 CIP 가격의 110%이어야 한다.

When the CIF or CIP value cannot be determined from the documents, the amount of insurance coverage must be calculated on the basis of the amount for which honour or negotiation is requested or the gross value of the goods as shown on the invoice, whichever is greater.
CIF 또는 CIP 가격이 서류로부터 결정될 수 없는 경우에는, 보험담보금액은 지급이행 또는 매입이 요청되는 금액 또는 송장에 표시된 물품총가액 중에서 보다 큰 금액을 기초로 하여 산정되어야 한다.

iii. The insurance document must indicate that risks are covered at least between the place of taking in charge or shipment and the place of discharge or final destination as stated in the credit.

보험서류는 위험이 적어도 신용장에 명기된 대로 수탁 또는 선적지와 양륙 또는 최종목적지간에 담보되었음을 표시하여야 한다.

g. A credit should state the type of insurance required and, if any, the additional risks to be covered. An insurance document will be accepted without regard to any risks that are not covered if the credit uses imprecise terms such as "usual risks" or "customary risks".
신용장은 요구된 보험의 종류를 명기하여야 하고 만일 부보되어야 하는 부가위험이 있다면 이것도 명기하여야 한다. 신용장이 “통상적 위험(usual risks)” 또는 “관습적 위험(customary risks)”과 같은 부정확한 용어를 사용하는 경우에는, 보험서류는 부보되지 아니한 어떠한 위험에 관계없이 수리되어야 한다.

h. When a credit requires insurance against "all risks" and an insurance document is presented containing any "all risks" notation or clause, whether or not bearing the heading "all risks", the insurance document will be accepted without regard to any risks stated to be excluded.
신용장이 “전위험”에 대한 보험을 요구하는 있는 경우, “전위험”이라는 표제를 기재하고 있는지의 여부와 관계없이 “전위험”의 표기 또는 조항을 포함하고 있는 보험서류가 제시된 경우에는, 그 보험서류는 제외되어야 한다고 명기된 어떠한 위험에 관계없이 수리되어야 한다.

i. An insurance document may contain reference to any exclusion clause.
보험서류는 모든 면책조항(exclusion clause)의 참조를 포함할 수 있다.

j. An insurance document may indicate that the cover is subject to a franchise or excess (deductible).
보험서류는 담보가 소손해면책율 또는 초과(공제)면책율을 조건으로 한다는 것을 표시할 수 있다.

해설 explanation

UCP 600 제28조는 신용장거래에서 매도인인 수익자가 은행에 보험서류를 제시하여야 하는 경우에 수익자가 은행에 제시하는 화물(적화)보험서류의 수리요건을 설명한 것이다. 즉 이 조문은 매도인이 CIF 또는 CIP규칙으로 매매계약을 체결하고 이를 근거로 발행은행으로부터 보험서류의 제시를 조건으로 하는 신용장을 발행받은 경우에 한정된다.

참고로, 화물(적화)보험[cargo insurance]은 보험자(insurer)가 보험계약자(party insuring)로부터 보험료(insurance premium)를 대가로서 취득하고, 보험계약자의 화물(cargo)에 생긴 우연한 외적요인에 의한 사고(보험사고)에 의한 손해를 보험금지급(claim paid)의 형태로 보상하는 계약을 말한다. 화물(적화)보험에 있어서, 보험사고에 의하여 손해를 입는 경제적 이익을 "피보험이익(insurable interest)", 피보험이익의 주체로 되는 자를 "피보험자(insured, assured, insured party)", 이 피보험이익을 금전으로 평가한 가액을 "보험가액(insurable value, insured value)", 보험자가 부담하는 손해보상책임의 최고한도액을 "보험금액(amount insured)"이라 하며, 화물보험에서는 보험가액과 보험금액을 동일하게 결정하는 것이 보통이다. 또한, 보험계약자와 피보험자가 동일한 보험계약을 "자신을 위한 보험계약", 양자가 다른 보험계약을 "타인을 위한 보험계약"이라고 한다. 예를 들면, FOB규칙에 의한 해상물품운송의 경우에, 수화인이 자기소유의 화물에 대하여 보험회사와 보험계약을 체결하는 경우에는 "자신을 위한 보험계약"이다.

1. 보험서류의 발행자 및 서명자(제28조 a항)

이 조항은 보험서류는 그것이 어떤 자에 의하여 발행 또는 서명되어야 하는 것인지의 조건을 규정하고 있다. 즉, 보험서류(보험증권, 포괄예정보험에 의한 보험증명서 또는 통지서)의 발행인 및 서명권자는 보험회사, 보험업자 또는 이들 대리인(agents) 또는 이들 대리업자(proxies)로서, 보험서류는 이들에 의하여 발행되고 서명된 것으로 보여야 한다. 또한, 대리인 또는 대리업자가 서명하는 경우에는 그 서명에는 이들 대리인 또는 대리업자가 보험회사 또는 보험업자 중에서 누구를 위하여 서명하였는지를 표시하여야 한다.[124)]

이 조항에서는 보험서류의 발행 및 서명자로서 UCP 500의 보험회사, 보험업자, 대리인(agents)에 "대리업자(proxies)"를 추가하였다.

124) 대리인 또는 대리업자의 서명에 관한 규정은 UCP 600에서 신설되었다.

●●● 보험서류의 발행자 및 서명자

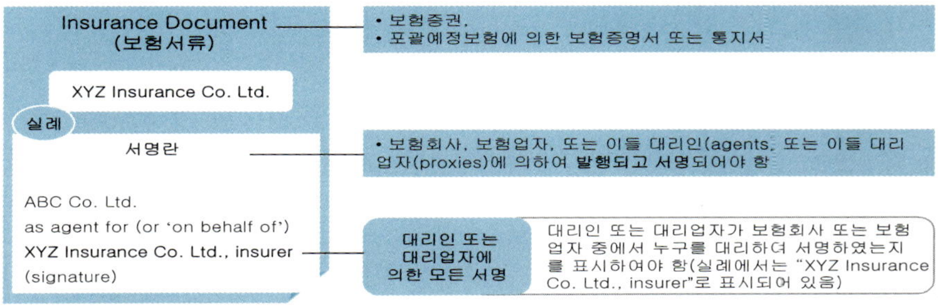

참고로, 보험자(Insurer, Assurer, Underwriter)는 보험계약체결시에 위험부담을 인수하는 자로서, 보험계약자로부터 보험료를 받는 대신에 보험기간 중 보험사고가 발생할 경우 보험금을 지급할 것을 약속한 자를 말한다. 즉, 보험자는 우연한 사고에 의하여 손해를 입은 피보험자에게 손해의 정도에 따라 일정한 금액의 보험금을 지급하여 손해를 보상하지만, 이에 대하여 일정금액의 보험료를 징수하는 자를 말한다. 영국에서는 회사조직형태의 보험자를 보험회사(insurance company), Lloyd's와 같은 개인형태의 보험자를 보험업자(underwriter)라고 부른다. 그러나, 우리나라에서는 개인형태의 보험업자는 존재하지 않고, 회사조직형태의 보험자인 보험회사(insurance company)만이 존재하고 있다.

2. 보험서류의 제시통수(제28조 b항)

2통 이상의 원본으로 발행되었음을 표시하고 있는 보험서류는 그 발행된 원본 전통이 제시되어야 한다. 즉, 영문화물보험증권, 보험증명서 등의 보험서류에는 발행부수를 표시하는 란이 있고, 이러한 보험서류는 통상적으로 2통의 원본으로 발행되는데, 이 중에서 원본 1통만으로도 보험금청구가 가능하게 되며, 나머지 것은 무효가 된다. 따라서, 원본 1통으로 보험금청구가 가능하게 되기 때문에, 원본 1통은 보험금을 청구하기 위하여 사용되고 나머지 원본 1통은 다른 용도로 사용되는 것을 방지하기 위하여 발행된 모든 원본을 제시하도록 요구하고 있는 것이다.

●●● 보험서류의 제시통수

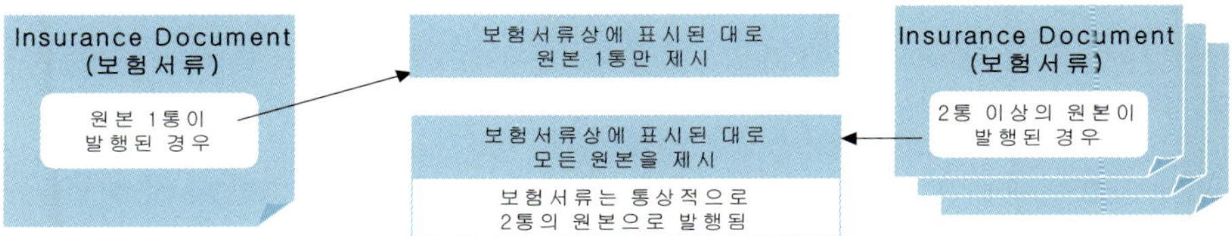

3. 보험중개인발행의 보험인수증 수리불능(제28조 c항)

보험중개인이 발행한 보험인수증(cover note)은 수리되지 않는다. 즉, 보험중개인이 발행한 보험인수증(cover note)으로는 피보험자가 보험자에게 직접 손해배상을 청구할 수 없고 보험중개인을 통해서만 손해보상을 청구할 수 있기 때문에 수리거절되는 보험서류에 해당된다.

●●● 보험중개인발행의 보험인수증 수리불능

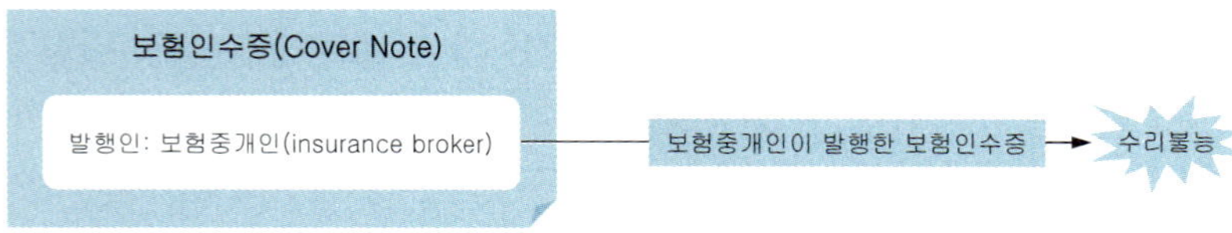

여기에서, 보험중개인(insurance broker)은 특정 손해보험회사에 소속되지 않으며, 특정 손해보험회사의 대리인이 아닌 손해보험계약의 중개를 행하는 중개인이다. 즉, 보험중개인은 손해보험계약을 체결하려는 자신의 고객(보험계약자·피보험자)을 위하여 중립적인 입장에서, 최적손해보험을 선택하고, 고객을 위하여 그 손해보험회사와 교섭하고, 고객이 충족하는 손해보험의 체결을 위하여 노력하는 기능을 담당하는 자이다. 이러한 의미에서, 보험중개인은 특정 손해보험자의 위탁을 받아 오로지 그 보험자를 위하여 손해보험계약의 대리·중개를 업으로 하는 손해보험대리점과는 다르다. 영미에서는 보험중개인의 활동이 인정되어 왔지만[125], 한국에서는 보험중개인제도를 인정하지 않고 있는 실정이다.

참고로, 보험인수증(보험승인서; 보험승낙서; 부보각서, insurance cover note)는 보험중개인(insurance broker)이 피보험자로부터 보험료를 징수하는 경우 보험료를 받았다는 사실을 증명하고 보험자와 보험계약을 체결하겠다는 각서로서 발급하는 서류를 말한다. 보험인수증은 보험자가 피보험자에게 발급하는 보험증권이나 보험증명서와 달리, 보험중개인이 보험에 부보할 것이라고 피보험자에게 약속하는 각서에 불과하기 때문에 이것만 가지고는 보험계약이 확실히 체결되었는지 여부를 확인할 수 없을 뿐만 아니라 보험중개인이 보험자와 보험계약을 체결하기 전에 보험사고가 발생한다면 피보험자는 손해보상을 받지 못하는 문제가 발생할 수 있다.

또한, 추인장(Endorsement; Rider; Addendum)은 보험증권을 발행한 후에 어떤 사

125) 일본은 그 동안 고객에 대한 손해배상능력 등의 불안을 이유로 법률상 인정하고 있지 않았지만, 1995년에 보험금의 공탁·배상책임보험계약부보 등을 의무화한 후에 보험중개인제도를 도입하였다.

정으로 계약내용에 변경이 발생하였으나 보험증권을 회수하고 재발행할 수 없는 경우에 보험증권의 내용에 변경·추가·삭제를 위하여 발행되는 증거서류를 말한다.

4. 수리가능한 보험서류의 종류(제28조 d항)

이 조항은 보험서류에 대하여 수익자가 어떤 서류를 제공하여야 하는지를 규정하고 있다. 실무상으로는 ① 보험증권(Insurance Policy), ② 보험증명서(Insurance Certificate), ③ 보험증권 또는 증명서(Insurance Policy or Certificate)의 명시방법이 있다.[126] 즉, 이 조항은 신용장거래에서 수리가능한 보험서류로서 보험증권뿐만 아니라, 일정조건하에서 발행되는 보험증명서(an insurance certificate) 및 확정보험통지서(a declaration)를 들고 있다. 신용장에 단순히 "보험서류(Insurance documents)"라고 지시하는 것은 그 구체성을 결여한 것으로 볼 수 있다.

신용장에서 "보험증권 또는 증명서(Insurance Policy or Certificate)"를 요구한 경우에는 보험증권 또는 보험증명서 중 어느 것이나 제시될 수 있으며, 신용장에서 "보험증권(Insurance Policy)"을 요구한 경우에 "보험증명서(Insurance Certificate)"가 제시된다면 신용장에 명기된 조건과 일치하지 않기 때문에 수리되지 않을 것이다. 그러나 신용장에서 보험증명서(또는 통지서)를 요구하는 경우에 보험증권이 제시된다면 수리될 수 있다는 것이다. 보험증권이 보험증명서 또는 통지서 대신에 수리될 수 있다는 것은 보험증권이 포괄예정보험하에서의 증명서 또는 통지서보다 더 낫고 더 완전한 보험서류라는 것이 인정되고 있기 때문이다.[127] 그러나, CIF규칙에서와 같이 수익자로 하여금 "보험증권(a Policy of Insurance)"을 제시하도록 요구한 경우에, 보험증권 이외의 서류가 제시된다면, CIF계약규칙에 위반하는 것으로 된다.[128]

제28조

●●● 수리가능한 보험서류의 종류

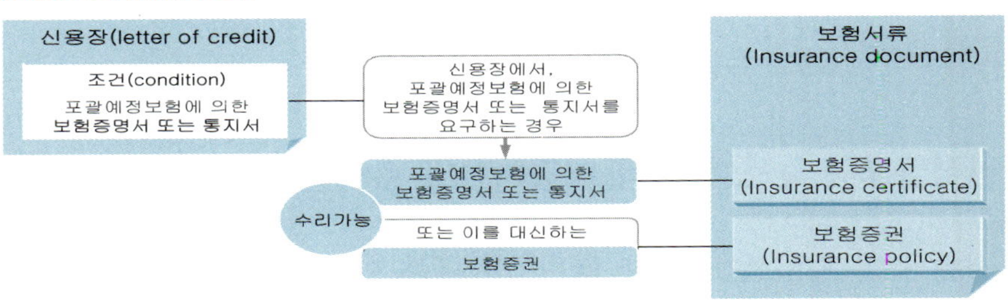

126) 少峯登·舟木淩, 1974年信用狀統一規則(下), 財團法人外國爲替貿易研究會, 1975, pp.294-295.
127) Charles del Busto, Documentary Credits UCP 500 & 400 Compared, ICC Publishing S.A., 1993, p.95.
128) Wilson, Holgate & Co. v. Belgian Grain and Produce Co., Ltd.; David M. Sassoon, C.I.F. and F.O.B. Contracts, 2nd ed., Stevens & Sons, 1975, pp.139-150.

여기에서, 보험증권(insurance policy; I/P)은 보험자가 보험계약의 내용을 기재하고 서명하여 피보험자에게 교부하는 서면으로서, 보험계약의 성립 및 그 내용을 증명하기 위한 증거증권으로서, ① 계약체결시의 고지사항이 모두 명확하게 기재되어 있는 확정보험증권(definite policy) 및 ② 부보하려는 화물의 명세(품명, 수량, 포장), 보험금액, 보험조건, 선박명 등이 미확정인 경우에 선적을 예정하고 있는 수량 및 예정보험금액에 대하여 보험자가 피보험자와 예정보험계약을 체결하고 발행하는 예정보험증권으로 구분된다.

첫째, 포괄예정보험증권(open policy)은 대량의 화물을 계속하여 선적하는 경우, 개개의 화물의 선적시마다 계약을 체결하는 것이 아니라 보험자가 피보험자와 장래 선적할 전량에 대하여 포괄적으로 계약을 체결하고 발행하는 보험증권을 말한다. 포괄예정보험증권의 경우 선적시마다 그 화물에 대한 확정통지를 받으면 개개의 화물에 대하여 부보의 증명으로서 보험증명서(certificate of insurance)가 발행된다. 이 보험증명서는 보험증권과 동일한 효력을 가진다.

둘째, 개별예정보험증권(provisional policy)은 부보하려는 화물의 명세(품명, 수량, 포장), 보험금액, 보험조건, 선박명 등이 미확정인 경우로서 선적을 예정하고 있는 개개의 화물의 수량 및 예정보험금액에 대하여 보험자가 피보험자와 개별예정보험계약(Provisional Insurance)을 체결하고 발행하는 보험증권을 말한다.

또한, 보험증명서(insurance certificate)[129] 또는 통지서(declaration)는 보험증권과 동일한 효력을 가지고 있지만 보험증권의 기재내용을 간략하게 기재한 서식을 말한다. 이는 동일한 물품을 동일한 지역에 반복해서 선적될 때 이용되는 포괄예정보험(open cover)이 체결되어 있는 경우에 물품이 개별적으로 포괄보험에 부보되어 있음을 증명하는 것을 말한다. 즉, 보험증명서는 보험자가 피보험자와 포괄예정보험계약을 체결한 후 개별적으로 보험계약이 체결될 때마다 발급하는 서류로서, 보험증권에 있는 본문약관, 난외약관, 인쇄약관 등의 표시를 생략하고 증명문언을 기재한 서류를 말한다.

5. 선적일보다 늦은 일자의 보험서류의 수리불능(제28조 e항)

보험서류의 일자가 선적일보다 늦은 경우에는 이러한 보험서류는 원칙적으로 수리되지 않는다. 이는 물품의 선적일과 보험부보일 사이의 위험부담의 공백을 회피하기 위한 것이다. 그러나 예외적으로, 소급보험의 명시적인 문언 등이 있는 경우

129) 일본에서는 보험증명서(certificate of insurance)를 보험승인장이라고 한다.

와 같이, 보험서류상에 보험담보가 선적일(선적일보다 늦지 않은 일자)로부터 유효하다고 표시되어 있는 경우에는 이들 선적일보다 늦게 기재된 보험서류도 수리될 수 있다.

●●● 선적일보다 늦은 일자의 보험서류의 수리불능

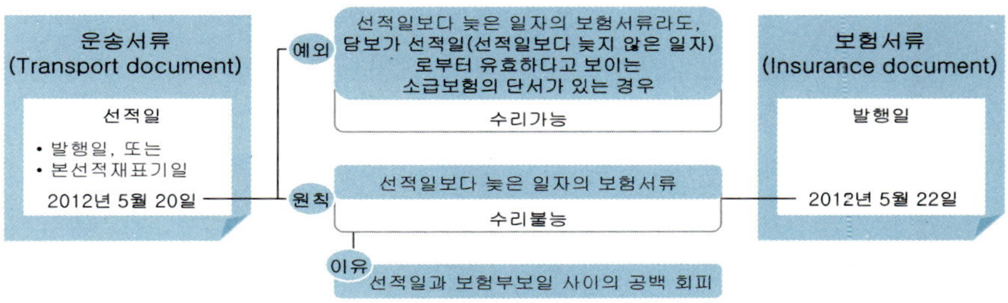

예를 들면, 매도인의 위험부담은 CIF규칙하에서는 물품이 본선으 선상에 적재된 때에, CIP규칙하에서는 물품이 운송인에게 인도된 때에 매수인에게 이전한다. 따라서, 매도인이 매수인을 위하여 화물보험에 부보하는 것이기 때문에 매도인이 화물보험에 부보하였더라도, CIF규칙에서는 물품이 선적된 이후에, CIP규칙에서는 물품이 발송 또는 수탁된 이후에 발생한 물품의 멸실 또는 손상에 따른 손해보상은 매수인이 받게 된다. 즉, CIF규칙에서는 물품이 본선적재된 후에, CIP규칙에서는 발송 또는 수탁된 후에 그 물품의 위험을 매수인이 부담하기 때문에, 매도인으로서는 늦어도 선적일(본선적재일, 발송일 또는 수탁일)까지는 화물보험에 부보하여야만 물품의 선적일과 보험부보일 사이의 매수인의 위험부담의 공백을 회피할 수 있는 것이다. 이러한 이유로 신용장통일규칙에서는 신용장에서 본선적재운송서류를 요구하는 경우(CIF규칙)에는 늦어도 본선적재일까지, 발송 또는 수탁운송서류를 요구하는 경우(CIP규칙)에는 늦어도 발송일 또는 수탁일까지 매도인이 해상화물보험에 부보할 것을 요구하고 있는 것이다. 결과적으로 선적일(본선적재일, 수탁일 또는 발송일)을 입증하는 것이 운송서류의 발행일이기 때문에 운송서류의 발행일보다 늦은 발행일을 기재하고 있는 보험서류를 수리할 수 없다고 규정하고 있는 것이다. 즉, 물품이 선적됨과 동시에 보험담보가 개시되지 않은 보험서류는 수리거절한다는 것이다. 다만, 보험담보가 선적일(선적일보다 늦지 않은 일자)로부터 유효하다는 소급보험의 명시적인 문언이 있는 경우에는 선적일보다 늦게 기재된 보험서류도 수리될 수 있다.

다시 말하면, 2009년 개정 협회화물(적화)약관의 운송조항(transit clause)[130] 및 소

제28조

130) 구협회화물(적화)약관 제1조의 창고간조항(warehouse to warehouse clause) 드는 2009년 개정 신협회화물(적화)약관 제8조의 운송조항(transit clause)에 의하면, "이 보험은 보험목적물이

급조항(lost or not lost clause)[131]에 따라 선적일보다 더 늦은 발행일이 보험서류에 기재되어 있더라도 부보이전에 발생한 사고에 대하여 실제로 손해보상을 받을 수 있는 경우가 많이 있다. 그러나, 각국의 보험에 관한 법제 및 관습이 다를 뿐만 아니라 이들 운송조항 및 소급조항에 손해보상을 받을 수 있는 제한조건이 있기 때문에 이들 조항이 있다는 것만으로는 은행의 입장에서는 선적일보다 더 늦은 발행일을 기재하고 있는 보험서류를 수리할 수는 없다. 이 규칙에 대한 예외가 인정되는 것은 신용장이 선적일보다 늦은 일자의 보험서류를 인정하거나 또는 담보가 전 운송기간동안 유효하다고 보험증권 자체에 표기되어 있는 경우, 그리고 그와 같이 담보를 선적일(본선적재, 발송 또는 수탁일)까지 유효하게 소급시키는 경우이다.[132]

따라서, 선적일보다 더 늦은 발행일을 기재하고 있는 보험서류가 수리되기 위해서는, ① 신용장상에 선적일보다 더 늦은 발행일을 기재하고 있는 보험서류가 제시되더라도 관계없다는 특별조건이 있는 경우, ② 선적일보다 빠른 일자로 예정보험에 가입되었음을 표시하고 있는 보험증명서가 제시된 경우, ③ 운송조항이나 소급조항과는 별도로, 담보가 늦어도 물품의 선적일로부터 유효하다고 표시한 보험서류가 제시된 경우 등과 같은 요건이 충족되어야 한다.

창고 또는 보관장소(보험계약에서 지정된 장소)에서 운송의 개시를 위하여 운송차량 또는 그 밖의 운송용구에 즉시 적재할 목적으로 최초로 이동된 때로부터 개시하고, 통상의 운송과정 중에 계속하고, ① 이 보험계약에서 지정된 목적지의 최종창고 또는 보관장소에서 운송차량 또는 그 밖의 운송용구로부터 양륙을 완료한 때, ② 이 보험계약에서 지정된 목적지에 도착하기 전이거나 그 목적지에 있는지를 불문하고, 피보험자 또는 그 사용인이, 통상의 운송과정 이외의 보관을 위하거나, 또는 할당 또는 분배를 위하여 사용할 것을 선택하는 그 밖의 창고 또는 보관장소에서 운송차량 또는 그 밖의 운송용구로부터 양륙을 완료한 때, ③ 피보험자 또는 그 사용인이 통상의 운송과정 이외의 보관을 위하여 운송차량 또는 그 밖의 운송용구 또는 컨테이너를 사용할 것을 선택한 때, 또는 ④ 최종양륙항에서 항양선박으로부터 보험목적물의 양륙완료 후 60일이 경과한 때 중의 어느 것이든 먼저 발생한 때에 종료한다."

131) 2009년 개정 신협회화물(적화)약관 제11조 제2항의 피보험이익조항(Insurable Interest Clause)에 의하면, "보험계약이 체결되기 전에 부보된 손해가 발생하고 있었더라도, 피보험자가 그 손해발생의 사실을 알고 있었고 보험자가 몰랐을 경우를 제외하고, 피보험자는 이 보험의 담보기간 중에 발생하는 부보된 손해에 대하여 보상을 받을 권리가 있다." 즉, 보험사고의 발생으로 보험의 목적물에 손해가 발생하였을 때 피보험이익이 있고 그 보험사고가 보험계약의 체결전에 이미 발생하였더라도 피보험자가 이를 알지 못한 경우에는 피보험자는 이미 발생한 손해를 보상받을 수 있게 된다; 이와 같이, 실제로는 1963년 협회화물(적화)약관[Institute cargo clauses; 구협회(화물)적화약관]의 본문약관에 있는 소급조항("lost or not lost" clause), 또는 2009년 개정 협회화물(적화)약관[신협회화물(적화)약관] 제11조의 피보험이익조항(Insurable Interest Clause)에 의하여, 보험서류의 발행일이 물품의 적재일 등보다 늦게 되어 있더라도, 통상적으로 물품은 유효하게 부보되고 있다.

132) Dennis Badger and Geoffrey Whitehead, Elements of Cargo Insurance, Woodhead-Faulkner Ltd., 1983, p.11.

6. 보험서류의 부보통화 및 금액(제28조 f항)

UCP 600 제28조 f항은 ① 보험서류는 신용장과 동일한 통화로 보험담보의 금액을 표시하여야 하고, ② 물품가액 또는 송장가액 등의 비율로 신용장에 표시된 보험담보의 요건은 최소담보금액이 요구된 것이고 보험담보에 관하여 신용장에 아무런 표시가 없는 경우에는 보험담보의 금액은 물품의 CIF 또는 CIP가격의 110%이어야 하며, 서류로부터 CIF 또는 CIP가격을 결정할 수 없는 경우에는 보험담보금액의 산정의 기초가 되는 금액은 "지급이행 또는 매입이 요청되는 금액" 또는 "송장에 표시된 물품총가액" 중에서 보다 큰 금액으로 하고, ③ 보험서류에 표시되어야 하는 위험담보구간은 신용장에 명기된 수탁 또는 선적지에서 양륙 또는 최종목적지간이어야 한다고 규정하고 있다. 이를 구체적으로 설명하면 다음과 같다.

(1) 보험서류의 부보통화(제28조 f항 ⅰ호)

보험서류상에는 신용장과 동일한 통화로 보험담보의 금액이 표시되어야 한다. 즉, 보험서류는 보험담보의 금액을 표시하여야 할 뿐만 아니라 신용장상의 통화와 동일하여야 한다. 왜냐 하면, 보험서류의 통화가 신용장의 통화와 서로 다른 경우에는 보험가액의 110%를 보상받더라도 이는 환율변동에 따라 신용장금액과 차이가 있을 수 있으며, 통화가치의 변화에 따른 불편함도 수반되기 때문이다.

●●● 보험서류의 부보통화

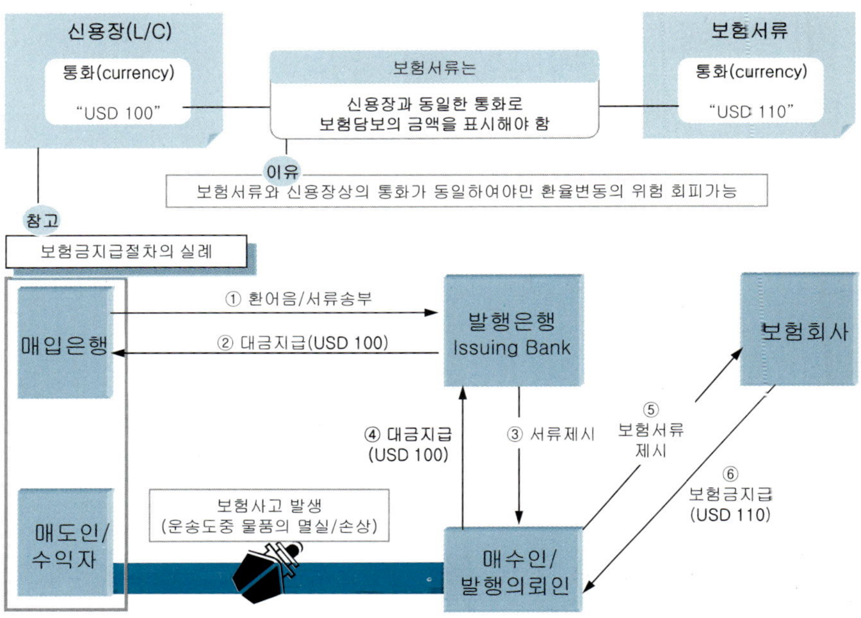

제28조

예를 들면, 신용장금액의 통화가 달러로 표시된 신용장거래의 경우, 사고에 의하여 물품이 도착하지 않더라도, 발행은행은 신용장조건에 일치하는 서류가 제시된다면, 그 서류와 상환으로 달러로 대금을 지급한 후 발행의뢰인으로부터 달러로 대금결제를 받고 그 서류를 인도한다. 발행의뢰인은 인도받은 서류 중에서 보험서류를 보험자(보험회사)에게 제시하고 송장금액의 110%의 금액을 손해보상(보험금)으로서 달러로 지급받음으로써 환율변동의 위험을 회피할 수 있을 뿐만 아니라, 예정대로 물품이 도착하였다면 실현가능하였을 이익도 확보할 수 있게 된다.

(2) 보험서류의 담보금액(제28조 f항 ii호)

통상적으로 신용장에는 "Insurance policy or certificate in duplicate, endorsed in blank for 110% of the invoice value......"와 같이 보험금액은 "수입가격(송장금액)"에 "수입의 실행에 의하여 발생하는 이익(통상 송장금액의 10%)"을 가산한 금액이라고 명기되고 있다.[133)]

●●● 보험서류의 담보금액

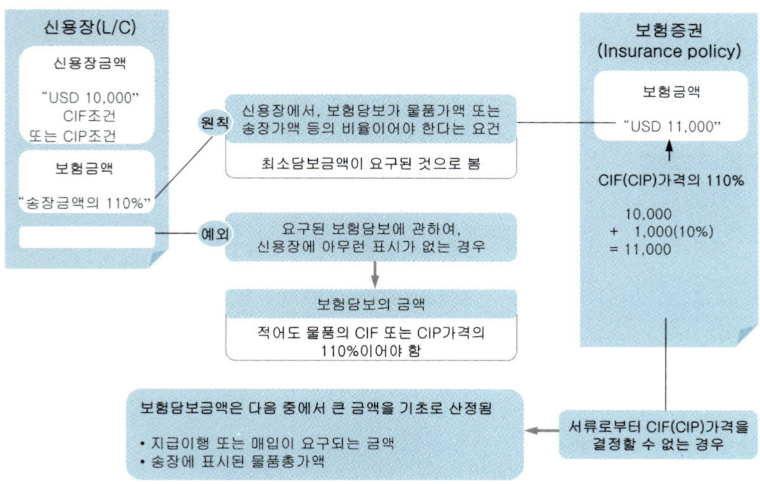

즉, 신용장에서 보험담보가 물품가액 또는 송장가액 등의 비율이어야 한다는 요건이 있는 경우에는, 이러한 요건은 최소담보금액이 요구된 것으로 보며, 요구된 보험담보에 관하여 신용장에 아무런 표시가 없는 경우에는, 보험담보의 금액은 적

133) 이 경우, 송장금액의 110%라는 보험금액은 보험료와의 관계를 고려하여 송장금액의 120%, 130% 등으로 확정할 수도 있다.

어도 물품의 CIF 또는 CIP가격의 110%이어야 한다. 즉, 신용장에서 보험금액에 대한 별도의 명기가 없는 경우에는 최저보험금액은 CIF 또는 CIP가격의 110%이어야 한다. 그러나, 서류로부터 CIF 또는 CIP가격을 결정할 수 없는 경우에는, 보험담보금액은 "지급이행 또는 매입이 허용되는 금액(환어음의 청구금액 등)" 또는 "송장에 표시된 물품총가액" 중에서 큰 금액을 기초로 산정된다.

보험금액은 보험자가 보상해 주는 최고한도액으로서, 보험계약 체결시에 실제로 보험에 부보한 보험목적물의 보험가입금액을 의미하는데, 보험금액은 보험가액을 초과하는 경우 초과되는 부분은 무효가 되므로 물품의 가액, 즉 상업송장의 가액을 초과하여 부보될 필요는 없다. 이러한 이유로 보험금액은 상업송장금액의 100%로 부보되어야 할 것이다. 그러나, 신용장거래에서는 최저부보금액을 서류로부터 결정할 수 있는 경우에 한하여 경우에 따라 CIF 또는 CIP가격에 10%를 가산한 금액으로 규정하고 있다. 즉, 부보금액을 물품가액의 100%로 하지 않고 10%를 가산한 110%로 한 것은 보험사고가 발생하지 않아서 정상적인 매매가 이루어 진 경우에는 수입업자가 최소한 10%의 이익을 보았을 것으로 추정하여 이 희망이익금(expected profit)까지 보상해 준다는 의미를 가지고 있는 것이다. 결국, 신용장거래에서는 최저부보금액을 CIF 또는 CIP가격의 110%로 규정하고 있음에도 불구하고, 서류로부터 CIF나 CIP가격을 결정할 수 없을 경우에는 "지급이행 또는 매입이 요구되는 금액(환어음의 청구금액 등)"과 "송장총액" 중에서 보다 큰 금액을 기초로 산정하여야 한다.

그러나, 신용장에서 정확한 부보비율 또는 부보금액을 명시한 경우를 제외하고는, 보험서류금액은 신용장에서 요구하는 부보금액 이상으로 발행될 수 있다. 즉, 여기에서 "110% 보험" 등의 표현은 부보금액이 지정되지 않은 경우, 보험부보의 최소금액으로서 정확히 110%의 보험부보를 요구하지 않으며, 기타 UCP 상에는 최대백분율을 제한하지 않는다. 신용장에서 "Insurance for 110% invoice value" 등의 표현으로 부보금액이 명시되어 있더라도, 이는 최소금액을 의미한다. 부보금액을 표시숫자로 제한하려는 경우에는 "exactly X%", "exactly X amount" 등의 명시적 요구가 있어야 한다.[134]

제28조

(3) 보험기간(제28조 f항 iii호; 신설)

보험서류에는 위험이 적어도 신용장에 명기된 수탁 또는 선적지에서 양륙 또는 최종목적지간에 담보되었다는 것이 표시되어야 한다. 즉, 이 조항은 2002년 ISBP 제

134) Gary Collyer & Ron Katz, ICC Banking Commission Collected Opinions 1995-2001, ICC Publication No.632, 632 R 468 Ref. 216, ICC Publishing S.A., 2002, p.360-362.

188항[135)]을 반영하여 보험서류에 표시되어야 하는 위험담보구간은 신용장에 명기된 수탁 또는 선적지에서 양륙 또는 최종목적지간이어야 한다는 것을 신설하였다.

●●● 보험기간

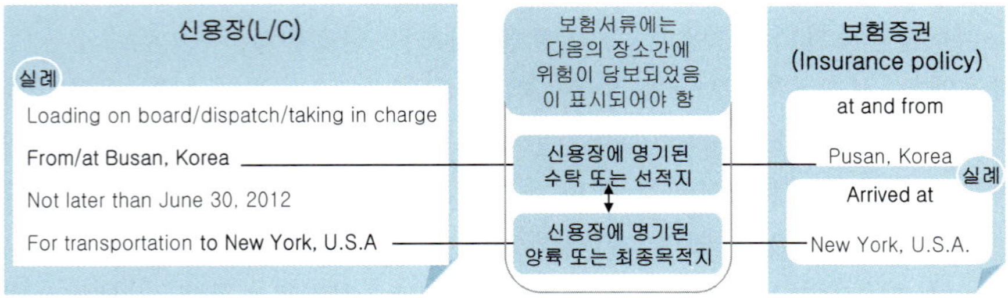

참고로, 보험기간(duration of insurance)은 화물보험자의 책임이 개시한 때부터 종료할 때까지의 기간을 말한다. 해상, 육상 등의 각종 운송수단에 의한 운송을 전제로 하는 화물보험에 있어서 보험기간은 화물이 보험증권에 기재된 발송지의 창고를 출발한 때부터(시기), 보험증권에 기재된 목적지에서 화물이 최종창고·보관장소에 반입될 때까지(종기)로 하는 것을 원칙으로 하고 있다. 따라서, 화물보험증권에는 보험기간이 몇월 몇일에서 몇월 몇일까지의 형태로 명시된 것은 없다.

이러한 보험기간은 창고간조항 또는 운송조항에 구체적으로 제시되어 있다. 즉, 1963년 구협회화물약관 제1조의 창고간조항(warehouse to warehouse clause) 또는 1982년(2009년 개정) 신협회화물약관 제8조의 운송조항(transit clause)에 의하면, "이 보험은 보험목적물이 창고 또는 보관장소(보험계약에서 지정된 장소)에서 운송의 개시를 위하여 운송차량 또는 그 밖의 운송용구에 즉시 적재할 목적으로 최초로 이동된 때로부터 개시하고, 통상의 운송과정 중에 계속하고, ① 이 보험계약에서 지정된 목적지의 최종창고 또는 보관장소에서 운송차량 또는 그 밖의 운송용구로부터 양륙을 완료한 때, ② 이 보험계약에서 지정된 목적지에 도착하기 전이거나 그 목적지에 있는지를 불문하고, 피보험자 또는 그 사용인이, 통상의 운송과정 이외의 보관을 위하거나, 또는 할당 또는 분배를 위하여 사용할 것을 선택하는 그 밖의 창고 또는 보관장소에서 운송차량 또는 그 밖의 운송용구로부터 양륙을 완료한 때, ③ 피보험자 또는 그 사용인이 통상의 운송과정 이외의 보관을 위하여 운송차량 또는 그 밖의 운송용구 또는 컨테이너를 사용할 것을 선택한 때, 또는 ④ 최종양륙항에서 항양선박으로부터 보험목적물의 양륙완료 후 60일이 경과한 때 중의

135) 2002년 ISBP 제188항에서는 "보험서류는 위험이 적어도 신용장에 의하여 요구된 선적, 발송 또는 수탁지점과 양륙 또는 최종목적지점간에 담보되어 있다는 것을 표시하고 있어야 한다"고 규정하고 있다.

어느 것이든 먼저 발생한 때에 종료한다."

한편, 협회동맹파업약관의 운송조항상의 보험기간은 협회화물약관의 운송조항상의 보험기간과 동일하지만, 협회전쟁약관의 경우에는 이와 달리 보험기간은 원칙적으로는 "화물이 본선에 적재될 때부터 최종양륙항 또는 양륙지에서 양륙될 때까지이지만, 화물이 양륙항에 도착하여 양륙되지 않더라도 본선이 도착한 날의 오후 12시부터 기산하여 15일이 경과할 때까지"이다. 결국, 전쟁위험은 화물이 육상에 있는 동안은 담보되지 않고 해상에 있는 동안에만 담보되는 것이다. 전쟁상태에 있는 육상위험은 보험회사의 지급능력을 초과할 염려가 있기 때문이다.

●●● 해상위험 및 동맹파업위험·전쟁위험 등의 보험기간

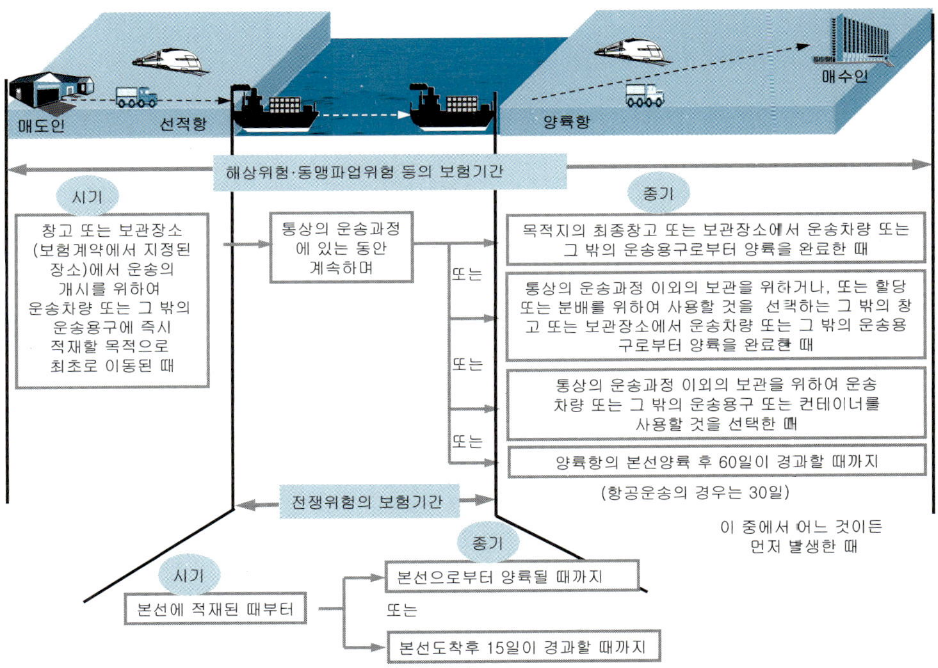

Incoterms 2010 규칙에 의한 보험담보의 기간(duration of insurance cover)은 CIF규칙에서는 물품이 선적항에서 본선의 선상에 적재된 때부터 매수인이 지정된 목적항에서 이를 운송인으로부터 수령한 때까지이며, CIP규칙에서는 물품이 계약된 운송인에게 인도된 때로부터 매수인이 지정된 목적지에서 이를 운송인으로부터 수령한 때까지이다[136].

136) Incoterms 2010 Rules, CIF A3 b) 및 CIP A3 b).

제28조

(가) FOB 또는 CFR규칙의 경우 보험기간

FOB 또는 CFR규칙에서는 선적항에서 목적항까지의 위험을 매수인이 부담하고, 이 구간의 위험에 대하여 매수인이 자기 자신을 위하여 보험료를 납부하고 보험계약을 체결한다. 즉, 협회화물약관상의 운송조항에 의하여 보험기간은 매도인의 창고로부터 매수인의 창고까지로 규정되어 있더라도, 매수인이 피보험이익을 가지는 구간인 선적항으로부터 매수인의 창고까지의 구간(선적후)에서 보험사고가 발생했을 때에만 매수인이 손해보상을 받을 수 있다. 그러나, 매도인의 창고에서 선적항까지의 구간(선적전)에서 손해가 발생했을 때에는 운송조항에 의하여 보험기간에는 속하지만 이 구간에서 매도인은 피보험이익을 가지고 있지 않기 때문에 매도인은 보험자로부터 손해보상을 받을 수 없다.

●●● FOB 또는 CFR규칙의 경우 보험기간

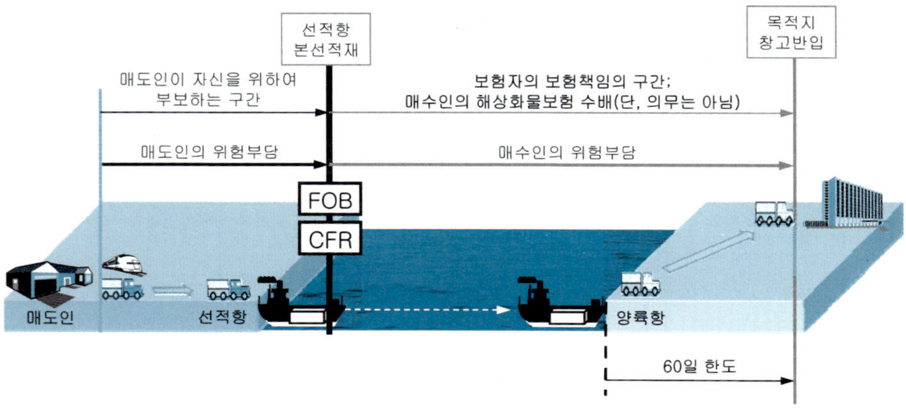

(나) CIF규칙의 경우 보험기간

CIF규칙에서는 매도인이 매수인을 위하여 보험료를 납부하고 보험계약을 체결하지만, 선적항에서 목적항까지의 위험은 매수인이 부담한다. 통상적으로, 매도인은 매수인을 피보험자로 하지 않고 자기 자신을 피보험자로 하여 보험계약을 체결하고, 보험자로부터 교부받은 보험증권을 매수인에게 배서양도한다. 즉 매도인이 자기 자신을 피보험자로 하여 보험계약을 체결하는 이유는 매도인의 창고로부터 선적시까지의 구간(선적전)에서 보험사고가 발생했을 때에는 매도인 자신이 피보험자로 되어 있어야 손해보상을 받을 수 있기 때문이며, 선적항으로부터 목적항까지의 구간(선적후)에서 보험사고가 발생했을 때에는 매도인이 보험증권을 매수인에게 배서양도함으로써 그 피보험자가 매수인으로 되어 매수인이 손해보상을 받을 수 있기 때문이다.

●●● CIF규칙의 경우 보험기간

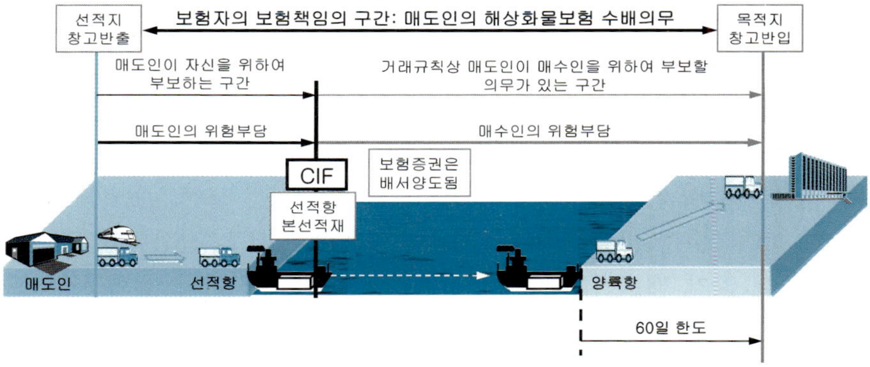

7. 보험조건의 명시 및 부정확한 용어의 사용(제28조 g항)

신용장에서 보험서류를 요구하는 경우, 신용장에는 부보하는 보험조건의 종류와 필요하다면 부가하는 위험(약관)도 명기하여야 하며, 신용장에서 "통상적 위험(usual risks)" 또는 "관습적 위험(customary risks)"과 같은 부정확한 용어가 사용되는 경우에는, 이러한 용어는 무시되기 때문에 보험서류는 부보되지 아니한 어떠한 위험에도 관계없이 수리된다. 한편, Incoterms 2010의 CIF와 CIP규칙에 의하면 매도인은 송장가액의 110%의 금액으로 최소담보(minimum cover)조건인 ICC(C) 또는 이와 유사한 약관인 ICC(FPA)로 부보하면 된다.

●●● 보험조건의 명시 및 부정확한 용어의 사용

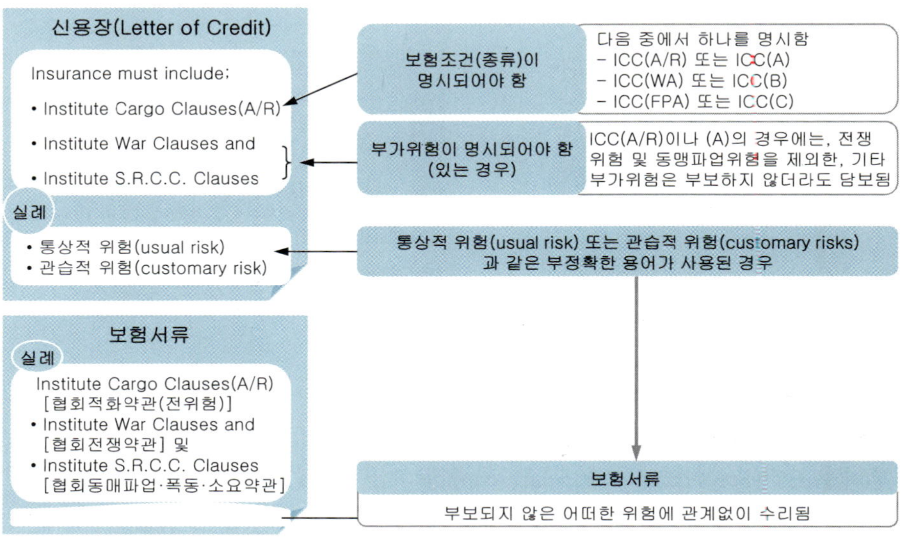

참고로, 보험조건에는 구협회화물약관(1962년)에서 사용되고 있는 ICC(FPA), ICC(WA) 및 ICC(A/R)이 있고, 신협회화물약관(1982년 제정, 2009년 개정)에는 ICC(A), ICC(B) 및 ICC(C)가 있다. ICC(A/R)과 이에 상응하는 ICC(A)는 해상에 관한 거의 모든 위험을 담보하지만, ICC(WA)와 이에 상응하는 ICC(B), 그리고 ICC(FPA)와 이에 상응하는 ICC(C)와 같은 기타 조건에서는 담보되지 않는 위험이 많기 때문에 화물에 따라 위험담보약관(부가위험약관)의 추가가 필요하게 된다. 또한, ICC(WA)나 ICC(B), ICC(FPA)나 ICC(C)뿐만 아니라, ICC(A/R)이나 ICC(A)에서도 전쟁위험 및 동맹파업위험은 담보되지 않기 때문에 ICC(A/R)의 경우에는 필요에 따라 협회전쟁약관(Institute War Clauses), 협회동맹파업·폭동·소요약관(Institute Strikes Riots and Civil Commotions Clauses)을 추가하여 부보할 수 있고, ICC(A)의 경우에는 필요에 따라 1982년 협회전쟁약관[Institute War Clauses(Cargo); 2009년 개정]과 협회동맹파업약관[Institute Strikes Clauses(Cargo); 2009년 개정]을 추가하여 부보할 수 있다. 전위험담보의 협회화물약관(항공)의 경우에는 협회전쟁약관(항공화물)과 협회동맹파업약관(항공화물)을 추가하여 부보할 수 있다. 구체적으로 살펴보면 다음과 같다.

(1) 기본보험조건

화물보험의 특별약관인 협회화물약관은 1963년의 구협회화물약관으로는 ① ICC(A/R), ② ICC(WA), ③ ICC(FPA)조건이 있으며, 1982년(2009년 개정)의 신협회화물약관으로는 ① Institute cargo clause(A); ICC(A), ② Institute cargo clause(B); ICC(B), ③ Institute cargo clause(C); ICC(C)조건이 있다.

●●● 기본보험조건

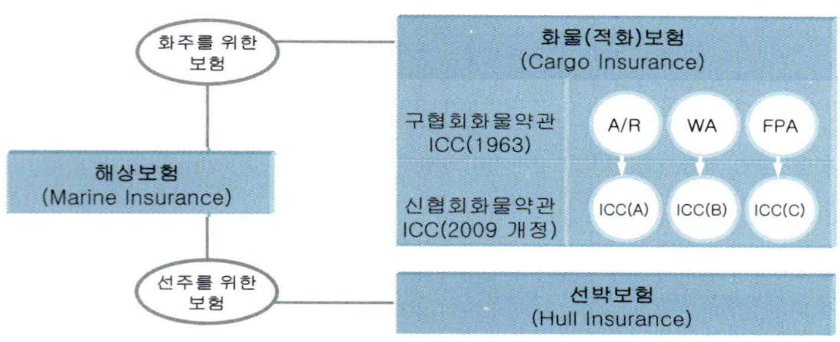

ICC(A)는 전위험담보조건(All Risks; A/R)의 변형으로서, 전위험을 담보하는 조건이므로 보험료가 가장 높다. ICC(B)와 (C)는 각각 분손담보조건(With Average; W.A.), 분손부담보조건(Free From Particular Average: F.P.A.)에 상당하는 것으로서, 보험증권상에 열거된 위험만을 담보하는 조건이므로 (A)조건에 비해 보험료가 싸다.

이들 세 가지 기본약관은 제1조의 위험약관만이 다를 뿐이고 그 내용이 모두 동일한 19개조로 구성되어 있다. 즉, 제1조는 위험약관(Risks Clause)으로 각 조건별 멸실과 손상에 대하여 보상범위를 나열하고 있다. 제2조와 3조에서는 각각 면책위험을 제외한 공동해손과 쌍방과실충돌 손해에 대한 보상범위를 정하고 있다. 제4조에서 7조까지는 보험자 면책사항으로 일반면책 8가지와 선박의 불내항(unseaworthiness of ship)과 화물의 부적합(unfitness of cargo)면책, 전쟁위험에 의한 면책과 동맹파업으로 인한 면책 등이 각각 포함되어 있다. 단, 면책위험중에서 전쟁위험과 동맹파업위험은 협회전쟁약관과 협회동맹파업약관을 특약함으로써 부보가 가능하다.

●●● 1982년(2009년 개정) ICC(A), (B) 및 (C)조건의 비교

	○ 다음의 위험에 합리적으로 기인하는 보험목적물의 멸실 또는 손상	포괄책임	열거책임		약관조항
		A	B	C	
담보위험	1. 화재 또는 폭발	○	○	○	1조
	2. 본선 또는 부선의 좌초·교사·침몰 또는 전복	○	○	○	
	3. 육상운송용구의 전복 또는 탈선	○	○	○	
	4. 본선·부선 또는 운송용구의 물이외의 타물체와의 충돌 또는 접촉	○	○	○	
	5. 조난항에서의 화물의 양륙	○	○	○	
	6. 지진·분화 또는 낙뢰	○	○	○	
	○ 다음의 위험으로 인하여 발생한 보험목적물의 멸실 또는 손상				
	1. 공동해손희생	○	○	○	
	2. 투화	○	○	○	
	3. 갑판유실	○	○	×	
	4. 본선·부선·선창·운송용구·컨테이너 또는 보관장소에 해수·호수·하천수의 유입	○	○	×	
	5. 본선 또는 부선에 적재 또는 이들로부터의 양륙 중 수몰 또는 낙하한 포장단위당 전손	○	○	×	
	○ 상기 이외의 보험목적물에서 발생한 일체의 멸실 또는 손상	○	×	×	
	○ 공동해손 및 구조비(면책위험과 관련된 것 제외)	○	○	○	2조
	○ 쌍방과실충돌	○	○	○	3조
면책위험	1. 피보험자의 고의의 위법행위에 기인하는 멸실·손상 또는 비용	×	×	×	4조
	2. 보험목적물의 통상의 누손, 중량 또는 용적의 통상의 감소, 통상의 자연소모	×	×	×	
	3. 보험목적물의 포장 또는 준비의 불완전 또는 부적합으로 인하여 발생한 멸실·손상 또는 비용(다만, 그 포장 또는 준비가 피보험자 또는 그 사용인에 의하여 행해지는 경우 또는 이 보험의 개시 전에 행해지는 경우에 한함; 이 조항에서 포장은 컨테이너에 적부하는 것을 포함하고, 사용인은 독립계약자를 포함하지 않음)	×	×	×	

면책위험	4. 보험목적물의 고유의 하자 또는 성질로 인하여 발생한 멸실·손상 또는 비용	×	×	×	4조
	5. 담보위험에 의한 지연이라도 지연으로 인하여 발생한 멸실·손상 또는 비용(위의 제2조에 따라 지급해야 할 비용은 제외함)	×	×	×	
	6. 본선의 소유자·관리자·용선자 또는 운항자의 지급불능 또는 금융상의 채무불이행으로 인하여 발생한 멸실·손상 또는 비용(다만, 보험목적물의 본선 상에 적재 시에 피보험자가, 그러한 지급불능 또는 금융상의 채무불이행이, 그 항해의 통상의 수행을 방지할 수 있다는 것을 알고 있거나, 또는 통상의 업무과정상 알았어야 하는 경우에만 한정됨; 이 면책규정은 보험계약이 어떤 구속력 있는 계약에 따라 선의로 보험목적물을 구매하였거나 또는 구매하기로 합의하고 이 보험에 의해 보험금을 청구하는 자에게 양도된 경우에는 적용되지 않음)	×	×	×	
	7. 보험목적물에 대한 어떤 자의 불법행위에 의한 고의적인 손상 또는 파괴	○	×	×	
	8. 원자력 또는 원자핵의 분열 및/또는 융합 또는 그 밖에 이와 유사한 반응 또는 방사능 또는 방사성물질을 사용하는 무기 또는 장치의 사용으로 인하여 직접 또는 간접적으로 발생하거나 또는 이로부터 발생하는 멸실·손상 또는 비용	×	×	×	

●●● 1963년 ICC(A/R), (WA) 및 (FPA)조건의 비교

<table>
<tr><th>해손 종류</th><th>손해의 종류</th><th>담보범위의 내용</th><th colspan="3">보험조건의 종류</th></tr>
<tr><td>공동해손</td><td>공동해손</td><td>•공동해손희생손해
•공동해손비용
•공동해손분담금</td><td rowspan="4">FPA
분손부담보</td><td rowspan="5">WA
분손담보</td><td rowspan="6">A/R
전위험담보</td></tr>
<tr><td rowspan="5">단독해손</td><td>전손</td><td>•현질전손
•추정전손</td></tr>
<tr><td>특정분손</td><td>•침몰, 좌초, 대화재의 발생
•충돌, 폭발, 화재 및 피난항에서의 양륙에 합리적으로 기인하는 손해
•적재·양륙·환적중의 포장 단위당의 전손</td></tr>
<tr><td>비용손해</td><td>•손해방지비용, 기타 특별비용(피난항 등에서의 양륙, 보관, 환적, 계속운송 등의 비용)
•구조료, 부대비용</td></tr>
<tr><td>기타 분손</td><td>•특정분손 이외의 분손(조수, 고조, 파도, 홍수에 의한 손해, 갑판유실, 악천후에 의한 분손). 단, 소손해면책조건의 적용도 가능</td><td></td></tr>
<tr><td>각종 부가위험</td><td>•각종 부가위험을 일괄담보
•소손해면책비율의 적용은 없음</td><td colspan="2"></td></tr>
<tr><td rowspan="2">추가 보험</td><td colspan="5">동맹파업위험</td></tr>
<tr><td colspan="5">전쟁위험담보</td></tr>
</table>

(2) 추가보험조건

㈎ 부가위험

ICC(A/R)과 이에 상응하는 ICC(A)는 해상에 관한 거의 모든 위험을 담보하지만, ICC(WA)와 이에 상응하는 ICC(B), 그리고 ICC(FPA)와 이에 상응하는 ICC(C)와 같은 기타 조건에서는 담보되지 않는 위험이 많기 때문에 화물에 따라 위험담보약관(부가위험약관)의 추가가 필요하게 된다.

① 도난발화불착손(TPND; Theft, Pilferage and Non-delivery): 피보험화물이 도난(Theft), 발화(Pilferage) 또는 불착(Non-Delivery)에 의하여 발생된 손해를 담보하는 조건으로서, 이러한 위험은 강도(thieves)와 다른 의미를 가진다. 도난(Theft)은 도둑에 의하여 화물이 없어지는 것을 말하고, 발화(Pilferage)는 좀도둑에 의하여 포장내용의 일부가 없어지는 것을 말하고, 불착(Non-Delivery)은 분실을 원인으로 하는 포장단위의 화물 전체가 목적지에 도착되지 않은 것으로서 부족(Shortage)과는 다른 의미이다. WA 또는 FPA조건에서 이러한 위험을 담보하기 위해서는 "ICC(WA) including T.P.N.D" 또는 "ICC(FPA) including T.P.N.D"와 같이 표기하여야 한다.

② 우담수손(RFWD; Rain and/or Fresh Water Damage): 피보험화물이 빗물(Rain)이나 담수(Fresh Water)에 의하여 발생된 손해를 담보하는 조건을 말한다. WA조건에서는 해수손(Sea Water Damage)은 담보되지만, 부선에 있는 동안에 빗물에 의하여 손해가 발생하는 것과 같이 빗물(Rain)이나 담수(Fresh Water)에 의한 손해는 담보되지 않는다.

③ 유류 및 타화물과의 접촉손(COOC; Contact with Oil and/or Other Cargo): 피보험화물이 유류(Oil)나 다른 화물(Other Cargo)과 접촉하여 발생된 손해를 담보하는 조건으로서, 청소불량으로 선내에 남아 있는 기름, 산 등과 접촉함으로써 발생되는 오염손해 및 적부(stowage)불량이나 선박의 심한 동요로 인하여 타화물과의 접촉에 의하여 발생되는 손해를 담보하는 조건을 말한다.

④ 파손(Breakage): 피보험화물이 해상위험 이외의 위험으로 인한 파손(Breakage)에 의하여 발생된 손해를 담보하는 조건을 말한다. 해상위험으로 인한 파손은 ICC(FPA), ICC(WA), ICC(C) 및 ICC(B)조건에서도 담보된다. 즉, 유리, 도자기, 정밀기기 등 파손되기 쉬운 화물의 경우에는 ICC(A/R)이나 ICC(A)조건으로도 담보되지 않는 위험으로 발생한 파손에 대하여는 보상받을 수 없기 때문에 파손위험을 추가적으로 부보하여야만 파손으로 인한 손해보상을 받을 수 있다.

⑤ 누손/부족손(Leakage and/or Shortage): 피보험화물이 누손(Leakage)이나 화물의 수량 또는 중량 등의 부족(Shortage)으로 인한 손해를 담보하는 조건으로서, 누손(Leakage)은 액체 또는 기체화물 등의 산화물(bulk cargo)이 용기에서 유출되어 발생된 손해를 말하고, 부족손(Shortage)은 주로 중량의 부족(Weight Shortage)이나 수량의 감소(Loss in quantity)에 따른 손해를 말한다.

⑥ 한습손/열손(Sweat & Heating): 선창, 컨테이너의 내벽에 습기의 응축(Sweating)으로 발생한 피보험화물에 발생한 손해(ship's sweat), 곡물류 등의 피보험화물이 내포하고 있는 습기가 통풍불량이나 이상온도의 상승에 의하여 자체적으로 발열(Heating)하여 발생하는 손해(heat damage)를 담보하는 조건을 말한다. 이 두 손해는 서로 연관되어 발생하기 때문에 구별하는 것이 곤란할 때가 많다.

⑦ 투화 및 갑판유실(JWOB; Jettison & Washing Over-board): 해난사고시 원목, 차량, 생동물 등과 같이 갑판상에 적재된 피보험화물을 투화하거나 풍랑으로 유실되는 손해를 담보하는 조건을 말한다.

⑧ 갈고리손(H/H; Hook & Hole): 피보험화물을 적재하거나 양륙할 때 하역인부가 사용하는 갈고리에 의하여 발생하는 손해를 담보하는 조건을 말한다. 주로 섬유류, 잡화 등의 화물을 화물보험에 부보할 때 추가로 담보되는 조건이다.

⑨ 곡손(Denting & Bending): 접촉, 충격 등 외부적인 원인에 의하여 피보험화물의 표면이나 내부가 구부러지거나 찌그러지는 손해를 담보하는 조건으로서, 파손(Breakage)과 마찬가지로 기계수선특별약관의 적용을 받기 때문에 화물의 원상회복에 필요한 수리비만을 보상하게 된다.

⑩ 오손(Contamination): 액체화공약품, 유류 등의 피보험화물이 해수 또는 담수와 혼합되어 발생하는 품질저하의 손해, 또는 피보험화물이 타화물과 접촉되거나 잡물과 혼합되어 발생하는 외관상의 더러움이나 흠, 악취의 흡착으로 인한 손해를 담보하는 조건을 말한다.

⑪ 자연발화손(Spontaneous Combustion): 피보험화물이 외부적 충동에 의하지 않고 화물자체의 화학적 또는 생물학적 변화로 인하여 스스로 발화하거나 폭발하여 발생하는 손해를 담보하는 조건을 말한다.

⑫ 녹손(Rust): 기계류, 철물 등의 피보험화물에 습도, 해수, 담수, 빗물 등에 의하여 녹이 슬어 발생하는 손해를 담보하는 조건을 말한다. 화물자체의 포장상태가 녹을 방지하기 위한 처리가 적합하게 되어 있는 경우에만 손해보상을 받을 수 있다.

⑬ 곰팡이손(Mould and Mildew; MM): 곡물, 연초 등의 피보험화물에 수분의 증가로 곰팡이 또는 기타 미생물이 생겨 발생하는 손해를 담보하는 조건을 말한

다. 악천후에 의한 해수의 유입으로 피보험화물에 곰팡이가 생기는 경우에는 보험자는 보험약관상 보상책임을 부담하지만, 보험자가 면책되는 손해, 즉 화물자체의 고유의 하자와 같이 외부적 원인 없이 피보험화물에 생기는 곰팡이 손해의 경우에는 곰팡이손을 특약함으로써 보험자에게 보상책임을 부담시킬 수 있게 된다.

⑭ 서식 및 충식손(Rats and Vermin; 쥐 및 벌레손): 곡물, 소맥분 등의 피보험화물이 운송도중에 쥐나 해충에 의해서 입게 되는 손해를 담보하는 조건을 말한다.

㈏ 전쟁위험 및 동맹파업위험

ICC(WA)나 ICC(B), ICC(FPA)나 ICC(C)뿐만 아니라, ICC(A/R)이나 ICC(A)에서도 전쟁위험 및 동맹파업위험은 담보되지 않기 때문에, 예를 들면 ICC(A/R)의 경우에는 필요에 따라 협회전쟁약관(Institute War Clauses), 협회동맹파업·폭동·소요약관(Institute Strikes Riots and Civil Commotions Clauses)을 추가하여 부보할 수 있고, ICC(A)의 경우에는 필요에 따라 1982년 협회전쟁약관[Institute War Clauses(Cargo)]과 협회동맹파업약관[Institute Strikes Clauses(Cargo)]을 추가하여 부보할 수 있다.

① 구협회전쟁약관(Institute War Clauses; IWC): 협회화물약관에서 담보되지 않는 포획, 나포, 강류, 억지 또는 억류, 적대행위 또는 군사행동, 내란, 혁명, 모반, 반란 혹은 이로 인한 국내파업, 해적, 기뢰, 어뢰, 폭탄 또는 기타 군병기 등의 전쟁위험으로 인한 손해를 특약으로 담보하는 것을 말한다. 전쟁위험의 담보범위는 "창고에서 창고까지(Warehouse to Warehouse)"로서 육상위험까지도 담보하는 화물보험과 달리, "항구에서 항구까지(Port to Port)"로서 육상전쟁위험을 제외한 해상구간에서 발생하는 위험만을 담보한다. 왜냐하면, 육상전쟁위험의 경우에는 그 위험도를 측정하는 것이 어렵기 때문이다.

② 신협회전쟁약관(Institute War Clauses; IWC): ㉮ 전쟁·내란·혁명·모반·반란, 또는 이로부터 발생하는 국내투쟁, 또는 교전국에 의하거나 또는 교전국에 대한 적대행위, ㉯ 포획·나포·구속·억지 또는 억류, 및 그러한 행위의 결과 또는 그러한 행위를 하려는 기도, ㉰ 유기된 기뢰·어뢰·폭탄 또는 그 밖의 유기된 전쟁무기 등의 전쟁위험으로 인한 손해를 특약으로 담보하는 것을 말한다. 전쟁위험의 담보범위는 육상전쟁위험부담보조항에 의하여 화물이 항양선박에 적재된 때부터 개시하여 화물이 항양선박으로부터 양륙된 시점에 담보는 종료한다. 선박이 목적지에 도착하였지만 양륙이 지연된 경우, 담보는 도착한 날의 자정부터 15일간으로 한정된다.

③ 협회동맹파업폭동소요약관(Institute Strikes, Riots, and Civil Commotions Clauses): 협회전쟁약관과 동일한 담보방법을 취하고 있는 것으로서, 구협회화물약관에서 담보하지 않는 동맹파업자(strikers), 직장폐쇄노동자(locked-out workmen), 또는 노동쟁의·폭동 또는 소요에 참가한 자(persons taking part in labour disturbances, riots or civil commotions), 악의로 행동하는 자(persons acting maliciously)에 의하여 발생한 피보험재산의 멸실 또는 손상을 담보하는 것을 말한다. 즉, 구협회화물약관 제13조 동맹파업폭동소요부담보조항(free from strikes, riots, and civil commotions clause; F.S.R. & C.C. Clause)에 의하여 동맹파업위험은 담보되지 않지만, 이 동맹파업폭동소요부담보조항은 동맹파업 등의 위험을 담보하는 특별약관이 첨부된다면 실제상은 삭제되지 않더라도 사실상 삭제되는 것으로 간주된다. 이것은 보험증권의 위험조항으로부터 동맹파업폭동소요부담보조항(free from strikes, riots, and civil commotions clause; F.S.R. & C.C. Clause)에 의하여 일단 제외된 위험을 협회동맹파업폭동소요약관에 의하여 다시 담보되는 것을 의미한다.

④ 협회동맹파업약관(Institute Strikes Clauses): 동맹파업위험약관(Institute Strikes Clauses; ISC)은 신협회화물약관에서 담보하지 않는 동맹파업자, 직장폐쇄노동자 또는 노동쟁의, 폭동, 소요에 참가한 자, 폭력주의자, 정치적 동기로부터 행동하는 자에 의하여 발생한 피보험화물의 멸실 또는 손상을 담보하는 것을 말한다. 협회동맹파업위험의 담보범위는 협회화물약관의 담보범위와 동일하다.

8. 전위험보험의 담보(제28조 h항)

신용장이 "전위험에 대한 보험"의 조건을 명시하고 있는 경우에, 은행은 "전위험(All Risks)"의 표기 또는 조항이 표시되어 있는 보험서류를 수리한다. 이 경우에 보험서류가 "전위험(All Risks)"의 표제의 유무를 불문하고, 설령 특정위험의 제외가 표시되어 있더라도 은행은 책임을 부담하지 않고 그러한 보험서류를 수리한다.[137] 신용장에서 ICC(A/R) 또는 ICC(A)를 요구하는 것이 아니라 단지 "전위험에 대한 보험"의 조건을 명시하고 있는 경우에는, 은행은 ICC(A/R) 또는 ICC(A)의 어떠한 약관의 보험서류도 수리할 수 있다는 것이다. 이 조문은 신협회화물약관인 ICC(A)에 대응한 것이지만, 실제로는 구협회화물약관인 ICC(A/R)을 요구하는 신용장이 있다는 실정을 감안한 것이다.

또한, 구협회화물약관인 ICC(A/R)이나 신협회화물약관인 ICC(A)라고 하더라도, 통상의 누손, 화물의 고유의 하자 또는 성질, 항해의 지연으로 인한 손해 등에 관하여는

137) 桐谷芳和, 信用狀統一規則解說, 經濟法令研究會, 1993, p.81.

면책으로 되기 때문에, 보험서류에 특정위험이 제외된다고 표시하고 있더라도, 은행은 배제되어야 한다고 명기된 어떠한 위험에 대하여도 책임을 부담하지 않고 "전위험(all risks)"의 표기 또는 조항을 포함하는 보험서류를 수리한다고 규정하고 있는 것이다.

●●● 전위험보험의 담보

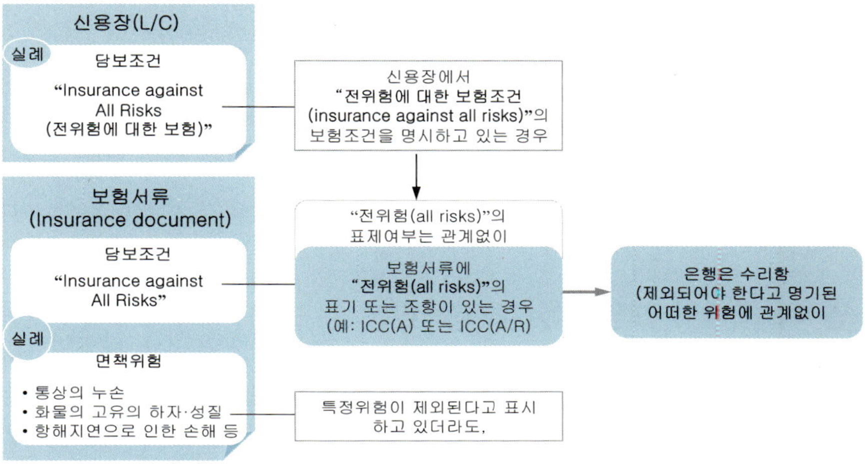

9. 면책조항의 참조(제28조 i항)

보험서류는 모든 면책조항(exclusion clause)의 참조를 포함할 수 있다. 즉, 면책조항의 참조를 포함하고 있는 보험서류가 제시된 경우, 그러한 면책조항이 특정보험조항에 직접적으로 연결되지 않았다면, 그 보험서류는 수리된다.

제28조

●●● 면책조항의 참조

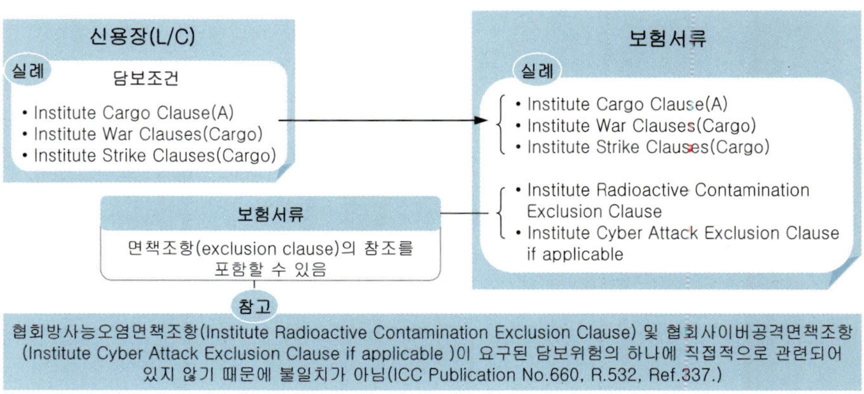

예를 들면, 신용장에 요구된 대로 송장총액의 110%로 부보되고 협회화물약관(A), 협회전쟁약관(적화), 협회동맹파업약관(적화)을 명기하고 있는 보험증명서에 협회방사능오염면책조항 및 협회사이버공격면책조항(적용가능한 경우)이라는 추가조항이 명기되어 있는 경우, 협회방사능오염에 관한 면책조항이 요구된 담보위험의 하나에 직접적으로 관련되지 않았다면, 그 서류는 불일치가 아니라는 것이다. 즉, 보험조항이 신용장대로 명기되어 있지만 서류가 특정면책의 참조를 포함하고 있고 이들 면책이 특정보험조항에 직접적으로 연결되지 않았다면, 그 서류는 불일치가 아니라는 것이다. 그러나, 명시적으로 요구된 조항에 관하여 어떠한 면책도 없어야 한다는 요건을 충족하지 못하는 보험서류, 즉 "Institute Cargo Clauses(A) excluding...(...를 면책하는 협회화물약관(A))"를 명기하고 있는 보험서류는 UCP하에서 불일치로 본다는 것이다.[138]

10. 면책율조항의 보험서류(제28조 j항)

보험서류에 소손해에 대하여는 보상받을 수 없는 소손해면책율(franchise) 또는 초과공제면책율(excess deductible) 등의 면책율조항(Memorandum Clause)은 표시될 수 있기 때문에 이러한 면책율조항이 명기된 보험서류는 수리된다. 그러나, 신용장이 소손해에 대하여도 보상받을 수 있는 면책비율부적용(irrespective of percentage; IOP)의 담보를 요구하고 있는 경우에는 이러한 면책율조항을 포함하고 있는 보험서류는 수리되지 않는다.

●●● 면책율조항의 보험서류

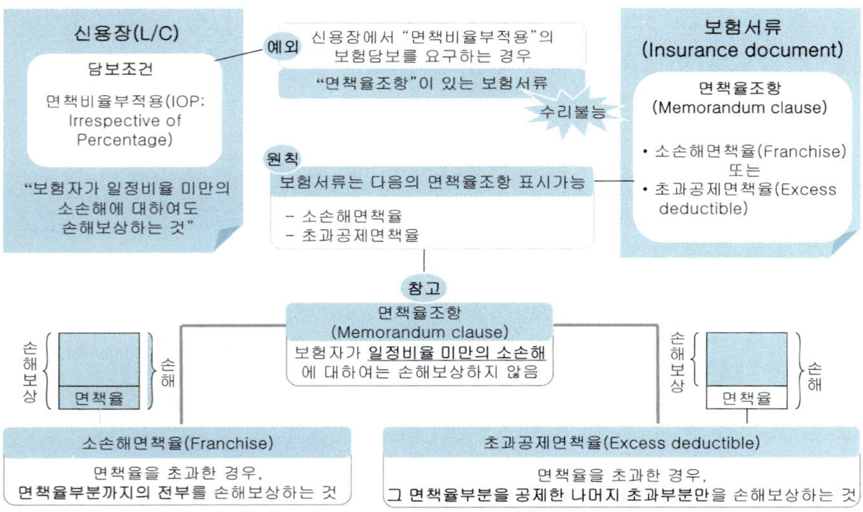

138) ICC Publication No. 660, R. 532, Ref. 337.

즉, 물품운송 중에 사고가 발생하지 않는 경우에도, 물품의 종류나 성질에 따라 수량에 5% 정도까지의 사소한 부족손해가 발생할 수 있다. 이러한 통상의 손해(ordinary loss)나 거래손해(trade loss)에 대하여는 보험자가 보험금의 지급의무를 부담하지 않는다는 제도로서, 소손해면책이 허용되고 있는 것이다 즉, 소손해(petty claim) 보상금지의 원칙은 보험으로 보상되는 손해의 정도가 일정규모이상으로 되었을 때부터 적용되며 사소한 손해는 보상하지 않는다는 것으로서, 보험서류의 뒷면에 인쇄약관으로 규정하고 있다. 이러한 원칙을 기재하고 있는 약관을 면책율조항(Memorandum Clause)이라고 하며, 이것은 소손해면책율(franchise)과 초과공제면책율(excess deductible)로 구분된다. 소손해면책율(franchise)은 일정비율 또는 일정금액 미만의 소손해에 대하여는 보험자가 손해보상의 책임을 면하지만 그 비율이나 금액을 초과하면 면책율부분까지의 손해를 전부 보상하는 것을 말하고, 초과공제면책율(excess deductible)은 그 일정비율 또는 일정금액을 초과하면 보험자가 그 면책율 부분의 손해를 공제하고 나머지 초과부분의 손해만 보상하는 것을 말한다. 그러나, 이러한 소손해면책이 없는 면책비율부적용(irrespective of percentage; IOP)을 조건으로 화물보험을 부보하는 것도 행해진다.

신협회화물약관에는 소손해면책율(franchise)의 규정인 면책율조항(Memorandum Clause)이 없어졌다. ICC(WA)조건이 ICC(B)조건으로 변경되면서 ICC(WA)조건에 원칙적으로 적용되었던 소손해면책율(franchise)이 필요 없게 되었다. 즉, ICC(A), (B) 및 (C)의 어느 조건에도 소손해면책율(franchise)의 규정이 존재하지 않는다.

제29조 유효기일의 연장 또는 제시를 위한 최종일
(Extension of Expiry Date or Last Day for Presentation)

Article 29 Extension of Expiry Date or Last Day for Presentation
제 29 조 유효기일의 연장 또는 제시를 위한 최종일

a. If the expiry date of a credit or the last day for presentation falls on a day when the bank to which presentation is to be made is closed for reasons other than those referred to in article 36, the expiry date or the last day for presentation, as the case may be, will be extended to the first following banking day.
신용장의 유효기일 또는 제시를 위한 최종일이 제36조에 언급된 사유 이외의 사유로 제시를 받아야 하는 은행의 휴업일에 해당하는 경우에는, 그 유효기일 또는 제시를 위한 최종일은 경우에 따라 최초의 다음 은행영업일까지 연장된다.

b. If presentation is made on the first following banking day, a nominated bank must provide the issuing bank or confirming bank with a statement on its covering schedule that the presentation was made within the time limits extended in accordance with sub-article 29 (a).
제시가 최초의 다음 은행영업일에 행해지는 경우에는, 지정은행은 발행은행 또는 확인은행에게 제시가 제29조 a항에 따라 연장된 기간내에 제시되었다는 설명을 서류송부장(covering schedule)으로 제공하여야 한다.

c. The latest date for shipment will not be extended as a result of sub-article 29 (a).
선적을 위한 최종일은 제29조 a항의 결과로서 연장되지 아니한다.

해설 explanation

1. 신용장의 유효기일 또는 서류제시기일의 자동연장(제29조 a항)

신용장의 유효기일이나 제시를 위한 최종일(신용장에 그 최종일이 명시된 경우에는 명시된 기간의 최종일 또는 신용장에 그 최종일이 명시되지 않은 경우 선적일 이후부터 21일 이내)이 통상의 은행의 휴업일에 해당하는 경우에는, 그 명시된 신용장의 유효기일 또는 서류제시를 위한 최종일은 그러한 은행의 최초의 다음 영업일까지 자동연장된다. 즉, 신용장의 유효기일이나 제시를 위한 최종일(서류제시기일)이 은행휴업일에 해당되는 경우에 그 이전의 은행영업일에 서류를 제시하도록 하는 것은 수익자에게는 불이익이 될 수 있기 때문에 최초의 다음 은행영업일로 연장하는 것이 합리적이다.

그러나, 이 조항은 신용장의 유효기일이나 제시를 위한 최종일(서류제시기일)이 "통상의 은행휴업일"에 해당되는 경우에만 최초의 다음 은행영업일로 연장된다는 규정이기 때문에, 제36조에 규정하는 불가항력 등 은행이 통제할 수 없는 사유로 업무가 중단되어 휴업되는 경우에는 적용되지 않는다.

●●● 신용장의 유효기일 또는 서류제시의 자동연장

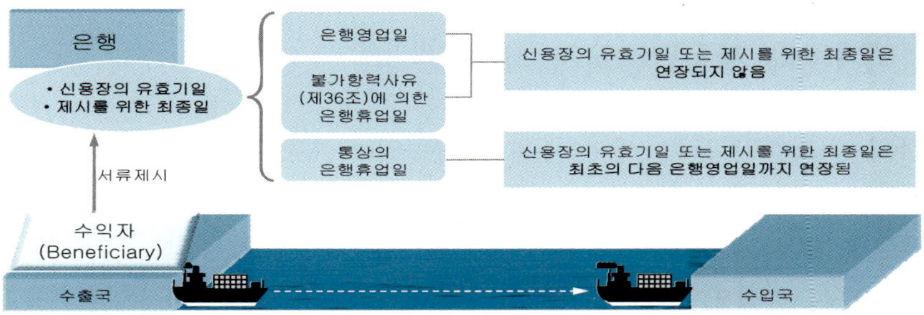

2. 연장된 기일내의 제시를 입증하는 서류송부장의 제공의무(제29조 b항)

제29조

신용장의 유효기일 또는 서류제시기일이 은행휴업일에 해당되어 이러한 기일이 최초의 다음 은행영업일까지 연장된다는 UCP 600 제29조 a항의 규정에 따라 이러한 연장된 기일에 서류의 제시를 받은 은행은 제시된 서류가 UCP 600 제29조 a항에 따라 연장된 기간내에 제시되었다는 취지의 설명(statement)을 서류송부장(Covering schedule; Covering Letter)으로 제공하여야 한다. 따라서, 은행이 제공해야 하는 설명에는 UCP 600 제29조 a항에 따라 연장된 기간내에 제시되었음을 표시하는 문언이 통상적으로 다음과 같이 기재되지만, 이러한 설명은 별도의 서류에 의하지 않고 서류송부장(Covering schedule; Covering Letter)에 기재되며, 서명이 없어도 된다.

"We certify that the documents were presented within the time limits extended in accordance with sub-Article 29(a) of the Uniform Customs and Practice for Documentary Credits, 2007 Revision, ICC Publication No.600(당행은 서류가 ICC 출판물번호 제600호인 2007년 개정 화환신용장통일규칙 및 관례 제29조 a항에 일치하여 연장된 기간내에 제시되었음을 입증한다)."

●●● 연장된 기일내의 제시를 입증하는 서류송부장의 제공의무

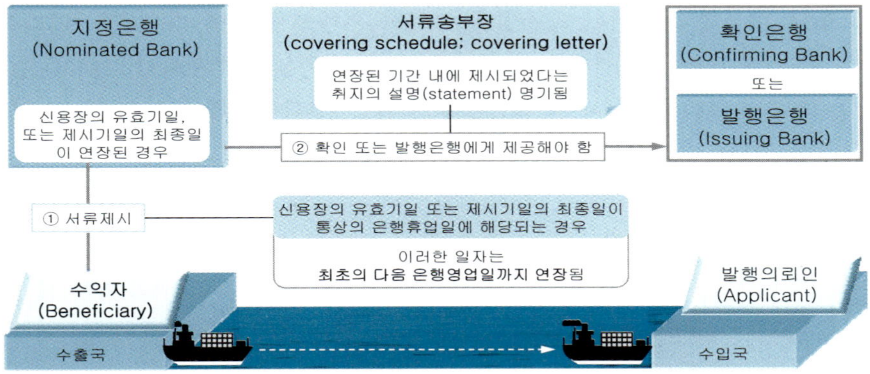

3. 선적기일의 자동연장금지(제29조 c항)

신용장의 유효기일 또는 제시를 위한 최종일(서류제시기일)이 통상의 은행휴업일에 해당되는 경우에는 이러한 기일은 다음의 최초 은행영업일까지 자동 연장되는 반면, 선적을 위한 최종일인 선적기일이 은행휴업일에 해당되는 경우에는 자동 연장되지 않는다. 이것은 일요일이나 축제일 등의 경우에도 운송인이 하역업무를 이행하고 있는 관행을 반영한 것이다.

●●● 선적기일의 자동연장금지

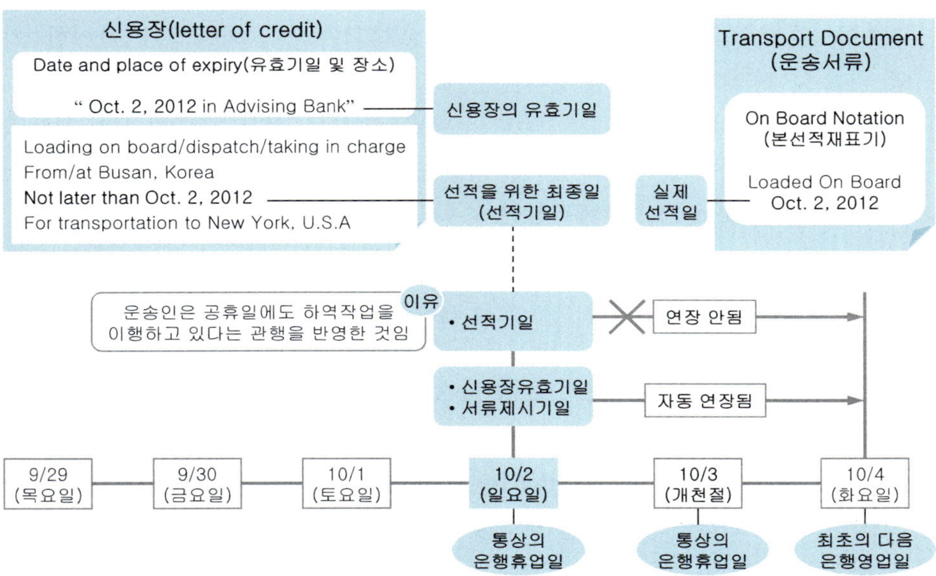

참고로, 신용장의 유효기일(expiry date of a credit)은 신용장에 명기된 서류가 지급이행 또는 매입을 위하여 제시되어야 하는 최종일을 말하고, 서류제시기일(date for presentation of documents)은 제시를 위한 최종일(last day for presentation)로서 운송서류를 요구하는 신용장하에서 물품이 선적된 후 신용장에 명시된 서류가 은행에 제시되어야 하는 최종일을 말하고, 선적기일(date for shipment)은 선적을 위한 최종일(the latest date for shipment)로서 수출업자가 물품을 선적하여야 하는 최종일을 말한다.

제29조

제30조 신용장금액/수량/단가의 과부족(Tolerance in Credit Amount, Quantity and Unit Prices)

Article 30 Tolerance in Credit Amount, Quantity and Unit Prices
제 30 조 신용장금액/수량/단가의 과부족

a. The words "about" or "approximately" used in connection with the amount of the credit or the quantity or the unit price stated in the credit are to be construed as allowing a tolerance not to exceed 10% more or 10% less than the amount, the quantity or the unit price to which they refer.
신용장에 명기된 신용장의 금액 또는 수량 또는 단가와 관련하여 사용된 "약(about)" 또는 "대략(approximately)"이라는 단어는 이에 언급된 금액, 수량 또는 단가의 10%를 초과하지 아니하는 과부족을 허용하는 것으로 해석된다.

b. A tolerance not to exceed 5% more or 5% less than the quantity of the goods is allowed, provided the credit does not state the quantity in terms of a stipulated number of packing units or individual items and the total amount of the drawings does not exceed the amount of the credit.
신용장이 명시된 포장단위 또는 개개의 품목의 개수로 수량을 명기하지 아니하고 어음발행의 총액이 신용장의 금액을 초과하지 아니하는 경우에는, 물품수량의 5%를 초과하지 아니하는 과부족은 허용된다.

c. Even when partial shipments are not allowed, a tolerance not to exceed 5% less than the amount of the credit is allowed, provided that the quantity of the goods, if stated in the credit, is shipped in full and a unit price, if stated in the credit, is not reduced or that sub-article 30 (b) is not applicable. This tolerance does not apply when the credit stipulates a specific tolerance or uses the expressions referred to in sub-article 30 (a).
분할선적이 허용되지 아니하는 경우에도, 신용장금액의 5%를 초과하지 아니하는 부족은 허용된다. 다만, 물품의 수량은 신용장에 명기된 경우 전부 선적되고 단가는 신용장에 명기된 경우 감액되어서는 아니되거나 또는 제30조 b항이 적용될 수 없어야 한다. 이 부족은 신용장이 특정 과부족을 명시하거나 또는 제30조 a항에 언급된 표현을 사용하는 경우에는 적용되지 아니한다.

해설 explanation

1. 개산수량조건 또는 개산금액조건(제30조 a항)

수량 앞에 "약(about)" 또는 "대략(approximately)"이라는 단어를 사용하여 수량을 표현할 경우에는, 10%의 수량과부족을 허용하는 것으로 해석된다. 또한, 금액 또는 단가 앞에 "약(about)", "대략(approximately)"이라는 단어를 사용하여 금액 또는 단가를 표현할 경우에도, 10%의 금액 또는 단가의 과부족을 허용하는 것으로 해석된다. 그러나 이러한 원칙은 그 표현이 수식하지 않는 항목에 대하여는 적용되지 않는다. 예를 들면, "about 100 ton"인 경우에는 수량의 상한이 110 ton이고, 수량의 하한이 90 ton이라는 것이며, "about USD 10,000"인 경우에는 금액의 상한이 USD 11,000이고, 금액의 하한이 USD 9,000이라는 것이다.

결과적으로, 이 조항에서 "약(about)" 등의 표현은 신용장금액, 단가, 수량 등의 3가지 항목에 관하여 적용되는 것이지만, "약(about)" 등의 단어가 붙어 있는 항목에 대하여만 10%의 과부족을 허용하는 것으로서 한정적으로 취급된다. 따라서, 수량 앞에만 "약(about)" 등의 표현이 붙어 있다면 수량에만 과부족이 인정되고, 신용장 금액 또는 단가에는 과부족이 인정되지 않는 것이다.

이 조항에서는 UCP 500에서 사용되고 있었던 "대개(circa)" 또는 이와 유사한 표현이라는 용어를 삭제하였다. "대개(circa)"라는 용어가 신용장금액, 수량, 단가 앞에 거의 사용되지 않는 관행을 반영한 것이다.

●●● 개산수량조건 또는 개산금액조건

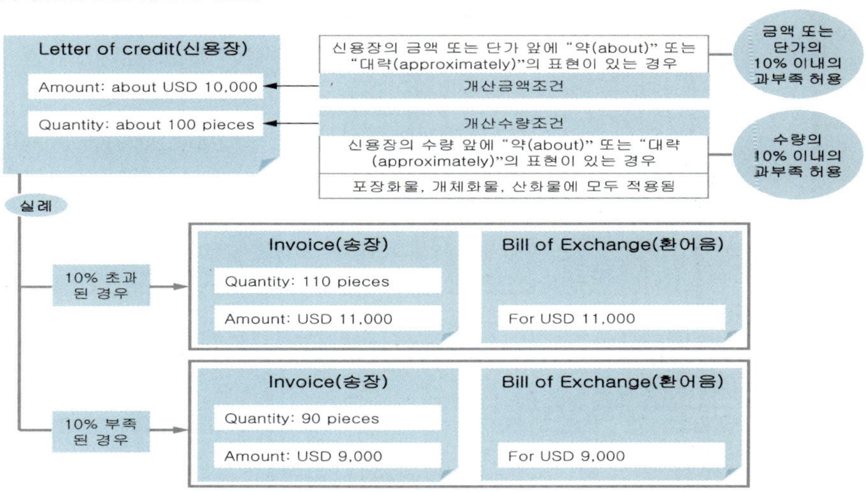

제30조

2. 산화물의 수량에 과부족용인조항이 없는 경우(제30조 b항)

곡물, 광석, 원유 등의 산화물(bulk cargo)의 경우에는 운송중의 감량이 예상되어 표시된 수량 그대로를 정확하게 인도한다는 것은 기술적으로 거의 불가능하므로, 즉, 적재시와 양륙시의 수량에 오차가 발생하기 때문에 상관습상 일정 범위내에서 이를 인정하고 있다. 따라서, 산화물의 경우에는 계약물품의 수량 앞에 "과부족"이나 "약" 또는 "대략"이라는 표현 없이 정확한 수량을 표현하여 약정하더라도 5%의 과부족이 인정된다. 다만, 5%의 수량과부족이 인정되기 위해서는 ① 산화물이어야 하고(수량이 명확히 확정될 수 있는 포장화물이나 개체화물은 이 조항의 규정이 적용되지 않는다), ② 신용장금액을 한도로 어음을 발행하여야 한다(즉, 수량을 초과하여 선적한 경우에도 어음발행의 금액이 신용장의 금액을 초과해서는 안된다)는 요건을 갖추어야 한다. 즉, 계약물품(산화물)의 수량 앞에 과부족의 허용범위를 표시하는 과부족용인조항이 없는 경우에도 5%의 과부족이 인정된다는 것이다.

다시 말하면, 산화물(포장단위 또는 개개의 품목의 개수로 수량을 명시하는 물품이 아닌 물품)의 경우에는, 수량은 5%의 과부족이 허용되고, 어음발행금액은 신용장금액을 초과하지 않는 범위내에서 5%의 부족이 허용된다.

●●● 산화물의 수량에 과부족용인조항이 없는 경우

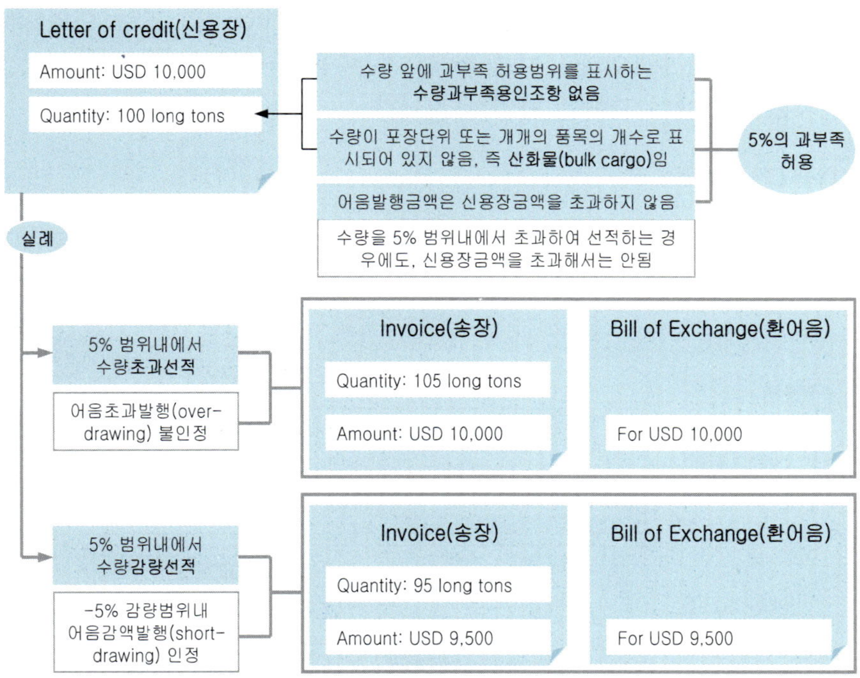

3. 환어음금액의 감액발행허용(제30조 c항)

신용장이 분할선적을 금지한 경우에도, ① 신용장상의 물품의 수량과 선적된 물품의 수량이 일치하고 신용장상의 물품의 단가와 물품의 가격이 일치하는 경우, ② 제30조 b항이 적용될 수 없는 경우(포장단위 또는 개개의 품목의 개수로 수량을 명시하고 있는 경우), 또는 ③ 신용장이 특정 과부족을 명시하지 않는 경우에는, 환어음의 금액은 신용장의 금액보다 5% 부족하게 발행될 수 있다. 즉, 환어음의 금액을 신용장의 금액보다 5%의 범위내에서 부족하게 발행할 수 있도록 환어음의 금액을 감액하여 발행하는 것을 허용하고 있는 것이다.

●●● 환어음금액의 감액발행허용

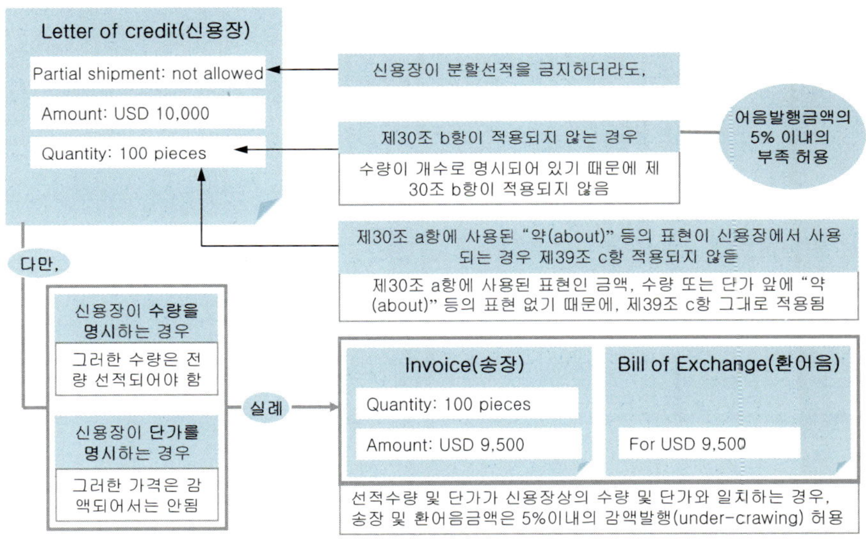

송장금액 및 환어음금액의 5% 이내의 감액발행(under-drawing)을 허용하는 것은 ① 현행의 신용장의 구조(± 10%의 금액)하에서 원유가격의 변동에 따른 불일치로 송장금액이 신용장에서 허용된 금액보다 적다는 상황과 ② 가격조건이 CFR 또는 CIF 등의 경우에 운임 및/또는 보험료가 확정되지 않은 상태에서 개략적으로 추정된 금액으로 매매계약이 체결되고 신용장이 발행되는 상황을 고려한 것이라고 볼 수 있다. 즉, 운임 및/또는 보험료가 확정되지 않은 상태에서 개략적으로 추정된 금액을 CFR 또는 CIF가격으로 하여 매매계약을 체결한 경우에는, 신용장에 명시된 물품이 전량선적되고 단가가 신용장조건과 일치하더라도 운임 및/또는 보험료가 확정되면 송장금액이 신용장금액과 달라질 수 있기 때문이다. 따라서, 분할선적이 금지된 경우라도 선적수량과 단가가 신용장상의 수량과 단가와 일치한다면 송장금액 및 환어음금액은 5% 이내의 감액발행(under-drawing)이 허용되는 것이다.[139] 즉, 송장과 환어음은 신용장금액의 5%의 범위내의 금액으로 감액발행될 수 있지만, 송장상의 수량과 단가는 신용장조건과 일치되어야 한다.

●●● 수량과부족에 대한 UCP의 규정

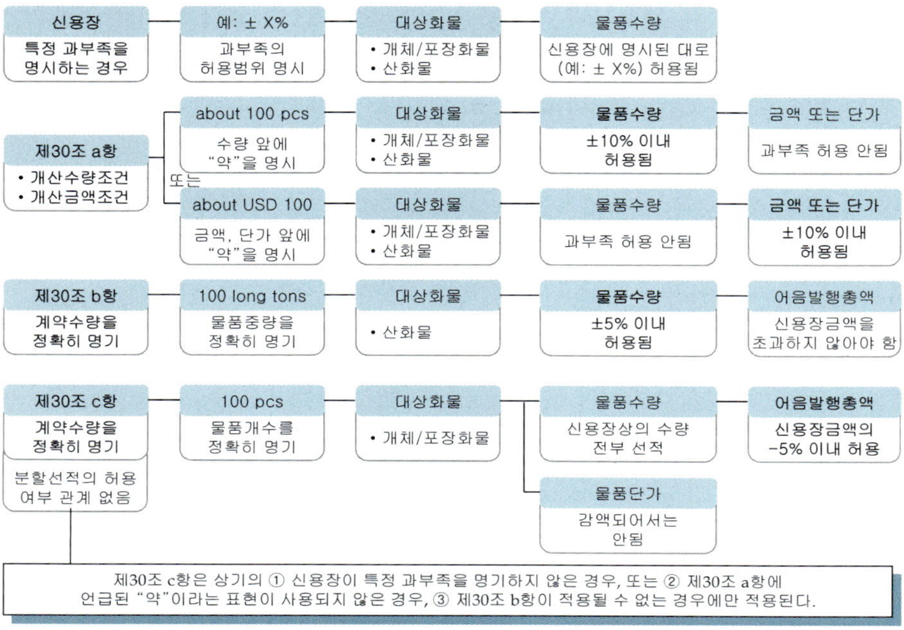

139) ICC Publication No. 632, R 367, Ref 240.

제31조 분할어음발행 또는 선적(Partial Drawings or Shipments)

Article 31 Partial Drawings or Shipments
제 31 조 분할어음발행 또는 선적

a. Partial drawings or shipments are allowed.
분할어음발행 또는 분할선적은 허용된다.

b. A presentation consisting of more than one set of transport documents evidencing shipment commencing on the same means of conveyance and for the same journey, provided they indicate the same destination, will not be regarded as covering a partial shipment, even if they indicate different dates of shipment or different ports of loading, places of taking in charge or dispatch. If the presentation consists of more than one set of transport documents, the latest date of shipment as evidenced on any of the sets of transport documents will be regarded as the date of shipment.
동일한 운송수단에 그리고 동일한 운송을 위하여 출발하는 선적을 증명하는 2조 이상의 운송서류를 구성하는 제시는, 이들 서류가 동일한 목적지를 표시하고 있는 한, 이들 서류가 상이한 선적일 또는 상이한 적재항, 수탁지 또는 발송지를 표시하고 있더라도, 분할선적이 행해진 것으로 보지 아니한다. 그 제시가 2조 이상의 운송서류를 구성하는 경우에는, 운송서류의 어느 한 조에 증명된 대로 최종선적일은 선적일로 본다.

A presentation consisting of one or more sets of transport documents evidencing shipment on more than one means of conveyance within the same mode of transport will be regarded as covering a partial shipment, even if the means of conveyance leave on the same day for the same destination.
동일한 운송방식에서 2 이상의 운송수단상의 선적을 증명하는 2조 이상의 운송서류를 구성하는 제시는 그 운송수단이 동일한 일자에 동일한 목적지를 향하여 출발하는 경우에도 분할선적이 행해진 것으로 본다.

c. A presentation consisting of more than one courier receipt, post receipt or certificate of posting will not be regarded as a partial shipment if the courier receipts, post receipts or certificates of posting appear to have been stamped or signed by the same courier or postal service at the same place and date and for the same destination.

2 이상의 특송화물수령증, 우편수령증 또는 우송증명서를 구성하는 제시는 그 특송화물수령증, 우편수령증 또는 우송증명서가 동일한 장소 및 일자 그리고 동일한 목적지를 위하여 동일한 특송업자 또는 우편서비스에 의하여 스탬프 또는 서명된 것으로 보이는 경우에는 분할선적으로 보지 아니한다.

해설 explanation

1. 분할어음발행 또는 분할선적의 허용(제31조 a항)

신용장에서 분할어음발행(partial drawing)이나 분할선적(partial shipment)을 금지한 경우에는 분할어음발행이나 분할선적이 허용되지 않지만, 신용장에서 분할어음발행이나 분할선적을 금지한다는 문언이 없다면, 분할어음발행이나 분할선적은 허용된다.

●●● 분할어음발행 또는 분할선적의 허용

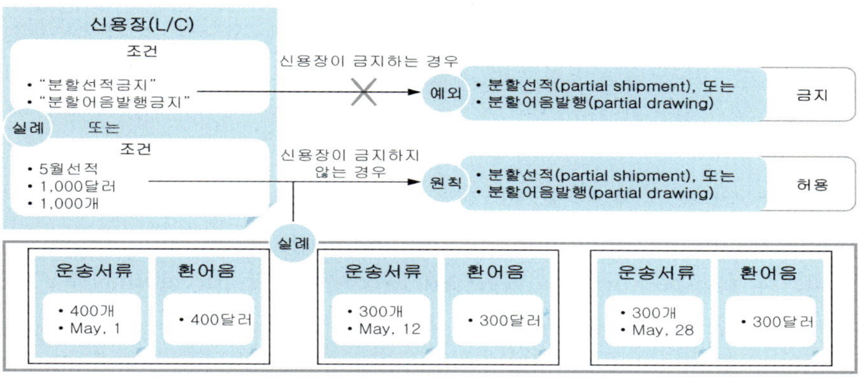

분할선적(partial shipment; part shipment)은 특정기간동안에 계약물품을 1회에 전량 선적하지 않고 2회 이상으로 나누어서 선적하는 것을 말한다. 이는 ① 계약물

품의 수량이나 금액이 많아 매도인이 한꺼번에 제조·생산하여 제공하기 어려운 경우(주문품의 생산능력), ② 지급능력, 판매능력[140] 또는 시장상황의 제약으로 매수인이 계약물품의 전량을 한꺼번에 인수하기 어려운 경우, ③ 선박의 배선일정 등의 운송사정으로 인하여 계약물품의 전량을 한꺼번에 선적하기 어려운 경우 등에 주로 이루어진다.

분할선적을 허용하는 경우에는 "Partial shipments are allowed(분할선적은 허용된다)"라고 표시하고 그 분할 횟수와 분할수량을 약정할 수 있으며, 분할선적을 금지하는 경우에는 "Partial shipments are prohibited 또는 Partial shipments to be prohibited (분할선적은 금지된다)"라고 표시한다. 그러나, UCP 600 제31조 a항의 규정에 따라, 분할선적은 허용된다.

또한, 분할어음발행(partial drawing)은 신용장을 한 번에 사용하지 않고 몇 번으로 나누어서 사용함으로써 동일한 신용장하에서 복수의 어음이 발행되어 사용되는 경우를 말한다.

2. 특송·우편이외의 운송방식에 의한 복수선적의 경우 분할선적의 해석 (제31조 b항)

(1) 복수선적의 경우 분할선적으로 보지 않는 경우(제31조 b항 제1단락)

이 조항은 특송·우편에 의한 운송을 제외한 해상운송, 복합운송 또는 항공운송에 적용되는 것으로서, 동일한 목적지로 운항하는 동일한 운송수단(means of conveyance)[141]에 동일한 운송을 위하여 분할선적하는 경우에는 물품의 집화장소가 상이하여 여러 횟수에 걸쳐 각각 다른 장소에서 선적함으로써 선적일 및 선적장소가 다른 2조 이상의 상이한 운송서류가 발행되더라도 이를 분할선적으로 보지 않는다. 왜냐하면, 분할선적은 계약물품을 최소한 2이상의 단위로 분할하여 상이한 목적지로 운송하거나 및/또는 상이한 운송수단에 상이한 운송을 위하여 선적하는 것을 의미하기 때문이다. 동일한 목적지의 물품을 각 항구에서 동일한 선박에 선적하는 경우, 예를 들면, 물품을 인천공장 및 부산공장에서 분담하여 제조하여 미국으로 수출하

140) 매수인이 매월의 판매능력 이상의 물품을 수취하는 경우에는 재고나 보관비용이 많이 든다.
141) "운송수단(means of conveyance)"이라는 용어는 선박, 항공기, 트럭 등과 같은 단일의 운송수단(single vehicle)의 의미를 가지고 있고, "운송방식(mode of transport)"이라는 용어는 해상운송, 항공운송, 도로운송 등과 같은 운송의 형태/성질(type/nature of the transport)을 의미한다(Gary Collyer & Ron Katz, Collected Opinions 1995-2001, Publication No. 632, ICC Publishing S.A., 2002, R 240, Ref 241, p.398)

는 경우에, 동일한 항해의 동일한 선박에 인천항에서 200개 및 부산항에서 200개를 일정한 시차를 두고 각각 선적하고 선적일 및 그 장소가 서로 다른 2이상의 운송서류가 발행되더라도, 이들 각각의 운송서류가 동일한 목적지를 표시하고 있는 한, 목적항에서 400개를 모아서 수취할 수 있기 때문에 분할선적이 아니라 1회의 선적인 일괄선적(one shipment)으로 처리된다.

●●● 복수선적의 경우 분할선적으로 보지 않는 경우

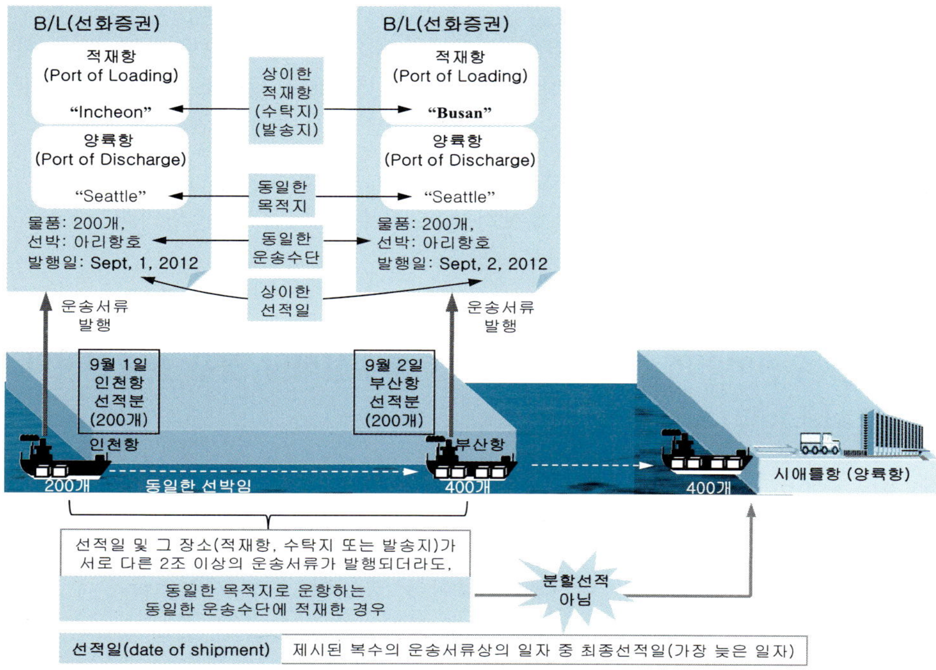

(2) 복수선적의 경우 분할선적으로 보는 경우(제31조 b항 제2단락: 신설)

이 조항에서는 2002년 ISBP 제89항 제3문[142],제110항 제3문, 제133항, 제159항 및 제177항을 반영하여, 동일한 운송방식에서 2 이상의 운송수단이 동일한 일자에 동일한 목적지를 향하여 출항하는 경우에는 이를 분할선적으로 본다는 규정을 신설하였다.

즉, 동일한 운송방식에서 2 이상의 운송수단이란 예를 들면 해상운송의 경우에는 2척 이상의 선박을, 항공운송의 경우에는 2대 이상의 항공기를, 도로운송의 경우에

142) 2002년 ISBP 제89항 제3문에서는 "2 이상의 선박에의 선적은 이들 선박이 동일한 일자에 동일한 목적지를 향하여 출항하는 경우에도 분할선적이다"라고 규정하고 있다.

는 2대 이상의 트럭을, 복합운송의 경우에는 2 이상의 트럭(화차), 선박, 항공기 등을 말한다. 따라서, 물품이 2척 이상의 선박에 선적된 경우에는 그 선박이 동일한 일자에 동일한 목적지를 향하여 동일한 선적항에서 출항하였더라도 분할선적으로 본다. 이것은 물품이 2척 이상의 선박에 나누어 선적된 후 이들 선박이 동일한 일자에 출항하더라도 운송상황에 따라 서로 다른 일자에 목적지에 도착할 수도 있기 때문에 분할선적으로 본다고 규정한 것 같다.

●●● 복수선적의 경우 분할선적으로 보는 경우

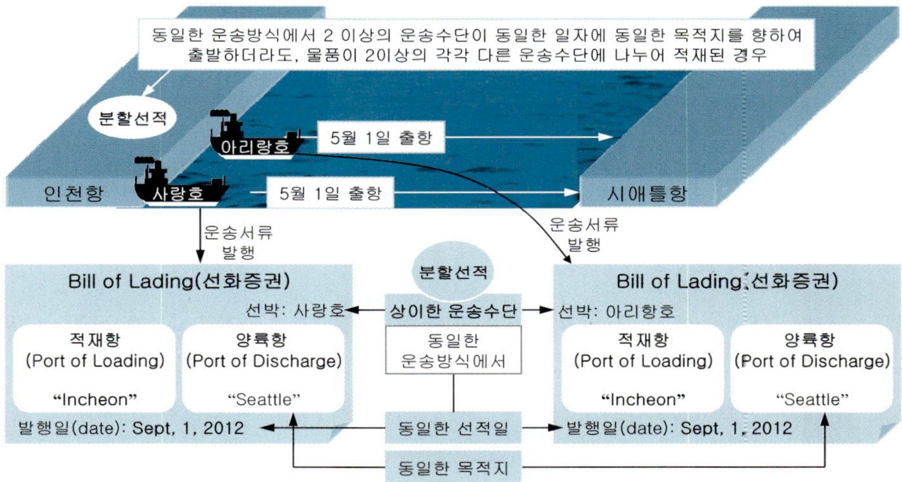

3. 특송·우편에 의한 복수선적의 경우 분할선적의 해석(제31조 c항)

이 조항은 특송·우편에 의한 운송에만 적용되는 것으로서, 특송 또는 우편으로 물품을 발송하는 경우에는, 1개당 용적·중량의 제한이 있기 때문에 2이상으로 나누어서 발송할 수밖에 없는 상황이 발생할 수 있고, 물품을 발송할 수 있는 우체국 등은 동일한 지역내에 복수로 존재하기 때문에 복수의 장소에서 물품이 발송되는 것을 인정할 수밖에 없다는 관행을 반영한 것이다. 따라서, 특송업자 또는 우편서비스의 경우에는 동일한 장소, 일자 그리고 동일한 목적지를 위하여 물품이 2이상으로 나누어서 발송되고 특송화물수령증(courier receipts), 우편수령증(post receipts) 또는 우송증명서(certificates of posting)가 복수로 발행되더라도, 복수로 발행된 각각의 서류상에 기재된 물품의 발송일자가 동일한 일자로 스탬프 또는 서명된 것으로 보인다면, 이를 분할선적으로 보지 않는다.

●●● 특송·우편에 의한 복수선적의 경우 분할선적의 해석

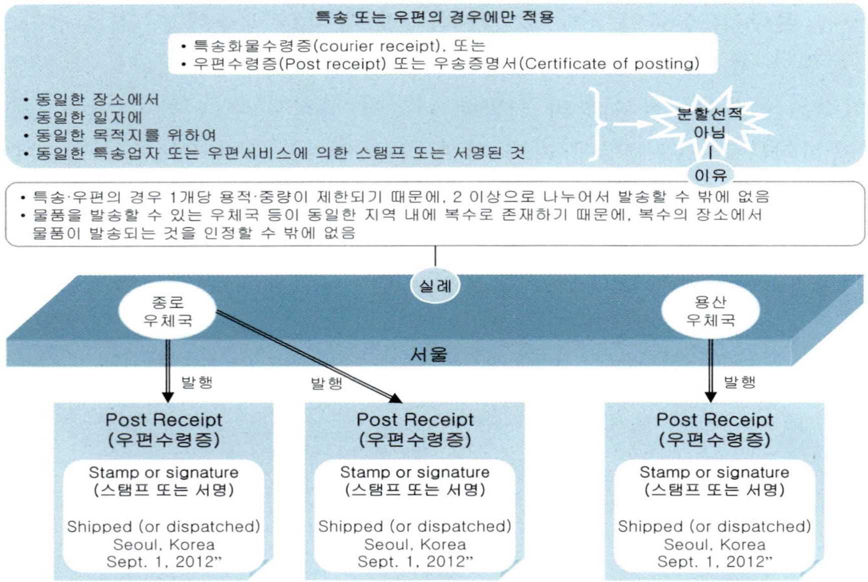

예를 들면, 신용장에서 물품이 서울에서 발송될 것을 요구한 경우에, 서울의 종로우체국 및 용산우체국에서 물품을 각각 발송하고 이들 우체국으로부터 발행받은 복수의 우편수령증이 제시되었더라도, 제시된 각각의 우편수령증상의 스탬프에 "발송지: 서울", "발송일자: Sept. 1, 2005"와 같이 동일한 장소에서 물품이 발송되고 그 발송일자가 동일하게 표시되어 있다면, 이를 분할선적으로 보지 않는다.

●●● 특송·우편에 의한 복수선적의 경우 분할선적의 해석의 실례

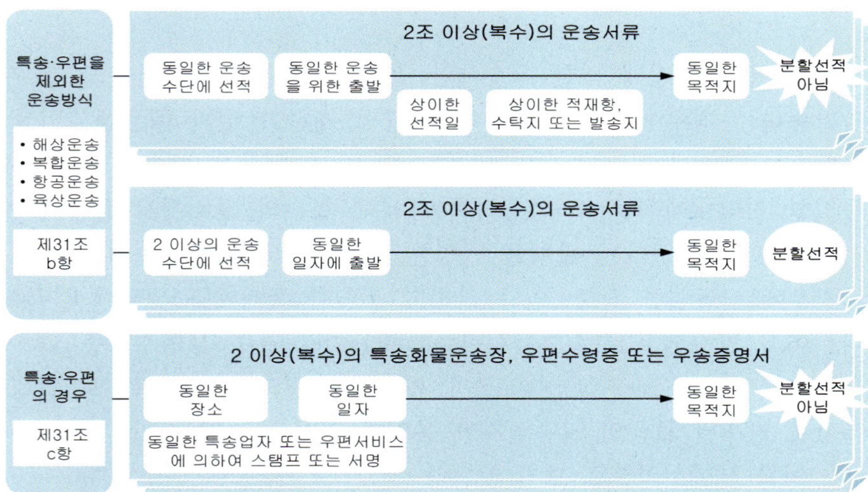

제32조 할부어음발행 또는 선적(Instalment Drawings or Shipments)

Article 32 Instalment Drawings or Shipments
제 32 조 할부어음발행 또는 선적

If a drawing or shipment by instalments within given periods is stipulated in the credit and any instalment is not drawn or shipped within the period allowed for that instalment, the credit ceases to be available for that and any subsequent instalment.
일정기간 내에 할부에 의한 어음발행 또는 선적이 신용장에 명시되어 있고 어떠한 할부분이 그 할부분을 위하여 허용된 기간 내에 어음발행 또는 선적되지 아니한 경우에는, 그 신용장은 그 할부분과 그 이후의 모든 할부분에 대하여 효력을 상실한다.

해설 explanation

신용장이 일정기간과 일정수량을 지정한 할부선적을 명시하고 있는 경우에는, 각 할부분을 일괄하여 선적하거나 몇 회분씩 한꺼번에 선적하는 등 그 기간과 수량을 위반하여서는 안된다. 만일 신용장의 수익자가 정해진 일정기간동안 정해진 일정수량을 선적해야 함에도 불구하고 어떤 할부분이 그 할부분을 위하여 허용된 기간내에 선적하지 않았다면, 그 불이행된 할부분 뿐만 아니라 그 이후의 모든 할부분에 대하여도 효력을 상실한다. 즉, 지정된 할부기간에 따라 각 할부분을 선적하고 환어음도 발행하여야 한다. 한편, 할부에 의한 어음발행은 보증신용장(stand-by credit)에도 적용된다.

예를 들면, 미화 100만 달러의 신용장을 1월부터 10월까지 10개월로 나누어 매월 미화 10만 달러씩 선적하기로 약정한 경우에, 수출업자가 1월부터 4월까지의 할부선적분에 대한 선적은 이행하였지만 5월 할부선적분을 선적하지 못하였다면, 5월 할부선적분은 물론 그 이후의 할부선적분(즉, 6월에서 10월까지의 나머지 할부선적분)에 대하여는 신용장의 효력이 상실된다. 이와 같이, 어떤 할부분에 계약위반이 있으면 해당 할부분 뿐만 아니라 그 이후의 모든 할부분도 무효로 되기 때문에 각 할부선적분을 별개의 독립된 계약분으로 취급하려는 경우에는 "In case of shipment by installment, each shipment shall constitute a separate contract(할부선적의 경우에, 각각의 선적은 별개의 계약을 구성한다)" 등으로 명시하는 것이 바람직하다.

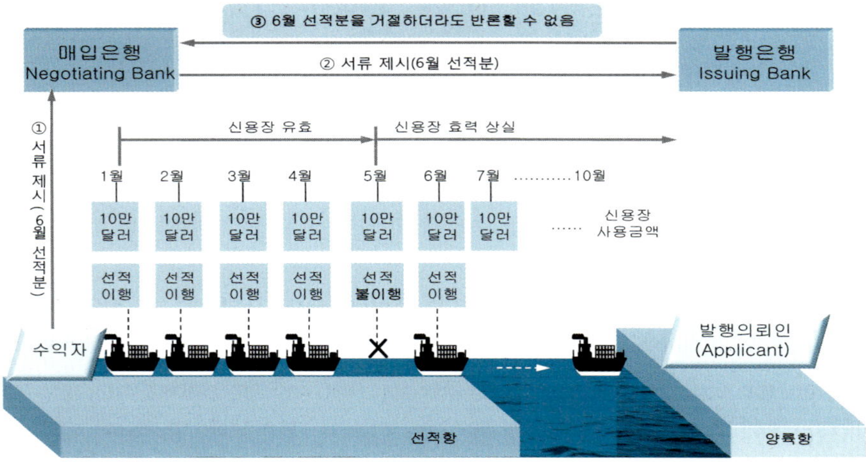

참고로, 신용장이 할부선적을 요구하고 있는 경우, 어떤 할부분이 선적되지 않았더라도, 발행은행이 그 이후의 할부분에 대하여 승인을 통지하면, 발행은행에 의하여 달리 명기되지 않는 한, 신용장은 그 이후의 할부분에 대하여 유효하게 회생된다는 것이다.[143)]

결국, 분할선적은 수량, 선복 등의 관계로 인하여 매도인이 이를 필요로 하는 경우도 있지만, 반대로 매수인이 판매, 보관 또는 자금비율 등의 사정으로 인하여 이를 필요로 하는 경우도 있다. 즉, 매수인이 자신이 편의에 따라 분할의 시기 또는 수량을 요구하여 선적하도록 하는 경우에는 다음과 같이 표기한다. 이러한 경우는 할부선적의 지시에 해당된다고 볼 수 있다.

- May and June shipment equallly devided,
  (5월과 6월의 선적은 균등하게 분할된다.)
- Shipment: half in May and the balance in June.
  (선적: 절반은 5월에, 그 잔량은 6월에)
- Shipment: half in May and the balance two months later.
  (선적: 절반은 5월에, 그 잔량은 2개월 후에)
- Shipment: 30 C/S during May, and 10 C/S during June, 2005.
  (선적: 2005년 5월에 30상자, 6월에 10상자)
- Equal monthly shipment during May, June, July, 2005.
  (2005년 5월, 6월, 7월에 매달 균등하게 선적)
- Three equal monthly shipment commencing May, 2005.
  (2005년 5월을 시작으로 매달 균등하게 3회 선적)

143) ICC Publication No. 632, R 196, Ref 290.

제33조 제시시간(Hours of Presentation)

Article 33 Hours of Presentation

제 33 조 제시시간

A bank has no obligation to accept a presentation outside of its banking hours.

은행은 그 은행영업시간 이외의 제시를 수리할 의무가 없다.

해설 explanation

제33조

서류는 은행영업시간(banking hours; office hours)이내에 제시되어야 한다. 즉, 신용장에서 서류를 제시하여야 하는 은행으로서 지정된 지정은행 또는 발행은행이 그 은행의 영업시간이외에 수익자로부터 서류의 제시를 받은 경우, 그 은행은 이러한 서류의 제시를 받을 의무가 없다. 그러나, 이것은 은행이 영업시간이외에 서류의 제시를 받아서는 안된다고 하는 것은 아니기 때문에, 은행은 은행영업시간의 마감 후에 제시된 서류에 대한 수리여부를 결정할 권한을 가지고 있다. 이러한 수리여부의 결정은 은행의 의무가 아니라 호의에 의하여 정해지는 것이므로 서류제시자가 은행에게 은행영업시간의 마감 후에 제시된 서류를 수리해 줄 것을 강요할 수는 없다.

●●● 제시기간

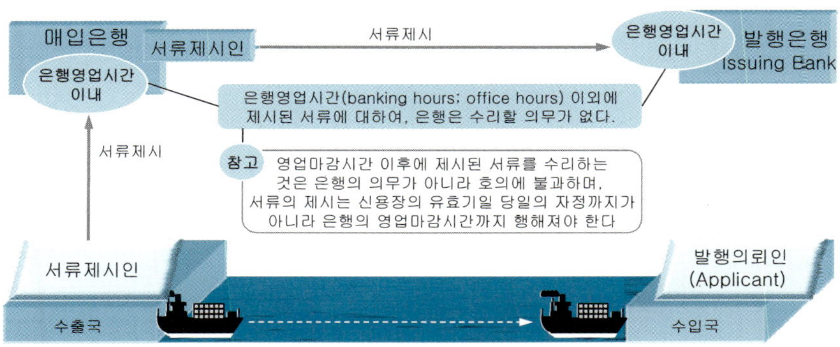

한국의 경우, 대부분의 은행의 영업시간은 오전 9시 30분부터 오후 4시 30분까지

이기 때문에 오전 9시 30분 이전이나 오후 4시 30분 이후는 모두 영업시간이외이다. 또한, 신용장의 유효기일은 서류가 제시되어야 하는 최종일을 의미하기 때문에 그 기일의 당일 오후 12시에 만료하는 것으로 생각될 수 있으나, 서류의 제시가 은행의 영업시간내에 제시되어야 하므로 신용장의 유효기일은 그 기일 당일의 은행 영업시간이 종료하는 시간까지이다. 즉, 신용장의 유효기일은 자정기준이 아니라 은행의 영업마감시간을 기준으로 한다. 따라서, 신용장의 효력은 유효기일 당일의 은행의 영업마감시간 이후에는 상실되기 때문에 은행의 영업마감시간 이후의 그 신용장에 의한 서류의 제시는 유효기일내의 제시가 아니라고 해석된다.

예를 들면, 은행의 은행영업시간(banking hours) 또는 업무시간(office hours)이 9시부터 17시까지인 경우, 은행은 그 신용장상에 "the hours for presentation of documents under their credits are limited to the hours from 10:00 hours until 15:00 hours(그 신용장에 의한 서류의 제시를 위한 시간은 10시부터 15시까지의 시간으로 제한된다)"라고 표시할 수 있거나, 또는 은행은 자신의 영업일의 마감이라고 생각하는 특정일자 및 장소에서 그리고 특정시간에 그 신용장이 만료된다고 표시할 수 있다.[144)]

144) Charles del Busto, Documentary Credits, UCP 500 & 400 Compared, ICC Publication No.511, ICC Publishing S.A., 1993, p.115.

제34조 서류효력에 관한 면책(Disclaimer on Effectiveness of Documents)

Article 34 Disclaimer on Effectiveness of Documents
제 34 조 서류효력에 관한 면책

A bank assumes no liability or responsibility for the form, sufficiency, accuracy, genuineness, falsification or legal effect of any document, or for the general or particular conditions stipulated in a document or superimposed thereon; nor does it assume any liability or responsibility for the description, quantity, weight, quality, condition, packing, delivery, value or existence of the goods, services or other performance represented by any document, or for the good faith or acts or omissions, solvency, performance or standing of the consignor, the carrier, the forwarder, the consignee or the insurer of the goods or any other person.

은행은 모든 서류의 형식, 충분성, 정확성, 진정성, 위조성 또는 법적 효력에 대하여 또는 서류에 명시되거나 또는 이에 부가된 일반조건(general conditions) 또는 특별조건(particular conditions)에 대하여 어떠한 의무 또는 책임도 부담하지 아니하며, 또한 은행은 모든 서류에 표시되어 있는 물품, 용역 또는 기타 이행의 명세, 수량, 중량, 품질, 상태, 포장, 인도, 가치 또는 존재에 대하여 또는 물품의 송화인, 운송인, 운송주선인, 수화인 또는 보험자, 또는 기타 당사자의 성실성 또는 작위 또는 부작위, 지급능력, 이행능력 또는 신용상태에 대하여 어떠한 의무 또는 책임도 부담하지 아니한다.

제34조

해설 explanation

이 조문은 서류거래의 원칙에 대한 제5조의 규정을 보충하는 규정으로서, 은행은 서류를 심사함에 있어서 수익자에 의하여 제시된 서류가 신용장조건과 일치하는지의 여부를 문면만을 기초로 심사할 의무를 가질 뿐이지, 서류와 관련하여 다음과 같은 사항에 대하여는 의무와 책임을 부담하지 않는다.

●●● 서류효력에 관한 면책

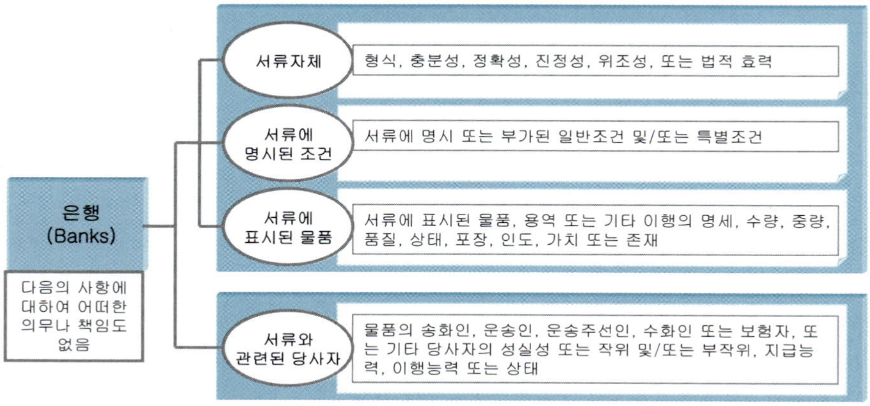

첫째, 서류에 대한 은행의 면책으로서, 은행은 모든 서류의 형식(form), 충분성(sufficiency), 정확성(accuracy), 진정성(genuineness), 위조성(falsification) 또는 법적 효력(legal effect)에 대하여 아무런 의무나 책임이 없다. 다만, 유의하여야 할 점은 서류의 형식(서류가 진정한 것인지, 위조된 것인지 또는 법적 효력이 있는지의 여부)에 대하여 은행이 면책된다고 하더라도, 서류의 형식상의 정규성까지도 조사할 의무가 없는 것은 아니다.

둘째, 서류에 명시 또는 부가된 조건에 대한 은행의 면책으로서, 은행은 서류상에 명시 또는 부가되어 있는 일반조건(general conditions)이나 특별조건(particular conditions)에 대하여 아무런 의무나 책임이 없다.

셋째, 서류에 표시된 물품에 대한 은행의 면책으로서, 은행은 서류에 표시된 물품, 용역 또는 기타 이행의 명세(description), 수량(quantity), 중량(weight), 품질(quality), 상태(condition), 포장(packing) 등에 착오는 없는지, 물품이 운송인에게 실제로 인도(delivery)되었는지, 물품이 가치(value)가 있는지 여부, 물품이 실제로 존재(existence)하는지 여부 등에 대하여 실질적으로 심사할 아무런 의무나 책임이 없다.

넷째, 서류와 관련된 당사자에 대한 은행의 면책으로서, 은행은 물품과 관련된 송화인(consignors), 운송인(carriers), 운송주선인(forwarders), 수화인(consignees) 또는 보험자(insurer), 또는 기타 당사자의 성실성(good faith) 또는 작위(acts) 및/또는 부작위(omissions), 지급능력(solvency), 이행능력(performance) 또는 신용상태(standing)에 대하여 아무런 의무나 책임이 없다.

제35조 송달 및 번역에 관한 면책(Disclaimer on Transmission and Translation)

Article 35 Disclaimer on Transmission and Translation
제 35 조 송달 및 번역에 관한 면책

A bank assumes no liability or responsibility for the consequences arising out of delay, loss in transit, mutilation or other errors arising in the transmission of any messages or delivery of letters or documents, when such messages, letters or documents are transmitted or sent according to the requirements stated in the credit, or when the bank may have taken the initiative in the choice of the delivery service in the absence of such instructions in the credit.
모든 통신문, 서신 또는 서류가 신용장에 명기된 요건에 따라 송달 또는 송부된 경우, 또는 은행이 신용장에 그러한 지시가 없으므로 인도서비스의 선정에 있어서 자발적으로 행하였을 경우에는, 은행은 그러한 통신문(message)의 송달 또는 서신이나 서류의 인도 중에 지연, 분실, 훼손 또는 기타 오류로 인하여 발생하는 결과에 대하여 어떠한 의무 또는 책임도 부담하지 아니한다.

If a nominated bank determines that a presentation is complying and forwards the documents to the issuing bank or confirming bank, whether or not the nominated bank has honoured or negotiated, an issuing bank or confirming bank must honour or negotiate, or reimburse that nominated bank, even when the documents have been lost in transit between the nominated bank and the issuing bank or confirming bank, or between the confirming bank and the issuing bank.
지정은행이 제시가 일치하고 있다고 결정하고 그 서류를 발행은행 또는 확인은행에 발송하는 경우에는, 서류가 지정은행과 발행은행 또는 확인은행간에, 뜨는 확인은행과 발행은행간에 송달중에 분실된 경우라 하더라도, 지정은행이 지급이행 또는 매입하였는지의 여부에 관계없이, 발행은행 또는 확인은행은 지급이행 또는 매입하거나, 또는 그 지정은행에 상환하여야 한다.

A bank assumes no liability or responsibility for errors in translation or interpretation of technical terms and may transmit credit terms without translating them.
은행은 전문용어의 번역 또는 해석상의 오류에 대하여 어떠한 의무 또는 책임도 부담하지 아니하며 신용장의 용어를 번역함이 없이 이를 송달할 수 있다.

해설 explanation

UCP 600 제35조는 ① 은행은 서류의 송달 중의 지연 등이나 통신(telecommunication)의 송신 중의 지연 등에 대한 의무나 책임을 부담하지 않으며, ② 지정은행이 일치하는 서류를 발행은행 또는 확인은행에 송달 중에 분실한 경우에도, 발행은행 또는 확인은행은 지급이행 또는 매입의무, 또는 지정은행에게 상환할 의무가 있으며, ③ 은행은 전문용어의 번역 및 해석상의 오류에 대한 의무나 책임을 부담하지 않는다고 규정하고 있다.

1. 송달 중의 서류의 지연 또는 분실에 대한 면책(제35조 제1문)

은행은 통신문(message), 서신(letter) 또는 서류(document)를 신용장에 명기된 요건에 따라 송달 또는 송부하거나, 또는 신용장에 명기된 요건이 없는 경우에도 자발적으로 송달 또는 송부하게 되는 경우가 있다. 즉, 은행이 통신문, 서신 또는 서류를 송달 또는 송부할 때, 신용장에 명기된 요건에 따라 행하는 경우뿐만 아니라 자발적으로 행하는 경우에도, 그 은행은 ① 통신문(message)의 송달 중에, 또는 ② 서신(letter) 또는 서류(document)의 인도 중에 지연, 훼손 또는 기타 오류로 인하여 발생하는 결과에 대하여, 어떠한 의무나 책임도 부담하지 않는다. 그러나, 이러한 사고 또는 오류가 은행의 과실이나 부주의로 인하여 발생하였다면 은행에 책임이 있을 것이라고 생각된다.

예를 들면, 은행이 신용장, 그 조건변경서, 확인 또는 기타의 통신문을 우편으로 발송하는 경우에, 이러한 문서가 우체국의 업무폭주, 파업 또는 검열 등으로 우송이 지연되거나 불가능하게 되었더라도, 은행은 면책된다. 특히 신용장 또는 그 조건변경서의 도착지연에 따른 클레임을 발행의뢰인으로부터 제기받더라도, 은행은 약정기간 내에 신용장을 발송한 사실만을 입증하면 면책된다. 또한, 지정은행(지급, 연지급, 인수 또는 매입은행)이 수익자에 의하여 제시된 서류를 발행은행에게 송달

하는 도중에 분실된 경우에, 그 지정은행은 서류의 발송사실을 입증할 수 있다면 면책되고, 입증할 수 없다면 면책되지 않는다.

이 조항에서 "은행이 신용장에 그러한 지시가 없으므로 인도서비스의 선정에 있어서 자발적으로 행하였을 경우"라는 어구가 추가됨으로써, 종전에는 지연, 분실, 훼손 또는 기타 오류로 인하여 발생하는 결과에 대한 은행의 면책범위를 신용장에 명기된 요건에 따라 송달 또는 송부하는 경우에만 적용하였지만, 이에 추가하여 신용장에 지시가 없음에도 은행이 자발적으로 행하는 경우까지도 적용되는 것으로 은행의 면책범위가 확대되었다.

●●● 송달 중의 서류의 지연 또는 분실에 대한 면책

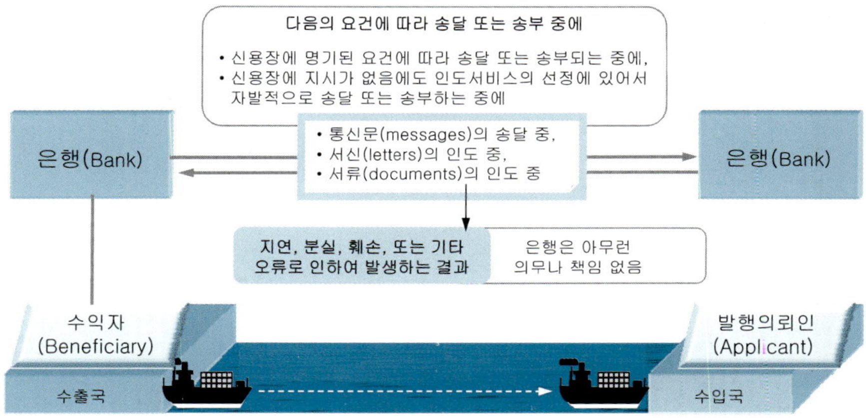

2. 서류송달 중 분실에 대한 지급이행, 매입 또는 상환의무(제35조 제2문: 신설)

이 조항은 서류가 지정은행과 발행은행간, 지정은행과 확인은행간, 또는 확인은행과 발행은행간에 송달 중에 분실되는 경우의 발행은행과 확인은행의 의무에 대한 규정을 신설한 것이다.

즉, 지정은행이 제시가 일치하다고 결정한 다음, 이러한 일치하는 서류를 발행은행 또는 확인은행에 발송하는 경우에 있어서, 서류가 ① 지정은행과 발행은행간에, ② 지정은행과 확인은행간에, 또는 ③ 확인은행과 발행은행간에 송달 중에 분실되는 경우에는, 발행은행 또는 확인은행은 지정은행이 지급이행 또는 매입하였는지의 여부에 관계없이, "지급이행 또는 매입할 의무", 또는 "그 지정은행에게 상환할 의무"를 부담한다.

첫째, 발행은행의 입장에서 볼 때, 서류가 ① 지정은행과 발행은행간에, ② 지정은행과 확인은행간에, 또는 ③ 확인은행과 발행은행간에 송달 중에 분실되는 경우에는, 발행은행은 지정은행이 지급이행 또는 매입하였는지의 여부에 관계없이, "지급이행할 의무", 또는 "그 지정은행에게 상환할 의무"를 부담한다.

둘째, 확인은행의 입장에서 볼 때, 서류가 지정은행과 확인은행간에 송달 중에 분실되는 경우에는, 확인은행은 지정은행이 지급이행 또는 매입하였는지의 여부에 관계없이, "지급이행 또는 매입할 의무"를 부담한다.

이 조항에서는 지정은행이 제시가 일치한다고 결정하고 서류를 발송하는 중에 분실되더라도 발행은행으로부터 대금을 상환받을 수 있다고 규정함으로써 지정은행이 보호받을 수 있게 되었다. 그러나, 이 경우 지정은행이 보호를 받기 위해서는 지정은행이 제시가 일치하였다는 것을 입증하기 위하여 발행은행 또는 확인은행에게 서류의 사본을 제공할 필요가 있을 것이다.

●●● 서류송달 중 분실에 대한 지급이행, 매입 또는 상환의무

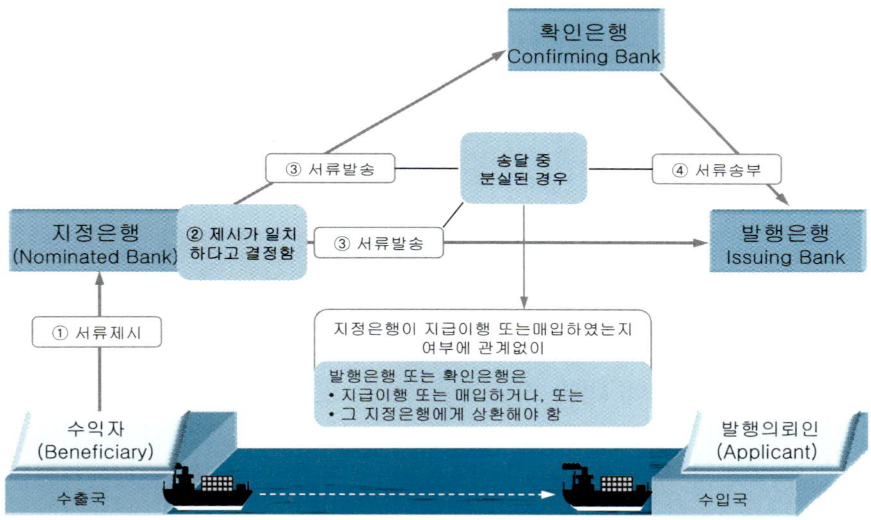

3. 전문용어의 번역 및 해석상의 오류에 대한 면책(제35조 제3문)

은행은 전문용어의 번역 및 해석상의 오류에 대하여, 어떠한 의무나 책임도 부담하지 않는다. 또한, 은행은 신용장의 문언을 번역하지 않고 송달할 권리를 유보한다. 그러나, 전문용어의 번역 또는 해석상의 오류에 대하여 은행이 면책된다고 하더라도, 이러한 사고 또는 오류가 은행의 과실이나 부주의로 인하여 발생하였다면 은행에 책임이 있을 것이라고 생각된다.

예를 들면, 은행은 불어로 발행된 신용장을 영어로 번역이나 해석하지 않고 불어 그대로 수익자 등에게 전달할 수 있으며, 물품의 기술이 전문용어로 되어 있는 경우에도 번역이나 해석하지 않고 전달할 수 있다. 이 조항에서 전문용어의 번역 또는 해석상의 오류에 대하여 면책된다고 하여 은행이 일부러 이를 번역하거나 해석할 필요는 없으며, 고객의 요청이 있더라도 은행은 이에 응하지 않고 그대로 전달하거나 또는 그 요청에 따라 번역이나 해석한 내용이 잘못되었더라드 은행은 면책된다.

제36조 불가항력(Force Majeure)

Article 36 Force Majeure
제 36 조 불가항력

A bank assumes no liability or responsibility for the consequences arising out of the interruption of its business by Acts of God, riots, civil commotions, insurrections, wars, acts of terrorism, or by any strikes or lockouts or any other causes beyond its control.
은행은 천재, 폭동, 소요, 반란, 전쟁, 폭력주의의 행위에 의하거나 또는 동맹파업 또는 직장폐쇄에 의하거나 또는 기타 은행이 통제할 수 없는 원인에 의한 은행업무의 중단으로 인하여 발생하는 결과에 대하여 어떠한 의무 또는 책임도 부담하지 아니한다.

A bank will not, upon resumption of its business, honour or negotiate under a credit that expired during such interruption of its business.
은행은 그 업무를 재개하더라도 그러한 업무의 중단 동안에 유효기일이 경과한 신용장에 의한 지급이행 또는 매입을 행하지 아니한다.

해설 explanation

은행은 불가항력(Force Majeure)에 의한 은행의 업무중단으로 발생한 결과에 대하여 면책되기 때문에, 불가항력사태가 종료되어 그 업무를 재개하더라도 업무중단으로 인하여 유효기일이 경과된 후에 제시된 서류에 대하여는 지급이행 또는 매입을 이행하지 않는다.

이 조문에서는 은행의 업무중단의 원인이 되는 불가항력(Force Majeure)을 ① 천재(Acts of God), 폭동(riots), 소요(civil commotions), 반란(insurrections), 전쟁(wars), 폭력주의의 행위(acts of terrorism)에 의한 것, ② 동맹파업(strikes) 또는 직장폐쇄(lockouts)에 의한 것, 또는 ③ 기타 은행이 통제할 수 없는 원인에 의한 것으로 구분하고 있으며, 동맹파업이나 직장폐쇄는 은행, 운송회사 등의 동맹파업이나 직장폐쇄를 의미한다.[145]

145) 이외에도, 은행이 통제할 수 없는 원인에는 예를 들면, 외국환거래의 통제, 국유화 등이 있을 수 있으며, 동맹파업이나 직장폐쇄에는 우체국이나 전신국 등의 파업으로 인한 신용장의

●●● 불가항력에 의한 은행업무의 중단에 대한 은행의 면책

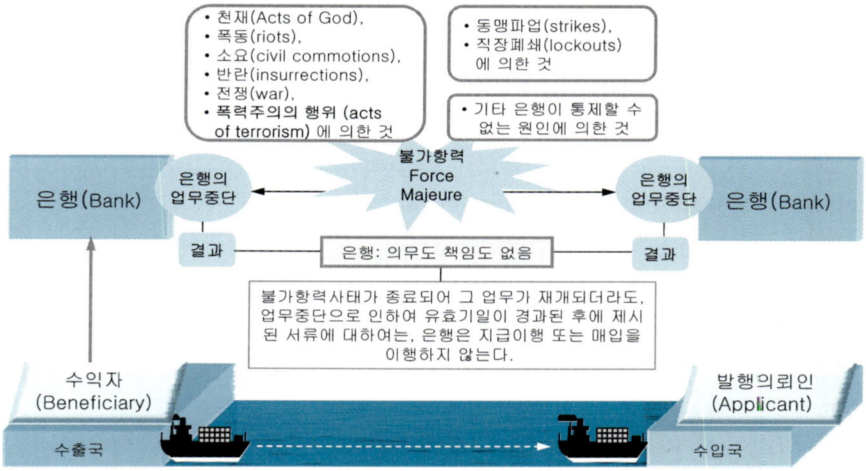

이와 같이, 은행은 유효기일이 경과된 신용장에 의한 지급이행 또는 매입을 행할 의무나 책임이 없다고 규정하고 있다. 그러나, 제7조 a항에 규정되어 있는 것처럼, 지정은행에 의한 매입 등이 행해지지 않은 경우에도, 발행은행의 지급이행의무는 면제되는 것은 아니기 때문에, 수익자는 거래은행을 경유하거나 또는 직접 발행은행에게 서류를 송부하여야 할 것이다. 이 경우, 유효기일이 경과할 염려가 있을 때에는 "유효기일전 제시증명(Certificate of Presentation before Expiry Date)"을 수익자가 작성하여 지정은행의 부서(counter-sign)를 받거나, 만일 그것이 불가능하다면, 거래은행의 부서(counter-sign)를 받아서 송부하여야 할 것이다. 또한, 유효기일은 매입 등의 기한으로 오해되는 경향이 약간 많지만, 제6조 d항 i 호에 규정된 것처럼, 수익자에 의한 서류의 제시기일이기 때문에, 서류의 제시가 유효기일내에 행해지고 있는 것이 증명된다면, 발행은행으로서는 지급이행을 거절할 수 없게 된다.[146]

발행 또는 조건변경의 발송의 지연 또는 불능 등이 있을 수 있다.

146) 經濟法令硏究會, '93年改訂版 信用狀統一規則の解說とQ&A, 手形硏究NO.486('93/12月增刊號), 第37卷 第13號, 通卷486號, 1993, p.26.

제37조 피지시인의 행위에 대한 면책(Disclaimer for Acts of an Instructed Party)

Article 37 Disclaimer for Acts of an Instructed Party
제 37 조 피지시인의 행위에 대한 면책

a. A bank utilizing the services of another bank for the purpose of giving effect to the instructions of the applicant does so for the account and at the risk of the applicant.
발행의뢰인의 지시를 이행하기 위하여 타은행의 서비스를 이용하는 은행은 그 발행의뢰인의 비용과 위험으로 이를 행한다.

b. An issuing bank or advising bank assumes no liability or responsibility should the instructions it transmits to another bank not be carried out, even if it has taken the initiative in the choice of that other bank.
발행은행 또는 통지은행이 타은행의 선정에 있어서 자발적으로 행한 경우라 하더라도, 그 은행이 타은행에게 전달한 지시가 수행되지 아니하는 경우에는, 발행은행 또는 통지은행은 어떠한 의무 또는 책임도 부담하지 아니한다.

c. A bank instructing another bank to perform services is liable for any commissions, fees, costs or expenses ("charges") incurred by that bank in connection with its instructions.
타은행에게 서비스를 이행하도록 지시하는 은행은 그 지시와 관련하여 그러한 타은행에 의하여 부담되는 모든 수수료, 요금, 비용 또는 경비("비용")에 대하여 책임을 부담한다.

If a credit states that charges are for the account of the beneficiary and charges cannot be collected or deducted from proceeds, the issuing bank remains liable for payment of charges.
신용장에 비용이 수익자의 부담이라고 명기하고 있고 비용이 대금으로부터 징수 또는 공제될 수 없는 경우에는, 발행은행은 비용의 지급에 대하여 책임을 부담한다.

A credit or amendment should not stipulate that the advising to a beneficiary is conditional upon the receipt by the advising bank or second advising bank of its charges.
신용장 또는 조건변경은 수익자에 대한 통지가 통지은행 또는 제2통지은행에 의한 통지비용의 수령을 조건으로 한다고 명시하여서는 아니된다.

d. The applicant shall be bound by and liable to indemnify a bank against all obligations and responsibilities imposed by foreign laws and usages.
발행의뢰인은 외국의 법률과 관행에 의하여 부과되는 모든 의무와 책임에 구속되며 이에 대하여 은행에게 보상할 책임이 있다.

해설 explanation

1. 지시인의 비용 및 위험부담원칙(제37조 a항)

은행이 발행의뢰인의 지시를 이행하기 위하여 다른 은행의 서비스를 이용하는 경우에는, 그러한 비용과 위험은 발행의뢰인이 부담한다는 것이다. 왜냐하면, 피지시인(instructed party)인 은행이 지시인(instructing party)인 발행의뢰인의 지시에 따라 행동하였다면, 이에 따른 비용이나 위험에 대하여는 지시인이 부담하는 것이 당연하기 때문이다. 다만, 이러한 면책은 발행은행이 "부주의(negligence)"의 죄를 범하는 경우에는 적용되지 않는다. 예를 들면, 발행은행은 발행의뢰인의 지시에 따라 다른 은행에게 신용장을 통지 및 확인하도록 요청하거나, 또는 지급이행 또는 매입을 행하도록 수권하게 된다. 이와 같이, 발행은행이 타은행의 서비스를 이용하는 경우에는, 이에 따른 수수료를 지급하여야 하지만, 발행은행은 발행의뢰인의 이행보조자로서 이를 행한 것이기 때문에, 이에 따른 비용과 위험은 발행의뢰인이 부담해야 하는 것이다.

참고로, 지시인(instructing party)은 다른 자에게 서비스의 이행을 지시하는 자이고, 피지시인(instructed party)은 지시인으로부터 다른 자에게 서비스의 이행을 행하도록 지시받은 자를 말한다. 따라서, "지시인(Instructing Party)" 또는 "피지시인(Instructed Party)"은 "은행(banks)"뿐만 아니라, 고객인 발행의뢰인이나 매입의뢰인 등의 "비은행(non-bank)"을 포함하는 모든 지시인이나 피지시인을 의미하는 광의의 개념이다.

●●● 지시인의 비용 및 위험부담원칙

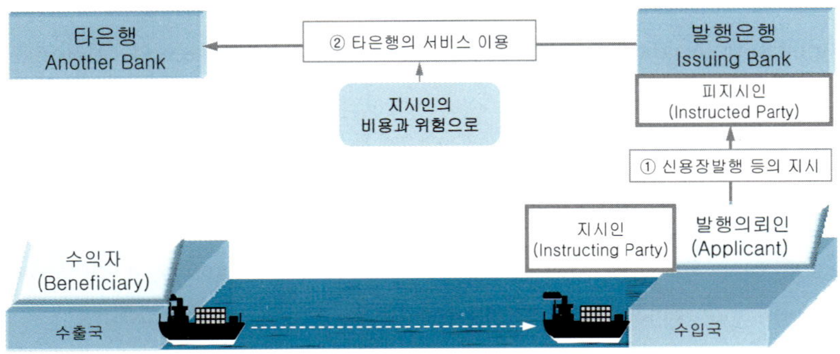

2. 타은행의 행위에 관한 면책(제37조 b항)

발행은행 또는 통지은행이 타은행을 자발적으로 선정하였는지의 여부에 관계없이, 그 발행 또는 통지은행이 전달한 지시를 선정된 은행이 수행하지 않더라도, 그 발행 또는 통지은행은 면책된다.

●●● 타은행의 행위에 관한 면책

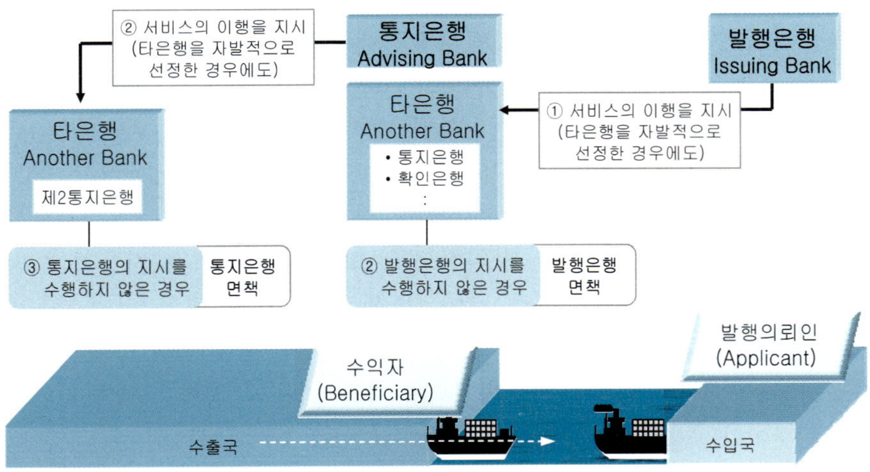

예를 들면, 발행은행이 타은행(통지은행, 확인은행 등)을 자발적으로 선정한 경우, 그러한 지시가 이행되지 않더라도, 발행은행은 면책된다는 것이다. 이것은 발행은행(발행의뢰인의 대리인)이 통지은행(발행의뢰인의 복대리인)을 직접 선임한 경우, 대리인(발행은행)이 복대리인(통지은행)의 태만에 대하여 책임을 부담해야 한다는 원칙과 상반된 것으로서, 이러한 원칙을 적용한다면 발행은행(대리인)에게 책임

이 있겠지만, UCP 600에서는 이러한 원칙과 달리 발행은행(대리인)의 면책으로 규정하고 있다. 또한, 통지은행이 타은행(제2통지은행)을 자발적으로 선정하는 경우에도 동일하게 적용된다. 즉, 종전에는 타은행을 선정하는 자를 은행이라고만 표현하였지만, UCP 600 제37조 b항에서는 발행은행 또는 통지은행이라고 한정하여 표현하고 있다. 이것은 발행은행이 타은행(통지은행, 확인은행 등)을 선정하는 경우뿐만 아니라, 통지은행이 제2통지은행을 자발적으로 선정한 경우 그 제2통지은행이 통지은행의 지시를 이행하지 않았더라도 통지은행은 면책될 수 있음을 규정한 것이라고 생각된다.

3. 지시은행의 비용부담 및 신용장통지전 통지비용의 수령금지(제37조 c항)

UCP 600 제37조 c항은 비용 및 위험에 관하여 규정하고 있는 제37조 a항 중에서 비용에 관하여 보다 상세하게 설명한 규정이다. 즉, 지시인의 지시와 관련하여, ① 피지시은행이 부담한 모든 비용에 대하여는 지시은행이 책임을 부담하여야 하며(제37조 c항 제1문), ② 신용장에 비용이 수익자의 부담이라고 명기하고 있으나 비용이 대금으로부터 징수 또는 공제될 수 없는 경우에는 발행은행이 비용의 지급에 대한 책임을 부담하여야 하며(제37조 c항 제2문), ③ 신용장 또는 조건변경상의 수익자에 대한 통지에는 통지은행 또는 제2통지은행에 의한 통지비용의 수령이라는 조건이 명시되어서는 안된다(제37조 c항 제3문)고 규정하고 있다.

그러나, 환가료, 대체료 등의 수수료는 지정은행 소재지의 외환관련 규정에 따라 징수하는 것이기 때문에 수익자가 부담하여야 한다.

(1) 지시은행의 비용부담원칙(제37조 c항 제1문)

지시은행(Instructing Bank)이 타은행에게 서비스를 이행하도록 지시한 경우에, 그 지시를 받은 타은행이 그 지시의 이행과 관련하여 수수료, 요금, 비용 또는 경비를 포함한 모든 비용(any charges)을 부담하였다면, 이러한 비용에 대하여는 타은행에게 서비스를 이행하도록 지시한 지시은행이 책임을 부담한다는 것이다. 예를 들면, 발행은행이 통지은행에게 통지서비스를 이행하도록 지시한 경우에, 통지은행이 수익자에게 우편으로 신용장을 발송하고 나중에 통지수수료를 징수하기로 하였으나 신용장이 사용되지 않는다면, 통지은행이 통지수수료, 취소수수료 등의 비용을 부담하게 된다. 이와 같이 통지은행에 의하여 부담된 비용에 대하여는 서비스를 이행하도록 지시한 은행인 발행은행이 부담한다.

●●● 지시은행의 비용부담원칙

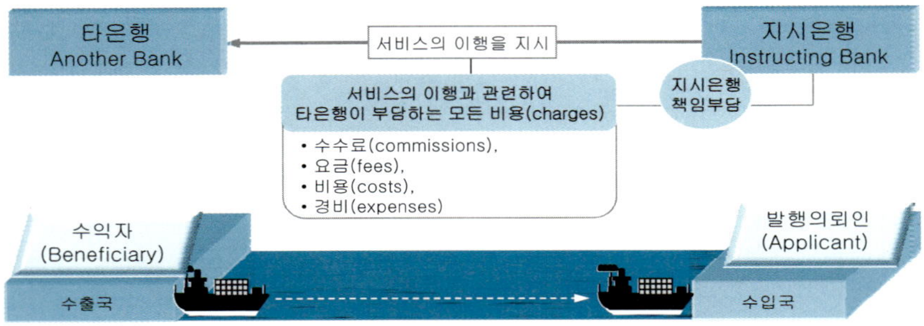

(2) 발행은행의 비용부담(제37조 c항 제2문)

신용장에 비용이 수익자의 부담이라고 명기하고 있으나 비용이 대금으로부터 징수 또는 공제될 수 없는 경우에는 발행은행이 비용의 지급에 대한 책임을 부담한다. 예를 들면, 신용장에 "이 신용장의 발행국 이외의 모든 은행비용은 수익자의 비용부담이다(All Banking Charges outside the country of issuance of this credit are for account of Beneficiary)"라고 명기되어 있는 경우에, 은행비용이 수익자로부터 징수 또는 공제되지 않았다면, 지시은행인 발행은행이 그 비용을 부담하여야 한다.

●●● 발행은행의 비용부담

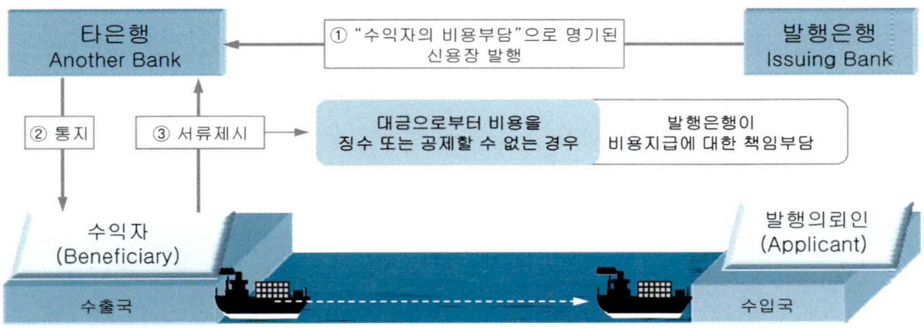

(3) 신용장통지전 통지비용의 수령금지(제37조 c항 제3문: 신설)

이 조항은 신설된 조항으로서, "통지은행 또는 제2통지은행이 신용장을 통지하기 전에 통지수수료를 먼저 수령하여야 한다는 조건"이 포함되어 있는 신용장 또는 조건변경의 발행금지를 규정하고 있다. 즉, 발행은행이 신용장 또는 조건변경을 발행할 때, 그 발행되는 신용장 또는 조건변경에는 "수익자에 대한 통지는 통지은행 또는 제2통지은행이 통지비용을 수령하는 것을 조건으로 한다"라는 요건이 명시되어서는 안된다는 것이다.

이는 통지은행 또는 제2통지은행이 수익자에게 신용장 또는 조건변경을 통지하기 전에 수익자로부터 통지수수료를 먼저 수령하는 것을 방지하기 위한 조항으로서, 통지은행 또는 제2통지은행이 수익자에게 신용장 또는 조건변경의 통지를 행한 후에, 수익자로부터의 통지수수료의 수령이 행해질 수 있도록 규정한 것이다.

●●● 신용장통지전 통지비용의 수령금지

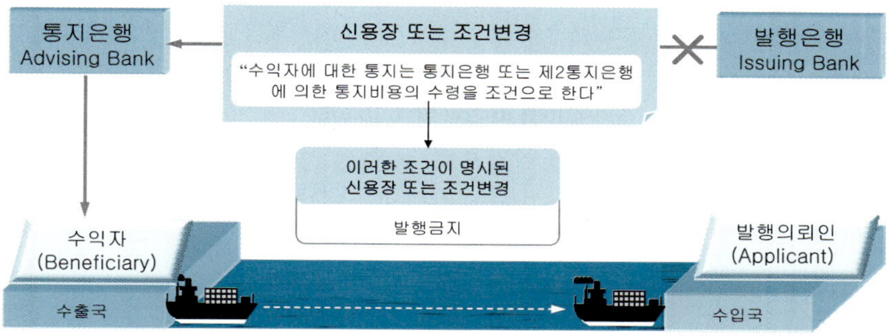

4. 발행의뢰인의 의무와 책임부담(제37조 d항)

발행의뢰인은 자신이 소재하는 국가의 법률 및 관행뿐만 아니라 신용장이 사용되는 국가의 법률 및 관행에 의하여 부과되는 의무와 책임에도 구속되기 때문에 은행이 발행의뢰인의 지시를 이행하는 과정에서 부담하는 위험 및 비용 등의 의무와 책임에 대하여도 이를 보상할 책임이 있다는 것이다.

●●● 발행의뢰인의 의무와 책임부담

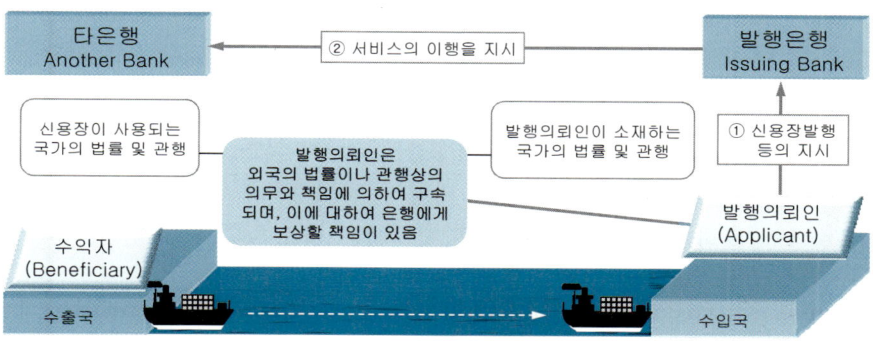

제38조 양도가능신용장(Transferable Credits)

Article 38 Transferable Credits
제 38 조 양도가능신용장

a. A bank is under no obligation to transfer a credit except to the extent and in the manner expressly consented to by that bank.
은행은 그 은행에 의하여 명시적으로 동의된 범위 및 방법에 의한 경우를 제외하고 신용장을 양도할 의무를 부담하지 아니한다.

b. For the purpose of this article:
이 조에서:

Transferable credit means a credit that specifically states it is "transferable". A transferable credit may be made available in whole or in part to another beneficiary ("second beneficiary") at the request of the beneficiary ("first beneficiary").
양도가능신용장이란 "양도가능(transferable)"이라고 특별히 명기하고 있는 신용장을 말한다. 양도가능신용장은 수익자("제1수익자")의 요청에 의하여 전부 또는 일부가 다른 수익자("제2수익자")에게 사용될 수 있도록 될 수 있다.

Transferring bank means a nominated bank that transfers the credit or, in a credit available with any bank, a bank that is specifically authorized by the issuing bank to transfer and that transfers the credit. An issuing bank may be a transferring bank.
양도은행은 신용장을 양도하는 지정은행 또는, 모든 은행에서 사용될 수 있는 신용장에 있어서, 발행은행에 의하여 양도하도록 특별히 수권되고 그 신용장을 양도하는 은행을 말한다. 발행은행은 양도은행일 수 있다.

Transferred credit means a credit that has been made available by the transferring bank to a second beneficiary.
양도된 신용장은 양도은행에 의하여 제2수익자에게 사용될 수 있도록 되는 신용장을 말한다.

c. Unless otherwise agreed at the time of transfer, all charges (such as commissions, fees, costs or expenses) incurred in respect of a transfer must be paid by the first beneficiary.
양도를 이행할 때에 별도의 합의가 없는 한, 양도와 관련하여 부담된 모든 비용(이를 테면, 수수료, 요금, 비용, 경비)은 제1수익자에 의하여 지급되어야 한다.

d. A credit may be transferred in part to more than one second beneficiary provided partial drawings or shipments are allowed.
분할어음발행 또는 분할선적이 허용되는 한, 신용장은 2 이상의 제2수익자에게 분할양도될 수 있다.

A transferred credit cannot be transferred at the request of a second beneficiary to any subsequent beneficiary. The first beneficiary is not considered to be a subsequent beneficiary.
양도된 신용장은 제2수익자의 요청에 의하여 그 이후의 어떠한 수익자에게도 양도될 수 없다. 제1수익자는 그 이후의 수익자로 보지 아니한다.

e. Any request for transfer must indicate if and under what conditions amendments may be advised to the second beneficiary. The transferred credit must clearly indicate those conditions.
양도를 위한 모든 요청은 조건변경이 제2수익자에게 통지될 수 있는지 그리고 어떤 조건으로 제2수익자에게 통지될 수 있는지를 표시하여야 한다. 양도된 신용장은 이러한 조건을 명확히 표시하여야 한다.

f. If a credit is transferred to more than one second beneficiary, rejection of an amendment by one or more second beneficiary does not invalidate the acceptance by any other second beneficiary, with respect to which the transferred credit will be amended accordingly. For any second beneficiary that rejected the amendment, the transferred credit will remain unamended.
신용장이 2 이상의 제2수익자에게 양도된 경우에는, 하나 또는 그 이상의 제2수익자에 의한 조건변경의 거절은 이로 인하여 양도된 신용장이 조건변경되어지는 기타 모든 제2수익자에 의한 승낙을 무효로 하지 아니한다. 조건변경을 거절한 제2수익자에 대하여는, 양도된 신용장은 조건변경 없이 존속한다.

g. The transferred credit must accurately reflect the terms and conditions of the credit, including confirmation, if any, with the exception of:
양도된 신용장은 다음의 경우를 제외하고는 확인(있는 경우)을 포함하여 신용장의 제조건을 정확히 반영하여야 한다:

- the amount of the credit,
  신용장의 금액,
- any unit price stated therein,
  신용장에 명기된 단가,
- the expiry date,
  유효기일,
- the period for presentation, or
  제시를 위한 기간, 또는
- the latest shipment date or given period for shipment,
  최종선적일 또는 정해진 선적기간,

any or all of which may be reduced or curtailed.
이들 중의 일부 또는 전부는 감액 또는 단축될 수 있다.

The percentage for which insurance cover must be effected may be increased to provide the amount of cover stipulated in the credit or these articles.
보험부보가 이행되어야 하는 비율은 이 규칙 또는 신용장에 명기된 부보금액을 충족시킬 수 있도록 증가될 수 있다.

The name of the first beneficiary may be substituted for that of the applicant in the credit.
제1수익자의 명의는 신용장발행의뢰인의 명의를 대체할 수 있다.

If the name of the applicant is specifically required by the credit to appear in any document other than the invoice, such requirement must be reflected in the transferred credit.
발행의뢰인의 명의가 송장 이외의 모든 서류에 표시되도록 신용장에 의하여 특별히 요구되는 경우에는, 그러한 요구는 양도된 신용장에 반영되어야 한다.

h. The first beneficiary has the right to substitute its own invoice and draft, if any, for those of a second beneficiary for an amount not in excess of that stipulated in the credit, and upon such substitution the first beneficiary can draw under the credit for the difference, if any, between its invoice and the invoice of a second beneficiary.

제1수익자는 신용장에 명시된 금액을 초과하지 아니하는 금액에 대하여 제2수익자의 송장 및 환어음을 그 자신의 송장 및 환어음(있는 경우)으로 대체할 권리를 가지고 있으며, 그러한 대체시에, 제1수익자는 자신의 송장과 제2수익자의 송장 사이에 차액이 있다면, 그 차액에 대하여 신용장에 따라 어음을 발행할 수 있다.

i. If the first beneficiary is to present its own invoice and draft, if any, but fails to do so on first demand, or if the invoices presented by the first beneficiary create discrepancies that did not exist in the presentation made by the second beneficiary and the first beneficiary fails to correct them on first demand, the transferring bank has the right to present the documents as received from the second beneficiary to the issuing bank, without further responsibility to the first beneficiary.

제1수익자가 그 자신의 송장 및 환어음(있는 경우)을 제공하여야 하지만 최초의 요구시에 이를 행하지 아니하는 경우, 또는 제1수익자에 의하여 제시된 송장이 제2수익자에 의하여 행해진 제시에 없었던 불일치를 발생시키고 제1수익자가 최초의 요구시에 이를 정정하지 아니한 경우에는, 양도은행은 제1수익자에 대한 더 이상의 책임 없이 제2수익자로부터 수령한 서류를 발행은행에 제시할 권리를 가진다.

j. The first beneficiary may, in its request for transfer, indicate that honour or negotiation is to be effected to a second beneficiary at the place to which the credit has been transferred, up to and including the expiry date of the credit. This is without prejudice to the right of the first beneficiary in accordance with sub-article 38 (h).

제1수익자는 그 자신의 양도요청으로 지급이행 또는 매입이 신용장의 유효기일을 포함한 기일까지 신용장이 양도된 장소에서 제2수익자에게 이행되어야 한다는 것을 표시할 수 있다. 이것은 제38조 h항에 따른 제1수익자의 권리를 침해하지 아니한다.

k. Presentation of documents by or on behalf of a second beneficiary must be made to the transferring bank.
제2수익자에 의하거나 또는 대리하는 서류의 제시는 양도은행에 행해져야 한다.

해설 explanation

1. 양도은행의 의무(제38조 a항)

양도가능신용장의 경우에는, 양도를 행하도록 의뢰받은 은행(양도은행)은 제1수익자로부터 양도요청을 받았다고 하더라도, 자신이 동의한 범위와 방법의 경우를 제외하고는 양도를 실행할 의무를 부담하지 않는다. 즉, 양도은행이 양도절차를 이행하는 것은 의무가 아니라 양도은행의 임의선택이므로, 제1수익자는 양도은행에게 양도절차를 이행하도록 강요할 수 없다. 그러나, 양도은행으로 수권된 은행(양도은행)이 제1수익자로부터 양도의뢰서를 접수하고 양도비용을 수령한 경우에는 양도은행은 양도약정에 동의한 것으로 보기 때문에 양도절차를 이행할 의무가 있는 것이다.

●●● 양도은행의 의무

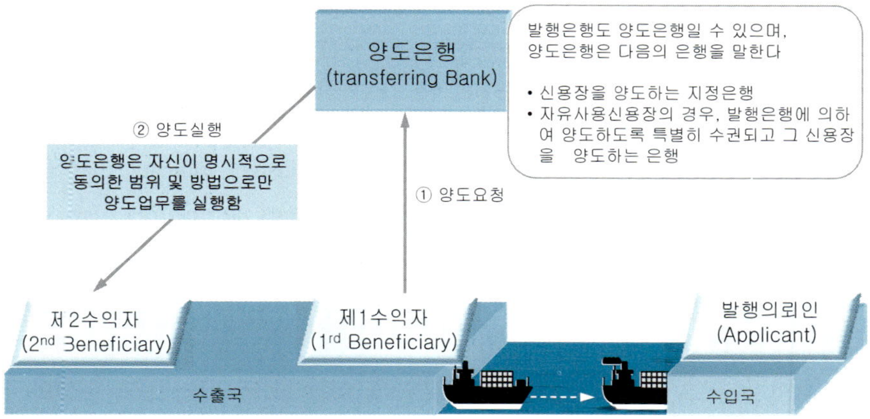

한편, 양도불능신용장의 경우(발행의뢰인과 원수익자의 지시가 없는 경우)에도, 양도를 행하도록 의뢰받은 은행, 즉 양도은행은 발행의뢰인과 원수익자(제1수익자)

의 지시에 따라 행동하기 때문에, 제1수익자는 임의로 양도은행으로 하여금 제3자(제2수익자)에게 신용장을 양도하도록 강요할 수 없다.

참고로, 신용장을 양도함에 있어서 은행이 개입하게 되는 이유는 다음과 같다.[147)]

첫째, 신용장은 유통증권이 아니므로 배서나 인도에 의해 유통시켜도 양도의 효력이 생기지 않는다. 따라서 이의 효력을 인정받기 위하여 은행의 개입이 필요하게 되었다.

둘째, 양도되는 신용장조건의 일부를 변경·조정하여 양도하는 방식이 생기게 됨에 따라 그 실행을 위하여 은행의 개입이 필요하게 되었다.

셋째, 양도인과 양수인간에 직접 양도가 행하여지는 경우, 양수받은 제2수익자가 막상 은행에 지급, 인수, 매입을 요청할 단계에 있어서 양도의 부당성을 이유로 은행이 지급을 거절하게 될 우려가 있기 때문에 은행을 개입시킬 필요가 있게 되었다.

그러나 신용장통일규칙에서 신용장의 양도는 은행을 경유하게 하는 규칙을 확립시킨 것은 법률적인 관점에서라기보다는 신용장양도거래의 복잡성으로 인한 안전성과 적정화를 꾀한다는 실무적인 요청에 따라 결정된 규칙이라고 할 수 있다.

2. 양도가능신용장, 양도은행 및 양도된 신용장의 정의(제38조 b항)

제38조 b항은 양도가능신용장(Transferable credit), 양도은행(Transferring bank) 및 양도된 신용장(Transferred credit)의 정의를 다음과 같이 규정하고 있다. 이 3가지 정의에 대하여 UCP 600 제2조(정의)에서 규정하지 않은 것은 이러한 용어가 이 특정 조항(양도조항)에서만 사용되고 있으며, 이 규칙의 어느 조항에서도 사용되고 있지 않고 있기 때문이다.

(1) 양도가능신용장의 정의(제38조 b항 제1문)

양도가능신용장(transferable credit)은 "양도가능(transferable)"이라고 특별히 명기된 신용장으로서, 제1수익자의 요청에 의하여 전부 또는 일부가 다른 수익자(제2수익자)에게 사용될 수 있도록 허용되는 신용장을 말한다. 즉, 양도가능신용장은 제1수익자(first beneficiary)가 신용장금액의 전부 또는 일부를 제3자(하나 이상의 제2수익자)에게 양도할 수 있도록 허용하고 그들이 신용장대금의 청구권을 갖도록 되어 있는 신용장을 말한다.

147) 심영수, 개정신용장통일규칙상의 양도규정의 문제점, 순천향대학교 논문집, 제17권 제1호, 1994, p.83.

●●● 양도가능신용장의 정의

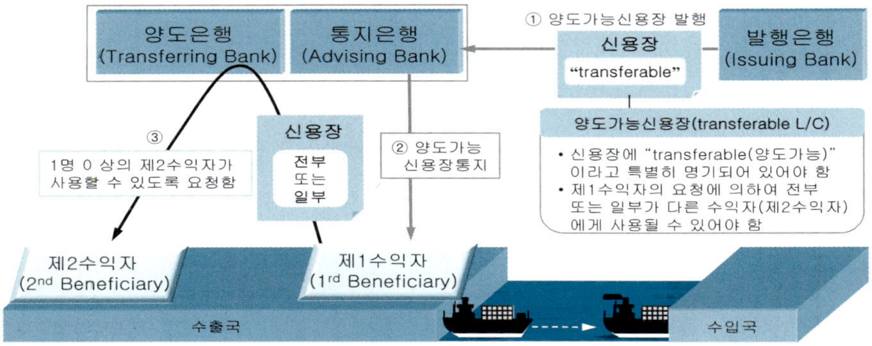

(2) 양도은행의 정의(제38조 b항 제2문)

양도은행(Transferring bank)은 신용장을 양도하는 은행으로서, ① 신용장을 양도하는 지정은행, ② 모든 은행에서 사용될 수 있는 신용장의 경우에는 발행은행에 의하여 양도하도록 특별히 수권되고 그 신용장을 양도하는 은행, ③ 신용장을 양도하는 발행은행을 말한다. UCP 600 제38조 b항 제2문은 양도은행의 정의에 대한 규정으로서, UCP 500과 달리 양도은행에 발행은행을 추가하였다. 즉, 양도은행은 신용장의 양도업무를 수행하는 은행으로서, 신용장을 양도하는 은행을 말하며, 이러한 양도은행은 원수익자(first beneficiary)의 요청에 따라 제2수익자(second beneficiary)에게 신용장의 양도통지를 행하는 은행을 말한다. 이는 양도가능신용장하에서 원수익자의 요청에 따라 제2수익자 앞으로 신용장을 양도하고 이에 따라 지급, 인수 또는 매입을 행하는 은행을 말한다.

●●● 양도은행의 정의

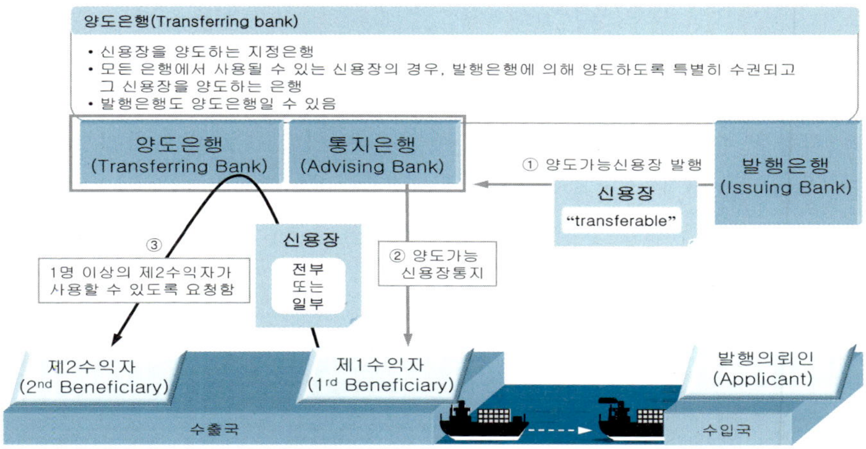

이 경우, 지급, 인수 또는 매입하도록 수권된 은행(양도은행), 또는 모든 은행에서 사용될 수 있는 신용장의 경우에는 신용장에서 양도은행으로 특별히 수권된 은행만이 양도할 수 있다. 즉, 양도은행은 지급·연지급·인수 또는 매입은행으로 수권된 은행, 그리고 모든 은행에서 사용될 수 있는 신용장의 경우에는 발행은행에 의하여 양도은행으로서 수권된 은행이 된다.

따라서, 모든 은행에서 사용될 수 있는 신용장으로서 양도은행이 지정되어 있지 않는 경우에는 발행은행에 통지하여 양도은행으로 지정 받은 후, 그 지정 받은 양도은행이 양도를 실행하여야 한다. 모든 은행에서 사용될 수 있는 신용장의 경우에는 통상적으로 "This credit is transferable at the advising bank(이 신용장은 통지은행에서 양도할 수 있다)"라는 문언을 신용장상에 삽입함으로써 통지은행을 양도은행으로 지정하게 된다. 이와 같이, 통상적으로 통지은행이 양도를 실행하는 것이 대부분인데, 그 이유는 특히 분할양도의 경우에 혼란을 회피하기 위하여 행해지고 있다. 또한, 신용장이 양도된 후 원신용장이 조건변경된 경우에는, 양도은행과 통지은행이 다르다면, 통지은행은 양도은행에게는 조건변경의 사실을 통지하지 않고 제1수익자에게만 이를 통지할 것이기 때문에 그 해결책은 모든 은행에서 사용될 수 있는 신용장을 양도가능신용장으로 하도록 할 때에는 통지은행을 양도를 실행하는 은행(양도은행)으로 지정하는 것이다.

한편, 발행은행도 양도은행일 수 있다고 규정한 것은 양도하도록 수권된 최초의 은행이 양도하지 않은 경우에 발행은행이 양도은행의 기능을 이행하여야 할뿐만 아니라, 발행은행을 양도은행으로 명기한 신용장이 실무에서 자주 사용되고 있는 관행을 반영한 것이다.

(3) 양도된 신용장의 정의(제38조 b항 제3문; 신설)

양도된 신용장(Transferred credit)은 양도은행이 원신용장의 전부 또는 일부를 제2수익자로 하여금 사용하는 것을 허용한 신용장으로서, 신설된 조항이다.

●●● 양도된 신용장의 정의

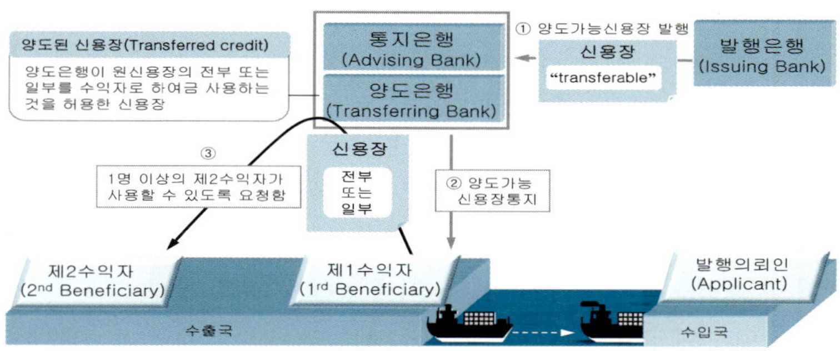

3. 양도비용의 부담자(제38조 c항)

신용장의 양도를 이행할 때, 양도와 관련하여 부담된 수수료(commissions), 요금(fees), 비용(costs), 경비(expenses) 등의 제비용(any charges)은 별도의 합의가 없는 한, 제1수익자가 부담한다. 이러한 비용의 지급을 은행이 신용장을 양도하기 전에 합의하여야 하는 조건으로서, 양도비용은 양도를 요청하는 당사자인 제1수익자가 부담하여야 한다. 이는 제2수익자와 직접 관계가 없는 양도은행을 보호하기 위한 것뿐만 아니라 널리 승인된 관행을 반영할 필요성에 따라 규정되었다.

양도비용은 반드시 제1수익자가 부담하여야 하는 것은 아니다. 즉, 발행의뢰인 또는 제2수익자가 양도비용을 부담하는 것을 금지하는 것은 아니므로 신용장상에 제1수익자 이외의 다른 자(발행의뢰인 또는 제2수익자)에게 양도비용을 부담시킨다는 취지를 명시한 경우에는, 발행의뢰인 또는 제2수익자에게 양도비용을 부담시킬 수 있다. 그러나, 신용장상에 양도비용의 부담에 대한 명시가 없는 경우로서, 제1수익자가 제2수익자에게 양도비용의 부담을 전가시키고자 할 때에는 양도의뢰서에 제2수익자가 지급할 것이라는 문언을 기재할 수 있지만, 양도은행이 이에 동의하지 않는 경우에는 제1수익자가 양도비용을 부담하여야 한다.

●●● 양도비용의 부담자

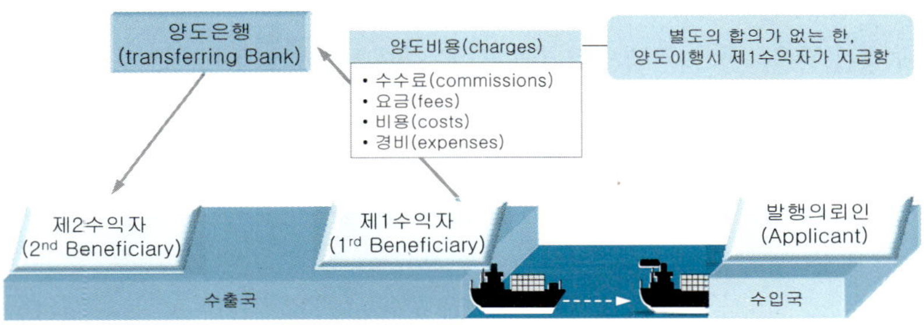

4. 둘 이상의 수익자에게 분할양도 가능(제38조 d항)

분할선적이 허용되는 한, 신용장은 2 이상의 제2수익자에게 분할양도될 수 있으며, 양도를 받은 제2수익자는 양도받은 신용장을 그 이후의 수익자(제3수익자)에게 양도할 수 없지만, 제1수익자는 그 이후의 수익자로 보지 않기 때문에 제1수익자에게 다시 양도하는 것은 가능하다. 즉, 제1수익자가 신용장을 다수의 제2수익자에게 양도하는 것은 가능하지만, 제2수익자가 이를 다시 제3자에게 양도하도록 요청하는 것은 금지된다. 양도의 권리는 수익자만이 가지고 있는 것이며, 제2수익자는 복수로 존재할 수 있는 것이다.

그러나, 분할선적이 금지되어 있는 경우에는 제1수익자는 복수의 제2수익자로부터 화물을 인수하여 동일한 운송서류에 의한 선적은 불가능하다. 또한, 이 규정에서는 제2수익자가 그 이후의 수익자(제3수익자)에게 양도할 수 없기 때문에, 그 이후의 수익자(제3수익자)에게 신용장을 양도하는 것이 필요한 경우에는, 신용장상에 "This credit can be transferred to any subsequent beneficiary(이 신용장은 그 이후의 수익자에게 양도될 수 있다)"라는 문언을 명시하여야 한다.

●●● 둘 이상의 수익자에게 분할양도 가능

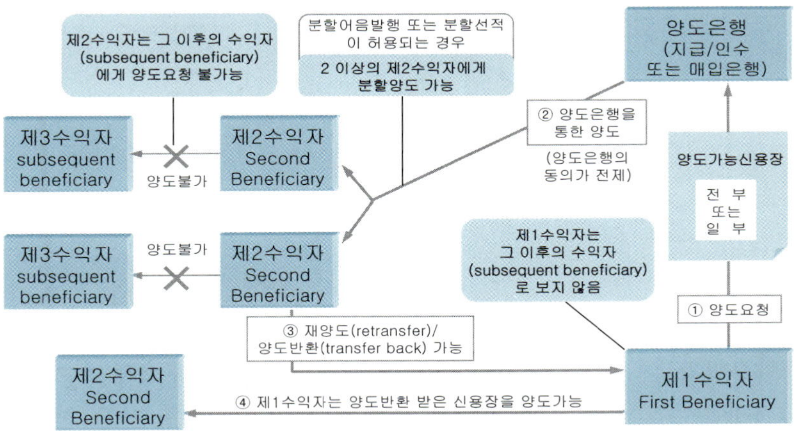

한편, 제2수익자가 제1수익자에게 다시 양도하는 재양도(retransfer)[148]는 신용장양도의 취소로 간주되기 때문에 "그 이후의 수익자에게 양도될 수 없다는 원칙"에 반하지 않으며, 당사자간에 합의가 있는 경우에는 재양도할 수 있다. 또한, 신용장이 재양도된 경우에는 제1수익자는 이를 다른 제2수익자에게 다시 양도할 수 있다.[149] 즉, 이러한 재양도는 ① 제2수익자가 어떤 이유로 양도된 신용장을 사용하지 않게 되어 제1수익자에게 반환(재양도)하거나, 또는 ② 제2수익자가 제3수익자(제3의 양수인)에게 양도하기 위하여, 양도된 신용장을 일단 제1수익자에게 반환(재양도)한 후에 제1수익자로부터 직접 제3의 양수인에게 양도하도록 하는 것이다. 왜냐하면, ②의 경우에는 제2수익자가 양도받은 신용장을 제3수익자에게 다시 양도하는 것은 금지되어 있기 때문이다.

148) 재양도(retransfer)는 제2수익자가 어떤 이유로 양도인인 제1수익자에게 양도받은 신용장을 되돌려 주는 양도반환(transfer back)을 말한다.

149) ICC Publication No. 489, Case No. 288.

5. 양도요청 및 양도된 신용장에 조건변경사항의 표시의무(제38조 e항)

제1수익자는 양도를 요청할 때, 양도요청서에 ① 조건변경이 제2수익자에게 통지될 수 있는지 여부, 그리고 ② 그 조건변경이 어떤 조건으로 통지될 수 있는지를 표시하여야 하고, 이러한 양도요청에 따라 양도된 신용장에는 이러한 조건이 명확히 표시되어야 한다.

●●● 양도요청 및 양도된 신용장에 조건변경사항의 표시의무

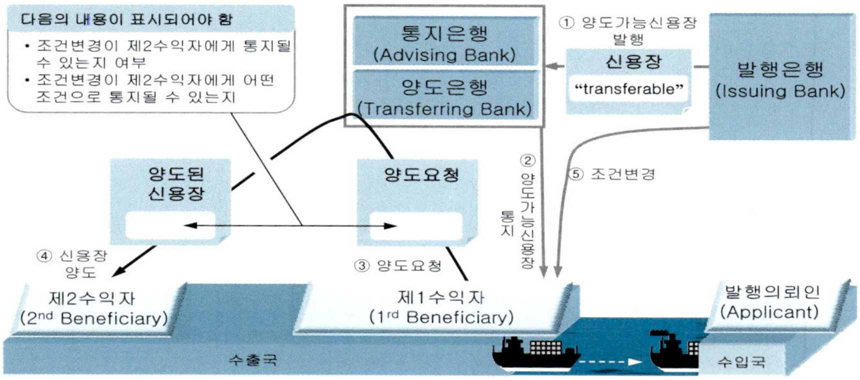

첫째, 제1수익자는 조건변경에 대하여 항상 그 권리를 계속해서 가지고 있고, 그 권리(조건변경을 제2수익자에게 통지하는지 여부의 권리)를 언제 행사하는지를 양도를 실행할 때에 결정하고, 그 취지를 양도를 실행하는 은행에게 미리 통지해 둘 필요가 있다고 하는 것이다.[150] 즉, 신용장이 양도된 후에 원신용장에 대한 조건변경이 행해지는 경우, 제1수익자는 이러한 조건변경을 제2수익자에게 통지할 것인지의 여부를 양도를 요청할 때 미리 양도요청서에 표시하여야 한다. 제1수익자가 제2수익자에게 조건변경을 통지하기로 결정하고 양도요청서에 조건변경이 제2수익자에게 통지될 수 있다고 표시하는 경우에는, 조건변경사항이 제2수익자에게 통지되기 때문에 제2수익자에게 유리할 수 있다. 이러한 이유로 제2수익자는 양도합의시에 조건변경사항을 통지받기를 요구할 수도 있을 것이다. 그러나, 제1수익자는 조건변경을 제2수익자에게 통지하지 않을 수 있다. 제1수익자가 자신의 권리를 보호하기 위하여 제2수익자에게 조건변경을 통지하지 않기로 결정한 경우에는, 제1수익자는 원신용장과 관련된 기밀을 유지할 수 있으며, 제2수익자를 자신의 통제하에 둘 수 있다. 이 경우, 양도은행은 조건변경서의 양도를 강요할 수 없다.

---

150) 經濟法令研究會, '93年改訂版 信用狀統一規則の解說とQ&A, 手形研究NO.486('93/12月增刊號), 第37卷 第13號, 通卷486號, 1993, p.55.

둘째, 신용장이 양도된 후에 원신용장에 대한 조건변경이 행해지는 경우, 제1수익자는 이러한 조건변경을 어떤 조건으로 제2수익자에게 통지할 것인지를 양도를 요청할 때 미리 양도요청서에 표시하여야 한다. 양도요청서에 조건변경이 어떤 조건으로 제2수익자에게 통지될 수 있는지가 표시되는 경우에는 제2수익자는 그 표시된 조건으로 변경될 것이라고 기대할 것이다.

셋째, 양도된 신용장에는 "조건변경이 제2수익자에게 통지될 수 있는지 여부" 및 "그 조건변경이 어떤 조건으로 통지될 수 있는지"가 표시되어야 한다. 왜냐하면, 이러한 표시가 있는 신용장을 받았을 때에만, 제2수익자는 조건변경이 반드시 일어날지의 여부에 대한 불안한 상태에서 벗어날 수 있으며, 조건변경이 어떤 조건으로 변경될 수 있는지를 미리 인지할 수 있기 때문이다.

6. 복수의 제2수익자에 의한 조건변경의 승낙여부(제38조 f항)

하나의 신용장이 다수의 제2수익자에게 분할양도(multiple transfer)된 후 그 조건변경서가 UCP 600 제38조 e항의 요청내용에 따라 통지된 경우에는, 하나 또는 복수의 제2수익자가 그 조건변경을 거절하였다고 하더라도, 그 이외의 제2수익자에 의한 조건변경의 승낙을 무효로 하지 않는다. 즉, 2 이상의 제2수익자에게 분할양도된 신용장의 경우에는, 조건변경을 거절한 제2수익자에 대하여는 조건변경이 행해지지 않기 때문에 변경전의 원신용장의 효력이 계속 유지되고, 조건변경을 승낙한 제2수익자에 대하여는 새롭게 변경된 신용장의 효력이 발생한다는 취지를 규정하고 있다.[151)]

하나의 원신용장이 각각 다른 다수의 제2수익자에게 분할양도(multiple transfer)된 경우, 이 분할양도된 신용장은 각각 다른 별개의 신용장으로 간주되어 각각 독립적 효력을 가지게 된다. 즉, 제2수익자에게 양도된 신용장은 독립된 신용장으로 간주되고 제1수익자는 발행의뢰인의 입장이 되기 때문에, 각각의 제2수익자는 자신이 양도받은 신용장의 조건변경에 대하여 이를 승낙 또는 거절할 수 있다. 따라서, 어느 한 제2수익자가 조건변경을 승낙 또는 거절한다고 하더라도, 이는 다른 제2수익자에게 아무런 영향을 미치지 않게 된다는 것이다. 즉, 제2수익자 중에서 일부는 조건변경을 승낙하고 일부는 조건변경을 거절하였을 때 그 조건변경은 이를 승낙한 제2수익자에게만 효력이 미치기 때문에 이를 거절한 제2수익자에게는 조건변경이 행해지지 않는다는 것을 명확히 규정하고 있다.

신용장의 조건변경은 수익자의 동의가 있어야 한다고 규정하고 있는 UCP 600 제10조의 규정에 따라, 양도된 신용장의 경우에는, 제1수익자는 발행의뢰인의 입장이

151) ICC Publication No.459 Case No.156에서도 동일한 취지를 규정하고 있다.

되고, 제2수익자는 수익자의 입장이 되기 때문에 양도된 신용장의 조건변경에는 제2수익자의 동의가 필요하게 된다. 즉, 양도된 신용장의 조건변경이 유효하게 되기 위해서는 제1수익자가 조건변경에 동의하는 것을 전제로 하여 제2수익자도 조건변경에 동의하여야 한다. 따라서 제1수익자가 조건변경에 동의하지 않은 경우에는 처음부터 조건변경이 되지 않는다.

●●● 복수의 제2수익자에 의한 조건변경의 승낙여부

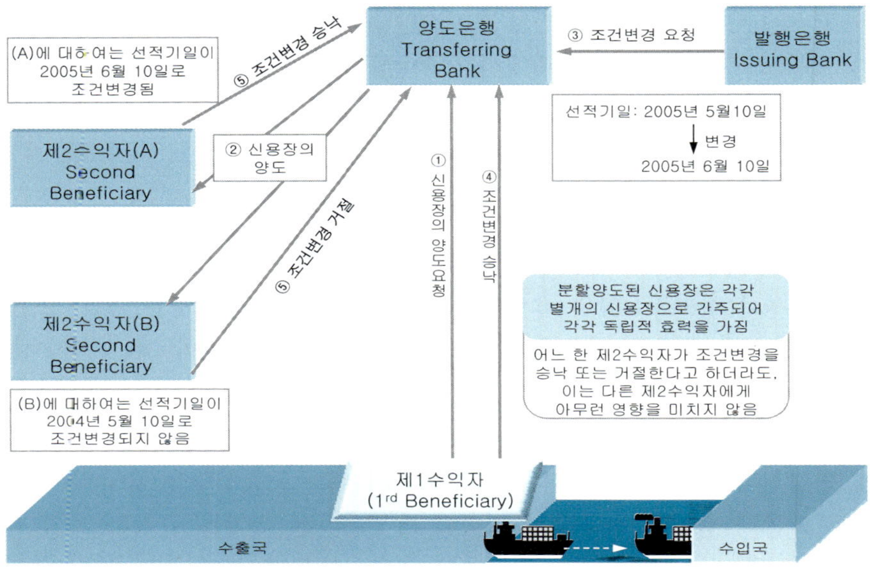

예를 들면 하나의 원신용장이 2명의 제2수익자에게 분할양도된 경우, 원신용장의 선적기일 "2005년 5월 10일"을 "2005년 6월 10일"로 하는 조건변경의 요청에 따라, 제1수익자가 승낙한 후, 1명의 제2수익자는 신용장의 조건변경을 승낙하였지만, 나머지 1명의 제2수익자가 이를 거절하였다면, 이를 승낙한 1명의 제2수익자에 대하여는 신용장의 조건변경이 유효하고, 이를 거절한 1명의 제2수익자에 대하여는 조건변경의 효력이 없다. 이 때 조건변경을 거절한 1명의 제2수익자는 조건변경통지서의 내용을 무시하고 양도된 신용장의 조건대로 이행하면 되는 것이다.

7. 원신용장조건과 동일한 조건의 양도원칙(제38조 g항)

양도된 신용장은 확인(있는 경우)을 포함하여 원신용장(original L/C)의 제조건을 정확히 반영하여야 한다. 즉 원신용장의 조건과 동일한 조건으로 양도되어야 한다.

다만, 금액·기간의 단축, 보험부보비율의 증가 및 신용장발행의뢰인의 명의변경은 가능하다. 제1수익자가 양도가능신용장을 제2수익자에게 양도할 때 원칙적으로 원신용장의 조건을 변경할 수 없도록 하는 이유는 발행의뢰인(수입업자)을 보호하기 위한 것이기 때문에 발행의뢰인(수입업자)에게 지장을 주지 않는 금액이나 기한의 감액 또는 단축은 허용되는 것이다.

이 조항은 원신용장이 확인신용장인 경우에는 양도된 신용장도 확인신용장이어야 한다는 규정을 추가하였다.

●●● 원신용장조건과 동일한 조건의 양도원칙

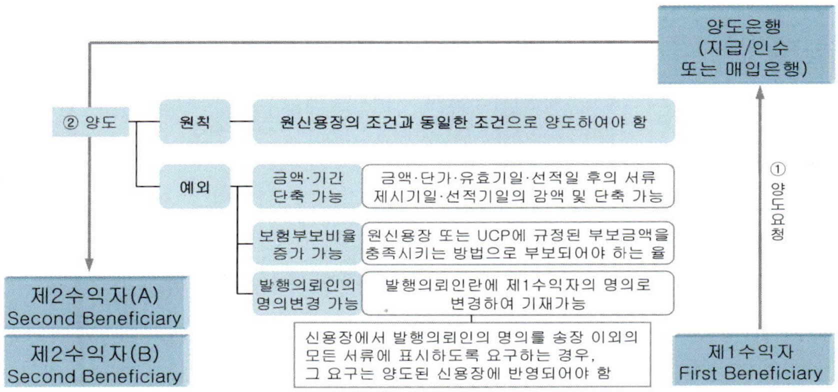

(1) 신용장금액 및 기한의 단축

제1수익자는 원신용장금액 및 단가의 감액, 선적기일·유효기일·서류제시를 위한 기일의 단축 등과 같이 원신용장의 금액이나 기일을 감액 또는 단축하여 이를 양도할 수 있다.

(2) 보험부보비율의 증가

제1수익자는 원신용장의 부보금액을 충족시키기 위하여 보험부보비율을 증가하여 이를 양도할 수 있다. 즉, 신용장에 별도의 합의가 없는 한, 보험서류에 명시되어야 하는 최저 부보금액은 CIF 또는 CIP가격에 10%를 가산한 금액이어야 한다. 그런데 제1수익자가 양도차익을 취득할 목적으로 원신용장의 금액을 감액하여 양도한 경우에는 원신용장의 조건불일치로 되어 수리거절될 수 있는 문제가 발생할 수 있다. 예를 들면, CIF가격으로 100만 달러인 원신용장금액에 대하여 부보비율을 110%로 하였다면, 부보금액은 110만 달러가 된다. 그러나 신용장양도시 원신용장과 동일한 가격조건(CIF)으로 80만 달러로 감액양도한 경우에는 부보금액이 88만 달러로 되기 때문에 수입업자(발행의뢰인)의 입장에서는 보험금액이 감소하게 된다. 이 경우, 최저부보금액의 미달로 인한 신용장조건위반으로 된다. 따라서, 최저 부보금액의 미달로 인한 신용장조건위반의 문제를 예방하기 위하여, UCP 600에서는 제1수익자가 신용장양도시 부보금액을 원신용장의 부보금액(110만 달러)과 동일하게 하기 위하여 부보비율을 137.5%로 인상할 수 있도록 허용하고 있다.

●●● 보험부보비율의 증가

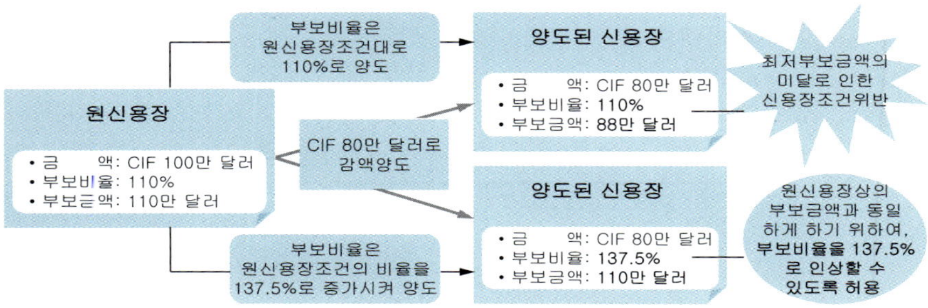

(3) 발행의뢰인의 명의변경

발행의뢰인의 명의를 제1수익자의 명의로 변경하여 양도할 수 있다. 즉, 발행의뢰인란에 수입업자의 명의를 기재하지 않고 제1수익자(양도인)의 명의를 기재하여 양도할 수 있다. 제1수익자가 발행의뢰인의 명의를 수입업자가 아닌 자신의 명의로 변경하는 것은 수입업자의 상호나 주소가 노출되는 것을 방지하기 위함이다. 즉, 제2수익자가 수입업자인 발행의뢰인의 명의를 알게 되는 경우에는 제2수익자가 직접 수입업자인 발행의뢰인과 거래를 시도할 가능성이 있기 때문이다. 그러나, 원신용장에서 발행의뢰인의 명의가 송장 이외의 모든 서류에 표시되도록 특별히 요구하고 있는 경우에는, 그 요구대로 이행되어야 한다.

8. 송장 및 환어음의 대체 및 차액 청구권(제38조 h항)

송장대체(substitution of invoices)란 제1수익자가 신용장발행의뢰인을 대체할 수 있는 권리에 따라 자신이 신용장발행의뢰인이 된 경우, 제1수익자는 제2수익자에 의하여 제1수익자(신용장발행의뢰인) 앞으로 작성되어 은행에 제시된 송장을 회수하고 자신이 직접 원신용장발행의뢰인 앞으로 작성한 송장으로 대체하는 것을 말한다. 즉, 송장 및 환어음의 대체(substitution of invoices and drafts)란 제1수익자는 제2수익자에 의하여 은행에 제시된 송장 및 환어음을 회수하고 원신용장의 금액[152]을 초과하지 않는 범위내에서 자신이 직접 작성한 송장 및 환어음으로 대체하는 것을 말한다.

이와 같이, 제1수익자는 제2수익자에 의하여 작성된 송장을 자신이 작성한 송장으로 대체하고 그 차액에 대하여 추가로 환어음을 발행할 권리를 가지고 있다. 즉, 제1수익자는 원신용장의 금액을 감액하여 양도하는 감액양도의 경우뿐만 아니라, 금액을 감액하지 않고 양도하는 전액양도의 경우에도 제2수익자의 송장을 자신의 송장으로 대체할 권리가 있다.

따라서, 금액를 감액하지 않고 양도하는 전액양도의 경우에는, 제1수익자는 제2수익자에 의하여 은행에 제시된 송장 및 환어음을 회수하고 원신용장의 금액을 초과하지 않는 범위내에서 자신이 직접 작성한 송장 및 환어음으로 대체하게 된다. 그러나, 제1수익자가 양도차액을 획득하기 위하여 제2수익자에게 원신용장의 금액을 낮추어 양도하는 감액양도의 경우에는, 제1수익자는 제2수익자에 의하여 은행에 제시된 송장 및 환어음을 회수하고 원신용장의 금액을 초과하지 않는 범위내에서 자신이 직접 작성한 송장 및 환어음으로 대체한다. 이 경우, 제1수익자는 제2수익자의 송장과의 차액에 대하여 양도은행 앞으로 추가로 별도의 환어음을 발행하여 그 차액을 확보할 수 있다.

이와 같이, 제1수익자가 양도차액153)을 지급받기 위하여 제2수익자의 송장 및 환어음을 자신의 송장 및 환어음으로 대체하는 방법에는, ① 제2수익자의 송장 및 환어음을 양도차액이 포함된 자신의 송장 및 환어음으로 대체하거나, ② 송장은 대체하지 않고 환어음만을 대체하거나154), 또는 ③ 송장과 환어음의 대체시에 제1수익자의 송장과 제2수익자의 송장사이에 차액이 있는 경우 그 차액에 대하여만 별도로 환어음을 발행하는 방법 등이 있다.

●●● 송장 및 환어음의 대체 및 차액 청구권

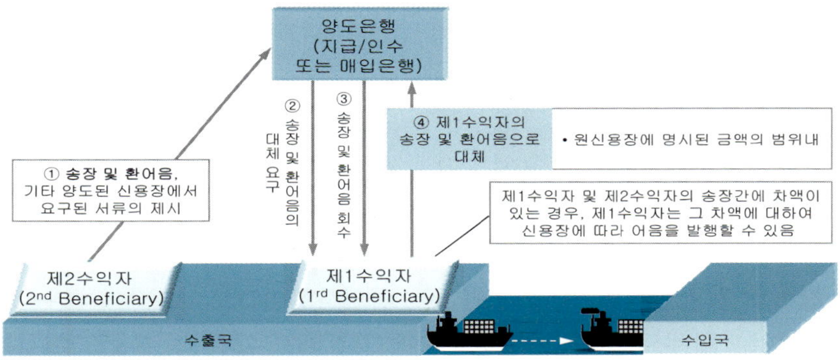

152) UCP 600 제38조 h항에서는 "신용장에 명시되어 있는 경우에는 그 원단가에 대하여"라는 문언을 삭제하였다.

153) 양도차액은 원신용장의 금액보다 양도된 신용장의 금액이 적은 경우 이들 금액간의 차액을 말한다.

154) Jan Cornelis Dekker, Case Studies on Documentary Credits, ICC Publication No.459, Case No.157, ICC Publishing S.A., 1989, p.131.

9. 송장 및 환어음의 대체 또는 정정의무(제38조 i항)

제1수익자가 양도은행으로부터 제2수익자의 송장 및 환어음을 자신의 송장 및 환어음과 대체하여 제시하도록 요구받은 경우에는 그 최초의 요구시에 이를 행하여야 한다. 즉, 제1수익자가 양도은행으로부터 송장 및 환어음을 대체하라는 최초의 요구를 받은 경우에는, 제1수익자는 그 즉시 송장 및 환어음을 대체하여야 한다. 이러한 즉시 대체의무를 태만히 한 경우에는 제1수익자는 송장 및 환어음의 대체권을 상실하게 된다. 왜냐하면, 제1수익자가 양도은행으로부터의 이러한 최초의 요구시에 이를 행하지 않은 경우에는, 양도은행이 제1수익자에게 아무런 책임 없이 제2수익자로부터 수령한 서류를 발행은행에게 제시할 수 있는 권리를 가지고 있기 때문이다. 또한 이 규정은 새롭게 추가된 규정으로서, 제1수익자가 양도은행의 요구대로 송장을 제시하였으나 제1수익자에 의하여 제시된 송장이 제2수익자에 의하여 행해진 제시에 없었던 불일치를 발생시키고 최초의 요구시에 제1수익자가 이를 정정하지 않은 경우에도 양도은행은 제1수익자에게 아무런 책임 없이 제2수익자로부터 수령한 서류를 발행은행에게 제시할 수 있는 권리를 가진다.

●●● 송장 및 환어음의 대체 또는 정정의무

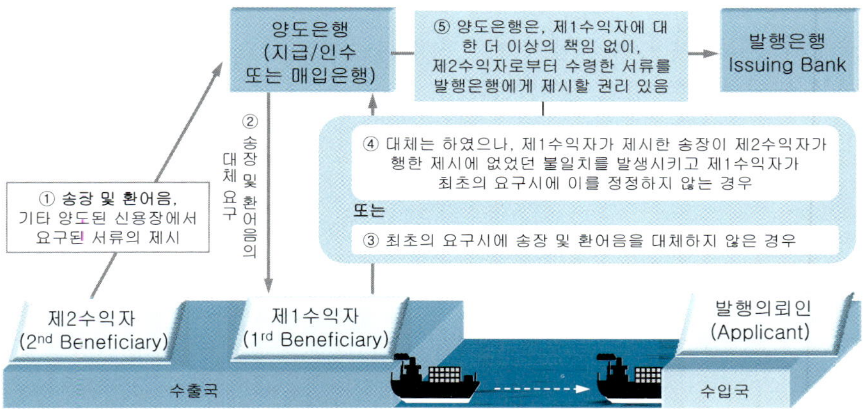

이와 같이, 제1수익자의 송장대체권은 임의사항이므로, 송장대체권을 행사하지 않은 경우 또는 대체된 송장의 정정요구에 정정하지 않은 경우에도 아무런 하자가 되지 않는다. 다만, 제1수익자가 대체환어음을 제시하지 않은 경우에는, 제1수익자는 두 송장사이의 차액에 대한 권리를 포기한 것으로 간주된다.[155)] 송장이 대체되

155) Jan Cornelis Dekker, Case Studies on Documentary Credits, ICC Publication No.459, Case No.157, ICC Publishing S.A., 1989, p.131.

지 않았다고 하더라도, 즉 송장이 발행의뢰인의 명의로 되지 않았다고 하더라도 지급거절 사유가 될 수 없다.[156] 즉, 양도은행이 제1수익자에게 제2수익자의 송장 및 환어음을 대체하도록 요구하였음에도 제1수익자가 이에 응하지 않은 경우에는, 양도은행이 제2수익자의 명의로 작성된 송장 및 환어음을 그대로 발행은행에 송부하더라도 아무런 문제가 없다.

이러한 경우, 제1수익자는 양도차액을 얻을 수 있는 기회를 상실할 뿐만 아니라 발행의뢰인인 수입업자에게 제2수익자의 명의 및 양도사항(금액, 단가, 양도조건 등)에 관한 내용이 알려진다면, 경우에 따라서는 원신용장의 발행의뢰인이 직접 제2수익자에게 연락하여 직접 거래할 수 있거나, 또는 발행의뢰인인 수입업자와 제1수익자간의 거래조건이 종전보다 불리하게 될 수 있는 위험이 발생할 수 있다.

10. 지급이행 및 매입장소의 변경지시권(제38조 j항)

제1수익자는 그 자신의 요청으로 신용장이 양도된 장소에서 신용장의 유효기일을 포함한 기일까지 지급이행 또는 매입이 제2수익자에게 이행되어야 한다는 것을 표시할 수 있다. 즉, 제1수익자는 신용장의 양도지에서 신용장의 유효기일을 포함한 특정기일 이내에 지급이행 또는 매입이 행해지도록 표시할 권리를 가진다.[157] 이 규정은 제1수익자가 차후에 자신의 송장 및 어음을 제2수익자의 그것과 대체할 수 있는 권리 및 차액을 청구하는 권리에 아무런 침해를 부여하는 것은 아니다.

신용장의 양도는 타국으로 신용장을 양도할 수 없다는 취지가 신용장에 명시되어 있지 않는 한, 국내는 물론 국외로도 가능하다. 그러나, 국내외를 불문하고 신용장이 양도되는 경우에는 지급이행 또는 매입장소도 자동적으로 양도되는 것은 아니다. 즉, 원신용장에서 지급이행 또는 매입장소를 명시하고 있는 경우에는 불가능하지만, 그렇지 않은 경우에는, 제1수익자는 지급이행 또는 매입장소를 ① 자신의 편의를 위하여 제1수익자의 소재지 국가(신용장을 양도한 장소)로 정하도록 양도은행에게 지시하거나, 또는 ② 제2수익자의 국가로 변경하도록 양도은행에게 지시할 수 있는 권리를 가지고 있다.

---

156) Jan Dekker, More Case Studies on Documentary Credits, ICC Publication No.489 Case No.291, ICC Publishing S.A., 1991, p.122.

157) 제2차 개정신용장통일규칙(Brochure No.222)에서는 신용장이 타국으로 양도될 경우에는 신용장상에 그 취지가 명기되어 있어야 한다고 규정되어 있었으나, 제3차 개정신용장통일규칙(Publication No.290)부터 UCP 400까지는 동일 국가 또는 다른 국가에 있는 제2수익자에 대하여 양도의 의뢰가 가능하다는 규정이 있었다. 그러나, UCP 500 및 UCP 600에서는 이 규정이 삭제되어 있다. 이 조문의 전후관계로 보아, 당연히 다른 국가에 있는 수익자에 대하여도 양도가능하기 때문에 실질적으로는 변함이 없다.

●●● 지급이행 및 매입장소의 변경지시권

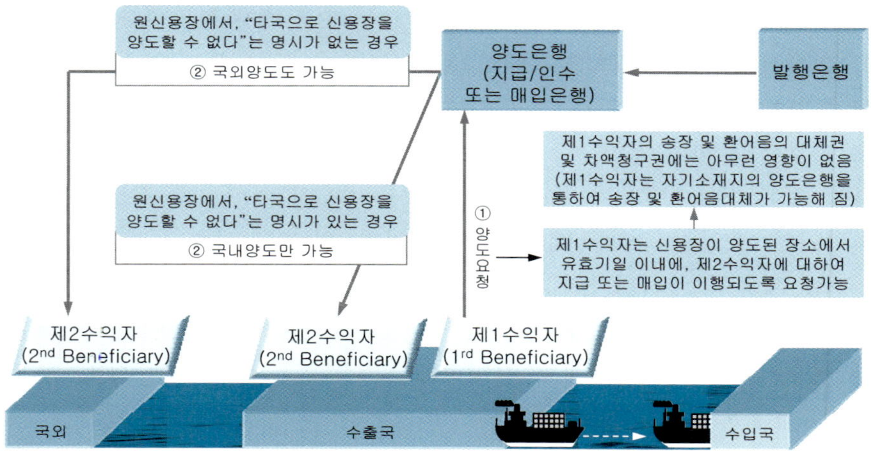

첫째, 위의 ①과 같이, 제2수익자가 외국에 소재하고 있는 국외양도의 경우로서, 제1수익자가 지급이행 또는 매입장소를 신용장의 양도지(제1수익자의 소재지 국가)로 정하도록 양도은행에게 지시한 때에는, 국외의 제2수익자는 지급이행 또는 매입을 위하여 신용장의 유효기일 이내에 제1수익자의 소재지 국가에 있는 양도은행에게 서류를 제시하여야 한다. 따라서, 제2수익자는 우편일수를 감안하여 원신용장의 유효기일에 늦지 않게 서류를 발송하여야 한다. 이와 같이, 서류가 제2수익자에 의하여 원신용장의 유효기일 이내에 제1수익자 소재지의 양도은행에 제시되는 경우에는 제1수익자는 송장을 대체하거나 추가어음을 발행할 수 있다. 그러나, 제2수익자가 유효기일 이내에 서류를 양도은행에 제시하지 못하게 되는 경우에는, 제1수익자는 송장 및 환어음을 대체하고 양도차액을 청구할 수 있는 기회를 상실할 수 있으므로, 유효기일 및 서류제시기일을 단축할 수 있다는 UCP 600 제38조 g항의 규정에 따라, 제1수익자는 신용장의 양도시 유효기일 및 서류제시기간을 단축하게 되는 것이다.

둘째, 위의 ②와 같이, 제2수익자가 외국에 소재하고 있는 국외양도의 경우로서, 제1수익자가 지급이행 또는 매입장소를 신용장의 피양도지(제2수익자의 소재지 국가)로 정하도록 양도은행에게 지시한 때에는, 양도은행이 제1수익자의 이러한 지시에 동의하였다면, 양도은행은 그러한 취지의 문언을 양도장에 "Please forward us(transferring bank) all draft and documents in two consecutive airmail(모든 어음 및 서류를 두 번의 연속적인 항공우편으로 당행(양도은행)으로 송부해 주시기 바랍니다)"와 같이 명시하여 제2수익자에게 전달하게 된다. 이 경우, 원신용장의 발행은행은 접수한 서류 중에 제2수익자의 송장 또는 어음 작성일자가 원신용장의 유효기일 이내의 것이고,

신용장이 양도되었다는 것이 명확한 경우에는 이를 수리거절할 수 없다.

실무적으로, 지급신용장, 인수신용장 또는 매입은행이 지정된 매입제한신용장이 양도된 경우에는, 지정된 은행(양도은행)이 지급이행 또는 매입을 행하기 때문에 별다른 문제가 발생하지 않는다. 그러나, 매입은행이 지정되어 있지 않은 신용장의 경우에는, 제1수익자는 제2수익자가 자신의 거래은행에서 매입하는 것을 방지하기 위하여 제2수익자로 하여금 신용장을 양도한 양도은행에서 매입할 것을 요구하거나, 또는 제2수익자가 자신의 거래은행에서 매입하였다면 이를 발행은행에 직송하지 말고 양도은행으로 송부하도록 요구할 수 있다. 제1수익자가 이러한 요구를 하는 이유는 제2수익자의 송장 및 어음을 자신의 것으로 대체하기 위함이다. 그러나, 어떠한 경우에도, 제1수익자는 추후에 제2수익자의 송장 및 어음을 자신의 것으로 대체하고 자신에게 귀속된 모든 차액을 청구할 권리를 침해받지 않는다.

11. 제2수익자에 의한 서류의 제시장소(제38조 k항: 신설)

이 조항은 신설된 조항으로서, 제2수익자 또는 그 대리인은 양도은행에 서류를 제시하여야 한다고 규정하고 있다. 즉, 제2수익자가 서류를 제시하여야 하는 장소는 양도은행이다. 그 이유는 신용장이 전액양도되지 않은 경우에 제2수익자 또는 지정은행이 양도은행을 통하지 않고 직접 발행은행에 서류를 제시하는 것을 허용한다면, 제1수익자가 송장 및 환어음을 대체할 수 있는 기회를 상실할 수 있다는 상황을 고려한 것이라고 생각된다.

●●● 제2수익자에 의한 서류의 제시장소

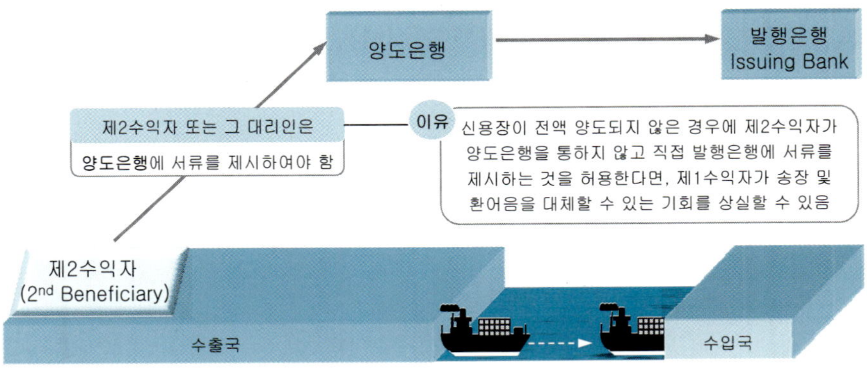

제39조 대금의 양도(Assignment of Proceeds)

Article 39 Assignment of Proceeds
제 39 조 대금의 양도

The fact that a credit is not stated to be transferable shall not affect the right of the beneficiary to assign any proceeds to which it may be or may become entitled under the credit, in accordance with the provisions of applicable law. This article relates only to the assignment of proceeds and not to the assignment of the right to perform under the credit.

신용장이 양도가능한 것으로 명기되어 있지 아니하다는 사실은 적용가능한 법률의 규정에 따라 그러한 신용장에 의하여 수권되거나, 또는 될 수 있는 대금을 양도할 수익자의 권리에 영향을 미치지 아니한다. 이 조는 대금의 양도에만 관련되어 있으며 신용장에 따라 이행할 권리의 양도에 관련되는 것은 아니다.

해설 explanation

신용장에 양도가능(transferable)이라고 명시되어 있지 않더라도, 수익자는 자신이 직접 신용장조건에 일치한 서류를 지정은행 등에게 제시하지만, 자신이 대금을 수령할 수 있는 권리만을 법률의 규정에 따라 제3자(양수인)에게 양도할 수 있다. 이 조문은 양도가능신용장이 아니라면, 대금의 수령권도 제3자에게 양도할 수 없다는 오해와 혼란을 방지하기 위하여 규정된 것이다.

●●● 대금의 양도

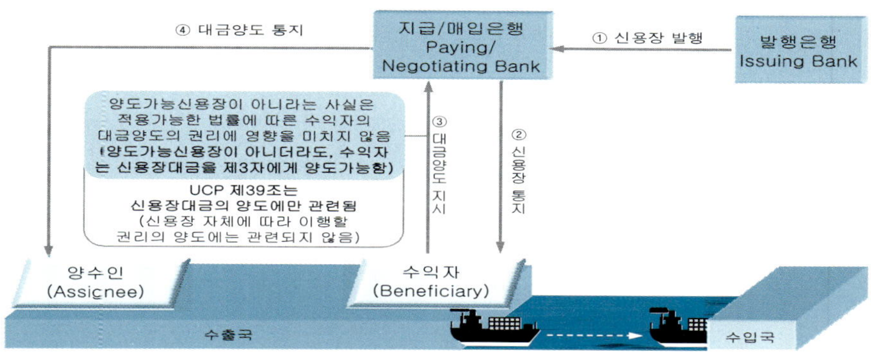

참고로, 신용장대금의 양도(assignment of proceeds)[158]는 수익자가 신용장의 양도가능여부를 불문하고 적용가능한 법률의 규정에 따라, 신용장에 의하여 수권되거나 또는 될 수 있는 대금(proceeds)에 대한 권리만을 제3자에게 양도하는 것으로서, 신용장에 따른 조건을 이행할 자신의 권리 또는 의무까지를 양도하는 것은 허용되지 않는다.

즉, 신용장대금의 양도는 신용장의 양도가능여부를 불문하고 수익자가 신용장에 따른 조건을 이행하는 권리와 의무를 유보하면서 신용장에 의하여 수권되거나 또는 될 수 있는 대금청구권만을 제3자(양수인)에게 양도하는 것인 반면, 신용장의 양도(transfer)는 양도가능신용장의 경우에 수익자가 그 신용장에 의하여 이행할 자신의 권리를 제3자(제2수익자)에게 양도하는 것을 말한다고 할 수 있다. 이와 같이, 신용장대금의 양도(UCP 600 제39조)는 수익자(원수익자)가 신용장조건에 일치하는 서류를 지정은행 등에 제시해야 한다는 정지조건을 충족하는 경우, 그 수익자가 미리 지정한 제3자(양수인)에게 자신의 신용장대금수령권을 양도한다는 것이고, 신용장의 양도(UCP 600 제38조)는 수익자(제1수익자)가 양도되는 신용장의 사용권리 그 자체를 다른 수익자(제2수익자)에게 양도하는 것이다.

158) 대금(proceeds)은 매매, 교환, 추심, 기타 담보물 또는 대금의 처분에 따른 모든 수익을 말하는 것으로서, 신용장대금의 양도에 관한 규정(UCP 600 제39조)은 신용장거래에 대한 담보거래(secured transactions)의 원칙을 인정하고 있었던 미국의 관습을 참조하여 1974년 UCP의 개정부터 제47조로 신설되었으며, 이미 영국이나 일본 등에서도 인정되고 있었던 제도이다. 우리나라는 "내국신용장제도"의 발달로 현재 사용되고 있지 않지만, 일본의 경우에는 "수출엔화대금이체의뢰서" 방식으로 일반화되어 있다.

부 록

The Uniform Customs and Practice for Documentary Credits, 2007 Revision, ICC Publication No. 600 (“UCP”)

화환신용장에 관한 통일규칙 및 관례(“UCP”), 2007년 개정, ICC 출판물번호 제600호

전순환 역

Article 1 Application of UCP

The Uniform Customs and Practice for Documentary Credits, 2007 Revision, ICC Publication no. 600 ("UCP") are rules that apply to any documentary credit ("credit") (including, to the extent to which they may be applicable, any standby letter of credit) when the text of the credit expressly indicates that it is subject to these rules. They are binding on all parties thereto unless expressly modified or excluded by the credit.

Article 2 Definitions

For the purpose of these rules:

Advising bank means the bank that advises the credit at the request of the issuing bank.

Applicant means the party on whose request the credit is issued.

Banking day means a day on which a bank is regularly open at the place at which an act subject to these rules is to be performed.

Beneficiary means the party in whose favour a credit is issued.

Complying presentation means a presentation that is in accordance with the terms and conditions of the credit, the applicable provisions of these rules and international standard banking practice.

Confirmation means a definite undertaking of the confirming bank, in addition to that of the issuing bank, to honour or negotiate a complying presentation.

Confirming bank means the bank that adds its confirmation to a credit upon the issuing bank's authorization or request.

Credit means any arrangement, however named or described, that is irrevocable and thereby constitutes a definite undertaking of the issuing bank to honour a complying presentation.

Honour means:

a. to pay at sight if the credit is available by sight payment.
b. to incur a deferred payment undertaking and pay at maturity if the credit is available by deferred payment.
c. to accept a bill of exchange ("draft") drawn by the beneficiary and pay at maturity if the credit is available by acceptance.

제 1 조 신용장통일규칙의 적용

화환신용장에 관한 통일규칙 및 관례, 2007년 개정, ICC 출판물번호 제600호("UCP")는 신용장의 본문이 이 규칙에 따른다고 명시적으로 표시하고 있는 경우 모든 화환신용장("신용장")(적용가능한 범위에서 모든 보증신용장을 포함한다)에 적용되는 규칙이다. 신용장에 명시적으로 수정되거나 또는 배제되지 아니하는 한, 이 규칙은 모든 관계당사자를 구속한다.

제 2 조 정의

통지은행이란 발행은행의 요청에 따라 신용장을 통지하는 은행을 말한다.

발행의뢰인이란 신용장이 발행되도록 요청하는 당사자를 말한다.

은행영업일이란 이 규칙에 따라 업무가 이행되는 장소에서 은행이 정상적으로 영업을 하는 일자를 말한다.

수익자란 그 자신을 수익자로 하여 신용장을 발행받는 당사자를 말한다.

일치하는 제시란 신용장의 제조건, 이 규칙 및 국제표준은행관행의 적용가능한 규정에 따른 제시를 말한다.

확인이란 발행은행의 확약에 추가하여 일치하는 제시를 지급이행 또는 매입할 확인은행의 확약을 말한다.

확인은행이란 발행은행의 수권 또는 요청에 따라 신용장에 확인을 추가하는 은행을 말한다.

신용장이란 그 명칭이나 기술에 관계없이 취소불능이며 일치하는 제시를 지급이행할 발행은행의 확약을 구성하는 모든 약정을 말한다.

지급이행이란 다음을 말한다:

a. 신용장이 일람지급에 의하여 사용될 수 있는 경우 일람지급하는 것.
b. 신용장이 연지급에 의하여 사용될 수 있는 경우 연지급확약의무를 부담하고 만기일에 지급하는 것.
c. 신용장이 인수에 의하여 사용될 수 있는 경우 수익자에 의하여 발행된 환어음("어음")을 인수하고 만기일에 지급하는 것.

Issuing bank means the bank that issues a credit at the request of an applicant or on its own behalf.

Negotiation means the purchase by the nominated bank of drafts (drawn on a bank other than the nominated bank) and/or documents under a complying presentation, by advancing or agreeing to advance funds to the beneficiary on or before the banking day on which reimbursement is due to the nominated bank.

Nominated bank means the bank with which the credit is available or any bank in the case of a credit available with any bank.

Presentation means either the delivery of documents under a credit to the issuing bank or nominated bank or the documents so delivered.

Presenter means a beneficiary, bank or other party that makes a presentation.

Article 3 Interpretations

For the purpose of these rules:

Where applicable, words in the singular include the plural and in the plural include the singular.

A credit is irrevocable even if there is no indication to that effect.

A document may be signed by handwriting, facsimile signature, perforated signature, stamp, symbol or any other mechanical or electronic method of authentication.

A requirement for a document to be legalized, visaed, certified or similar will be satisfied by any signature, mark, stamp or label on the document which appears to satisfy that requirement.

Branches of a bank in different countries are considered to be separate banks.

Terms such as "first class", "well known", "qualified", "independent", "official", "competent" or "local" used to describe the issuer of a document allow any issuer except the beneficiary to issue that document.

Unless required to be used in a document, words such as "prompt", "immediately" or "as soon as possible" will be disregarded.

The expression "on or about" or similar will be interpreted as a stipulation that an event is to occur during a period of five calendar days before until five calendar days after the specified date, both start and end dates included.

발행은행이란 발행의뢰인의 요청에 따르거나 또는 그 자신을 위하여 신용장을 발행하는 은행을 말한다.

매입이란 상환이 지정은행에 행해져야 하는 은행영업일에 또는 그 이전에 수익자에게 대금을 선지급하거나 또는 선지급하기로 약정함으로써, 일치하는 제시에 따른 환어음(지정은행이 아닌 은행을 지급인으로 하여 발행된) 및/또는 서류의 지정은행에 의한 구매를 말한다.

지정은행이란 신용장이 사용될 수 있는 은행 또는 모든 은행에서 사용될 수 있는 신용장의 경우에는 모든 은행을 말한다.

제시란 발행은행 또는 지정은행에게 신용장에 의한 서류를 인도하는 행위 또는 그렇게 인도된 서류를 말한다.

제시인이란 제시를 행하는 수익자, 은행 또는 기타 당사자를 말한다.

제 3 조 해석

이 규칙에서:

적용할 수 있는 경우에는, 단수형의 단어는 복수형을 포함하고 복수형의 단어는 단수형을 포함한다.

신용장은 취소불능의 표시가 없는 경우에도 취소불능이다.

서류는 수기, 모사서명, 천공서명, 스탬프, 상징 또는 기타 모든 기계적 또는 전자적 인증방법에 의하여 서명될 수 있다.

공인, 사증, 증명된 또는 이와 유사한 서류의 요건은 그러한 요건을 충족하는 것으로 보이는 서류상의 모든 서명, 표시, 스탬프 또는 부전에 의하여 충족된다.

다른 국가에 있는 어떤 은행의 지점은 독립된 은행으로 본다.

서류의 발행인을 기술하기 위하여 사용되는 "일류의(first class)", "저명한(well known)", "자격 있는(qualified)", "독립적인(independent)", "공인된(official)", "유능한(competent)" 또는 "국내의(local)"와 같은 용어는 수익자 이외의 모든 서류발행인이 서류를 발행하는 것을 허용한다.

서류에 사용될 것이 요구되지 아니하는 한, "신속한(prompt)", "즉시(immediately)" 또는 "가능한 한 빨리(as soon as possible)"와 같은 단어는 무시된다.

"~경에(on or about)" 또는 이와 유사한 표현은 사건이 명시된 일자 이전의 5일부터 그 이후의 5일까지의 기간 동안에 발행하는 약정으로서 초일 및 종료일을 포함하는 것으로 해석된다.

The words "to", "until", "till", "from" and "between" when used to determine a period of shipment include the date or dates mentioned, and the words "before" and "after" exclude the date mentioned.

The words "from" and "after" when used to determine a maturity date exclude the date mentioned.

The terms "first half" and "second half" of a month shall be construed respectively as the 1st to the 15th and the 16th to the last day of the month, all dates inclusive.

The terms "beginning", "middle" and "end" of a month shall be construed respectively as the 1st to the 10th, the 11th to the 20th and the 21st to the last day of the month, all dates inclusive.

Article 4 Credits v. Contracts

a. A credit by its nature is a separate transaction from the sale or other contract on which it may be based. Banks are in no way concerned with or bound by such contract, even if any reference whatsoever to it is included in the credit. Consequently, the undertaking of a bank to honour, to negotiate or to fulfil any other obligation under the credit is not subject to claims or defences by the applicant resulting from its relationships with the issuing bank or the beneficiary.

   A beneficiary can in no case avail itself of the contractual relationships existing between banks or between the applicant and the issuing bank.

b. An issuing bank should discourage any attempt by the applicant to include, as an integral part of the credit, copies of the underlying contract, proforma invoice and the like.

Article 5 Documents v. Goods, Services or Performance

Banks deal with documents and not with goods, services or performance to which the documents may relate.

Article 6 Availability, Expiry Date and Place for Presentation

a. A credit must state the bank with which it is available or whether it is available with any bank. A credit available with a nominated bank is also available with the issuing bank.

b. A credit must state whether it is available by sight payment, deferred payment, acceptance or negotiation.

"까지(to)", "까지(until)", "까지(till)", "부터(from)" 및 "사이(between)"라는 단어는 선적기간을 결정하기 위하여 사용되는 경우에는 언급된 해당 일자를 포함하며, "이전(before)" 및 "이후(after)"라는 단어는 언급된 해당 일자를 제외한다.

"부터(from)" 및 "이후(after)"라는 단어는 만기일을 결정하기 위하여 사용된 경우에는 언급된 해당 일자를 제외한다.

어느 개월의 "전반(first half)", "후반(second half)"이라는 용어는 각각 해당 개월의 1일부터 15일까지, 그리고 16일부터 말일까지로 하고, 모든 일자를 포함하는 것으로 해석된다.

어느 개월의 "상순(beginning)", "중순(middle)" 및 "하순(end)"이라는 용어는 각각 해당 개월의 1일부터 10일까지, 11일부터 20일까지, 그리고 21일부터 말일까지로 하고, 모든 일자를 포함하는 것으로 해석된다.

제 4 조 신용장과 계약

a. 신용장은 그 성질상 그것이 근거될 수 있는 매매계약 또는 기타 계약과는 독립된 거래이다. 은행은 그러한 계약에 관한 어떠한 참조사항이 신용장에 포함되어 있다 하더라도 그러한 계약과는 아무런 관계가 없으며 또한 이에 구속되지 아니한다. 결과적으로 신용장에 의하여 지급이행하거나, 매입하거나 또는 기타 모든 의무를 이행한다는 은행의 확약은 발행은행 또는 수익자와 발행의뢰인과의 관계로부터 생긴 발행의뢰인에 의한 클레임 또는 항변에 지배받지 아니한다.

   수익자는 어떠한 경우에도 은행상호간 또는 발행의뢰인과 발행은행간에 존재하는 계약관계를 원용할 수 없다.

b. 발행은행은 신용장의 필수적인 부분으로서, 근거계약의 사본, 견적송장 및 기타 유사한 것을 포함시키려는 어떠한 시도도 저지하여야 한다.

제 5 조 서류와 물품/용역/이행

은행은 서류를 취급하는 것이지 그 서류와 관련될 수 있는 물품, 용역 또는 이행을 취급하는 것은 아니다.

제 6 조 사용가능성, 유효기일 및 장소

a. 신용장에는 그 신용장이 사용될 수 있는 은행을 또는 그 신용장이 모든 은행에서 사용될 수 있는지를 명기하여야 한다. 지정은행에서 사용될 수 있는 신용장은 발행은행에서도 사용될 수 있다.
b. 신용장은 그것이 일람지급, 연지급, 인수 또는 매입 중 어느 것에 의하여 사용될 수 있는지를 명기하여야 한다.

c. A credit must not be issued available by a draft drawn on the applicant.

d. i. A credit must state an expiry date for presentation. An expiry date stated for honour or negotiation will be deemed to be an expiry date for presentation.

ii. The place of the bank with which the credit is available is the place for presentation. The place for presentation under a credit available with any bank is that of any bank. A place for presentation other than that of the issuing bank is in addition to the place of the issuing bank.

e. Except as provided in sub-article 29 (a), a presentation by or on behalf of the beneficiary must be made on or before the expiry date.

Article 7 Issuing Bank Undertaking

a. Provided that the stipulated documents are presented to the nominated bank or to the issuing bank and that they constitute a complying presentation, the issuing bank must honour if the credit is available by:

i. sight payment, deferred payment or acceptance with the issuing bank;

ii. sight payment with a nominated bank and that nominated bank does not pay;

iii. deferred payment with a nominated bank and that nominated bank does not incur its deferred payment undertaking or, having incurred its deferred payment undertaking, does not pay at maturity;

iv. acceptance with a nominated bank and that nominated bank does not accept a draft drawn on it or, having accepted a draft drawn on it, does not pay at maturity;

v. negotiation with a nominated bank and that nominated bank does not negotiate.

b. An issuing bank is irrevocably bound to honour as of the time it issues the credit.

c. An issuing bank undertakes to reimburse a nominated bank that has honoured or negotiated a complying presentation and forwarded the documents to the issuing bank. Reimbursement for the amount of a complying presentation under a credit available by acceptance or deferred payment is due at maturity, whether or not the nominated bank prepaid or purchased before maturity. An issuing bank's undertaking to reimburse a nominated bank is independent of the issuing bank's undertaking to the beneficiary.

c. 발행의뢰인을 지급인으로 하여 발행된 환어음에 의하여 사용될 수 있는 신용장은 발행되어서는 아니된다.

d. i. 신용장은 제시를 위한 유효기일을 명기하여야 한다. 지급이행 또는 매입을 위하여 명기된 유효기일은 제시를 위한 유효기일로 본다.

ii. 신용장이 사용될 수 있는 은행의 장소는 제시장소이다. 모든 은행에서 사용될 수 있는 신용장에 의한 제시장소는 모든 은행의 장소이다. 발행은행의 장소가 아닌 제시장소는 발행은행의 장소에 추가된다.

e. 제29조 a항에서 규정된 경우를 제외하고는, 수익자에 의하거나 또는 대리하는 제시는 유효기일에 또는 그 이전에 행하여져야 한다.

제 7 조 발행은행의 확약

a. 명시된 서류가 지정은행 또는 발행은행에 제시되고, 그 서류가 일치하는 제시를 구성하는 한, 신용장이 다음 중의 어느 것에 의하여 사용될 수 있는 경우에는, 발행은행은 지급이행하여야 한다:

i. 발행은행에서 일람지급, 연지급 또는 인수 중의 어느 것에 의하여 사용될 수 있는 경우;

ii. 지정은행에서 일람지급에 의하여 사용될 수 있고 그 지정은행이 지급하지 아니한 경우;

iii. 지정은행에서 연지급에 의하여 사용될 수 있고 그 지정은행이 연지급확약을 부담하지 아니한 경우 또는, 그 지정은행이 연지급확약을 부담하였지만 만기일에 지급하지 아니한 경우;

iv. 지정은행에서 인수에 의하여 사용될 수 있고 그 지정은행이 자행을 지급인으로 하여 발행된 환어음을 인수하지 아니한 경우 또는, 그 지정은행이 자행을 지급인으로 하여 발행된 환어음을 인수하였지만 만기일에 지급하지 아니한 경우;

v. 지정은행에서 매입에 의하여 사용될 수 있고 그 지정은행이 매입하지 아니한 경우.

b. 발행은행은 신용장을 발행하는 시점부터 지급이행할 취소불능의 의무를 부담한다.

c. 발행은행은 일치하는 제시를 지급이행 또는 매입하고 그 서류를 발행은행에 발송하는 지정은행에게 상환할 것을 약정한다. 인수 또는 연지급에 의하여 사용될 수 있는 신용장에 따른 일치하는 제시금액에 대한 상환은 지정은행이 만기일 전에 선지급 또는 구매하였는지의 여부와 관계없이 만기일에 이행되어야 한다. 지정은행에 상환할 발행은행의 확약은 수익자에 대한 발행은행의 확약으로부터 독립한다.

Article 8 Confirming Bank Undertaking

a. Provided that the stipulated documents are presented to the confirming bank or to any other nominated bank and that they constitute a complying presentation, the confirming bank must:

i. honour, if the credit is available by

a. sight payment, deferred payment or acceptance with the confirming bank;

b. sight payment with another nominated bank and that nominated bank does not pay;

c. deferred payment with another nominated bank and that nominated bank does not incur its deferred payment undertaking or, having incurred its deferred payment undertaking, does not pay at maturity;

d. acceptance with another nominated bank and that nominated bank does not accept a draft drawn on it or, having accepted a draft drawn on it, does not pay at maturity;

e. negotiation with another nominated bank and that nominated bank does not negotiate.

ii. negotiate, without recourse, if the credit is available by negotiation with the confirming bank.

b. A confirming bank is irrevocably bound to honour or negotiate as of the time it adds its confirmation to the credit.

c. A confirming bank undertakes to reimburse another nominated bank that has honoured or negotiated a complying presentation and forwarded the documents to the confirming bank. Reimbursement for the amount of a complying presentation under a credit available by acceptance or deferred payment is due at maturity, whether or not another nominated bank prepaid or purchased before maturity. A confirming bank's undertaking to reimburse another nominated bank is independent of the confirming bank's undertaking to the beneficiary.

d. If a bank is authorized or requested by the issuing bank to confirm a credit but is not prepared to do so, it must inform the issuing bank without delay and may advise the credit without confirmation.

Article 9 Advising of Credits and Amendments

a. A credit and any amendment may be advised to a beneficiary through an advising bank. An advising bank that is not a confirming bank advises the credit and any amendment without any undertaking to honour or negotiate.

제 8 조 확인은행의 확약

a. 명시된 서류가 확인은행 또는 기타 모든 지정은행에 제시되고, 그 서류가 일치하는 제시를 구성하는 한, 확인은행은:

i. 신용장이 다음 중의 어느 것에 의하여 사용될 수 있는 경우에는, 지급이행하여야 한다:

a. 확인은행에서 일람지급, 연지급 또는 인수 중의 어느 것에 의하여 사용될 수 있는 경우;

b. 다른 지정은행에서 일람지급에 의하여 사용될 수 있고 그 지정은행이 지급하지 아니한 경우;

c. 다른 지정은행에서 연지급에 의하여 사용될 수 있고 그 지정은행이 연지급확약을 부담하지 아니한 경우 또는, 그 지정은행이 연지급확약을 부담하였지만 만기일에 지급하지 아니한 경우;

d. 다른 지정은행에서 인수에 의하여 사용될 수 있고 그 지정은행이 자행을 지급인으로 하여 발행된 환어음을 인수하지 아니한 경우 또는, 그 지정은행이 자행을 지급인으로 하여 발행된 환어음을 인수하였지만 만기일에 지급하지 아니한 경우;

e. 다른 지정은행에서 매입에 의하여 사용될 수 있고 그 지정은행이 매입하지 아니한 경우.

ii. 신용장이 확인은행에서 매입에 의하여 사용될 수 있는 경우에는, 상환청구 없이, 매입하여야 한다.

b. 확인은행은 신용장에 자행의 확인을 추가하는 시점부터 지급이행 또는 매입할 취소불능의 의무를 부담한다.

c. 확인은행은 일치하는 제시를 지급이행 또는 매입하고 그 서류를 확인은행에 발송하는 다른 지정은행에게 상환할 것을 약정한다. 인수 또는 연지급에 의하여 사용될 수 있는 신용장에 따른 일치하는 제시금액에 대한 상환은 다른 지정은행이 만기일 전에 선지급 또는 구매하였는지의 여부와 관계없이 만기일에 이행되어야 한다. 다른 지정은행에 상환할 확인은행의 확약은 수익자에 대한 확인은행의 확약으로부터 독립한다.

d. 어떤 은행이 발행은행에 의하여 신용장을 확인하도록 수권 또는 요청받았으나 이를 행할 용의가 없는 경우, 그 은행은 지체없이 발행은행에게 통고하여야 하고 확인 없이 신용장을 통지할 수 있다.

제 9 조 신용장 및 조건변경의 통지

a. 신용장 및 모든 조건변경은 통지은행을 통하여 수익자에게 통지될 수 있다. 확인은행이 아닌 통지은행은 지급이행 또는 매입할 어떠한 확약 없이 신용장 및 모든 조건변경을 통지한다.

b. By advising the credit or amendment, the advising bank signifies that it has satisfied itself as to the apparent authenticity of the credit or amendment and that the advice accurately reflects the terms and conditions of the credit or amendment received.

c. An advising bank may utilize the services of another bank ("second advising bank") to advise the credit and any amendment to the beneficiary. By advising the credit or amendment, the second advising bank signifies that it has satisfied itself as to the apparent authenticity of the advice it has received and that the advice accurately reflects the terms and conditions of the credit or amendment received.

d. A bank utilizing the services of an advising bank or second advising bank to advise a credit must use the same bank to advise any amendment thereto.

e. If a bank is requested to advise a credit or amendment but elects not to do so, it must so inform, without delay, the bank from which the credit, amendment or advice has been received.

f. If a bank is requested to advise a credit or amendment but cannot satisfy itself as to the apparent authenticity of the credit, the amendment or the advice, it must so inform, without delay, the bank from which the instructions appear to have been received. If the advising bank or second advising bank elects nonetheless to advise the credit or amendment, it must inform the beneficiary or second advising bank that it has not been able to satisfy itself as to the apparent authenticity of the credit, the amendment or the advice.

Article 10 Amendments

a. Except as otherwise provided by article 38, a credit can neither be amended nor cancelled without the agreement of the issuing bank, the confirming bank, if any, and the beneficiary.

b. An issuing bank is irrevocably bound by an amendment as of the time it issues the amendment. A confirming bank may extend its confirmation to an amendment and will be irrevocably bound as of the time it advises the amendment. A confirming bank may, however, choose to advise an amendment without extending its confirmation and, if so, it must inform the issuing bank without delay and inform the beneficiary in its advice.

c. The terms and conditions of the original credit (or a credit incorporating previously accepted amendments) will remain in force for the beneficiary until the beneficiary communicates its acceptance of the amendment to the bank that advised such amendment. The beneficiary should give notification of acceptance or rejection of an amendment. If the beneficiary fails to give such notification, a presentation that complies with the credit and to any not yet accepted amendment will be deemed to be notification of acceptance by the beneficiary of such amendment. As of that moment the credit will be amended.

b. 신용장 또는 조건변경을 통지함으로써, 통지은행은 그 자신이 신용장 또는 조건변경의 외관상의 진정성에 관하여 스스로 충족하였다는 것과 그 통지가 수령된 신용장 또는 조건변경의 제조건을 정확히 반영하고 있다는 것을 의미한다.

c. 통지은행은 수익자에게 신용장 및 모든 조건변경을 통지하기 위하여 타은행("제2통지은행")의 서비스를 이용할 수 있다. 신용장 또는 조건변경을 통지함으로써 제2통지은행은 자신이 수령한 그 통지의 외관상의 진정성에 관하여 스스로 충족하였다는 것과 그 통지가 수령된 신용장 또는 조건변경의 제조건을 정확히 반영하고 있다는 것을 의미한다.

d. 신용장을 통지하기 위하여 통지은행 또는 제2통지은행의 서비스를 이용하는 은행은 이에 대한 모든 조건변경을 통지하기 위하여 동일한 은행을 이용하여야 한다.

e. 어떤 은행이 신용장 또는 조건변경을 통지하도록 요청되었지만 그렇게 하지 아니하기로 결정하는 경우에는, 그 은행은 신용장, 조건변경 또는 통지를 송부해 온 은행에게 이를 지체없이 통고하여야 한다.

f. 어떤 은행이 신용장 또는 조건변경을 통지하도록 요청되었지만 신용장, 조건변경 또는 통지의 외관상의 진정성에 관하여 스스로 충족할 수 없는 경우에는, 그 은행은 그 지시를 송부해 온 것으로 보이는 은행에게 이를 지체없이 통고하여야 한다. 그럼에도 불구하고 통지은행 또는 제2통지은행이 그 신용장 또는 조건변경을 통지하기로 결정한 경우에는, 그 은행은 수익자 또는 제2통지은행에게 신용장, 조건변경 또는 통지의 외관상의 진정성에 관하여 스스로 충족할 수 없다는 것을 통고하여야 한다.

제10조 조건변경

a. 제38조에 의하여 별도로 규정된 경우를 제외하고는, 신용장은 발행은행, 확인은행(있는 경우) 및 수익자의 합의 없이는 조건변경 또는 취소될 수 없다.

b. 발행은행은 그 자신이 조건변경서를 발행한 시점부터 그 조건변경서에 의하여 취소불능의 의무를 부담한다. 확인은행은 그 자신의 확인을 조건변경에까지 확장할 수 있으며 그 변경을 통지한 시점부터 취소불능의 의무를 부담한다. 그러나, 확인은행은 그 자신의 확인을 확장함이 없이 조건변경을 통지하기로 결정할 수 있으며 이러한 경우에는 발행은행에게 지체없이 통고하고 그 자신의 통지서로 수익자에게 통고하여야 한다.

c. 원신용장(또는 이전에 승낙된 조건변경을 포함하고 있는 신용장)의 제조건은 수익자가 조건변경에 대한 그 자신의 승낙을 그러한 조건변경을 통지해 온 은행에게 통보할 때까지는 수익자에게는 여전히 유효하다. 수익자는 조건변경에 대하여 승낙 또는 거절의 통고(notification)를 행하여야 한다. 수익자가 그러한 통고(notification)를 행하지 아니한 경우, 신용장 및 아직 승낙되지 아니한 조건변경에 일치하는 제시는 수익자가 그러한 조건변경에 대하여 승낙의 통고(notification)를 행하는 것으로 본다. 그 순간부터 신용장은 조건변경된다.

d. A bank that advises an amendment should inform the bank from which it received the amendment of any notification of acceptance or rejection.

e. Partial acceptance of an amendment is not allowed and will be deemed to be notification of rejection of the amendment.

f. A provision in an amendment to the effect that the amendment shall enter into force unless rejected by the beneficiary within a certain time shall be disregarded.

Article 11 Teletransmitted and Pre-Advised Credits and Amendments

a. An authenticated teletransmission of a credit or amendment will be deemed to be the operative credit or amendment, and any subsequent mail confirmation shall be disregarded.

If a teletransmission states "full details to follow" (or words of similar effect), or states that the mail confirmation is to be the operative credit or amendment, then the teletransmission will not be deemed to be the operative credit or amendment. The issuing bank must then issue the operative credit or amendment without delay in terms not inconsistent with the teletransmission.

b. A preliminary advice of the issuance of a credit or amendment ("pre-advice") shall only be sent if the issuing bank is prepared to issue the operative credit or amendment. An issuing bank that sends a pre-advice is irrevocably committed to issue the operative credit or amendment, without delay, in terms not inconsistent with the pre-advice.

Article 12 Nomination

a. Unless a nominated bank is the confirming bank, an authorization to honour or negotiate does not impose any obligation on that nominated bank to honour or negotiate, except when expressly agreed to by that nominated bank and so communicated to the beneficiary.

b. By nominating a bank to accept a draft or incur a deferred payment undertaking, an issuing bank authorizes that nominated bank to prepay or purchase a draft accepted or a deferred payment undertaking incurred by that nominated bank.

c. Receipt or examination and forwarding of documents by a nominated bank that is not a confirming bank does not make that nominated bank liable to honour or negotiate, nor does it constitute honour or negotiation.

d. 조건변경을 통지하는 은행은 조건변경을 송부해 온 은행에게 승낙 또는 거절의 모든 통고를 통지하여야 한다.

e. 조건변경의 부분승낙은 허용되지 아니하며 그 조건변경의 거절의 통지로 본다.

f. 조건변경이 특정기한 내에 수익자에 의하여 거절되지 아니하는 한 유효하게 된다는 취지의 조건변경서상의 규정은 무시된다.

제 11 조 전송 및 사전통지신용장과 조건변경

a. 신용장 또는 조건변경의 인증된 전송은 유효한 신용장 또는 조건변경으로 보며, 추후의 모든 우편확인서는 무시된다.

전송이 "완전한 명세는 추후 통지함(full details to follow)"(또는 이와 유사한 표현)이라고 명기하고 있거나 또는 우편확인서를 유효한 신용장 또는 조건변경으로 한다는 것을 명기하고 있는 경우에는, 그 전송을 유효한 신용장 또는 조건변경으로 보지 아니한다. 발행은행은 전송과 모순되지 아니한 조건으로 지체없이 유효한 신용장 또는 조건변경을 발행하여야 한다.

b. 신용장의 발행 또는 조건변경의 예비통지("사전통지")는 발행은행이 유효한 신용장 또는 조건변경을 발행할 용의가 있는 경우에만 송부된다. 사전통지를 송부하는 발행은행은 지체없이 사전통지와 모순되지 아니한 조건으로 유효한 신용장 또는 조건변경을 발행할 것을 취소불능적으로 약속한다.

제 12 조 지정

a. 지정은행이 확인은행이 아닌 한, 지급이행 또는 매입할 수권은 그 지정은행이 명시적으로 합의하고 이를 수익자에게 통보하는 경우를 제외하고는, 그 지정은행에게 어떠한 의무도 부과하지 아니한다.

b. 환어음을 인수하거나 또는 연지급확약을 부담할 은행을 지정함으로써, 발행은행은 지정은행이 인수한 환어음 또는 부담한 연지급확약을 선지급 또는 구매하도록 그 지정은행에게 권한을 부여한다.

c. 확인은행이 아닌 지정은행에 의한 서류의 수령 또는 심사 및 발송은 지급이행 또는 매입할 의무를 그 지정은행에게 부담시키는 것은 아니며, 그것은 지급이행 또는 매입을 구성하지 아니한다.

Article 13 Bank-to-Bank Reimbursement Arrangements

a. If a credit states that reimbursement is to be obtained by a nominated bank ("claiming bank") claiming on another party ("reimbursing bank"), the credit must state if the reimbursement is subject to the ICC rules for bank-to-bank reimbursements in effect on the date of issuance of the credit.

b. If a credit does not state that reimbursement is subject to the ICC rules for bank-to-bank reimbursements, the following apply:

   i. An issuing bank must provide a reimbursing bank with a reimbursement authorization that conforms with the availability stated in the credit. The reimbursement authorization should not be subject to an expiry date.
   ii. A claiming bank shall not be required to supply a reimbursing bank with a certificate of compliance with the terms and conditions of the credit.
   iii. An issuing bank will be responsible for any loss of interest, together with any expenses incurred, if reimbursement is not provided on first demand by a reimbursing bank in accordance with the terms and conditions of the credit.
   iv. A reimbursing bank's charges are for the account of the issuing bank. However, if the charges are for the account of the beneficiary, it is the responsibility of an issuing bank to so indicate in the credit and in the reimbursement authorization. If a reimbursing bank's charges are for the account of the beneficiary, they shall be deducted from the amount due to a claiming bank when reimbursement is made. If no reimbursement is made, the reimbursing bank's charges remain the obligation of the issuing bank.

c. An issuing bank is not relieved of any of its obligations to provide reimbursement if reimbursement is not made by a reimbursing bank on first demand.

Article 14 Standard for Examination of Documents

a. A nominated bank acting on its nomination, a confirming bank, if any, and the issuing bank must examine a presentation to determine, on the basis of the documents alone, whether or not the documents appear on their face to constitute a complying presentation.

b. A nominated bank acting on its nomination, a confirming bank, if any, and the issuing bank shall each have a maximum of five banking days following the day of presentation to determine if a presentation is complying. This period is not curtailed or otherwise affected by the occurrence on or after the date of presentation of any expiry date or last day for presentation.

제 13 조 은행간 상환약정

a. 신용장에서 지정은행("청구은행")이 상환을 다른 당사자("상환은행")에게 청구하여 받는 것으로 명기하고 있는 경우에는, 그 신용장은 상환이 신용장의 발행일에 유효한 은행간 대금상환에 관한 ICC 규칙에 따르는지를 명기하여야 한다.

b. 신용장에서 상환이 은행간 대금상환에 관한 ICC 규칙에 따른다고 명기하고 있지 아니한 경우에는, 다음과 같이 적용된다:

　i. 발행은행은 신용장에 명기된 유효성을 따르는 상환수권을 상환은행에게 부여하여야 한다. 상환수권은 유효기일에 지배받지 아니하여야 한다.

　ii. 청구은행은 상환은행에게 신용장의 제조건과의 일치증명서를 제공하도록 요구되지 아니한다.

　iii. 상환이 최초의 청구시에 신용장의 제조건에 따라 상환은행에 의하여 이행되지 아니한 경우, 발행은행은 부담된 모든 경비와 함께 이자손실의 책임을 부담하여야 한다.

　iv. 상환은행의 비용은 발행은행의 부담으로 하여야 한다. 그러나 그 비용이 수익자의 부담으로 되는 경우에는, 발행은행은 신용장 및 상환수권서에 이를 지시할 책임이 있다. 상환은행의 비용이 수익자의 부담으로 되는 경우에는, 그 비용은 상환이 행해질 때 청구은행에 기인하는 금액으로부터 공제되어야 한다. 상환이 행해지지 아니한 경우에는, 상환은행의 비용은 발행은행의 의무로 남는다.

c. 발행은행은 상환이 최초의 청구시에 상환은행에 의하여 행해지지 아니하는 경우에는 상환을 이행해야 할 자신의 의무로부터 면제되지 아니한다.

제 14 조 서류심사의 기준

a. 발행은행의 지정에 따라 행동하는 지정은행, 확인은행(있는 경우) 및 발행은행은 서류가 문면상 일치하는 제시를 구성하는지 여부를 결정하기 위하여 서류만을 기초로 하여 그 제시를 심사하여야 한다.

b. 발행은행의 지정에 따라 행동하는 지정은행, 확인은행(있는 경우) 및 발행은행은 제시가 일치하는지 여부를 결정하기 위하여 제시일의 다음날부터 최대 제5은행영업일을 각각 가진다. 이 기간은 제시를 위한 모든 유효기일 또는 최종일의 제시일에 또는 그 이후의 사건에 의하여 단축되거나 또는 별도로 영향을 받지 아니한다.

c. A presentation including one or more original transport documents subject to articles 19, 20, 21, 22, 23, 24 or 25 must be made by or on behalf of the beneficiary not later than 21 calendar days after the date of shipment as described in these rules, but in any event not later than the expiry date of the credit.

d. Data in a document, when read in context with the credit, the document itself and international standard banking practice, need not be identical to, but must not conflict with, data in that document, any other stipulated document or the credit.

e. In documents other than the commercial invoice, the description of the goods, services or performance, if stated, may be in general terms not conflicting with their description in the credit.

f. If a credit requires presentation of a document other than a transport document, insurance document or commercial invoice, without stipulating by whom the document is to be issued or its data content, banks will accept the document as presented if its content appears to fulfil the function of the required document and otherwise complies with sub-article 14 (d).

g. A document presented but not required by the credit will be disregarded and may be returned to the presenter.

h. If a credit contains a condition without stipulating the document to indicate compliance with the condition, banks will deem such condition as not stated and will disregard it.

i. A document may be dated prior to the issuance date of the credit, but must not be dated later than its date of presentation.

j. When the addresses of the beneficiary and the applicant appear in any stipulated document, they need not be the same as those stated in the credit or in any other stipulated document, but must be within the same country as the respective addresses mentioned in the credit. Contact details (telefax, telephone, email and the like) stated as part of the beneficiary's and the applicant's address will be disregarded. However, when the address and contact details of the applicant appear as part of the consignee or notify party details on a transport document subject to articles 19, 20, 21, 22, 23, 24 or 25, they must be as stated in the credit.

k. The shipper or consignor of the goods indicated on any document need not be the beneficiary of the credit.

l. A transport document may be issued by any party other than a carrier, owner, master or charterer provided that the transport document meets the requirements of articles 19, 20, 21, 22, 23 or 24 of these rules.

c. 제19조, 제20조, 제21조, 제22조, 제23조, 제24조 또는 제25조에 따른 하나 또는 그 이상의 운송서류의 원본을 포함하는 제시는 이 규칙에 기술된 대로 선적일 이후 21일보다 늦지 않게 수익자에 의하여 또는 대리하여 이행되어야 한다. 그러나 어떠한 경우에도, 신용장의 유효기일보다 늦지 않아야 한다.

d. 서류상의 자료는 신용장, 그 서류자체 및 국제표준은행관행의 관점에서 검토하는 경우, 그 서류, 기타 모든 명시된 서류 또는 신용장상의 자료와 동일할 필요는 없지만 이와 상충되어서는 아니된다:

e. 상업송장 이외의 서류에 있어서, 물품, 용역 또는 이행의 명세는 명기된 경우 신용장상의 이들 명세와 상충되지 아니하는 일반용어로 기재될 수 있다.

f. 신용장에서 서류가 누구에 의하여 발행되는 것인지를 또는 서류의 자료내용을 명시하지 않고, 운송서류, 보험서류 또는 상업송장 이외의 서류의 제시를 요구하는 경우에는, 그 서류의 내용이 요구된 서류의 기능을 충족하는 것으로 보이고 기타의 방법으로 제14조 d항과 일치한다면, 은행은 그 서류를 제시된 대로 수리한다.

g. 제시되었지만 신용장에 의하여 요구되지 않은 서류는 무시되고 제시인에게 반송될 수 있다.

h. 신용장이 어떤 조건(condition)과의 일치성을 표시하기 위하여 서류를 명시하지 않고 그 조건을 포함하고 있는 경우에는, 은행은 그러한 조건을 명기되지 아니한 것으로 보고 이를 무시하여야 한다.

i. 서류는 신용장의 일자보다 이전의 일자가 기재될 수 있으나 그 서류의 제시일보다 늦은 일자가 기재되어서는 아니된다.

j. 수익자 및 발행의뢰인의 주소가 모든 명시된 서류상에 보이는 경우에는, 이들 주소는 신용장 또는 기타 모든 명시된 서류에 명기된 것과 동일할 필요는 없으나, 신용장에 언급된 각각의 주소와 동일한 국가 내에 있어야 한다. 수익자 및 발행의뢰인의 주소의 일부로서 명기된 연락처명세(모사전송, 전화, 전자우편 등)는 무시된다. 그러나, 발행의뢰인의 모든 주소 및 연락처명세가 제19조, 제20조, 제21조, 제22조, 제23조, 제24조 또는 제25조에 따라 운송서류상의 수화인 또는 착화통지처 명세의 일부로서 보이는 경우에는, 이러한 주소 및 연락처명세는 신용장에 명기된 대로 이어야 한다.

k. 모든 서류상에 표시된 물품의 송화인 또는 탁송인은 신용장의 수익자일 필요는 없다.

l. 운송서류가 이 규칙의 제19조, 제20조, 제21조, 제22조, 제23조 또는 제24조의 요건을 충족하는 한, 그 운송서류는 운송인, 선주 또는 용선자 이외의 모든 당사자에 의하여 발행될 수 있다.

Article 15 Complying Presentation

a. When an issuing bank determines that a presentation is complying, it must honour.

b. When a confirming bank determines that a presentation is complying, it must honour or negotiate and forward the documents to the issuing bank.

c. When a nominated bank determines that a presentation is complying and honours or negotiates, it must forward the documents to the confirming bank or issuing bank.

Article 16 Discrepant Documents, Waiver and Notice

a. When a nominated bank acting on its nomination, a confirming bank, if any, or the issuing bank determines that a presentation does not comply, it may refuse to honour or negotiate.

b. When an issuing bank determines that a presentation does not comply, it may in its sole judgement approach the applicant for a waiver of the discrepancies. This does not, however, extend the period mentioned in sub-article 14 (b).

c. When a nominated bank acting on its nomination, a confirming bank, if any, or the issuing bank decides to refuse to honour or negotiate, it must give a single notice to that effect to the presenter.

The notice must state:

i. that the bank is refusing to honour or negotiate; and

ii. each discrepancy in respect of which the bank refuses to honour or negotiate; and

iii. a) that the bank is holding the documents pending further instructions from the presenter; or

b) that the issuing bank is holding the documents until it receives a waiver from the applicant and agrees to accept it, or receives further instructions from the presenter prior to agreeing to accept a waiver; or

c) that the bank is returning the docments; or

d) that the bank is acting in accordance with instructions previously received from the presenter.

d. The notice required in sub-article 16 (c) must be given by telecommunication or, if that is not possible, by other expeditious means no later than the close of the fifth banking day following the day of presentation.

제 15 조 일치하는 제시

a. 발행은행이 제시가 일치한다고 결정하는 경우에는, 그 발행은행은 지급이행하여야 한다.

b. 확인은행이 제시가 일치한다고 결정하는 경우에는, 그 확인은행은 지급이행 또는 매입하고 발행은행에게 서류를 발송하여야 한다.

c. 지정은행이 제시가 일치한다고 결정하고 지급이행 또는 매입하는 경우에는, 그 지정은행은 확인은행 또는 발행은행에게 서류를 발송하여야 한다.

제 16 조 불일치서류, 권리포기 및 통지

a. 발행은행의 지정에 따라 행동하는 지정은행, 확인은행(있는 경우) 또는 발행은행은 제시가 일치하지 아니한 것으로 결정하는 경우에는, 지급이행 또는 매입을 거절할 수 있다.

b. 발행은행은 제시가 일치하지 아니하다고 결정하는 경우에는, 독자적인 판단으로 발행의뢰인과 불일치에 관한 권리포기의 여부를 교섭할 수 있다. 그러나 이것은 제14조 b항에서 언급된 기간을 연장하지 아니한다.

c. 발행은행의 지정에 따라 행동하는 지정은행, 확인은행(있는 경우) 또는 발행은행은 지급이행 또는 매입을 거절하기로 결정한 경우에는, 제시인에게 그러한 취지를 1회만 통지하여야 한다.

그 통지는 다음을 명기하여야 한다:

i. 은행이 지급이행 또는 매입을 거절하고 있다는 것; 그리고

ii. 은행이 지급이행 또는 매입을 거절하게 되는 각각의 불일치사항; 그리고

iii. a) 은행이 제시인으로부터 추가지시를 받을 때까지 서류를 보관하고 있다는 것; 또는

b) 발행은행이 발행의뢰인으로부터 권리포기를 수령하고 서류를 수리하기로 합의할 때까지, 또는 권리포기를 승낙하기로 합의하기 전에 제시인으로부터 추가지시를 수령할 때까지 발행은행이 서류를 보관하고 있다는 것; 또는

c) 은행이 서류를 반송하고 있다는 것; 또는

d) 은행이 제시인으로부터 이전에 수령한 지시에 따라 행동하고 있다는 것.

d. 제16조 c항에서 요구된 통지는 전기통신(telecommunication)으로 또는 그 이용이 불가능한 때에는 기타 신속한 수단으로 제시일의 다음 제5은행영업일의 마감시간까지 행해져야 한다.

e. A nominated bank acting on its nomination, a confirming bank, if any, or the issuing bank may, after providing notice required by sub-article 16 (c) (iii) (a) or (b), return the documents to the presenter at any time.

f. If an issuing bank or a confirming bank fails to act in accordance with the provisions of this article, it shall be precluded from claiming that the documents do not constitute a complying presentation.

g. When an issuing bank refuses to honour or a confirming bank refuses to honour or negotiate and has given notice to that effect in accordance with this article, it shall then be entitled to claim a refund, with interest, of any reimbursement made.

Article 17 Original Documents and Copies

a. At least one original of each document stipulated in the credit must be presented.

b. A bank shall treat as an original any document bearing an apparently original signature, mark, stamp, or label of the issuer of the document, unless the document itself indicates that it is not an original.

c. Unless a document indicates otherwise, a bank will also accept a document as original if it:

   i. appears to be written, typed, perforated or stamped by the document issuer's hand; or
   ii. appears to be on the document issuer's original stationery; or
   iii. states that it is original, unless the statement appears not to apply to the document presented.

d. If a credit requires presentation of copies of documents, presentation of either originals or copies is permitted.

e. If a credit requires presentation of multiple documents by using terms such as "in duplicate", "in two fold" or "in two copies", this will be satisfied by the presentation of at least one original and the remaining number in copies, except when the document itself indicates otherwise.

e. 발행은행의 지정에 따라 행동하는 지정은행, 확인은행(있는 경우) 또는 발행은행은, 제16조 c항 iii호 (a) 또는 (b)에 의하여 요구된 통지를 행한 후에, 언제든지 제시인에게 서류를 반송할 수 있다.

f. 발행은행 또는 확인은행이 이 조의 규정에 따라 행동하지 아니한 경우에는, 그 은행은 서류가 일치하는 제시를 구성하지 아니한다고 주장할 수 없다.

g. 발행은행이 지급이행을 거절하거나 또는 확인은행이 지급이행 또는 매입을 거절하고 이 조에 따라 그러한 취지를 통지한 경우에는, 그 은행은 이미 행해진 상환금에 이자를 추가하여 그 상환금의 반환을 청구할 권리가 있다.

제 17 조 원본서류 및 사본

a. 적어도 신용장에 명시된 각 서류의 1통의 원본은 제시되어야 한다.

b. 서류 그 자체가 원본이 아니라고 표시하고 있지 아니하는 한, 명백히 서류발행인의 원본서명, 표기, 스탬프, 또는 부전을 기재하고 있는 서류를 원본으로서 취급한다.

c. 서류가 별도로 표시하지 아니하는 한, 서류가 다음과 같은 경우에는, 은행은 서류를 원본으로서 수리한다:

　i. 서류발행인에 의하여 수기, 타자, 천공 또는 스탬프된 것으로 보이는 경우; 또는
　ii. 서류발행인의 원본용지상에 기재된 것으로 보이는 경우; 또는
　iii. 제시된 서류에 적용되지 아니하는 것으로 보이지 아니하는 한, 원본이라는 명기가 있는 경우.

d. 신용장이 서류의 사본의 제시를 요구하는 경우에는, 원본 또는 사본의 제시는 허용된다.

e. 신용장이 "2통(in duplicate)", "2부(in two fold)", "2통(in two copies)"과 같은 용어를 사용함으로써 수통의 서류의 제시를 요구하는 경우에는, 이것은 서류자체에 별도의 표시가 있는 경우를 제외하고는 적어도 원본 1통과 사본으로 된 나머지 통수의 제시에 의하여 충족된다.

Article 18 Commercial Invoice

a. A commercial invoice:

i. must appear to have been issued by the beneficiary (except as provided in article 38);
ii. must be made out in the name of the applicant (except as provided in sub-article 38 (g));
iii. must be made out in the same currency as the credit; and
iv. need not be signed.

b. A nominated bank acting on its nomination, a confirming bank, if any, or the issuing bank may accept a commercial invoice issued for an amount in excess of the amount permitted by the credit, and its decision will be binding upon all parties, provided the bank in question has not honoured or negotiated for an amount in excess of that permitted by the credit.

c. The description of the goods, services or performance in a commercial invoice must correspond with that appearing in the credit.

Article 19 Transport Document Covering at Least Two Different Modes of Transport

a. A transport document covering at least two different modes of transport (multimodal or combined transport document), however named, must appear to:

i. indicate the name of the carrier and be signed by:

- the carrier or a named agent for or on behalf of the carrier, or
- the master or a named agent for or on behalf of the master.

Any signature by the carrier, master or agent must be identified as that of the carrier, master or agent.

Any signature by an agent must indicate whether the agent has signed for or on behalf of the carrier or for or on behalf of the master.

ii. indicate that the goods have been dispatched, taken in charge or shipped on board at the place stated in the credit, by:

- pre-printed wording, or
- a stamp or notation indicating the date on which the goods have been dispatched, taken in charge or shipped on board.

제 18 조 상업송장

a. 상업송장은:

i. 수익자에 의하여 발행된 것으로 보여야 하며(제38조에 규정된 경우를 제외한다);
ii. 발행의뢰인 앞으로 작성되어야 하며(제38조 g항에 규정된 경우를 제외한다);
iii. 신용장과 동일한 통화로 작성되어야 하며; 그리고
iv. 서명될 필요가 없다.

b. 발행은행의 지정에 따라 행동하는 지정은행, 확인은행(있는 경우) 또는 발행은행은 신용장에 의하여 허용된 금액을 초과한 금액으로 발행된 상업송장을 수리할 수 있으며, 그러한 결정은 모든 당사자를 구속한다. 다만, 문제의 은행은 신용장에 의하여 허용된 금액을 초과한 금액으로 지급이행 또는 매입하지 아니하여야 한다.

c. 상업송장상의 물품, 용역 또는 이행의 명세는 신용장에 보이는 것과 일치하여야 한다.

제 19 조 적어도 두 가지 다른 운송방식을 표시하는 운송서류

a. 적어도 두 가지의 다른 운송방식을 표시하는 운송서류(복합운송서류)는 그 명칭에 관계없이 다음과 같이 보여야 한다:

i. 운송인의 명칭을 표시하고 다음의 자에 의하여 서명되어 있는 것:

- 운송인 또는 운송인을 대리하는 지정대리인, 또는
- 선장 또는 선장을 대리하는 지정대리인.

운송인, 선장 또는 대리인에 의한 모든 서명은 운송인, 선장 또는 대리인의 것이라는 것을 확인하고 있어야 한다.

대리인에 의한 모든 서명은 그 대리인이 운송인을 대리하여 서명하였는지, 또는 선장을 대리하여 서명하였는지를 표시하여야 한다.

ii. 다음에 의하여, 물품이 신용장에 명기된 장소에서 발송, 수탁 또는 본선선적되었음을 표시하고 있는 것:

- 사전인쇄된 문언, 또는
- 물품이 발송, 수탁 또는 본선선적된 일자를 표시하고 있는 스탬프 또는 표기

The date of issuance of the transport document will be deemed to be the date of dispatch, taking in charge or shipped on board, and the date of shipment. However, if the transport document indicates, by stamp or notation, a date of dispatch, taking in charge or shipped on board, this date will be deemed to be the date of shipment.

iii. indicate the place of dispatch, taking in charge or shipment and the place of final destination stated in the credit, even if:

a. the transport document states, in addition, a different place of dispatch, taking in charge or shipment or place of final destination,

or

b. the transport document contains the indication "intended" or similar qualification in relation to the vessel, port of loading or port of discharge.

iv. be the sole original transport document or, if issued in more than one original, be the full set as indicated on the transport document.

v. contain terms and conditions of carriage or make reference to another source containing the terms and conditions of carriage (short form or blank back transport document). Contents of terms and conditions of carriage will not be examined.

vi. contain no indication that it is subject to a charter party.

b. For the purpose of this article, transhipment means unloading from one means of conveyance and reloading to another means of conveyance (whether or not in different modes of transport) during the carriage from the place of dispatch, taking in charge or shipment to the place of final destination stated in the credit.

c. i. A transport document may indicate that the goods will or may be transhipped provided that the entire carriage is covered by one and the same transport document.

ii. A transport document indicating that transhipment will or may take place is acceptable, even if the credit prohibits transhipment.

Article 20 Bill of Lading

a. A bill of lading, however named, must appear to:

i. indicate the name of the carrier and be signed by:

운송서류의 발행일은 발송, 수탁 또는 본선선적일, 및 선적일로 본다. 그러나, 운송서류가 스탬프 또는 표기에 의하여 발송, 수탁 또는 본선선적일을 표시하고 있는 경우에는, 이러한 일자를 선적일로 본다.

iii. 비록 다음과 같더라도, 신용장에 명기된 발송, 수탁 또는 선적지 및 최종목적지를 표시하고 있는 것:

a. 그 운송서류가 추가적으로 다른 발송, 수탁 또는 선적지 또는 최종목적지를 명기하고 있더라도,

또는

b. 그 운송서류가 선박, 적재항 또는 양륙항에 관하여 "예정된" 또는 이와 유사한 제한의 표시를 포함하고 있더라도,

iv. 단일의 운송서류 원본 또는, 2통 이상의 원본으로 발행된 경우에는, 운송서류상에 표시된 대로 전통인 것.

v. 운송의 제조건을 포함하고 있거나, 또는 운송의 제조건을 포함하는 다른 자료를 참조하고 있는 것(약식/배면백지식 운송서류). 운송의 제조건의 내용은 심사되지 아니한다.

vi. 용선계약에 따른다는 어떠한 표시도 포함하고 있지 아니한 것

b. 이 조에서, 환적이란 신용장에 명기된 발송, 수탁 또는 선적지로부터 최종목적지까지의 운송과정 중에 한 운송수단으로부터의 양화 및 다른 운송수단으로의 재적재를 말한다.

c. i. 운송서류는 물품이 환적될 것이라거나 또는 될 수 있다고 표시할 수 있다. 다만, 전운송은 동일한 운송서류에 의하여 커버되어야 한다.

ii. 신용장이 환적을 금지하고 있는 경우에도, 환적이 행해질 것이라거나 또는 행해질 수 있다고 표시하고 있는 운송서류는 수리될 수 있다.

제 20 조 선화증권

a. 선화증권은 그 명칭에 관계없이 다음과 같이 보여야 한다:

i. 운송인의 명칭을 표시하고 다음의 자에 의하여 서명되어 있는 것:

- the carrier or a named agent for or on behalf of the carrier, or
- the master or a named agent for or on behalf of the master.

Any signature by the carrier, master or agent must be identified as that of the carrier, master or agent.

Any signature by an agent must indicate whether the agent has signed for or on behalf of the carrier or for or on behalf of the master.

ii. indicate that the goods have been shipped on board a named vessel at the port of loading stated in the credit by:

- pre-printed wording, or
- an on board notation indicating the date on which the goods have been shipped on board.

The date of issuance of the bill of lading will be deemed to be the date of shipment unless the bill of lading contains an on board notation indicating the date of shipment, in which case the date stated in the on board notation will be deemed to be the date of shipment.

If the bill of lading contains the indication "intended vessel" or similar qualification in relation to the name of the vessel, an on board notation indicating the date of shipment and the name of the actual vessel is required.

iii. indicate shipment from the port of loading to the port of discharge stated in the credit.

If the bill of lading does not indicate the port of loading stated in the credit as the port of loading, or if it contains the indication "intended" or similar qualification in relation to the port of loading, an on board notation indicating the port of loading as stated in the credit, the date of shipment and the name of the vessel is required. This provision applies even when loading on board or shipment on a named vessel is indicated by pre-printed wording on the bill of lading.

iv. be the sole original bill of lading or, if issued in more than one original, be the full set as indicated on the bill of lading.

v. contain terms and conditions of carriage or make reference to another source containing the terms and conditions of carriage (short form or blank back bill of lading). Contents of terms and conditions of carriage will not be examined.

vi. contain no indication that it is subject to a charter party.

• 운송인 또는 운송인을 대리하는 지정대리인, 또는
• 선장 또는 선장을 대리하는 지정대리인.

운송인, 선장 또는 대리인에 의한 모든 서명은 운송인, 선장 또는 대리인의 것이라는 것을 확인하고 있어야 한다.

대리인에 의한 모든 서명은 그 대리인이 운송인을 대리하여 서명하였는지, 또는 선장을 대리하여 서명하였는지를 표시하여야 한다.

ii. 다음에 의하여 물품이 신용장에 명기된 적재항에서 지정선박에 본선선적되었음을 표시하고 있는 것:

- 사전인쇄된 문언, 또는
- 물품이 본선선적된 일자를 표시하고 있는 본선적재표기

선화증권의 발행일은 선적일로 본다. 다만, 선화증권이 선적일을 표시하고 있는 본선적재표기를 포함하고 있는 경우에는 그러하지 아니하며, 이 경우, 본선적재표기상에 명기된 일자는 선적일로 본다.

선화증권이 선박의 명칭에 관하여 "예정된 선박" 또는 이와 유사한 제한의 표시를 포함하고 있는 경우에는, 선적일 및 실제 선박의 명칭을 표시하고 있는 본선적재표기가 요구된다.

iii. 신용장에 명기된 적재항으로부터 양륙항까지의 선적을 표시하고 있는 것.

선화증권이 적재항으로서 신용장에 명기된 적재항을 표시하고 있지 아니한 경우에는, 또는 적재항에 관하여 "예정된" 또는 이와 유사한 제한의 표시를 포함하고 있는 경우에는, 신용장에 명기된 대로 적재항, 선적일 및 선박의 명칭을 표시하고 있는 본선적재표기가 요구된다. 이 규정은 비록 지정된 선박에의 본선적재 또는 선적이 선화증권상에 사전에 인쇄된 문언에 의하여 표시되어 있더라도 적용된다.

iv. 단일의 선화증권 원본 또는, 2통 이상의 원본으로 발행된 경우에는, 선화증권상에 표시된 대로 전통인 것.

v. 운송의 제조건을 포함하고 있거나, 또는 운송의 제조건을 포함하는 다른 자료를 참조하고 있는 것(약식/배면백지식 선화증권). 운송의 제조건의 내용은 심사되지 아니한다.

vi. 용선계약에 따른다는 어떠한 표시도 포함하고 있지 아니한 것

b. For the purpose of this article, transhipment means unloading from one vessel and reloading to another vessel during the carriage from the port of loading to the port of discharge stated in the credit.

c. i. A bill of lading may indicate that the goods will or may be transhipped provided that the entire carriage is covered by one and the same bill of lading.

ii. A bill of lading indicating that transhipment will or may take place is acceptable, even if the credit prohibits transhipment, if the goods have been shipped in a container, trailer or LASH barge as evidenced by the bill of lading.

d. Clauses in a bill of lading stating that the carrier reserves the right to tranship will be disregarded.

Article 21 Non-Negotiable Sea Waybill

a. A non-negotiable sea waybill, however named, must appear to:

i. indicate the name of the carrier and be signed by:
- the carrier or a named agent for or on behalf of the carrier, or
- the master or a named agent for or on behalf of the master.

Any signature by the carrier, master or agent must be identified as that of the carrier, master or agent.

Any signature by an agent must indicate whether the agent has signed for or on behalf of the carrier or for or on behalf of the master.

ii. indicate that the goods have been shipped on board a named vessel at the port of loading stated in the credit by:

- pre-printed wording, or
- an on board notation indicating the date on which the goods have been shipped on board.

The date of issuance of the non-negotiable sea waybill will be deemed to be the date of shipment unless the non-negotiable sea waybill contains an on board notation indicating the date of shipment, in which case the date stated in the on board notation will be deemed to be the date of shipment.

b. 이 조에서, 환적이란 신용장에 명기된 적재항으로부터 양륙항까지의 운송과정 중에 한 선박으로부터의 양화 및 다른 선박으로의 재적재를 말한다.

c. ⅰ. 선화증권은 물품이 환적될 것이라거나 또는 될 수 있다고 표시할 수 있다. 다만, 전운송이 동일한 선화증권에 의하여 커버되어야 한다.

ⅱ. 신용장이 환적을 금지하고 있는 경우에도, 물품이 선화증권에 의하여 입증된 대로 컨테이너, 트레일러 또는 래쉬선에 선적된 경우에는, 환적이 행해질 것이라거나 또는 행해질 수 있다고 표시하고 있는 선화증권은 수리될 수 있다.

d. 운송인이 환적할 권리를 유보한다고 명기하고 있는 선화증권상의 조항은 무시된다.

제 21 조 비유통성 해상화물운송장

a. 비유통성 해상화물운송장은 그 명칭에 관계없이 다음과 같이 보여야 한다:

ⅰ. 운송인의 명칭을 표시하고 다음의 자에 의하여 서명되어 있는 것:

- 운송인 또는 운송인을 대리하는 지정대리인, 또는
- 선장 또는 선장을 대리하는 지정대리인.

운송인, 선장 또는 대리인에 의한 모든 서명은 운송인, 선장 또는 대리인의 것이라는 것을 확인하고 있어야 한다.

대리인에 의한 모든 서명은 그 대리인이 운송인을 대리하여 서명하였는지, 또는 선장을 대리하여 서명하였는지를 표시하여야 한다.

ⅱ. 다음에 의하여 물품이 신용장에 명기된 적재항에서 지정선박에 본선선적되었음을 표시하고 있는 것:

- 사전인쇄된 문언, 또는
- 물품이 본선선적된 일자를 표시하고 있는 본선적재표기

비유통성 해상화물운송장의 발행일은 선적일로 본다. 다만, 비유통성 해상화물운송장이 선적일을 표시하고 있는 본선적재표기를 포함하고 있는 경우에는 그러하지 아니하며, 이 경우, 본선적재표기상에 명기된 일자는 선적일로 본다.

If the non-negotiable sea waybill contains the indication "intended vessel" or similar qualification in relation to the name of the vessel, an on board notation indicating the date of shipment and the name of the actual vessel is required.

iii. indicate shipment from the port of loading to the port of discharge stated in the credit.

If the non-negotiable sea waybill does not indicate the port of loading stated in the credit as the port of loading, or if it contains the indication "intended" or similar qualification in relation to the port of loading, an on board notation indicating the port of loading as stated in the credit, the date of shipment and the name of the vessel is required. This provision applies even when loading on board or shipment on a named vessel is indicated by pre-printed wording on the non-negotiable sea waybill.

iv. be the sole original non-negotiable sea waybill or, if issued in more than one original, be the full set as indicated on the non-negotiable sea waybill.

v. contain terms and conditions of carriage or make reference to another source containing the terms and conditions of carriage (short form or blank back non-negotiable sea waybill). Contents of terms and conditions of carriage will not be examined.

vi. contain no indication that it is subject to a charter party.

b. For the purpose of this article, transhipment means unloading from one vessel and reloading to another vessel during the carriage from the port of loading to the port of discharge stated in the credit.

c. i. A non-negotiable sea waybill may indicate that the goods will or may be transhipped provided that the entire carriage is covered by one and the same non-negotiable sea waybill.

ii. A non-negotiable sea waybill indicating that transhipment will or may take place is acceptable, even if the credit prohibits transhipment, if the goods have been shipped in a container, trailer or LASH barge as evidenced by the non-negotiable sea waybill.

d. Clauses in a non-negotiable sea waybill stating that the carrier reserves the right to tranship will be disregarded.

비유통성 해상화물운송장이 선박의 명칭에 관하여 “예정된 선박” 또는 이와 유사한 제한의 표시를 포함하고 있는 경우에는, 선적일 및 실제 선박의 명칭을 표시하고 있는 본선적재표기가 요구된다.

iii. 신용장에 명기된 적재항으로부터 양륙항까지의 선적을 표시하고 있는 것.

비유통성 해상화물운송장이 적재항으로서 신용장에 명기된 적재항을 표시하고 있지 아니한 경우에는, 또는 적재항에 관하여 “예정된” 또는 이와 유사한 제한의 표시를 포함하고 있는 경우에는, 신용장에 명기된 대로 적재항, 선적일 및 선박의 명칭을 표시하고 있는 본선적재표기가 요구된다. 이 규정은 비록 지정된 선박에의 본선적재 또는 선적이 비유통성 해상화물운송장상에 사전에 인쇄된 문언에 의하여 표시되어 있더라도 적용된다.

iv. 단일의 비유통성 해상화물운송장 원본 또는, 2통 이상의 원본으로 발행된 경우에는, 비유통성 해상화물운송장상에 표시된 대로 전통인 것.

v. 운송의 제조건을 포함하고 있거나, 또는 운송의 제조건을 포함하는 다른 자료를 참조하고 있는 것(약식/배면백지식 비유통성 해상화물운송장). 운송의 제조건의 내용은 심사되지 아니한다.

vi. 용선계약에 따른다는 어떠한 표시도 포함하고 있지 아니한 것

b. 이 조에서, 환적이란 신용장에 명기된 적재항으로부터 양륙항까지의 운송과정 중에 한 선박으로부터의 양화 및 다른 선박으로의 재적재를 말한다.

c. i. 비유통성 해상화물운송장은 물품이 환적될 것이라거나 또는 될 수 있다고 표시할 수 있다. 다만, 전운송이 동일한 비유통성 해상화물운송장에 의하여 커버되어야 한다.

ii. 신용장이 환적을 금지하고 있는 경우에도, 물품이 비유통성 해상화물운송장에 의하여 입증된 대로 컨테이너, 트레일러 또는 래쉬선에 선적된 경우에는, 환적이 행해질 것이라거나 또는 행해질 수 있다고 표시하고 있는 비유통성 해상화물운송장은 수리될 수 있다.

d. 운송인이 환적할 권리를 유보한다고 명기하고 있는 비유통성 해상화물운송장상의 조항은 무시된다.

Article 22 Charter Party Bill of Lading

a. A bill of lading, however named, containing an indication that it is subject to a charter party (charter party bill of lading), must appear to:

i. be signed by:

- the master or a named agent for or on behalf of the master, or
- the owner or a named agent for or on behalf of the owner, or
- the charterer or a named agent for or on behalf of the charterer.

Any signature by the master, owner, charterer or agent must be identified as that of the master, owner, charterer or agent.

Any signature by an agent must indicate whether the agent has signed for or on behalf of the master, owner or charterer.

An agent signing for or on behalf of the owner or charterer must indicate the name of the owner or charterer.

ii. indicate that the goods have been shipped on board a named vessel at the port of loading stated in the credit by:

- pre-printed wording, or
- an on board notation indicating the date on which the goods have been shipped on board.

The date of issuance of the charter party bill of lading will be deemed to be the date of shipment unless the charter party bill of lading contains an on board notation indicating the date of shipment, in which case the date stated in the on board notation will be deemed to be the date of shipment.

iii. indicate shipment from the port of loading to the port of discharge stated in the credit. The port of discharge may also be shown as a range of ports or a geographical area, as stated in the credit.

iv. be the sole original charter party bill of lading or, if issued in more than one original, be the full set as indicated on the charter party bill of lading.

b. A bank will not examine charter party contracts, even if they are required to be presented by the terms of the credit.

제 22 조 용선계약선화증권

a. 용선계약에 따른다는 표시를 포함하고 있는 선화증권(용선계약선화증권)은 그 명칭에 관계없이 다음과 같이 보여야 한다:

i. 다음의 자에 의하여 서명되어 있는 것:

- 선장 또는 선장을 대리하는 지정대리인, 또는
- 선주 또는 선주를 대리하는 지정대리인, 또는
- 용선자 또는 용선자를 대리하는 지정대리인

선장, 선주, 용선자 또는 대리인에 의한 모든 서명은 선장, 선주, 용선자 또는 대리인의 것이라는 것을 확인하고 있어야 한다.

대리인에 의한 모든 서명은 그 대리인이 선장, 선주 또는 용선자 중 누구를 대리하여 서명하였는지를 표시하여야 한다.

선주 또는 용선자를 대리하여 서명하는 대리인은 선주 또는 용선자의 명칭을 표시하여야 한다.

ii. 다음에 의하여 물품이 신용장에 명기된 적재항에서 지정선박에 본선선적되었음을 표시하고 있는 것:

- 사전인쇄된 문언, 또는
- 물품이 본선선적된 일자를 표시하고 있는 본선적재표기

용선계약선화증권의 발행일은 선적일로 본다. 다만, 용선계약선화증권이 선적일을 표시하고 있는 본선적재표기를 포함하고 있는 경우에는 그러하지 아니하며, 이 경우, 본선적재표기상에 명기된 일자는 선적일로 본다.

iii. 신용장에 명기된 적재항으로부터 양륙항까지의 선적을 표시하고 있는 것. 또한 양륙항은 신용장에 명기된 대로 항구의 구역 또는 지리적 지역으로 표시될 수 있다.

iv. 단일의 용선계약선화증권 원본 또는, 2통 이상의 원본으로 발행된 경우에는, 용선계약선화증권상에 표시된 대로 전통인 것.

b. 용선계약서가 신용장의 조건(terms)에 따라 제시되도록 요구되더라도, 은행은 그 용선계약서를 심사하지 아니한다.

Article 23 Air Transport Document

a. An air transport document, however named, must appear to:

i. indicate the name of the carrier and be signed by:

- the carrier, or
- a named agent for or on behalf of the carrier.

Any signature by the carrier or agent must be identified as that of the carrier or agent.

Any signature by an agent must indicate that the agent has signed for or on behalf of the carrier.

ii. indicate that the goods have been accepted for carriage.

iii. indicate the date of issuance. This date will be deemed to be the date of shipment unless the air transport document contains a specific notation of the actual date of shipment, in which case the date stated in the notation will be deemed to be the date of shipment.

Any other information appearing on the air transport document relative to the flight number and date will not be considered in determining the date of shipment.

iv. indicate the airport of departure and the airport of destination stated in the credit.

v. be the original for consignor or shipper, even if the credit stipulates a full set of originals.

vi. contain terms and conditions of carriage or make reference to another source containing the terms and conditions of carriage. Contents of terms and conditions of carriage will not be examined.

b. For the purpose of this article, transhipment means unloading from one aircraft and reloading to another aircraft during the carriage from the airport of departure to the airport of destination stated in the credit.

c. i. An air transport document may indicate that the goods will or may be transhipped, provided that the entire carriage is covered by one and the same air transport document.

ii. An air transport document indicating that transhipment will or may take place is acceptable, even if the credit prohibits transhipment.

제 23 조 항공운송서류

a. 항공운송서류는 그 명칭에 관계없이 다음과 같이 보여야 한다:

　i. 운송인의 명칭을 표시하고 다음의 자에 의하여 서명되어 있는 것:

　　• 운송인, 또는
　　• 운송인을 대리하는 지정대리인.

　운송인 또는 대리인에 의한 모든 서명은 운송인 또는 대리인의 것이라는 것을 확인하고 있어야 한다.

　대리인에 의한 모든 서명은 그 대리인이 운송인을 대리하여 서명하였음을 표시하여야 한다.

　ii. 물품이 운송을 위하여 수취되었음을 표시하고 있는 것.

　iii. 발행일을 표시하고 있는 것. 이 일자는 선적일로 본다. 다만, 항공운송서류가 실제의 선적일에 관한 특정표기를 포함하고 있는 경우에는 그러하지 아니하며, 이 경우, 그 표기에 명기된 일자는 선적일로 본다.

　운항번호 및 일자에 관하여 항공운송서류상에 보이는 기타 모든 정보는 선적일을 결정하는데 고려되지 아니한다.

　iv. 신용장에 명기된 출발공항과 목적공항을 표시하고 있는 것.

　v. 신용장이 원본의 전통을 명시하고 있는 경우에도, 탁송인 또는 송화인용 원본인 것.

　vi. 운송의 제조건을 포함하고 있거나, 또는 운송의 제조건을 포함하는 다른 자료를 참조하고 있는 것. 운송의 제조건의 내용은 심사되지 아니한다.

b. 이 조에서, 환적이란 신용장에 명기된 출발공항으로부터 목적공항까지의 운송과정 중에 한 항공기로부터의 양화 및 다른 항공기로의 재적재를 말한다.

c. i. 항공운송서류는 물품이 환적될 것이라거나 또는 될 수 있다고 표시할 수 있다. 다만, 전 운송은 동일한 항공운송서류에 의하여 커버되어야 한다.

　ii. 신용장이 환적을 금지하고 있는 경우에도, 환적이 행해질 것이라거나 또는 행해질 수 있다고 표시하고 있는 항공운송서류는 수리될 수 있다.

Article 24 Road, Rail or Inland Waterway Transport Documents

a. A road, rail or inland waterway transport document, however named, must appear to:

i. indicate the name of the carrier and:

- be signed by the carrier or a named agent for or on behalf of the carrier, or
- indicate receipt of the goods by signature, stamp or notation by the carrier or a named agent for or on behalf of the carrier.

Any signature, stamp or notation of receipt of the goods by the carrier or agent must be identified as that of the carrier or agent.

Any signature, stamp or notation of receipt of the goods by the agent must indicate that the agent has signed or acted for or on behalf of the carrier. If a rail transport document does not identify the carrier, any signature or stamp of the railway company will be accepted as evidence of the document being signed by the carrier.

ii. indicate the date of shipment or the date the goods have been received for shipment, dispatch or carriage at the place stated in the credit. Unless the transport document contains a dated reception stamp, an indication of the date of receipt or a date of shipment, the date of issuance of the transport document will be deemed to be the date of shipment.

iii. indicate the place of shipment and the place of destination stated in the credit.

b. i. A road transport document must appear to be the original for consignor or shipper or bear no marking indicating for whom the document has been prepared.

ii. A rail transport document marked "duplicate" will be accepted as an original.

iii. A rail or inland waterway transport document will be accepted as an original whether marked as an original or not.

c. In the absence of an indication on the transport document as to the number of originals issued, the number presented will be deemed to constitute a full set.

d. For the purpose of this article, transhipment means unloading from one means of conveyance and reloading to another means of conveyance, within the same mode of transport, during the carriage from the place of shipment, dispatch or carriage to the place of destination stated in the credit.

제 24 조 도로, 철도 또는 내륙수로운송서류

a. 도로, 철도 또는 내륙수로운송서류는 그 명칭에 관계없이 다음과 같이 보여야 한다:

i. 운송인의 명칭을 표시하고 있는 것 그리고:

- 운송인 또는 운송인을 대리하는 지정대리인에 의하여 서명되어 있는 것, 또는
- 운송인 또는 운송인을 대리하는 지정대리인에 의하여 행해진 서명, 스탬프 또는 표기에 의하여 물품의 수령을 표시하고 있는 것.

물품의 수령에 관한 운송인 또는 대리인에 의한 모든 서명, 스탬프 또는 표기는 운송인 또는 대리인의 것이라는 것을 확인하고 있어야 한다.

물품의 수령에 관한 대리인에 의한 모든 서명, 스탬프 또는 표기는 그 대리인이 운송인을 대리하여 서명 또는 행동하였음을 표시하여야 한다.

철도운송서류가 운송인을 확인하지 아니한 경우에는, 철도회사의 모든 서명 또는 스탬프는 운송인에 의하여 서명되어 있는 서류의 증거로서 수리되어야 한다.

ii. 선적일 또는 물품이 신용장에 명기된 장소에서 선적, 발송 또는 운송을 위하여 수령된 일자를 표시하고 있는 것. 운송서류가 일자기재의 수령스탬프, 수령일의 표시 또는 선적일을 포함하고 있지 아니하는 한, 운송서류의 발행일은 선적일로 본다.

iii. 신용장에 명기된 선적지 및 목적지를 표시하고 있는 것.

b. i. 도로운송서류는 탁송인 또는 송화인용 원본인 것으로 보여야 하거나 또는 그 서류가 누구를 위하여 작성되었는지를 표시하는 어떠한 표시도 기재하지 아니한 것으로 보여야 한다.

ii. "부본(duplicate)"이 표시된 철도운송서류는 원본으로서 수리된다.

iii. 철도 또는 내륙수로운송서류는 원본이라는 표시의 유무에 관계없이 원본으로서 수리된다.

c. 발행된 원본의 통수에 관하여 운송서류상에 표시가 없는 경우에는, 제시된 통수는 전통을 구성하는 것으로 본다.

d. 이 조에서, 환적이란 신용장에 명기된 선적, 발송 또는 운송지로부터 목적지까지의 운송과정 중에, 동일한 운송방식내에서, 한 운송수단으로부터의 양화 및 다른 운송수단으로의 재적재를 말한다.

e. i. A road, rail or inland waterway transport document may indicate that the goods will or may be transhipped provided that the entire carriage is covered by one and the same transport document.

ii. A road, rail or inland waterway transport document indicating that transhipment will or may take place is acceptable, even if the credit prohibits transhipment.

Article 25 Courier Receipt, Post Receipt or Certificate of Posting

a. A courier receipt, however named, evidencing receipt of goods for transport, must appear to:

i. indicate the name of the courier service and be stamped or signed by the named courier service at the place from which the credit states the goods are to be shipped; and

ii. indicate a date of pick-up or of receipt or wording to this effect. This date will be deemed to be the date of shipment.

b. A requirement that courier charges are to be paid or prepaid may be satisfied by a transport document issued by a courier service evidencing that courier charges are for the account of a party other than the consignee.

c. A post receipt or certificate of posting, however named, evidencing receipt of goods for transport, must appear to be stamped or signed and dated at the place from which the credit states the goods are to be shipped. This date will be deemed to be the date of shipment.

Article 26 "On Deck", "Shipper's Load and Count", "Said by Shipper to Contain" and Charges Additional to Freight

a. A transport document must not indicate that the goods are or will be loaded on deck. A clause on a transport document stating that the goods may be loaded on deck is acceptable.

b. A transport document bearing a clause such as "shipper's load and count" and "said by shipper to contain" is acceptable.

c. A transport document may bear a reference, by stamp or otherwise, to charges additional to the freight.

e. i. 도로, 철도 또는 내륙수로운송서류는 물품이 환적될 것이라거나 또는 될 수 있다고 표시할 수 있다. 다만, 전운송은 동일한 운송서류에 의하여 커버되어야 한다.

ii. 신용장이 환적을 금지하고 있는 경우에도, 환적이 행해질 것이라거나 또는 행해질 수 있다고 표시하고 있는 도로, 철도 또는 내륙수로운송서류는 수리될 수 있다.

제 25 조 특송화물수령증, 우편수령증 또는 우송증명서

a. 운송물품의 수령을 입증하는 특송화물수령증은 그 명칭에 관계없이 다음과 같이 보여야 한다:

i. 특송업자의 명칭을 표시하고, 신용장에서 물품이 선적되어야 한다고 명기하고 있는 장소에서 지정된 특송업자에 의하여 스탬프 또는 서명된 것; 그리고

ii. 접수일 또는 수령일 또는 이러한 취지의 문언을 표시하고 있는 것. 이 일자는 선적일로 본다.

b. 특송요금이 지급 또는 선지급되어야 한다는 요건은 특송요금이 수화인 이외의 당사자의 부담이라는 것을 입증하는 특송업자에 의하여 발행된 운송서류에 의하여 충족될 수 있다.

c. 운송물품의 수령을 입증하는 우편수령증 또는 우송증명서는 그 명칭에 관계없이 신용장에서 물품이 선적되어야 한다고 명기하고 있는 장소에서 스탬프 또는 서명되고 일자가 기재된 것으로 보여야 한다. 이 일자는 선적일로 본다.

제 26 조 "갑판적", "송화인의 적재 및 수량확인" 및 운임의 추가비용

a. 운송서류는 물품이 갑판에 적재되었거나 또는 될 것이라고 표시해서는 아니된다. 물품이 갑판에 적재될 수 있다고 명기하고 있는 운송서류상의 조항은 수리될 수 있다.

b. "송화인의 적재 및 수량확인(shipper's load and count)" 및 "송화인의 신고내용에 따름(said by shipper to contain)"과 같은 조항을 기재하고 있는 운송서류는 수리될 수 있다.

c. 운송서류는 스탬프 또는 기타의 방법으로 운임에 추가된 비용에 대한 참조를 기재할 수 있다.

Article 27 Clean Transport Document

A bank will only accept a clean transport document. A clean transport document is one bearing no clause or notation expressly declaring a defective condition of the goods or their packaging. The word "clean" need not appear on a transport document, even if a credit has a requirement for that transport document to be "clean on board".

Article 28 Insurance Document and Coverage

a. An insurance document, such as an insurance policy, an insurance certificate or a declaration under an open cover, must appear to be issued and signed by an insurance company, an underwriter or their agents or their proxies.

   Any signature by an agent or proxy must indicate whether the agent or proxy has signed for or on behalf of the insurance company or underwriter.

b. When the insurance document indicates that it has been issued in more than one original, all originals must be presented.

c. Cover notes will not be accepted.

d. An insurance policy is acceptable in lieu of an insurance certificate or a declaration under an open cover.

e. The date of the insurance document must be no later than the date of shipment, unless it appears from the insurance document that the cover is effective from a date not later than the date of shipment.

f. i. The insurance document must indicate the amount of insurance coverage and be in the same currency as the credit.

   ii. A requirement in the credit for insurance coverage to be for a percentage of the value of the goods, of the invoice value or similar is deemed to be the minimum amount of coverage required.

   If there is no indication in the credit of the insurance coverage required, the amount of insurance coverage must be at least 110% of the CIF or CIP value of the goods.

   When the CIF or CIP value cannot be determined from the documents, the amount of insurance coverage must be calculated on the basis of the amount for which honour or negotiation is requested or the gross value of the goods as shown on the invoice, whichever is greater.

제 27 조 무고장 운송서류

은행은 무고장 운송서류만을 수리한다. 무고장 운송서류는 물품 또는 그 포장에 하자 있는 상태를 명시적으로 표시하는 조항 또는 단서를 기재하고 있지 아니한 것을 말한다. 신용장에서 그 운송서류가 "무고장본선적재(clean on board)"이어야 한다는 요건을 가지는 경우에도, "무고장(clean)"이라는 단어는 운송서류상에 보일 필요가 없다.

제 28 조 보험서류 및 담보

a. 보험증권, 포괄예정보험에 의한 보험증명서 또는 통지서와 같은 보험서류는 보험회사, 보험업자 또는 이들 대리인 또는 이들 대리업자에 의하여 발행되고 서명된 것으로 보여야 한다.

   대리인 또는 대리업자에 의한 모든 서명은 그 대리인 또는 대리업자가 보험회사를 대리하여 서명하였는지 또는 보험업자를 대리하여 서명하였는지를 표시하여야 한다.

b. 보험서류가 2통 이상의 원본으로 발행되었다고 표시하고 있는 경우에는, 모든 원본은 제시되어야 한다.

c. 보험인수증은 수리되지 아니한다.

d. 보험증권은 포괄예정보험에 의한 보험증명서 또는 통지서를 대신하여 수리될 수 있다.

e. 보험서류에서 담보가 선적일보다 늦지 않은 일자로부터 유효하다고 보이지 아니하는 한, 보험서류의 일자는 선적일보다 늦어서는 아니된다.

f. i. 보험서류는 보험담보의 금액을 표시하여야 하고 신용장과 동일한 통화이어야 한다.

   ii. 보험담보가 물품가액 또는 송장가액 등의 비율이어야 한다는 신용장상의 요건은 최소담보금액이 요구된 것으로 본다.

   요구된 보험담보에 관하여 신용장에 아무런 표시가 없는 경우에는, 보험담보의 금액은 적어도 물품의 CIF 또는 CIP 가격의 110%이어야 한다.

   CIF 또는 CIP 가격이 서류로부터 결정될 수 없는 경우에는, 보험담보금액은 지급이행 또는 매입이 요청되는 금액 또는 송장에 표시된 물품총가액 중에서 보다 큰 금액을 기초로 하여 산정되어야 한다.

iii. The insurance document must indicate that risks are covered at least between the place of taking in charge or shipment and the place of discharge or final destination as stated in the credit.

g. A credit should state the type of insurance required and, if any, the additional risks to be covered. An insurance document will be accepted without regard to any risks that are not covered if the credit uses imprecise terms such as "usual risks" or "customary risks".

h. When a credit requires insurance against "all risks" and an insurance document is presented containing any "all risks" notation or clause, whether or not bearing the heading "all risks", the insurance document will be accepted without regard to any risks stated to be excluded.

i. An insurance document may contain reference to any exclusion clause.

j. An insurance document may indicate that the cover is subject to a franchise or excess (deductible).

Article 29 Extension of Expiry Date or Last Day for Presentation

a. If the expiry date of a credit or the last day for presentation falls on a day when the bank to which presentation is to be made is closed for reasons other than those referred to in article 36, the expiry date or the last day for presentation, as the case may be, will be extended to the first following banking day.

b. If presentation is made on the first following banking day, a nominated bank must provide the issuing bank or confirming bank with a statement on its covering schedule that the presentation was made within the time limits extended in accordance with sub-article 29 (a).

c. The latest date for shipment will not be extended as a result of sub-article 29 (a).

Article 30 Tolerance in Credit Amount, Quantity and Unit Prices

a. The words "about" or "approximately" used in connection with the amount of the credit or the quantity or the unit price stated in the credit are to be construed as allowing a tolerance not to exceed 10% more or 10% less than the amount, the quantity or the unit price to which they refer.

b. A tolerance not to exceed 5% more or 5% less than the quantity of the goods is allowed, provided the credit does not state the quantity in terms of a stipulated number of packing units or individual items and the total amount of the drawings does not exceed the amount of the credit.

iii. 보험서류는 위험이 적어도 신용장에 명기된 대로 수탁 또는 선적지와 양륙 또는 최종목적지간에 담보되었음을 표시하여야 한다.

g. 신용장은 요구된 보험의 종류를 명기하여야 하고 만일 부보되어야 하는 부가위험이 있다면 이것도 명기하여야 한다. 신용장이 "통상적 위험(usual risks)" 또는 "관습적 위험(customary risks)"과 같은 부정확한 용어를 사용하는 경우에는, 보험서류는 부보되지 아니한 어떠한 위험에 관계없이 수리되어야 한다.

h. 신용장이 "전위험"에 대한 보험을 요구하는 있는 경우, "전위험"이라는 표제를 기재하고 있는지의 여부와 관계없이 "전위험"의 표기 또는 조항을 포함하고 있는 보험서류가 제시된 경우에는, 그 보험서류는 제외되어야 한다고 명기된 어떠한 위험에 관계없이 수리되어야 한다.

i. 보험서류는 모든 면책조항(exclusion clause)의 참조를 포함할 수 있다.

j. 보험서류는 담보가 소손해면책율 또는 초과(공제)면책율을 조건으로 한다는 것을 표시할 수 있다.

제 29 조 유효기일의 연장 또는 제시를 위한 최종일

a. 신용장의 유효기일 또는 제시를 위한 최종일이 제36조에 언급된 사유 이외의 사유로 제시를 받아야 하는 은행의 휴업일에 해당하는 경우에는, 그 유효기일 또는 제시를 위한 최종일은 경우에 따라 최초의 다음 은행영업일까지 연장된다.

b. 제시가 최초의 다음 은행영업일에 행해지는 경우에는, 지정은행은 발행은행 또는 확인은행에게 제시가 제29조 a항에 따라 연장된 기간내에 제시되었다는 설명을 서류송부장(covering schedule)으로 제공하여야 한다.

c. 선적을 위한 최종일은 제29조 a항의 결과로서 연장되지 아니한다.

제 30 조 신용장금액/수량/단가의 과부족

a. 신용장에 명기된 신용장의 금액 또는 수량 또는 단가와 관련하여 사용된 "약(about)" 또는 "대략(approximately)"이라는 단어는 이에 언급된 금액, 수량 또는 단가의 10%를 초과하지 아니하는 과부족을 허용하는 것으로 해석된다.

b. 신용장이 명시된 포장단위 또는 개개의 품목의 개수로 수량을 명기하지 아니하고 어음발행의 총액이 신용장의 금액을 초과하지 아니하는 경우에는, 물품수량의 5%를 초과하지 아니하는 과부족은 허용된다.

c. Even when partial shipments are not allowed, a tolerance not to exceed 5% less than the amount of the credit is allowed, provided that the quantity of the goods, if stated in the credit, is shipped in full and a unit price, if stated in the credit, is not reduced or that sub-article 30 (b) is not applicable. This tolerance does not apply when the credit stipulates a specific tolerance or uses the expressions referred to in sub-article 30 (a).

Article 31 Partial Drawings or Shipments

a. Partial drawings or shipments are allowed.

b. A presentation consisting of more than one set of transport documents evidencing shipment commencing on the same means of conveyance and for the same journey, provided they indicate the same destination, will not be regarded as covering a partial shipment, even if they indicate different dates of shipment or different ports of loading, places of taking in charge or dispatch. If the presentation consists of more than one set of transport documents, the latest date of shipment as evidenced on any of the sets of transport documents will be regarded as the date of shipment.

A presentation consisting of one or more sets of transport documents evidencing shipment on more than one means of conveyance within the same mode of transport will be regarded as covering a partial shipment, even if the means of conveyance leave on the same day for the same destination.

c. A presentation consisting of more than one courier receipt, post receipt or certificate of posting will not be regarded as a partial shipment if the courier receipts, post receipts or certificates of posting appear to have been stamped or signed by the same courier or postal service at the same place and date and for the same destination.

Article 32 Instalment Drawings or Shipments

If a drawing or shipment by instalments within given periods is stipulated in the credit and any instalment is not drawn or shipped within the period allowed for that instalment, the credit ceases to be available for that and any subsequent instalment.

Article 33 Hours of Presentation

A bank has no obligation to accept a presentation outside of its banking hours.

c. 분할선적이 허용되지 아니하는 경우에도, 신용장금액의 5%를 초과하지 아니하는 부족은 허용된다. 다만, 물품의 수량은 신용장에 명기된 경우 전부 선적되고 단가는 신용장에 명기된 경우 감액되어서는 아니되거나 또는 제30조 b항이 적용될 수 없어야 한다. 이 부족은 신용장이 특정 과부족을 명시하거나 또는 제30조 a항에 언급된 표현을 사용하는 경우에는 적용되지 아니한다.

제 31 조 분할어음발행 또는 선적

a. 분할어음발행 또는 분할선적은 허용된다.

b. 동일한 운송수단에 그리고 동일한 운송을 위하여 출발하는 선적을 증명하는 2조 이상의 운송서류를 구성하는 제시는, 이들 서류가 동일한 목적지를 표시하고 있는 한, 이들 서류가 상이한 선적일 또는 상이한 적재항, 수탁지 또는 발송지를 표시하고 있더라도, 분할선적이 행해진 것으로 보지 아니한다. 그 제시가 2조 이상의 운송서류를 구성하는 경우에는, 운송서류의 어느 한 조에 증명된 대로 최종선적일은 선적일로 본다.

동일한 운송방식에서 2 이상의 운송수단상의 선적을 증명하는 2조 이상의 운송서류를 구성하는 제시는 그 운송수단이 동일한 일자에 동일한 목적지를 향하여 출발하는 경우에도 분할선적이 행해진 것으로 본다.

c. 2 이상의 특송화물수령증, 우편수령증 또는 우송증명서를 구성하는 제시는 그 특송화물수령증, 우편수령증 또는 우송증명서가 동일한 장소 및 일자 그리고 동일한 목적지를 위하여 동일한 특송업자 또는 우편서비스에 의하여 스탬프 또는 서명된 것으로 보이는 경우에는 분할선적으로 보지 아니한다.

제 32 조 할부어음발행 또는 선적

일정기간 내에 할부에 의한 어음발행 또는 선적이 신용장에 명시되어 있고 어떠한 할부분이 그 할부분을 위하여 허용된 기간 내에 어음발행 또는 선적되지 아니한 경우에는, 그 신용장은 그 할부분과 그 이후의 모든 할부분에 대하여 효력을 상실한다.

제 33 조 제시시간

은행은 그 은행영업시간 이외의 제시를 수리할 의무가 없다.

Article 34 Disclaimer on Effectiveness of Documents

A bank assumes no liability or responsibility for the form, sufficiency, accuracy, genuineness, falsification or legal effect of any document, or for the general or particular conditions stipulated in a document or superimposed thereon; nor does it assume any liability or responsibility for the description, quantity, weight, quality, condition, packing, delivery, value or existence of the goods, services or other performance represented by any document, or for the good faith or acts or omissions, solvency, performance or standing of the consignor, the carrier, the forwarder, the consignee or the insurer of the goods or any other person.

Article 35 Disclaimer on Transmission and Translation

A bank assumes no liability or responsibility for the consequences arising out of delay, loss in transit, mutilation or other errors arising in the transmission of any messages or delivery of letters or documents, when such messages, letters or documents are transmitted or sent according to the requirements stated in the credit, or when the bank may have taken the initiative in the choice of the delivery service in the absence of such instructions in the credit.

If a nominated bank determines that a presentation is complying and forwards the documents to the issuing bank or confirming bank, whether or not the nominated bank has honoured or negotiated, an issuing bank or confirming bank must honour or negotiate, or reimburse that nominated bank, even when the documents have been lost in transit between the nominated bank and the issuing bank or confirming bank, or between the confirming bank and the issuing bank.

A bank assumes no liability or responsibility for errors in translation or interpretation of technical terms and may transmit credit terms without translating them.

Article 36 Force Majeure

A bank assumes no liability or responsibility for the consequences arising out of the interruption of its business by Acts of God, riots, civil commotions, insurrections, wars, acts of terrorism, or by any strikes or lockouts or any other causes beyond its control.

A bank will not, upon resumption of its business, honour or negotiate under a credit that expired during such interruption of its business.

제 34 조 서류효력에 관한 면책

은행은 모든 서류의 형식, 충분성, 정확성, 진정성, 위조성 또는 법적 효력에 대하여 또는 서류에 명시되거나 또는 이에 부가된 일반조건(general conditions) 또는 특별조건(particular conditions)에 대하여 어떠한 의무 또는 책임도 부담하지 아니하며, 또한 은행은 모든 서류에 표시되어 있는 물품, 용역 또는 기타 이행의 명세, 수량, 중량, 품질, 상태, 포장, 인도, 가치 또는 존재에 대하여 또는 물품의 송화인, 운송인, 운송주선인, 수화인 또는 보험자, 또는 기타 당사자의 성실성 또는 작위 또는 부작위, 지급능력, 이행능력 또는 신용상태에 대하여 어떠한 의무 또는 책임도 부담하지 아니한다.

제 35 조 송달 및 번역에 관한 면책

모든 통신문, 서신 또는 서류가 신용장에 명기된 요건에 따라 송달 또는 송부된 경우, 또는 은행이 신용장에 그러한 지시가 없으므로 인도서비스의 선정에 있어서 자발적으로 행하였을 경우에는, 은행은 그러한 통신문(message)의 송달 또는 서신이나 서류의 인도 중에 지연, 분실, 훼손 또는 기타 오류로 인하여 발생하는 결과에 대하여 어떠한 의무 또는 책임도 부담하지 아니한다.

지정은행이 제시가 일치하고 있다고 결정하고 그 서류를 발행은행 또는 확인은행에 발송하는 경우에는, 서류가 지정은행과 발행은행 또는 확인은행간에, 또는 확인은행과 발행은행간에 송달중에 분실된 경우라 하더라도, 지정은행이 지급이행 또는 매입하였는지의 여부에 관계없이, 발행은행 또는 확인은행은 지급이행 또는 매입하거나, 또는 그 지정은행에 상환하여야 한다.

은행은 전문용어의 번역 또는 해석상의 오류에 대하여 어떠한 의무 또는 책임도 부담하지 아니하며 신용장의 용어를 번역함이 없이 이를 송달할 수 있다.

제 36 조 불가항력

은행은 천재, 폭동, 소요, 반란, 전쟁, 폭력주의의 행위에 의하거나 또는 동맹파업 또는 직장폐쇄에 의하거나 또는 기타 은행이 통제할 수 없는 원인에 의한 은행업무의 중단으로 인하여 발생하는 결과에 대하여 어떠한 의무 또는 책임도 부담하지 아니한다.

은행은 그 업무를 재개하더라도 그러한 업무의 중단 동안에 유효기일이 경과한 신용장에 의한 지급이행 또는 매입을 행하지 아니한다.

Article 37 Disclaimer for Acts of an Instructed Party

a. A bank utilizing the services of another bank for the purpose of giving effect to the instructions of the applicant does so for the account and at the risk of the applicant.

b. An issuing bank or advising bank assumes no liability or responsibility should the instructions it transmits to another bank not be carried out, even if it has taken the initiative in the choice of that other bank.

c. A bank instructing another bank to perform services is liable for any commissions, fees, costs or expenses ("charges") incurred by that bank in connection with its instructions.

If a credit states that charges are for the account of the beneficiary and charges cannot be collected or deducted from proceeds, the issuing bank remains liable for payment of charges.

A credit or amendment should not stipulate that the advising to a beneficiary is conditional upon the receipt by the advising bank or second advising bank of its charges.

d. The applicant shall be bound by and liable to indemnify a bank against all obligations and responsibilities imposed by foreign laws and usages.

Article 38 Transferable Credits

a. A bank is under no obligation to transfer a credit except to the extent and in the manner expressly consented to by that bank.

b. For the purpose of this article:

Transferable credit means a credit that specifically states it is "transferable". A transferable credit may be made available in whole or in part to another beneficiary ("second beneficiary") at the request of the beneficiary ("first beneficiary").

Transferring bank means a nominated bank that transfers the credit or, in a credit available with any bank, a bank that is specifically authorized by the issuing bank to transfer and that transfers the credit. An issuing bank may be a transferring bank.

Transferred credit means a credit that has been made available by the transferring bank to a second beneficiary.

c. Unless otherwise agreed at the time of transfer, all charges (such as commissions, fees, costs or expenses) incurred in respect of a transfer must be paid by the first beneficiary.

제 37 조 피지시인의 행위에 대한 면책

a. 발행의뢰인의 지시를 이행하기 위하여 타은행의 서비스를 이용하는 은행은 그 발행의뢰인의 비용과 위험으로 이를 행한다.

b. 발행은행 또는 통지은행이 타은행의 선정에 있어서 자발적으로 행한 경우라 하더라도, 그 은행이 타은행에게 전달한 지시가 수행되지 아니하는 경우에는, 발행은행 또는 통지은행은 어떠한 의무 또는 책임도 부담하지 아니한다.

c. 타은행에게 서비스를 이행하도록 지시하는 은행은 그 지시와 관련하여 그러한 타은행에 의하여 부담되는 모든 수수료, 요금, 비용 또는 경비("비용")에 대하여 책임을 부담한다.

신용장에 비용이 수익자의 부담이라고 명기하고 있고 비용이 대금으로부터 징수 또는 공제될 수 없는 경우에는, 발행은행은 비용의 지급에 대하여 책임을 부담한다.

신용장 또는 조건변경은 수익자에 대한 통지가 통지은행 또는 제2통지은행에 의한 통지비용의 수령을 조건으로 한다고 명시하여서는 아니된다.

d. 발행의뢰인은 외국의 법률과 관행에 의하여 부과되는 모든 의무와 책임에 구속되며 이에 대하여 은행에게 보상할 책임이 있다.

제 38 조 양도가능신용장

a. 은행은 그 은행에 의하여 명시적으로 동의된 범위 및 방법에 의한 경우를 제외하고 신용장을 양도할 의무를 부담하지 아니한다.

b. 이 조에서:

양도가능신용장이란 "양도가능(transferable)"이라고 특별히 명기하고 있는 신용장을 말한다. 양도가능신용장은 수익자("제1수익자")의 요청에 의하여 전부 또는 일부가 다른 수익자("제2수익자")에게 사용될 수 있도록 될 수 있다.

양도은행은 신용장을 양도하는 지정은행 또는, 모든 은행에서 사용될 수 있는 신용장에 있어서, 발행은행에 의하여 양도하도록 특별히 수권되고 그 신용장을 양도하는 은행을 말한다. 발행은행은 양도은행일 수 있다.

양도된 신용장은 양도은행에 의하여 제2수익자에게 사용될 수 있도록 되는 신용장을 말한다.

c. 양도를 이행할 때에 별도의 합의가 없는 한, 양도와 관련하여 부담된 모든 비용(이를 테면, 수수료, 요금, 비용, 경비)은 제1수익자에 의하여 지급되어야 한다.

d. A credit may be transferred in part to more than one second beneficiary provided partial drawings or shipments are allowed.

A transferred credit cannot be transferred at the request of a second beneficiary to any subsequent beneficiary. The first beneficiary is not considered to be a subsequent beneficiary.

e. Any request for transfer must indicate if and under what conditions amendments may be advised to the second beneficiary. The transferred credit must clearly indicate those conditions.

f. If a credit is transferred to more than one second beneficiary, rejection of an amendment by one or more second beneficiary does not invalidate the acceptance by any other second beneficiary, with respect to which the transferred credit will be amended accordingly. For any second beneficiary that rejected the amendment, the transferred credit will remain unamended.

g. The transferred credit must accurately reflect the terms and conditions of the credit, including confirmation, if any, with the exception of:

- the amount of the credit,
- any unit price stated therein,
- the expiry date,
- the period for presentation, or
- the latest shipment date or given period for shipment,

any or all of which may be reduced or curtailed.

The percentage for which insurance cover must be effected may be increased to provide the amount of cover stipulated in the credit or these articles.

The name of the first beneficiary may be substituted for that of the applicant in the credit.

If the name of the applicant is specifically required by the credit to appear in any document other than the invoice, such requirement must be reflected in the transferred credit.

h. The first beneficiary has the right to substitute its own invoice and draft, if any, for those of a second beneficiary for an amount not in excess of that stipulated in the credit, and upon such substitution the first beneficiary can draw under the credit for the difference, if any, between its invoice and the invoice of a second beneficiary.

d. 분할어음발행 또는 분할선적이 허용되는 한, 신용장은 2 이상의 제2수익자에게 분할양도될 수 있다.

양도된 신용장은 제2수익자의 요청에 의하여 그 이후의 어떠한 수익자에게도 양도될 수 없다. 제1수익자는 그 이후의 수익자로 보지 아니한다.

e. 양도를 위한 모든 요청은 조건변경이 제2수익자에게 통지될 수 있는지 그리고 어떤 조건으로 제2수익자에게 통지될 수 있는지를 표시하여야 한다. 양도된 신용장은 이러한 조건을 명확히 표시하여야 한다.

f. 신용장이 2 이상의 제2수익자에게 양도된 경우에는, 하나 또는 그 이상의 제2수익자에 의한 조건변경의 거절은 이로 인하여 양도된 신용장이 조건변경되어지는 기타 모든 제2수익자에 의한 승낙을 무효로 하지 아니한다. 조건변경을 거절한 제2수익자에 대하여는, 양도된 신용장은 조건변경 없이 존속한다.

g. 양도된 신용장은 다음의 경우를 제외하고는 확인(있는 경우)을 포함하여 신용장의 제조건을 정확히 반영하여야 한다:

- 신용장의 금액,
- 신용장에 명기된 단가,
- 유효기일,
- 제시를 위한 기간, 또는
- 최종선적일 또는 정해진 선적기간,

이들 중의 일부 또는 전부는 감액 또는 단축될 수 있다.

보험부보가 이행되어야 하는 비율은 이 규칙 또는 신용장에 명기된 부보금액을 충족시킬 수 있도록 증가될 수 있다.

제1수익자의 명의는 신용장발행의뢰인의 명의를 대체할 수 있다.

발행의뢰인의 명의가 송장 이외의 모든 서류에 표시되도록 신용장에 의하여 특별히 요구되는 경우에는, 그러한 요구는 양도된 신용장에 반영되어야 한다.

h. 제1수익자는 신용장에 명시된 금액을 초과하지 아니하는 금액에 대하여 제2수익자의 송장 및 환어음을 그 자신의 송장 및 환어음(있는 경우)으로 대체할 권리를 가지고 있으며, 그러한 대체시에, 제1수익자는 자신의 송장과 제2수익자의 송장 사이에 차액이 있다면, 그 차액에 대하여 신용장에 따라 어음을 발행할 수 있다.

i. If the first beneficiary is to present its own invoice and draft, if any, but fails to do so on first demand, or if the invoices presented by the first beneficiary create discrepancies that did not exist in the presentation made by the second beneficiary and the first beneficiary fails to correct them on first demand, the transferring bank has the right to present the documents as received from the second beneficiary to the issuing bank, without further responsibility to the first beneficiary.

j. The first beneficiary may, in its request for transfer, indicate that honour or negotiation is to be effected to a second beneficiary at the place to which the credit has been transferred, up to and including the expiry date of the credit. This is without prejudice to the right of the first beneficiary in accordance with sub-article 38 (h).

k. Presentation of documents by or on behalf of a second beneficiary must be made to the transferring bank.

Article 39 Assignment of Proceeds

The fact that a credit is not stated to be transferable shall not affect the right of the beneficiary to assign any proceeds to which it may be or may become entitled under the credit, in accordance with the provisions of applicable law. This article relates only to the assignment of proceeds and not to the assignment of the right to perform under the credit.

i. 제1수익자가 그 자신의 송장 및 환어음(있는 경우)을 제공하여야 하지만 최초의 요구시에 이를 행하지 아니하는 경우, 또는 제1수익자에 의하여 제시된 송장이 제2수익자에 의하여 행해진 제시에 없었던 불일치를 발생시키고 제1수익자가 최초의 요구시에 이를 정정하지 아니한 경우에는, 양도은행은 제1수익자에 대한 더 이상의 책임 없이 제2수익자로부터 수령한 서류를 발행은행에 제시할 권리를 가진다.

j. 제1수익자는 그 자신의 양도요청으로 지급이행 또는 매입이 신용장의 유효기일을 포함한 기일까지 신용장이 양도된 장소에서 제2수익자에게 이행되어야 한다는 것을 표시할 수 있다. 이것은 제38조 h항에 따른 제1수익자의 권리를 침해하지 아니한다.

k. 제2수익자에 의하거나 또는 대리하는 서류의 제시는 양도은행에 행해져야 한다.

제 39 조 대금의 양도

신용장이 양도가능한 것으로 명기되어 있지 아니하다는 사실은 적용가능한 법률의 규정에 따라 그러한 신용장에 의하여 수권되거나, 또는 될 수 있는 대금을 양도할 수익자의 권리에 영향을 미치지 아니한다. 이 조는 대금의 양도에만 관련되어 있으며 신용장에 따라 이행할 권리의 양도에 관련되는 것은 아니다.

◎ 저자약력

전순환

- 건국대학교 무역학과 졸업(상학사)
- 동 대학원 무역학과 졸업(경제학석사)
- 동 대학원 무역학과 졸업(경제학박사)
- 강남대학교 무역학과 강사
- 건국대학교 무역학과 강사
- 배재대학교 무역학과 강사
- 한국방송대학교 무역학과 강사
- 한국무역협회 무역아카데미 강사
- 관세청 관세국경관리연수원 외래교수
- 관세청 전문기능자격시험 출제위원
- 관세청 관세사자격시험 선정위원
- 관세청 관세사자격시험 출제위원
- 관세청 관세사자격심의위원회 위원
- 관세청 전문관자격시험 출제·선정위원
- 관세청 무역영어자격시험 출제·선정위원
- 한국관세학회 총무이사 겸 사무국장

(현) 중부대학교 중국통상학과 교수
(사)한국무역연구원 원장
관세사자격시험 선정위원
행정안전부 공무원시험 선정위원
한국상품학회 부회장
한국관세학회 부회장
한국통상정보학회 부회장
국제e-비즈니스학회 상임이사
한국무역학회 이사

■ 주요저서

- 대외무역법 제11개정판, 한올출판사
- 외국환거래법 제4개정판, 한올출판사
- 관세법 제2개정판, 한올출판사
- 국제운송물류론 제3개정판, 한올출판사
- 정형거래조건의 해석에 관한 국제규칙, 한올출판사
- 전자상거래 관련법규, 한올출판사
- 디지털시대 세계무역(공저), 무역경영사
- 무역실무연습(공저), 청목출판사
- 사이버무역, 신성출판사
- Incoterms 2000에 관한 ICC 지침(역), 두남출판사
- 신용장분쟁사례, 신성출판사
- 무역실무 제2개정판, 한올출판사
- 전자상거래법, 한올출판사
- 신용장통일규칙(UCP 500), 한올출판사

■ 주요용역

- 선진 무역환경에 적합한 대외무역법령 정비 연구 (책임연구), 2007, 산업자원부
- 대외무역법령의 기업친화적인 정비 연구 (책임연구), 2008, 지식경제부
- 선진무역환경조성을 위한 무역제도 개선방안 연구 (공동연구), 2009, 지식경제부

화환신용장통일규칙(UCP 600)

2007년 1월 5일 초판1쇄 발행
2012년 10월 10일 개정1쇄 발행

저 자 전 순 환
펴낸이 임 순 재
펴낸곳 한올출판사

등록 제11-403호
121-849
주 소 서울시 마포구 성산동 133-3 한올빌딩 3층
전 화 (02)376-4298(대표)
팩 스 (02)302-8073
홈페이지 www.hanol.co.kr
e-메 일 hanol@hanol.co.kr
정 가 23,000원

■ ISBN 978-89-94948-97-3